Europia – Kriegstagebuch / war diary 2022-2024 Bd. 1

Der Blog *Europia*, hier im Anhang mitgedruckt, wurde 2017 geschlossen und am 22. Januar 2022 angesichts der drohenden Invasion russischer Truppen in die Ukraine als **KRIEGSTAGEBUCH** mit dem Text *Über Putin und die Zukunft Europas nach der NATO (25.01.22,* hier: S. 331-339) reaktiviert. Schon 2013 – vor der Annexion der Krim durch Russland - legte der Autor der Piratenpartei Deutschland, der er kurz angehörte, für die Fassung ihres neuen Parteiprogramms das Projekt einer *Europaarmee* zur Abstimmung vor. 2016 erhielt dieser Plan neue Aktualität. US-Präsident Trump ermahnte die NATO-Mitglieder ihre Vereibarung bezüglich der jährlichen Verteidigungsausgaben (2 % des BIP), statt zu unterbieten wie Deutschland, mehr als zu erfüllen, zudem erwog er den Rückzug der USA aus der NATO (auch nach seiner Wiederwahl im November 2024), seitdem ist die NATO angezählt und hat Europa - dringlicher denn je - über eine eigene Verteidigung nachzudenken.

Am 24. Februar 2022 war es soweit, vom Kreml propagiert als „*Spezialoperation*", begann die russische Invasion in die Ukraine, geplant als ein Blitzkrieg, einerseits in Form eines Überfalls auf die Hauptstadt, um Präsident Selenskji zu stürzen und mit Präsident Yanukowitsch zu ersetzen, der 2014 vom Euromajdan-„Mob" vertrieben wurde, und, andererseits, in Form eines Vorstosses an der ostukrainischen Front, die als Folge des Kyjiwer Putsches im Donbass entstand und mit russischer Hilfe den Kyjiwer Rückeroberungsversuchen seit 8 Jahren widerstand. Beide Operationen wurden von der Ukrainischen Armee zurückgeschlagen. Aus Putins

Blitzkrieg wurde ein langwieriger Abnutzungskampf als Prolongation und Inversion des Bürgerkrieges, der im Donbass tausende Ziviltote zur Folge hatte. „Inversion" bedeutet: Diesmal war Russland die überlegenere Macht, nicht die „Junta" in Kyjiw, wie sie die Separatisten nannten, und diesmal gab es im westlichen Teil der Ukraine mindestens so viele zivile Opfer (uneuphemistisch formuliert: Ermordete) wie seit rund 8 Jahren im östlichen Teil. Tote, über die die Medien im Westen kaum berichteten, während Russlands Medien in ihnen Opfer der „Nazis" aus Kyjiw sahen.

EUROPIA. KRIEGSTAGEBUCH berichtet über die Ereignisse an der ukrainischen Ostfront und an anderen Orten in der Ukraine, denn Putins Krieg überzieht die ganze Ukraine, und stellt für Europas Sicherheit und Zukunft, ähnlich wie die Sowjetunion im Kalten Krieg, eine gewaltige Herausforderung dar: politisch, militärisch, ökonomisch, völkerrechtlich und diplomatisch. Eines ist sicher: Der **Europäische Drache** wird aufwachen. Es bedarf eines **langen Atems** und **kollektiven Willen**, um „**Make Europe Great Again"** Realität werden zu lassen, und damit Europas Verteidigungsfähigkeit, Rüstungswirtschaft und Diplomatie. **Dazu 4 Stichworte:**

1. EDU - European Defence Union – AfterNato

1954 scheiterte das Projekt einer Europäischen Verteidigungsunion am Veto Frankreichs, so kam es, dass 1955 Deutschland der NATO beitrat. Im Jahr 2025 werden die grössten EU-Staaten Frankreich, Italien, Polen, Spanien und Deutschland (FIPEG), sowie Grossbritannien – Europas zweite Atommacht -, gefolgt von den meisten anderen europäischen Staaten, kaum Einspruch erheben gegen eine EDU, die die NATO beerben wird - und zwar mit alten wie mit neuen Allierten (Türkei?, Argentinien? Chile?, Marokko?Tunesien?).

2. Rearming for Disarming : Aufrüstung für Abrüstung, Aufrüstung mit dem Endzweck des Abrüstens (läuft es gut), statt des Gebrauchs der Waffen, das könnte das Aufrüstungs- und Abrüstungs-Prinzip des Europas *der nächsten Jahrzehnte* sein. Schwerter zu Pflugscharen, aber zuerst zu Schwertern. Aufrüsten, um zum Abrüsten etwas in der Hand zu haben, um ernst genommen zu werden von Russland, als Abschreckung, nicht als Bedrohung, und als Diplomatie aus Stärke, nicht aus Schwäche. Das heisst, Europas Aufrüstung („Rearming") bleibt, ungewollt wie notwendig, vom Modus der Aufrüstung Russlands abhängig (der Kreml hat seine Gesellschaft auf Kriegswirtschaft umgestellt, obwohl ausgegeben als „Stärkung der Landesverteidigung", rüstet er auch Invasionskräfte auf: will er den Mars erobern? Oder, was näher läge, Europa?). Zur Abwehr von russischen (und chinesischen) Hyperschall-Raketen, die für sie einen Angriffsvorteil und für uns einen Verteidigungsnachteil bedeuten, bestehen erste Abwehrsysteme im Arsenal der NATO (Stichwort: **Aegis Ashore**). Hyperschallraketen müssen ausserdem, wie Drohnen, nicht immer zerstört werden, es reicht, sie vom Kurs abzubringen. Dieser nur relativ geheime technologische und industrielle Rüstungswettlauf erinnert an jenen im Kalten Krieg und an das von Ronald Reagan initiierte SDI-Projekt (1983): ein Verteidigungssystem der USA im Weltall mit Satelliten, das vor nuklear bestückten Interkontinentalraketen der Sowjetunion schützen sollte. Zurück in die Gegenwart: Wurde das Gleichgewicht des Schreckens wieder hergestellt, falls es jemals wesentlich gestört war, dann wäre es Aufgabe von diplomatischen Verhandlungen zwischen Europa und Russland im Rahmen z. B. eines **Helsinki-2-Abkommens** beide Streitkräfte statt auf Angriff, auf Verteidigung umzustellen (das Angriffs-potential ist auch so noch gross), denn wenn man sich politisch einig ist und dauerhaften Frieden, Handel und kulturellen Austausch will in Europa, dann werden statt Angriffsarmeen in Lauerstellung, nur noch konservative Verteidigungs-parameter in Bereitschaft gehalten im Rahmen der **vereinbarten Obergrenzen** (Grösse der Truppenstärke, Anzahl Panzer, Kampfjets, Mittel-streckenraketen etc.). Dasselbe gälte für taktische Nuklearwaffen. Falls die Europäische Verteidigungsunion (EDU) eines Tages die NATO ablösen sollte, dann sollte sie sich von den USA ein paar Batterien davon "ausleihen", bis sie genug eigene hat, ausserdem sollten 1. **neben dem vereinbarten Obergrenzen**, 2. **atomwaffenfreie Korridore** ausgehandelt werden, z.B. keine russischen Nuklearwaffen in Kaliningrad, in Belarus, an der NATO-Grenze und an der ukrainischen Grenze, zugleich keine in Ostdeutschland und in Polen - wie auch keine an der sibirischen Grenze zu Alaska und Japan -, (wenn auch die extreme Geschwindigkeit von Hyperschallraketen zumal kleine Raumkorridore obsolet machen) zudem gäbe es, wie im Kalten Krieg, regelmässige Visitationen, zusätzlich zur Satellitenbüberwachung u. dgl. **Das beste**

Friedensmittel ist allerdings nicht Überwachung (Kontrolle), basierend auf Misstrauen, wie **Lenin** meinte, sondern reziproker Respekt, stabile Freundschaft und gegenseitiges Vertrauen durch praktische Kooperation, nützlichen Austausch, gemeinsamen Handelsraum, gemeinsame Grenzen, Projekte und Werte.

Zugleich ist Rearming for Disarming ein ökonomisches Prinzip: Europa muss wirtschaftlichere Effizienz mit dem Steuergeld der Bürger als Komponente der effizienteren Verteidigung betrachten, muss lernen und Konsequenzen daraus ziehen, **dass das Optimale für Verteidigungsgeschäfte mit Europa nicht unbedingt (meistens nicht) das Optimale für Europas Verteidigung ist.** Deshalb koordiniert am besten ein gesamteuropäisches Rüstungsmanagment, ein **Europäisches Rüstungsmoratorium** (EAM: European Arms Moratorium), mit einem gesamteuropäischen Budget (Europäischer Verteidigungshaushalt aus Beiträgen nationaler Verteidigungshaushalte) die Entwicklung und Einkäufe von Waffensystemen **die gesamt-europäisch mehr Sinn machen als national-europäisch** (wie Luftabwehr und Luftangriff, wie SDI 2.0). Solch eine Verteidigungs- und Effizienzsteigerung durch europäische Kooperation kam beim Kampfjäger **EuroJet** und beim Militärtransportflugzeug 400-M Atlas von Airbus, Europas Flugzeughersteller, zustande, zwei Vorbildprojekte für Europas Rüstungsindustrie und Verteidigungs-kooperation). Die Zukunft des Krieges wird von intelligenten Robotern., Drohnen, Satelliten und Hyperschallraketen bestimmt. Die Grossmächte werden intensiv in KI- und FPV- Waffensysteme investieren, die Produktion von **Sobots** (Soldier robots), **Helibots** (unbemannte Helikopter), **Ubots** (U-Boot-Roboter), **Combots** (combat ship robots), oder, wie gerade China, von Superdrones, unbemannte Transportflugzeuge, die andere Drohnen, Bomben, Sobots etc. transportieren, und von unbemannten Kampfschiffen (Combot "Orca") vorantreiben, wobei zuviel Einheitlichkeit, das Verlegen auf eine einzige Technologie und Energiequelle wie auf ein einziges Entscheidungszentrum, eine gefährliche Einseitigkeit und Abhängigkeit, ein unverzeih-licher Verteidigungsnachteil bedeutete. Man muss also im militärischen Bereich, **in dem als Normal-, nicht als Ausnahmefall, mit Worstcase-Szenarios zu rechnen ist** (Organisation von Chaos, Nuklearangriffe auf Städte, Zerstörung von Elektrizitätswerken, von Wasserspeichern, von TV-Sendeanstalten, von Satelliten, von Versorgungswegen) eine gewisse Diversität und unterschiedliche Technologie - alte neben neuen Technologien, analoge wie digitale Geräte - besitzen und beherrschen können. Fakt ist: **Mit einem klugen Managment macht Europa aus viel weniger Geld viel mehr Verteidigung.** Zudem ist es verteidigungsstrategisch und wirtschaftlich ineffizient und überflüssig, 30 verschiedene Nationalarmeen mit ihren *kompletten* Offizierskadern und *voll ausgestatten* Verteidigungsministerien mit Steuergeldern der Bürger aufrechtzuerhalten: Europas Gesamt-verteidigung sollte sich effizient aufteilen in *einen gesamt-europäischen Korps,* den die europäischen Nationen stellen, und in *national-europäische Korps*, die mit dem gesamt-europäischen Korps verbindbar sowie autonom aktionsfähig sind, zentralisierbar sowie dezentralisiert zugleich: Soldaten und Soldatinnen sollten wählen können, in welchem Korps sie Dienst tun wollen, entweder in ihrem gesamt-europäischen oder in ihrem je national-europäischen Korps (oder, falls hier noch weiter fusioniert wird, in ihrem skandinavischen, baltischen oder balkanischen Korps).

3. Diplomacy of Strenght (definiert als Diplomatie, die mit militärischen Mitteln, diplomatische Möglichkeiten schafft) -

4. Beijing Peace Conference (oder ein anderer Ort, wo die Verhandlungen zwischen Ukraine und Russland zu einem stabilen Resultat führen).

TEil II ab **31.10.2023** widmet sich **KRIEGS-TAGEBUCH** auch Israels Vergeltungs- und Verteidigungskrieg gegen die Hamas, die am 7. Oktober 2023 in militärischer Ausrüstung unter feiernden Zivilisten israelischer und inter-nationaler Herkunft, und Familien in Kibbuzen einen Terroranschlag, ein Massaker anrichtete, verbunden mit Köpfungen, Verstümmelungen, Verbrennungen bei lebendigem Leib, Verge-waltigungen, Demütigungen und Geiselnahmen.

---- Ende von Buch 1 ----

Kriegstagebuch 31.12.2024

Ukraine/Russland. Im Osten nichts Neues. Man wartet auf die Inauguration von Donald Trump am 20. Januar 2025 in den USA und auf die Taten, die ihr folgen werden. General Kellogg, Trumps Sondergesandter für den Ukraine-Russland-Konflikt, machte bei Fox News bekannt, dass für einen Waffenstillstand die gescheiterten Minsk-Abkommen (2015) nicht als Vorbild dienen können, es brauche eine nachhaltigere Lösung, welcher der Kreml nicht entgegenkommt, erklärt er die Ablehnung der Stationierung europäischer Friedenstruppen in der Ukraine (Wir wundern uns noch immer über das Schweigen der UN und von Hr. Guterres, der für eine Waffenstillstandgarantie den Einsatz von Blauen Helmen (UN-Truppen), daran sich auch die Volksrepublik China beteiligen könnte, mindestens als Option ins Gespräch bringen könnte - sonst ist er doch immer so gesprächig). Der Frontkrieg geht derweil mit unverminderter Brutalität und Tödlichkeit weiter - ukrainische Soldaten, die einst für die Verteidigung des Landes an die Front gingen, kämpfen nurmehr aus reinem Hass gegen die Russen, erklärte ein Soldat einem deutschen Journalisten, der Hass auf den Feind erhalte sie mittlerweile mehr als die Liebe zum Vaterland am Leben. Das brutal überlegene Momentum ist bei den Russen und den nord-koreanischen Truppen, die in Kursk die Invasion der Ukraine zurückdrängen und im Donbass deren Verteidigung bzw. Rückeroberungsversuch. Selenskyj bat China darum, auf Nordkorea einzuwirken, das nun auch Raketen, nicht nur Drohnen und Truppen, dem Kreml zur Verfügung stellt. Was zusätzlich Russlands kriegstechnisch-qualitative, quantitative und personelle Überlegenheit über die ukrainschen Truppen befördert - Biden sagte gerade nochmals eine 2,5 Milliarden-$-Militärhilfe zu, um dem entgegenzuwirken, was Musk auf X erneut über Selenskyj als "grösster Steuergeldempfänger der USA" spotten liess. Offenbar will Elon nicht so richtig anerkennen, wie wichtig es ist, auch mit Hilfe des Westens, Russlands Invasion in der Ukraine einzugrenzen und einzudämmen, gleichwohl er erst kürzlich die Starlink-Präsenz in der Ukraine mit Satellitendirektverbindungen verstärken liess. Im Laufe des Jahres 2024 eroberte Putins Russland hunderte Dörfer der (Süd)-Ostukraine. Grösstenteils plattgemacht und entvölkert, werden sie für "befreit" erklärt. Der Slovakische Präsident Fico besuchte den Kreml zum Missfallen Selenskyjs, der mit Stopp des russischen Gastransits in die Slovakei drohte, wovon die Ukraine durch Transitprämien profitiert. Fico erklärte es für realistisch, dass die Ukraine Land an Russland abzugeben habe (wie schon Henry Kissinger 2022). Ohne Präzisierung, ob er damit eine **de iure** oder eine **de facto** Abtretung von ukrainischem Territorium an Russland meint (letztere existiert ja schon seit 10 Jahren für gewisse Separatisten-Gebiete und die Krim). Die Hauptstadt seines Landes, Bratislava, empfahl er dem Kreml und Kyjiw als Ort für Friedens- oder Waffenstillstandsverhandlungen. Am 18. Dezember hielt Präsident Putin eine Rede, die in der Aussage kulminiert, dass die ganzen Probleme zwischen Russland und Ukraine von dem illegalen und blutigen Euromajdan-Putsch von 2014 herrühren. Damit näher er sich - wissentlich oder unwissentlich - unserer Einschätzung an (auf jeden Fall wird dieser Blog in Russland und in den USA regelmässig gelesen. Wir würden gerne wissen, von wem...). Fakt ist: Eine zentrale Ursache des russisch-ukrainischen Krieges geht auf den

Bürgerkrieg`zwischen Pro-Euromajdan-Westukrainern und Pro-Russland-Pro-Yanukowitsch/Antimaidan-Ost-Ukrainern zurück, der sich - rund zehn Jahre nach der Orangenen Revolution (2004), die die Ukraine erstmals in diese zwei Lager trennte - nach dem Putsch von Präsident Yanukowitsch entfesselte (13 Polizisten und mehr als 100 Euromaidan-Anhänger wurden erschossen, erst Yanukowitschs Rücktritt beendete dieses Blutvergiessen. Die dafür verantwortlichen Sicherheitskräfte wurden vom neu konstituierten Parlament unter ihrem Interimspräsidenten aufgelöst). Aber die Folgerungen, die der Präsident der Russischen Föderation daraus zog, sind wie seine Interpretation der Absicht der NATO, falsch und irreführend. Die Behauptung, dass die NATO einen Angriff auf Russland vorbereite, ist absurd. Wir bereiten eine effiziente Abschreckung vor, weil eine russische Politik, die in unserer Nachbarschaft internationale Verträge bricht und Krieg entfacht, Misstrauen sät, nicht Vertrauen weckt, und dazu zwingt, Sanktionen und andere Vorkehrungen zu ergreifen. Keine gute Idee wäre es, nebenbei bemerkt in Richtung Russland, einen Angriff auf die NATO vorzubereiten, den **Europäischen Drachen** zu wecken. Nuklear gäbe es auch in Städten Russlands grosse Kraterlandschaften und ewige Pest, das haben unsere Kinder und deren Kinder nicht verdient. Zudem liegt die Anwendung von Nuklearwaffen nicht im Interesse Chinas und den USA. Europa verteidigt sich mit vereinter Stärke, ist primär aber an Handel, der Frieden voraussetzt, nicht an Krieg interessiert. Nur zur Verteidigung sind *als Folge des Grossangriffs Russlands auf die Pro-Westmaidan-Ukraine* Schweden und Finnland der NATO beigetreten (jedenfalls die Ursache dieser NATO-Erweiterung ist ganz allein die Politik des Kreml, obwohl gerade sie jede weitere NATO-Erweiterung verhindern wollte). Aber auch die West-Ukraine, die sich zur Repräsentantin der ganzen Ukraine erklärt, macht Fehler, sie ignoriert bis heute die Separatisten, obwohl ihnen Minsk 2 (2015) autonome Rechte zugestanden hatte, die ihnen vorenthalten blieben. Das war ein Fehler von Poroshenko, den Selenskjk erbte, nicht korrigierte. Schon 2014 wünschten diese Separatisten die Hilfe und Invervention Russlands. Für sie war Putins Militäroperation von 2022 ein Akt der Erleichterung und der Befreiung, ja, des nötigen Schutzes. Kyjiw, das seit Jahren Zivilisten in Separatistengebieten terrorisierte und tötete, war für sie die "Junta" (vgl. Kriegstagebuch 20.11.2024). Doch zurück zu Yanukowitsch, der vor seiner Flucht nach Moskau durch Vermittlung der Aussenminister Deutschlands, Polens und Frankreichs Neuwahlen zugestimmt hatte, zudem verlor er die Mehrheit im Parlament, eine Wiederwahl wie eine Regierung waren ihm so unmöglich Das neue Parlament strengte später sogar ein offizielles Absetzungsverfahren gegen den zusammen mit seinem einflussreichen Sohn nach Russland geflohenen Präsidenten an. 2019 hatte der in der Ukraine und in Russland beliebte Schauspieler Selenskji, ein studierter Jurist, sogar im pro-russländischen Osten der Ukraine über 70 % der Stimmen erhalten. Er war ein Mann, den der Kreml nicht kontrollieren konnte. Er ist, ganz im Widerspruch zur Behauptung des russischen Präsidenten, der seinen Feind "natürlich" delegitimieren und dessen Ruf im eigenen Land beschädigen möchte, der legitime Präsident der Ukraine, auch das Kriegsrecht in der Ukraine ist legitim. Der Kreml-Chef hat es, mitunter, selber in der Hand, wann in der Ukraine Neuwahlen stattfinden, denn es ist normal, dass unter Kriegsrecht Wahlen bis zum Frieden oder Waffenstillstand verschoben werden und dass ein Land, das durch Krieg noch stärker zu einer nationalen Schicksalsgemeinschaft wurde (Gegen den Willen des Kreml hat dessen Politik zur Bildung des Nationalgefühls und des Zusammenhalts der Ukrainer, zum "nation building" der Ukraine beigetragen) keine feindselige Opposition zulässt, wie zum Beispiel eine Moskau-treue Kirche. Auch Präsident Putin hätte im Kriegsfall eine ukrainische Kirche zum "ausländischen Agenten" erklärt und verboten. Die zwei anderen Kirchen der Ukraine haben ihre Tore und ihre Herzen für Gläubige geöffnet. Gerade heilige Tage, wie sie zwischen dem 24. und dem 31. Dezember nicht nur aus änigmatisch-religiöser Sicht stattfinden, bilden einen Grund mehr, zur Einkehr und zur Einsicht zu kommen, beide Seiten sollten über die Feiertage - wenigstens um ein paar Schritte – sich annähern und zur Besinnung kommen. Hoffen wir auf das Neue Jahr, dass es der Ukraine, Europa und Russland endlich den Frieden in Freiheit, ja, in Freiheit!, bringt.

Kriegstagebuch 30.11.2024

Palästina/Israel. Im Nahen Osten nicht viel Neues. Der ICC erliess, wie erwartet, wegen mutmasslicher Kriegsverbrechen Haftbefehle gegen MP Netanjahu, Ex-Verteidigungsminister Gallas und Hamas-Anführer, die mittlerweile durch Angriffes Israels getötet wurden (wie Sinwar). Der britisch-muslimische ICC-Chefankläger Khan untersuchte davor mut-massliche Kriegsverbrechen und "Verbrechen gegen die Menschlichkeit" des IS in

Syrien, nicht aber, obwohl über Verdachtsfälle berichtet wurde, der Türkei in Nordsyrien und des Iranischen Staates. Betreibt der ICC eine anti-israelische Politik? Von antisemitisch muss man dabei nicht reden. Oder ist der internationale Strafgerichtshof in Den Haag der **Hamas-Methode** auf den Leim gekrochen? Besagend: dass die Hamas durch die bewusste Benutzung von Zivilisten und Zivilgebäuden, um sich militärisch vor Israel zu verstecken und die Bekämpfung gegen es vorzubereiten, hauptverantworlich für die vielen Zivilopfer ("Märtyrer" für diese radikalen Muslime) im Gaza-Streifen ist, dass die Hamas, wissend, um die politisch korrekte Presse-Öffentlichkeit und den globalen Echoraum von Muslimen, schlau vorauskalkulierend neben Zivilisten im Gaza-Streifen den ICC als "Schutzschild" eingeplant hat, um Israel international zu ächten? Hat der ICC nicht durchschaut, dass er manipuliert, dass er politisch instrumentalisiert wurde? Netanjahu hat jedenfalls Einspruch gegen den Haftbefehl eingelegt und die internationale Gemeinschaft zeigt dem ICC auf macht- oder real-politische Weise seine Grenzen, seine Ohmmacht auf: Frankreich erklärt die Unwirksamkeit dieses Haftbefehls gegen Israels Ministerpräsident. Es wäre an der Zeit, dass Deutschland "aus Gründen" diesem Beispiel folgt. To be continued.

Kriegstagebuch 29.11.2024

Ukraine/Russland. Im Osten bessere Raketen, im Westen bessere Erkenntnisse [for: "Do we need a second S.D.I - like in Ronald Reagan's time? see War diary 24.11.]. Offenbar schwankt Präsident Putin in seiner strategischen

Ausrichtung für die Russische Föderation zwischen **realistischem Arrondismus**, eine Miniaturversion von Imperialismus, der in seinen Nachbarländern Arrondierungen und Protegierungen von prorussischen Grenzgebieten ins Visier nimmt - ein Hauptzweck des Angriffs von 2022 auf die Ukraine - und **imperialistischem Grössenwahn**, eine Extremversion von Imperialismus, der den totalen Angriff auf die NATO und ganz Europa, und damit die eigene Selbstzerstörung, die massive Kraterlandschaft, zu der Russland gemacht wird, riskiert. Ein ungesundes ambivalentes Schwanken ist bei diesem Präsidenten zu beobachten, ein Hin-und-Her, einerseits zwischen der nüchternen Betonung der Selbstgenügsamkeit, der Autarkie Russlands aufgrund seiner Grösse und seiner Bodenschätze (Russland muss niemanden angreifen und niemanden fürchten, das ist die nackte Tatsache, aber die kann oder will der Kreml nicht ertragen oder selbstgenügsam nutzen, er verhüllt sie mit Bedrohungsmythen, mit Paranoia, mit Verfolgungswahn), und, andererseits, der Entfachung der imperialistischen Gier, noch grösser, noch reicher, noch sicherer, noch unbedrohter, zu werden, wobei man sich besonders beim Immer-Grösser-Werden-und-Immer-Mehr-Einverleiben-Wollen irgendwann überfressen und daran ersticken kann. Der Präsident betonte in der Pressekonferenz in Kasachstan (28.11.) wiederholt die Überlegenheit seiner Oreshnik-Rakete gegenüber allem, was der Westen zur Zeit aufzubieten hat, und seine Drohung, sie wieder einzusetzen, sogar gegen Regierungsgebäude in Kyjiw - Selenskys Antwort: Putin torpediere damit die Friedensbemühungen von Präsident Trump -, während der korrupte Kirchenfürst Kyril in Moskau seinen russischen

"Lämmern" predigte, dass Christen die Apokalypse nicht zu fürchten hätten. Dabei setzt dieser Ketzer die göttliche Apokalypse mit einer nuklearen, mit der diabolischen Apokalypse des Kreml gleich. Man kann sich fragen, ob im Kreml der Satanismus und die Hybris oder der Wahnsinn herrschen, die Russland in den Abgrund zu reissen drohen und ob es in Russland noch normale Kräfte gibt, die diesen Wahnsinn stoppen können, ja, müssen. Aber das als Zwischenbemerkung. Wer dazu beitragen kann, das könnte der US-Sondergesandte für den Ukraine-Russland-Konflikt in der Trump-Administration sein. Der 80 jährige **General Keith Kellogg** hat eine lange Kriegserfahrung und einen hohen Intellekt. Ihm macht man nichts vor. Er weiss, wie das "Spiel" geht. Man kann nur hoffen, dass er auch das internationale Spiel versteht, dass er die NATO, die EU, den Friedensvorschlag Indiens und Brasiliens, die Friedens-Kapazität der UN, der blauen Helme der UN, und last but not least, die Deeskalations- und Friedensvermittlungs-bemühungen Chinas in das Endgame dieses Krieges in Ost-Europa aufnimmt. Deutschland, das gerade von einer intellektuellen Provinzialität heimgesucht wird. Deutschland, das vierzig, sechzig, ja achtzig Jahre lang mit den Windeln der Westbindung herumlief und jetzt, mehr mit Babyspeck als mit Muskeln, in die Selbstständigkeit wankt...Deutschland, das wie durch das beschränkte Periskop eines westlichen U-Boots als mit der freien Übersicht einer Panorama-Kamera auf den Ukraine-Russland-Krieg blickt, Deutschland hat im Moment nicht die Kraft und den Willen, **nach dem MEGA-Prinzip** Make Europe Great Again, **die gesamt- und national-europäische Verteidigung** und Verteidigungspolitik auf das notwendige organisatorische, ökonomische und militär-technische Niveau zu bringen und zu fördern. Und zwar schnell und grossflächig. Ausgerechnet der BND (Bundesnachrichtendienst), Deutschlands bürokratisch viel zu aufgeblasener und faktisch viel zu unnützlicher Auslandgeheimdienst, der von den US-Geheimdiensten ungefähr so abbhängig ist wie die Europäische NATO von der US-Army, ausgerechnet der warnt jetzt, dass der Russische Bär Ende dieses Jahrzehnts Europa angreifen könnte (was würde Russland dabei gewinnen? ausser die Konsequenzen von furcht-baren Gegenschlägen und Guerilla-Attacken?), bis dahin hätte der auf Angriff gestellte russische Rüstungs- und Wirtschaftskomplex die kritische Grösse für einen erfolgreichen Angriff auf NATO-Gebiet erreicht. Was auch immer dann "erfolgreich" bedeutete. Was will der BND mit diesem Alarmismus erreichen? Will er Europa unter die Fuchtel der USA, also in die NATO treiben oder will er Europas Verteidigung (und damit sich selber) noch schneller und stärker in die Selbstständigkeit stossen? Der Europäische Drache, dazu braucht es keine Geheimdienste, weiss aus offiziellen Quellen, dass der Russische Bär aufrüstet, dass das Putin-Regime die russische Gesellschaft militarisiert. Diese Militarisierung durch den Kreml erinnert an NAZI-Deutschland und die jungen Russen, die in der Schule Militär-Spiele spielen, anstatt zu lernen, wie man sich für den Weltfrieden engagiert, erinnern an die Pimpfe aus der Hitler-Jugend. Das Ganze erweckt den Eindruck, als ob Russland seinen Minder-wertigkeitskomplex durch militärische Aggression und Grösse kompensieren will, ein Minderwertigkeitskomplex der bei seiner einzigartigen autarken Stärke überflüssig ist, also mehr eingeredet ist, mehr Fantasma (so wie das Fantasma der Bedrohung) als real ist, doch leider kann ein Fantasma, ein fantasmatischer Zustand die gleiche Realitätsqualität wie die Realität selber haben, zumindest für eine geraume Zeit. Und diese könnte mindestens die Regierungszeit des Präsidenten Putin, also gut weitere zehn, fünfzehn Jahre umfangen. Wenn die USA die Selbstständigkeit Europas verhindert, zumal in kontrollieren und manipulieren will, dann muss sie in der NATO die Erste Geige spielen. Doch das kann auf Zeit nicht funktionieren. Das gesamt-europäisch denkende und handelne Europa von einer halben Milliarde Menschen - rechnen wir die Türkei von Präsident Erdogan dazu - das kann und will auf Zeit nur durch sich selber regiert werden, durch niemanden von Aussen, durch kein Dritte Macht. Die Erste Geige in Europa sollen und wollen die Europäer und die Europäerinnen, nicht die Amerikaner, nicht die Russen und nicht die Chinesen spielen. Das muss der Welt klar gemacht werden, wenn nicht auf friedliche Weise, dann auf dem Schlachtfeld und darin hat Europa, nach China, die längste und grösste Erfahrung. In Europa schlummert immense, ja, schreckliche kriegerische Vergangenheit, die wieder gewecket werden kann, wenn Europa bis auf das Tiefste und das Bedrohlichste gereizt wird. Man wecke den **Europäischen Drachen** nicht. Der Russische Bär hatte es noch nie mit diesem zu tun gehabt. Der **Russische Bär** ist gut im Verteidigen (gegen Grössenwahnsinnige wie Napoleon und Hitler), und im Arrondieren von Grenzland, nicht im Angreifen des ganzen Westens (Stalin wäre, nach der Eroberung Berlins, gerne nach Lissabon weitermarschiert, wurde behauptet. Faktisch standen ihm dafür Alliierte, die USA, Kanada, Frankreich, UK, im

Weg. Wir Europäer wollen und können weder ein freundliches Vasallentum unter den USA, noch eine feindselige Erpressung unter Putins Russland auf Zeit gutheissen. Wir wollen mit Russland und mit den USA bald, nicht erst in tausend Jahren, auf Augenhöhe Frieden und Freude, Handel und Wandel betreiben - was sonst? Dann muss auch die Ukraine integriert und befriedet sein, zur Zufriedenheit aller: der Ukraine, Russlands, Europas, Amerikas, Afrikas und Asiens (Erdogans Türkei, Anrainerstaat am Schwarzen Meer, ist strikt gegen eine de iure Abtretung von ukrainischem Territorium an Russland – akzeptierte er eine de facto-Abtretung, die schon besteht?). Europa wird ausser seine militärische Selbstständigkeit seine **Aussenpolitik der Vier Chancen** (Asien, Russland, Afrika, Amerika) ausbauen, ökonomisch nicht zuletzt über die Neue Seidenstrasse mit China. Weitsichtig wäre es von den USA, Europa auch und gerade auf diesem Weg zu helfen, denn ein starkes Europa, ein MEGA-Europa, ist der beste Freund und Partner eines starken Amerikas, eines MAGA-Amerikas. To be continued.

Kriegstagebuch 24.11.2024

Zum zweiten Mal schlug in der Ukraine die Oreshnik-Hyperschallrakete ein, Russland gibt offen zu, vor allem zu Testzwecken. Die Antwort des Westens? *Reagan reloaded* - SDI 2.0. ? Do we need a second **SDI (Strategic Defense Initiative)?** - the first SDI, a defence system with satellites in space, was initiated by US-President Ronald Reagan in the middle of the Cold War. Der Westen verfügt bereits über erste Raketen-abwehrsyteme gegen

Hyperschallraketen, die Entwicklung in diesem Bereich ist dynamísch, wahrscheinolich werden Mini-Hyperschall-Raketen kombiniert mit vom Boden und von Satelliten aus gesteuerte Laser-Kanonen (300 000 km pro Sek) und einem besseren Frühwarnsystem dazukommen. Mitten im Kalten Krieg initiierte US-Präsident Reagan die **SDI (Strategic Defense Initiative)** (1993 eingestellt), um im Weltraum mit Laserkanonen ausgerüsteten Satelliten nuklear bestückte Interkontinentalraketen der Sowjetunion zu bekämpfen - die Sowjetunion konnte damals militärtechnisch nicht mithalten - , damals war das auch mehr Fiction als Science, mehr Fake als Fakt, mehr Bluff als Realität, heute jedoch, dreissig Jahre später, sind wir technisch dazu in der Lage. Gleichzeitig ist auch die, unter anderem nuklerare, Bekämpfung von Satelliten vorangeschritten, folglich müssen SDI-Satelliten auch sich selber schützen und verteidigen können.

Kriegstagebuch 23.11.2024

Nachtrag zu Kriegstagebuch 20.11.2024: Auszug aus einer seltenen Dokumentation in deutscher Sprache über die Anfänge des ukrainischen Bürgerkrieges (2014-2022): Ulrich Heyden: *Der längste Krieg in Europa seit 1945. Augenzeugenberichte aus dem Donbass.* Hamburg 2022. Aus einem Interview mit einem Bewohner (Kommunist) von Slowjansk - das seit dem 12. April von Regierungsgegnern und Strelkows russischen Hilfstruppen (ca. 50 Mann) besetzt war und dessen Rückeroberung am 2. Mai 2014 durch Kyjisw „Anti-Terror-Operation" begann, am gleichen Tag, übrigens, als in Odesssa die mörderische Hetzjagd von Euromaidan-

Anhängern gegen pro-russische Antimaidan-Ost-Ukrainer stattfand

Frage von Heyden: "*Ist die Bevölkerung geeint? Was vereint die Menschen? Gibt es Leute, die Sagen, diese Aufständischen und dieser Volks-Bürgermeister* [Ponomarjov] *sind an allem schuld?*

Antwort: "*Die Meinungen sind gespalten. Die Mehrheit ist für Russland (viele warten noch, dass Putin kommt) und für die Separatisten. Die Minderheit ist für die Ukraine. Dementsprechend sieht die Mehrheit die Schuld bei der ukrainischen Macht, die Minderheit bei den sogenannten Terroristen. Ich meine, dass die ukrainische Macht schuld ist. Anstatt Ordnung zu schaffen, schafft die Junta in Kiew Spannungen und hat diesen Krieg angefangen. Übrigens sind die prorussisch Gestimmten vor allem die Pensionäre. Wir sind eine Rentnerstadt. Arbeit gibt es bei uns wenig. Deshalb leben bei uns vor allem Rentner, Studenten (es gibt eine Universität und mehrere Colleges) und Händler.*" (S. 189):

............*Als Kommunist meine ich, dass man gegen die Junta [Kiew] mit politischen Methoden und Streiks kämpfen muss. Aber die "Separatisten" haben sich für das Abenteuer entschieden. Sie haben damit gerechnet, dass Russland sich einmischt, uns uns annektiert. Genaugenommen war das der Traum der "Separatisten" vor einem Monat. Jetzt sagen Pnomarjov und Strelkov offen, dass Putin nicht kommt, aber die Leute hören das nicht.*

Ponomarjov ist ein Dummkopf?

Die frühe Bürgermeisterin - Nelja Schtepa - wurde gesetzlich gewählt. Ponomarjov hat sich selbst ernannt. Er ist ein Usurpator. Als Bürgermeister will ich Jemanden, der von der städtischen Gemeinschaft demokratisch gewählt wurde. Nelja Schtepa war nicht die schlechteste Bürgermeisterin." (S. 190).

Kriegstagebuch 22.11.2024

Ukraine/Russland. Im Osten etwas Neues. Der Verlauf des Ukraine-Russland-Krieges entwickelt sich in einer paradoxen Schlaufe, der Frieden und der Weltkrieg rücken näher. Doch nicht erst der Einsatz von ATACMS und Storm Shadow gegen russisches Gebiet (Ziel war eine russisch-nordkoreanische Kommandozentrale vor Kursk), verleihen dem Ukraine-Russland-Krieg zum ersten Mal eine internationale Dimension, wie jetzt Präsident Putin behauptet, der Einsatz von Truppen Nordkoreas und NATO-Armeehelfer, von den Söldnern und den Waffenlieferungen internationaler Partner auf beiden Seiten abgesehen, verleihen diesem Krieg schon länger einen international (mit)bestimmten Stell-vertretercharakter. Präsident Putin will mit dieser Aussage auf Russlands erneuerte Nukleardoktrin hinweisen (s. Kriegstagebuch 27. Sept.), die Angriffe auf alle NATO-Mitgliedstaaten also: Ukraines Unterstützerländer, zulässt, falls zwei oder drei von ihnen an ukrainischen Angriffen auf Ziele im russischen Inland beteiligt sind - was bei diesen Marschflugkörpern, die von US-Präsident Biden zum ersten Mal in der Reichweite entschränkt wurden, der

Fall ist. Konkret: Statt die USA, die diesen Verteidigungs-Angriffen der Ukraine durch Satelliten-Assistenz den Erfolg garantieren, bombardiert Russland zur Vergeltung "lieber" Polen, Finnland oder Deutschland. Die USA mit Nuklearwaffen bombardieren, das bedeutete Selbstmord, das Ende Russlands, beim Bombardieren Europas sieht es etwas anders aus (ganz sicher ist das nicht). Putins erneuerte Nuklear-Doktrin besitzt mehr **Erpressungs-potential gegen Europa** als gegen die USA, und das mit Absicht. Seine politische Echokammer in Deutschland, das BSW, mehr als die AfD, wird darauf anspringen. Offensichtlich ist die Erneuerung dieser Doktrin auch eine Anpassung an den Artikel 5 der NATO, alle für einen, einer für alle, und dass sie nicht nur ein Bluff sein soll, demonstrierte der Kreml mit einer Show of Force, in dem er Ukraines Millionenstadt Dnipro mit einer neuen Hyperschall-Rakete (Oreshnik), ohne Atomsprengköpfe, beschiessen liess, nachdem bereits Hyperschallrakete Kinshal, nicht so richtig überzeugend, weil abschiessbar, zum Einsatz kam, und Russlands Armee dabei auch noch gleich auf Interkontinentalraketen dieser Art hinweist. Zugleich wird die Massenproduktion von Oreshnik angekündigt, **man könne damit ganz Europa treffen:** Was genau damit bezweckt werden soll, wenn der Kreml "ganz Europa" trifft und wie er verhindern will, dass im Gegenschlag, Europa (und seine Verbündeten) den Kreml treffen, das bleibt ein russisches Geheimnis. Soviel steht fest: Russlands Militär betrachtet die Ukraine als Testgelände. Die westliche Luftabwehr besitzt bereits erste Raketen-abwehrsysteme gegen Hyperschallraketen. Die Luftabwehr wird weiter verbessert, ab 2026 soll Europa zudem über Hyperschallraketen verfügen.

(Vielleicht kommen gegen grosse Hyperschall-Raketen (3km pro Sekunde) Miniatur-Hyperschall-Raketen und auf Boden und per Satellit gesteuerte Laser-Kanonen (300 000 km pro Sekunde), in Kombination mit einem besseren Frühwarnsystem, zum Einsatz?) US-Präsident Reagan initiierte die **SDI (Strategic Defense Initiative)**, die im Weltraum mit Satelliten die USA vor sowjetischen Interkontinentalraketen schützen sollte, war aber technisch noch mehr Fiction als Science, mehr Fake als Fakt, mehr Bluff (effektiver!) als Realität warl Wie auch immer Russland weiss, dass im Westen - nicht nur mit der NATO - genügend nukleare Wehr-haftigkeit existiert, um aus Petersburg und Moskau zwei grosse Kraterlandschaften zu machen. China war dann sogleich als Stimme aus dem Off zur Stelle, um einer Eskalation zwischen russischen und europäischen Sofa-Hitzköpfen (Dugin und, natürlich, Medvedev auf russischer Seite) abzumahnen. US-Präsident Trump wird also einiges zu beschwichtigen, zu bereinigen und zu befrieden haben. To be continued.

Kriegstagebuch 20.11.2024

Ukraine/Russland. Im Osten einiges Neues. Donald Trump (mit J. D. Vance als Stellvertreter) hat am 5. November 2024 seine zweite Wahl zum Präsidenten der USA gegen die für Biden eingesprungene US-Vizepräsidentin Kamala Harris gewonnen, am 20. Januar 2025 findet in Washington D.C. die Inauguration statt. Sicher nicht mit Lady Gaga wie bei der Inauguration Bidens 2020 - die meisten US-Popstars, angeführt von Taylor Swift, the "Boss" Bruce Springsteen und Eminem, votierten für Harris, gegen Trump, Ausnahmen wie Kid Rock und 50 Cent dürften Trumps Inauguration musikalisch unterhalten. Die für Harris extrem positiv, gegen Trump extrem negativ eingenommene Mainstream-Presse Deutschlands war überrascht und enttäuscht darüber, wenn nicht entsetzt, währenddessen diejenigen, die am Citizen journalism von X teilnahmen, Donald Trumps Wahlsieg erwarteten und sich hinsichtlich des Ukraine-Russland-Konfliktes eher erfreut als besorgt zeigten und zeigen. Trump hat in seinem Wahlkampf, typisch amerikanisch grossmaulig, in der Ukraine einen Frieden binnen 24 Std. versprochen, wird er binnen eines Jahres erreicht, wäre das realistischer und ebenfalls okay. Auch Ukraines Präsident Selenskyj, der sich an das Wahlresultat in den USA anpassen muss, rechnet neustens mit einem Frieden in 2025, und betont zugleich, wie unabhängig die Ukraine sei, was Elon Musk bei X zu einem spöttischen Post hinriss ("*He [...] sense of humour is amazing*" (16.Nov.)), nachdem Musk bereits am 2. Oktober über Selenskyj als den Bettlerpräsidenten spottete. Auch die Geschichtswissenschaft ist nicht stehengeblieben. Die *geschichtswissenschaftliche* Sicht auf den Ukraine-Russland-Konflikt hat sich weiter vertieft, ergänzt und verbessert, was auch für die *politische* Gesamtbeurteilung dieses rund zehnjährigen Krieges im Osten der Ukraine Konsequenzen haben könnte (zu erwähnen wären das, von dem mittlerweile in Berlin lebenden Moskauer Journalisten Mikhail Zygar verfasste, Recherchebuch: *Krieg und Sühne. Der lange Kampf der Ukraine gegen die russische Unterdrückung.* Berlin 2023 (engl. 2023) und die SPD-Studie von Reinhard Bingener/Markus Wehner: *Die Moskau Connection. Das*

Schröder-Netzwerk und Deutschlands Weg in die Abhängigkeit. München 2023. Die allerdings den üblichen Anti-Putin-Kurs kolportiert). Der **russische Angriff vom 24. Februar 2022** auf die westliche Ukraine ist ja kein Neuanfang, sondern - nach der friedlichen, mit einer halbseriösen Volksabstimmung begleiteten, Annexion und Aufnahme der Krim in die Russische Föderation am 18. März 2014 - die Fortsetzung des im April 2014 begonnenen Bürgerkrieges zwischen Donbas und Kyjiw, genauer: zwischen ostukrainischen Separatisten, die von Russland zuerst unterstützt, um nicht zu sagen gerettet, später vereinnahmt, wurden, und den offiziellen Respräsentanten der Ukraine, die im Westen, in Kyjiw, sitzen bzw. durch die Euromaidan-Revolution in den Besitz der Regierungsmacht kamen. Schon 2004, während der "Orangenen Revolution"strebten ostukrainische Separatisten eine Spaltung des Landes, eine eigene Republik mit Charkiv als Hauptstadt, an, die Euromajdan-Unruhen von 2014 reaktivierten bestehende Autonomiebestebungen und aktivierten neue, und als ein Coup von Euromajdan-Protestierern, darunter militante Nationalisten, "ihren" legal gewählten Präsidenten Yanukowitsch, der von russlandfreundlichen und russisch sprechenden Ostukrainern die grösste Unterstützung genoss, in die Flucht schlug, wurde für diese Separatisten Kyjiw definitiv nicht mehr ihr Kyjyw (der Vorfall am 2. Mai in Odessa, indem westukrainische Neonazis pro-russische Anti-Majdan-Ukrainer mit Gewalt in ein Haus trieben und in Kauf nahmen, dass sie verbrannten oder erstickten, warf ein grelles Licht auf diesen sich vom Donbass bis zu Kyjiw hinziehenden Bürgerkrieg). Die Separatisten trieben die Abspaltung und die Abspaltung trieb sie voran. Aus dem vorübergehenden Chaos in der Regierung und der Uneinigkeit der Oligarchen vor Ort (und im Donbass), entsprang ein "geschäftsführender" Kompromiss- und Interims-Präsident in Kyjiw, Turtschynov, der im Osten nie Autorität gewann, sie vielmehr als Euromajdan-Putischist verlor. In Donezk, Charkiw und Luhansk wurden die Gebäude der Regionalregierungen gestürmt und russische Flaggen gehisst. Der Donbass, angefangen mit Donezk und unterstützt von einflussreichen Ukrainern wie Yanukowitschs Sohn, der nach Moskau geflüchtet war, trieb seine Abspaltung von der Pro-Majdan-Ukraine und von Kyjiw voran (am 7. April erklärte die Stadt ihre Unabhängigkeit, am 12. April überquerten Russen mit Igor Strelkow (Girkin) die Grenze - sie besetzten zuerst die Polizeistation von Slowjansk - , die willkommene und notwendige Hilfe brachten. Kyjw behauptete, die "ganze" Ukraine zu repräsentieren, und strengte, später, zu spät, eine militärische "Anti-Terror-Operation" gegen die von Russland unterstützten Separatisten - für Kyjiw "Terroristen" - an. Diese hatten zuvor dem angesehenen Oligarch Rinat Achmetow, der im Namen Kyjis mit ihnen verhandelte, die Führung der neuen Republik angeboten, was, nebenbei bemerkt, seiner späteren Aussage widerspricht, dass sie bloss "*Marionetten Russlands*" (Zygar, S. 396) seien. Solche bieten kaum von sich aus einem angesehenen Ukrainer die Führung an. Letztlich blieb sein Verhandlungsversuch wie die Anti-Terror-Operation Kyjiws ohne Erfolg: angeführt durch die Regierung in Kyjiw begann ein jahrelanger Stellungskrieg, ein Bombardement, ein Beschuss, ein Terror, der tausende ostukrainische Zivilisten tötete, man kann auch "emordete" sagen. Den militärisch nicht zu schlagenden Separatisten wurde im Minsk II-Abkommen (2015) eigene Rechte eingeräumt, ratifiziert von der Werchowna Rada, doch dazu ist es nie gekommen. Diese Versäumnisse und Fehler (Putin meinte, der Westen würde nur lügen und täuschen, dabei ist es wohl bloss **nachträgliche Legendenbildung**, dass Merkel mit Minsk-2 hauptsächlich ein Verzögerungs- und Täuschungsmanöver im Sinn hatte, um den Ukrainern mehr Zeit für eigene Verteidigungsvorbereitungen zu geben) und der Wille und die Aktionen der auf 2004 zurückgehenden Separatistenbewegung, gehören zur Kette von Gründen, die zum militärischen Eklat von 2022 führten, wobei Rhetorik und Begründung für Putins "militärische Spezialoperation" gegen die West-Ukraine vom Kreml neu definiert und international umgedeutet wurde, und zwar so, dass es für das Russische Militär und die Russische Bevölkerung überzeugender klang- zu einem, mit einem **Anti-NATO-Narrativ**, das von der Bedrohung und Umzingelung Russlands sprach (tatsächlich war die NATO-Mitgliedschaft der Ukraine seit 2008 kein Thema mehr, und auch 2014 hätte sie Bundeskanzlerin Merkel verhindert, darauf hätte Putin vertrauen können) und das im Donbass keine Rolle spielte (wohl aber bei der Annexion der Krim, im ukrainischen Sewastopol lag der Hauptsitz der russischen Schwarzmeer-Flotte), im Donbaser Bürgerkrieg ging es um eine reale Bedrohung und Umzingelung durch das Militär aus Kyjiw, die russische Waffenlieferungen und Söldner nötig und willkommen machten, zum anderen, mit einem **CIA-Putsch-Narrativ,** das erzählt, dass die CIA und somit die USA den Millionen Ukrainer umfassenden

Euromajadan manipulierten, wenn nicht sogar schufen, und Yankukowisch putsche und mit diesem **eine Pro-Russland-orientierte Wirtschafts- und Sicherheitspolitik.** Dass das wahrscheinlich kein Hauptgrund für die Entstehung des Euromajdan (bei dem Lehrerinnen ihren Schülern freigaben, damit sie nach Kyjiw gehen konnten), eher ein Effekt oder eine Auswirkung dessen war, auch Folge des eher spontan-chaotisch aufgewiegelten, nicht langfristig geplanten, Putsches, dass Putins geheimdienstlogischer Erklärungsraster zu eng und viel zu unpassend war, um das **gesamte Phänomen,** die breite Volksbewegung des Euromajadan richtig zu erfassen und einzuschätzen, das zeigte sich bald (oder erst) nach dem 24. Februar 2022. So wurde vom Kreml der russische Überfall auf die ukrainische Hauptstadt Kyjiw geplant, um Yanukowitsch auf seinem "eigentlich" legalen Präsidentenstuhl zu restaurieren, dafür liess ihn der Kreml sogar nach Belarus einfliegen. Dieser Plan zeugt von beträchtlicher Weltfremdheit und Falscheinschätzung des Kreml - er musste vor allem deshalb scheitern, ja, er hätte gar nicht so ausgeführt werden sollen. Die West-Ukrainer wollten und wollen keine Russische Obstruktion, sie wollten und wollen nicht Russland, sie wollten und wollen Westliche Freiheit, sie wollten und wollen Europa. Der russische Präsident hätte ausserdem wissen können - hatte er keinen Nachrichtendienst oder Bekannte in Kyjiw? -, dass Präsident Yanukowitsch mittlerweile auch seine Mehrheit im ukrainischen Parlament verloren und - durch Vermittlung der Aussenminister Deutschlands und Polens - einer für ihn chancenlosen Präsidentenneuwahl zugestimmt hatte. Er konnte später sagen, seine Absetzung sei erzwungen gewesen, verfassungsrechtlich war sie in jedem Fall illegitim (Man dichtete ihm zwar später Hochverrat wegen der Krim-Annexion an - ein Grund, um gegen ihn ein Absetzungsverfahren in Gang setzen zu können -, aber das roch nach nachträglicher Konstruktion). Sie geschah auf jeden Fall auch, um noch mehr Gewalt zu vermeiden, denn 13 seiner Polizisten, nicht nur über hundert Majdan-Protestierende, waren erschossen worden, die Polizisten wahrscheinlich durch extreme Protestanten, darunter Neonazis, und die Euromajdan-Demonstranten durch die ukrainische Berkut-Einheit, die nach dem Majdan-Putsch aufgelöst wurde. Präsident Putin wollte mit Gewalt ein Rad der Geschichte zurückdrehen, das nicht mehr zurückdrehbar war, das Gewicht der Mehrheit des ukrainischen Volkes war dafür zu gross, ausserdem war dessen Wille zur Selbstbehauptung - ab 2019 verkörpert durch den mutigen ukrainischen und russischen Film- und TV-Star Selenskyj - primär durch sich selber gesteuert, nicht durch eine fremde Agenten-organisation. To be continued.

Kriegstagebuch 26.10.2024

Ukraine/Russland [Palästina/Israel siehe unten] Im Osten nicht viel Neues. Das Massaker, der Vernichtungs- und Abnutzungskrieg an der Ostfront der Ukraine, hält an, die Ukraine ist in der Defensive, sie verliert Ortschaft nach Ortschaft an Russlands überlegenere Armee, auch in dem von ihr besetzten russischen Oblast Kursk. Nach der Ratifizierung des strategischen Partnerschaftabkommens von Russland und Nordkorea im Sommer, haben erstmals nordkoreanische Truppen die Ostukraine betreten. Das ginge nur Russland etwas an, meinte dazu Präsident Putin. In Zukunft, falls nordkoreanische Soldaten tatsächlich in der Ostukraine zum Einsatz kommen, wird es auch nur die Ukraine etwas angehen, deutlich mehr freiwillige Truppen und Waffen von Verbündeten einzusetzen. Das wäre allein deren Sache, nicht Putins, und Sache der Ukraine, die mit ihrem "Siegesplan" im Westen hausieren ging, ohne viel Resonanz. Die USA liefert weiter Geld und Waffen, zumal bis zum 5. November bzw. Januar 2025, sollte Donald Trump statt Kamala Harris die Präsidentschaftswahl gewinnen (Wobei anzunehmen ist, dass Trump als Präsident, erstens, den Wert der NATO zu schätzen weiss - nicht, dass "MAGA" "MEGA" ausbremsen, zumal verzögern will - ein starkes Europa erlaubt den USA ihre Truppen aus Europa abzuziehen, und mit ihm in guten Geschäften und guter Partnerschaft zu verbleiben -, und, zweitens, dass er eine Pufferzone zwischen der Ukraine und Russland zu sichern bereit sein könnte, stehen nicht Blauhelme der UN, darunter Truppenkontingente aus Indien, Brasilien und China, zur Verfügung). Die EU sicherte ihre Ukraine-Unterstützung ab für den Fall, dass mit Trump die amerikanische massiv zurückgefahren wird. Theoretisch könnten nach den nordkoreanischen Truppen irgendwann auch chinesische Truppen in der Ostukraine stehen. China würde gegen die NATO, gegen Europa und gegen die Ukraine kämpfen. Dass China das nicht tun wird, dazu später. Überhaupt wird die Ukraine ihre Separatistengebiete, einschliesslich der Krim, die Russland offiziell in ihr Staatsgebiet einverleibte, und die seit rund zehn Jahren russifiziert sind, mit Rubel wirtschaften, von Moskau Rente beziehen und nach russischem Recht Wahlen abhalten, kaum zurückerobern.

Die ostukrainische Separatistenbewegung wollte sich schon 2004 in einer eigenen Republik mit Charkiv als Hauptstadt autonomisieren, und kämpfte 2014 gegen das westlich orientierte Kyjiw, gegen den Euromajdan, für ein Pro-russländisches und Pro-russisch-sprachiges autonomes Ostukraine, in das sich, teilweise von Putin entsandte Russen festsetzten, die die ostukrainische Separatistenbewegung finanzierten, ausrüsteten und "mit"dominierten, unterstützt von Ukrainern, die nach Moskau flohen wie der Sohn des legitim gewählten ukrainischen Präsidenten Janukowitsch, der vom Euromajdan-Mob vertrieben wurde (und bald auch im Parlament die ihn unterstützende Mehrheit verlor). Vor allem als Kyjiv begann, gegen sie militärisch vorzugehen, trieb es die Ostukraine- Separatisten in Russlands Arme(e) und Russland zu diesen Separatisten. Dann lieber russisch und Putin, als westlich und von einem Präsidenten regiert, den sie nicht wählten und wollten. Wobei Selenskyj, der ja auch in Russland ein Superstar, ein berühmter Schauspieler, Komödiant und Moderator, war, in der Ostukraine ausserhalb der Separatistengebiete beim 2. Wahlgang der Präsidentschaftswahl 2019 rund 70% der Stimmen holte, auch und gerade weil er die Einheit und den Frieden der Ukraine versprach und als allseitig bekannte Versöhnungsfigur plausibilisierte. Doch um etwas in diese Richtung zu bewirken, hätte sich Selenskyj wahrscheinlich 2014 zur Wahl stellen sollen, fünf Jahre später war es schon zu spät dafür. Russland, das sich als extrem rücksichtslos gegenüber eigenen Leuten, nicht nur gegenüber ukrainischen Soldaten, Zivilisten, Dörfern und Städten zeigte und zeigt, würde wahrscheinlich taktische Nuklearwaffen einsetzen und eine grössere

Mobilmachung durchführen, um die Rückeroberung durch die Ukraine zu verhindern und in ein totales Chaos der verbrannten und verseuchten Erde zu verwandeln. Von daher ist es geboten, dass die Ukraine, anstatt Komödianten-T-Shirts zu drucken mit dem Slogan: "Make Russia small again", eine Anspielung auf Trumps "Make Amerika Great Again", Vernunft annimmt und auf eine stabile - und das heisst, auch für Europa stabile - Friedenslösung in der einst separierten, jetzt abgespaltenen Ostukraine hinarbeitet. Selenskyjs will die Ukraine in der NATO sehen, der neue NATO-Generalsekretär Rutte macht ihm (falsche) Hoffnungen. Bundeskanzler Scholz ist strikt dagegen. Europa tut gut daran, diesen NATO-Beitritt als ein Pfund zu betrachten, das man bei den Verhandlungen mit Russland auf die Waagschale legen kann (Zur NATO als ein auslaufendes Verteidigungsmodell für Europa, s. Einträge...2024/2023). Irgendwann braucht Europa ein **Helsinki 2** - ein neues Friedens- Abrüstungs- und Handelsabkommen mit Russland, das wird allerdings erst möglich sein nach einer faktischen, vielleicht nicht juristischen, Lösung des Russland-Ukraine-Krieges. Indiens Premierminister Modi hat am BRICS-Gipfel in Kasan (22.-25.10) dafür erneut seine Vermittlerrolle angeboten. Im Moment will Putin statt Diplomaten nur die Waffen sprechen lassen. Das Schlachtfeld soll die Fakten für zukünftige Verhandlungen schaffen, beide Seiten streben nach einer Position der möglichst grossen Stärke.

Südkorea hat auf die nordkoreanische Provokation reagiert und entsendet Waffen und Instruktoren, die über die Mentalität und Kampfweise Nordkoreas informieren sollen, vielleicht auch **freiwillige Truppen**, in die

Ukraine. Der kleine Weltkrieg weitet sich aus. Putin will in der Ostukraine lieber Nordkoreaner kämpfen und sterben lassen als Russen, russische Verluste bergen immer das Risiko von innenpolitischem Aufruhr, nicht nur seitens der Mütter der Gefallenen. Nordkoreanische Opfer können ihm relativ egal sein, das ist dann Pjöngyangs Problem. Zudem ist, bei aller Vaterlandsliebe,für das Vaterland in der Ukraine zu sterben, für viele Petersburger und Moskauer keine Option. Sollte der Ukraine-Krieg soweit in die russische Zivilgesellschaft eindringen, könnten Putins Popularität und Posten auf dem Spiel stehen.

Nun aber noch ein paar allgemeine Bemerkungen zu China und zu Indien. China ist eine liberale Diktatur, mit demokratischen Elementen in ihrer Einparteienregierung, liberal ist zudem an diesem Land, dass seine EinwohnerInnen reisen und ausreisen können, wie sie wollen, sie werden nicht gefangengehalten wie die Einwohner Nordkoreas, das eine illiberale Diktatur vorstellt. China ist keine liberale Demokratie, das ist der Anspruch des Westens an die Welt, zumindest von uns an unsere Regierungsform. Wie dieses 1.4 Milliarden-Land zu regieren und zu versorgen ist, das kann sich ein 80-Millionen-Land kaum vorstellen. Ein Übertrag und Vergleich ist kaum möglich. Eine Abwertung sollte sich von daher ausschliessen. Man verweist dann gerne auf Indien als grösste Demokratie der Welt, es hätte doch auch über eine Milliarde Menschen (und es löst auf seine Weise das Problem mit dem latent bis manifest *imperialistischen Islam*, in dem es Moscheen abreist und die Beterei auf der Strasse verbietet, China soll sogar Umerziehung angeordnet haben, Europa hingegen hat noch keine Lösung, oder kaum eine, gefunden). Indien besitzt dafür soziale Gefängnisse und Regulative für grosse Bevölkerungsgruppen in Form eines traditionellen Kastensystems, das de facto, nicht de iure, jedeweder Egalität und Chancengleichheit für jeden Inder, jede Inderin widerspricht. China-Kritikerinnen wie Sicherheitsexpertin Prof. Groitl vertreten die Ansicht, China sei ganz und klar auf russischer Seite, wolle ganz klar die russische Unterwerfung der Ukraine. Als Gegenthese zu den Groitls und den Jägers, ist zu sagen, "klar", erst recht "ganz klar", ist hier nichts. China ist auch an einem guten Verhältnis mit Europa, nicht nur Europa an einem guten mit China interessiert, zudem ist es weitblickender als manches andere Land. Mit Russland macht es eine schlaue Politik, das muss man anerkennend sagen. Wenn möglich, wird es für die Ukraine friedensbildend intervenieren, wie es das als eine Warnerin vor nuklearer Eskalation schon tat (China will wie die USA keinen russischen Einsatz von Nuklearwaffen in diesem Krieg). Dieser Krieg und unser Blog werden fortgesetzt.

26.10.2024

Palästina/Israel. Im Nahen Osten nicht viel Neues. Der Iran droht mit Bombardierungen (als Vergeltung für Israels Tötung von Nasrallah) hält sich aber relativ zurück. Israel steht unter Beschuss, es gab Tote und Verletzte, beschiesst selber aber auch den Libanon, beim Eindringen in dieses Nachbarland wurden Tunnels der Hisbollah entdeckt, teilweise unter Spitälern, riesige Waffenlager wurden gesprengt, riesige Geld-Pakete konfisziert. Die Terrororganisation Hisbollah erweist sich in jeder Hinsicht als der grosse Bruder der Terrororganisation Hamas. Zudem hat Israel, wie zu erwarten, endlich auch den gejagten, in die Gaza-Tunnels geflüchteten Hamasführer Sinwar getötet. Sowie weitere Hamas- und Hisbollah-Anführer, darunter zwei Nachfolger von Nasrallah. Die Hamas verzichtet vorderhand auf die offizielle Ernennung eines Führers, da man aus ihm eine Zielscheibe für Israel machte. Israel hat mit diesen Tötungen allerdings nicht eine einzige Geisel freigelöst. Ein militärischer Erfolg sollte zu politischen oder diplomatischen Resultaten führen, sonst ist er keiner, zumal kein vollständiger. Die Richtung des Krieges muss Verhandlungen, die Freilassung der Geiseln, von denen die Hamas mittlerweile mindestens 100 ermordet hat, und ein vernünftiges, machbares politisches Friedensziel beinhalten, doch man hat fast seine Zweifel, ob PM Netanjahu und die Extremisten in seiner Regierung dieses Ziel kennen (böse Zungen behaupten, Netanjahu betreibe auch aus privaten Motiven diesen Krieg, er fürchte Anzeigen und drohende Gefängnisstrafe nach dem Ende seiner Regierungszeit. Was Unsinn ist, aber typisches Verschwörungsthesen-Geplapper in den Sozialen Medien) oder ob sie nicht tatsächlich an alt-jüdischen Grossreich-Utopien hängen. Utopisch wäre daran allein die Festlegung der historischen Grenzen von Altisrael, da es wahrscheinlich weder zu einem Auszug des Volkes Israel aus Ägypten kam, noch, wie ebenfalls im Jüdischen Testament geschildert, Jerusalem flächenmässig ein grosses Königreich gewesen war, wie die Archäologen Finkelstein/Silberman (*Keine Posaunen vor Jericho,*

2002) bei ihren Ausgrabungen feststellten. In der Fantasie scheint das alte Israel grösser gewesen zu sein als in der Realität. Man kann nur hoffen, ja sollte erwarten, dass spätestens in der Regierung nach Netanjahu wieder mehr Realität als Fantasie in Israels Politik einzieht.

Methodische Überlegungen: Über Philosophie und Geschichtswissenschaft. Über die **Eule der Minerva** (Hegel) und den **Adler des Hermes**. Geschichtswissenschaft, die sich prinzipiell der Neutralität und Überparteilichkeit verpflichtet, darf ideologischen Narrativen, egal, welcher Provinienz, nicht auf den Leim kriechen, ihr Aufgabe ist, sie zu erfassen, zu durchschauen, zu erklären (einzuordnen). Das ist Ihre heuristische Hauptaufgabe, sie ist, de- und rekonstruktiv, sie ist wissens-, erklärens- und aufklärungsschaffend. Gerade in einem Krieg, der viel Unklarheit über sich und seinen Anfang, zudem systematisch Desinformation, erzeugt, sind parteiische, falsche, verfälschende Sichtweisen verbreitet, die sich oft erst in der Rückbetrachtung als solche erkennen und klären lassen. Zudem tendieren Sieger dazu, ihre Geschichte als die Wahrheit, die Geschichte der Verlierer als die Unwahrheit zu deuten. Die **Eule der Minerv**a (Hegel 1807) fliegt erst in der Abenddämmerung los, das gilt für die Philosophie, die in der Rückschau alles besser weiss, dabei ein Pseudowissen des nachträglichen Rechthabens erzeugt, der **Adler von Hermes** schafft bereits tagsüber Klarheit, vielleich erst punktuell und wenn nicht gänzlich heute, dann später, ohne in die Falle der post-hoc-Besserwisserei zu tappen, das gilt jedenfalls für die - ihren Namen wirklich verdienende - Geschichtswissenschaft.

Kriegstagebuch 28.09.2024

Palästina/Israel. Im Nahen Osten besonders eine Neuigkeit, die wie eine Bombe einschlug. So, ganz real, im Hauptquartier der Hisbollah in Beirut geschehen, Hisbollah-Terror-Chef Nasrallah (64), der über tausende Raketen für den Abschuss auf Israel herrschte, weitere Führer, darunter ein iranischer General, wurden dabei getötet. Israel eliminierte mit Nasrallah, Fuad Shukr und vielen Führern mehr, sowohl die Spitze dieser Terrororganisation, dieser Hydra, der die Köpfe nachwachsen - Cousin Safi al Din könnte Nasrallahs Nachfolger werden - als auch der Terrororganisation Hamas (Hanije, Al-Aruri, Sinwar (lebt noch), usw.). Dass solche staatliche Exekutionen nicht die "feine" europäische Art sind, dass Europa für Terroristen in Den Haag ein internationales Strafgericht eingerichtet hat, das muss hier nicht weiter ausgeführt werden. Der Selbstverteidigungs- und Vergeltungskampf Israels hat seit dem Massaker am 7. Oktober 2023 Fahrt aufgenommen und der Tod Nasrallahs, die sich verbreitende Kopflosigkeit in dieser häretischen Hisbollah, in dieser Organisationen des Terrors, auch des Terrors gegen den wahren Islam, der Israel als erste Religion des Buches und als Urbewohner des Heiligen Landes respektiert, wäre eine Chance, dass sich der Iran, wo Chameinei in ein sicheres Versteck flüchtete, und Israel gemeinsam besinnen **auf ihren gemeinsamen heiligen Boden** in Jerusalem. Dass Allah auf der Seite Israels kämpft, wann immer man sich an Israels heiligem

Boden versündigt, das sollte Teheran für menschliche Begriffe endlich anerkennen, für göttliche Begriffe ewig respektieren. Allahu Akbar.

PS. Dazu, warum Hamas, Hisbollah und Iran "pseudo-islamisch" oder "häretisch" genannt werden, siehe den Blog *Über die Anfänge* (und die bereits publizierten Bücher von *Über die Anfänge* (2017)). In dem, neben der Kritik an den abrahamischen und buddhistischen/hinduistischen Religionen sowie dem Atheismus (als Sonderform von Religion, von "Glaube"), **die Religion für jedermann**, die ängimatische, entwickelt wird, mit einer Zeitrechnung für jedermann, nicht mit meiner christlichen, und die zugleich die Antwort auf und die Lösung für die Islam-Problematik ist, da die änigmatische Religion oder Theosophie *das erste religiöse Narrativ ist, das wirklich global* ist (nicht der provinzielle Universalismus des Islam, der de facto ein abrahamischer Separatismus neben und nach dem Judentum und dem Christentum ist, und wie diese eine *religiöse Überlegenheitsekstase* feiert): Stichwort: Änigmatische Dimension unserer (physischen) Welt, Änigmatische Gemeinschaft, Gott, die Änigma/das Enigmatische).

Kriegstagebuch 27.09.2024

Ukraine/Russland. Im Osten nicht viel Neues. Präsident Putin entfesselte die defensiv ausgerichtete Nuklear-Doktrin Russlands und demonstrierte damit nach Innen, dass er immer noch der "harte Kerl" ist. Die neue Doktrin richtet potentiell Nuklearangriffe gegen jeden Staat, der die Selbstverteidigung der Ukraine wirksam unterstützt, also Angriffe auf russische Flughäfen, Munitionsdepots und Öllager weit im Inland ermöglicht, egal, ob Nuklear-Macht oder nicht. Diese Doktrin ist wie gemacht für die German-Angst-Fraktion in Deutschland, für SPD Kanzler Scholz, der den Taurus - der deutsche Marschflugkörper fliegt bis zu 500 km weit entfernt liegende Ziele an - jetzt erst recht nicht an die Ukraine ausliefern wird. Währenddessen bettelt Selenskyj in den USA um weitere Waffen und um Unterstützung für seinen "Siegesplan" - der unter anderem die Nato-Mitgliedschaft enthält, was *nicht* im Interesse des zukünftigen Europas liegen kann, für das die NATO ein effektives, aber letztlich auslaufendes Verteidigungsmodell ist. Waffen kriegte er, ausserdem plant Biden, vielleicht als letzte aussenpolitische Amtshandlung als US-Präsident, im Oktober ein hochkarätiges Ukraine-Unterstützer-Treffen in einem der US-Basen in Deutschland [Nachtrag 11.10.2024: Wurde wegen Hurrikan Milton abgesagt, Selenskyy reiste mit seinem Plan nach London, Paris, Rom, dort auch kurz zum Papst, und nach Berlin, BK Scholz sagte 1,3 Mia Militärhilfe zu. Später kam Biden kurz nach Berlin und dort neben Scholz Macron und Starmer zu treffen]. Schon wieder ein Treffen ohne Russland? Wann setzen sich diese beiden Parteien ohne Fantasiepläne an einen Verhandlungstisch? Was muss noch passieren, wer alles muss noch getötet werden? Selenskyy traf in New York sogar Trump im Trump Tower und es soll zu einem konstruktiven Gespräch gekommen sein: Zwar hält Präsidentschaftskandidat Trump nicht viel von einer ewigen Aufrüsterei der Ukraine, zumal sollen die Kosten dafür hauptsächlich von den Europäern geschultert werden. Deren großen Firmen lädt er ein, sich im steuergünstigen Amerika anzusiedeln, Schweden überlegt derweil so wie Rheinmetall in der Ukraine Waffenfabriken zu bauen. Noch weniger jedoch hält Trump vom imperialistischen Wahnsinn Putins, der sich - von China unterstützt? - irgendwann gegen die Freunde der USA und die USA selbst richtet. Damit sind nicht nur Taiwan, Südkorea und Japan, auch England, Frankreich und Spanien gemeint. Wird Europa von Russland angegriffen, greift Russland Spanien an, werden sich wahrscheinlich grosse Teile Lateinamerikas - Argentinien an erster Stelle - mit Spanien und Europa solidarisieren, zudem würde spätestens ein Angriff gegen England die Solidarität der USA, Kanadas und Australiens provozieren. Kurzum, Putins neue Nuklear-Doktrin ist ein Bluff oder ein Vabanque-Spiel, bei dem - nichts Neues - der Bedroher sich durch die Anwort auf die Bedrohung selber bedroht. Nur das psychologische Erpressungspotential, das Russland mit seinem Atomwaffenarsenal besitzt, ist grösser geworden, Sahra Wagenknechts BSW kann jetzt noch mehr mit Putins-Trommel die Angst vor dem Krieg befeuern, der sich von der Ukraine nach Deutschland erweitert, nach Europa, in einen Dritten Weltkrieg, und die Kapitulation und Vernichtung der Ukraine als "Friedenspreis" anpreisen, als Opfer, damit Europa mit dem Schlächter in Frieden leben kann. Das ist natürlich keine Lösung. China hat sich wieder gemeldet, und seine stabile Beziehung zur Ukraine bestätigt, und auch Erdogan hat taktisch klug - auf dass ihn die NATO nicht vergesse! - nochmals betont, dass die Krim ukrainisch ist. Zugleich oder dennoch hat die Türkei ein real-politisches Geschäftsmodell mit Russland entwickelt. To be continued.

Kriegstagebuch 27.08.2024

Ukraine/Russland. Im Osten nicht viel Neues. Ausser dass am 6. August ein ukrainischer Überraschungsvorstoss in russisches Festland bei Kursk (Einfall in den, Überfall auf den russischen Oblast Kursk) in Marsch gesetzt wurde, das Momentum dieses Überraschungsangriffs gehört momentan den Ukrainern, dabei wird die Zukunft weisen, ob er eine Entlastung oder eine zusätzliche Belastung für die hart umkämpfte Front bedeutet. Als Reaktion darauf massieren sich in BelarusTruppen an der ukrainischen Nord-Ost-Grenze, die Ukraine warnte Belarus und forderte deren Rückzug bis ausserhalb der Reichweite ihrer Artillerie (ca. 40 km) (Präsident Lukaschenko hatte kürzlich beschwichtigt, dass dieser Krieg eigentlich keiner brauche, weder Belarus, noch die Ukraine, noch Russland. Eine überraschende Aussage. Fürchtet er, dass, wenn die Ukraine in Belarus einmarschiert, ein Teil seines Militärs lieber mit dem unterdrückten Nachbarn statt mit dem unterdrückerischen Russland fraternisiert? Welches Chaos wäre dann auch in sein Land eingekehrt!). Die kathartische Wirkung dieses Pyrrhussieges gegen Russland scheint in der Ukraine aus Genugtuung, Vergeltungs- und Schadenfreude, gar Erneuerung der Siegeszuversicht zu bestehen. Nicht ohne Sarkasmus meinte Selenskyj, man wolle eine Pufferzone in diesem Gebiet errichten. Eine Reaktion auf die Demütigung, dass eine Pufferzone zwischen Russland und der Ukraine bislang auf Kosten von ukrainischem Staatsgebiet, nie von russischem, diskutiert wurde?`Die Freude über den Erfolg, den der Präsident und sein Generalstab feiern, könnte bald vorbei sein. Der überrumpelte Kreml reagierte verzögert, aber hart, mit dem massivsten Bombardement auf die Ukraine (die ihr 33-jähriges Bestehen in diesen Tagen feierte), seit Beginn des russischen Angriffskrieges oder der "Spezialoperation" im Februar 2022 (be- und getroffen sind vor allem ukrainische Energie-Infrastruktur, darunter sogar der Staudamm vor der Hauptstadt Kyjiw). Als ob man im Kreml bemüht war, die psychologische Entlastung und Genugtuung, die die Ukraine durch den Kursk-Angriff feiert (endlich sind wir proaktiv, sind wir die Eroberer, nicht die Russen), möglichst schnell zu dämpfen und wieder durch den fast schon Alltag gewordenen Stress zu ersetzen, kurz: die militärische und psychologische Überlegenheit über die Ukraine, die diese durch diesen Vorstoss unterläuft, wieder herzustellen. Als Kompensation und Reaktion auf die gescheiterte Gegenoffensive der Ukraine ginge es darum, diese Eroberung von russischem Festland als **Diplomacy of Strength** zu betrachten, **die aus militärischen Aktionen diplomatisches Kapital schlägt.** Immerhin kam es zu einem grossen Austausch von Kriegsgefangenen, aber auch zu Russlands Erklärung, dass es jetzt erst recht gewillt sei, die Ziele des Krieges, in ihrem Sprech: ihrer Spezialoperation, nur noch militärisch, nicht diplomatisch, zu erreichen. Ob der erste Besuch von Indiens Ministerpräsident Modri in der Ukraine den Konflikt einer Friedensverhandlung näher bringt, das kann man bezweifeln. Ukraines Regierung kritisiert Indiens Handel mit Putin-Russland. Auch europäische Regierungen waren von Ukraines Vorstoss auf russisches Festland überrumpelt, Bundeskanzler Scholz kündigte die Aufhebung einer automatisch garantierten Unterstützung der Ukraine an (ruderte dann später zwar zurück), aber die

Botschaft ist klar: wir Europäer unterstützen die Verteidigung der Ukraine gegen Russland, nicht den Angriff auf Russland, nicht Ukraines Eroberung von russischem Festland, während wir Russlands Eroberung von ukrainischem Festland verurteilen. Das BSW von Wagenknecht fordert die Beendigung der Unterstützung der Ukraine mit Waffen, stattdessen die Unterstützung der Diplomatie. Dabei schliesst das eine das andere nicht aus. Von Diplomacy of Strength will sie immer noch nichts wissen. Man wird die Präsidentschaftswahlen im November in den USA abwarten müssen, um zu sehen, wie es mit Russlands Angriffkrieg gegen die Ukraine und mit Ukraines Verteidigung und Ambition weitergeht, es sei, China und Indien bringen eine neue Friedensinitiative voran, die zum Beispiel, aus humanitären, statt aus juristischen Gründen, zu einer de facto, nicht de iure, Akzeptanz von russischen Annexionen ukrainischen Staatsgebiets und zu einer Pufferzone, die UN-Soldaten überwachen, führen.

Kriegstagebuch 29.07.2024

Ukraine/Russland. The **European Style of Diplomacy** (EuSDipl) is the every-day version of the **Diplomacy of Strength** (for war situations). Europa braucht einen alltäglichen Typ von Europäischer Diplomatie, der die grosse Wirtschaftsmacht und Einwohnerzahl - eine halbe Milliarde Menschen - repräsentiert, der sich vom Amerikanischen Typ, der agressiver ist aufgrund höherer militärischer Ressourcen, und vom Russischen Diplomatie-Typ unterscheidet, der ein hohes Aggressions-, Droh- und Erpressungspotential (aber kein so hohes

Wirtschafts-. und Einwohnerpotential wie Europa) besitzt, ein Potential, das Russland aufgrund seines hohen Autarkiepotentials gar nicht benötigt, von daher kann Russlands Diplomatie expansiv oder restriktiv sein, sie hat die Option, sich zu entscheiden und zu definieren, ob Russland eine expansive Militärdoktrin benötigt oder in Zukunft darauf verzichten und sich national-autark abschotten will oder nicht - ähnlich wie der rechts-protektionistische Flügel der USA. Zur Zeit ignoriert der Kreml zum Beispiel, dass er ausser in Kaliningrad, neustens auch in Belarus russische Nuklearwaffen stationiert hat, abgesehen von seinen Hyperraketen, die vom Stammland nur wenige Minuten brauchen bis sie europäische Hauptstädte, Infrastruktur und NATO-Militärziele erreichen würden, baut der Kreml damit eine grosse Droh- und Abschreckkulisse auf, stattdessen organisiert er ein mediales Propaganda-Geschrei (Kalter Krieg, Kalter Krieg!!) über die vorübergehende Stationierung US-amerikanischer Mittelstreckenraketen in Europa, insbesonders in Deutschland ("vorübergehend" heisst: bis Europa über genügend eigene Verteidigungsfähigkeit und Waffen dieser Art verfügt). Russland will erneut am liebsten einfach ignorieren und von den Wagenknechts in Deutschland ignorieren lassen, dass seine Aktionen zu Reaktionen, die es nicht beabsichtigt oder wünscht, führen, dass Europa *nicht grundlos* sich bedroht fühlt, dass Schweden und Finnland *nicht grundlos*, Schutz unter dem NATO-Schirm suchten. Dabei verfährt Europa am besten nach dem diplomatisch-politischen Verfahren von **Rearming for Disarming** (Aufrüstung zur Abrüstung) – das heisst, *Aufrüstung gegen Russland aufzubauen bedeutet, etwas für die*

Abrüstungsverhandlung mit Russland in der Hand zu haben. Dieses Prinzip, das Prinzip Rearming for Disarming, anders formuliert, Schwerter zu Pflugscharen, zuerst aber zu Schwertern, gehört besonders zum Europäischen Diplomatie-Typ. Ungarn betont nach EU-Ratspräsident Orbans Diplomatischen Stippvisiten in Kyjiw, Moskau, Peking und Florida, dass die Friedensinitiative nicht mehr zu stoppen sei von den Kriegstreibern, und die Ukraine weder EU- noch NATO-Mitglied werde, sich dafür USA und Russland über einen Frieden oder Waffenstillstand, eventuell mit internationalen Garantien, einigen werden (nach den US-Präsidentschaftswahlen im November, egal, wer gewinnt, Harris oder Trump), dafür spricht, dass Ukraines Außenminister Kuleba in China war, zugleich empfiehlt Polen, Ungarn solle aus der EU und NATO austreten... was sich Ungarn gut überlegen wird, es lieferte sich noch stärker Russland, wenn auch mit BRIC-Partizipation, nicht nur der Abhängigkeit von russischem Gas, aus. Auch AfD-Weidel hält eine EU-Mitgliedschaft der Ukraine für ausgeschlossen (diesmal zählt sie die Ukraine immerhin zu Europa) – die korrupte Ukraine erfülle die Aufnahmebedingungen in keiner Weise – man kann in der Ukraine auch ohne EU investieren und Geld verdienen mit Wirtschaftsabkommen, die im Rahmen der EU bleiben, also zum Beispiel die Landwirtschaft von Polen nicht benachteiligen, dennoch Ukraines Exporte befördern - von NATO-Mitgliedschaft müsse man gar nicht reden. Eine Position, die im *Kriegstagebuch* schon länger vertreten, aber anders begründet, wird, mit Blick auf die Zukunft der Europäischen Verteidigung, auf die **Europäische Verteidigungsunion** (EDU), die die NATO ablösen wird, und auf Sicherheitsgarantien für die Ukraine, die verschiedene Europäische Nationen, statt allein die USA, zu geben bereit und fähig sind oder sein werden müssen. Außerdem wird die Ukraine de iure kein eigenes Staatsterritorium, wie es sich 1991 konstituierte, abtreten müssen und wollen an Russland (aus nationalen Gründen und aus Gründen des internationalen Rechts), es kann aber dies de facto tun, aus humanitären Gründen, zudem könnte Russland über die russischen Annexionsgebiete (Krim, Donbass, Luhansk, etc.) mit der Ukraine de facto-Partizipationsabkommen abschließen, die auch Infrastruktur und Personenverkehr betreffen. Diplomatisch ist einiges möglich.

Kriegstagebuch 07.07.2024

Ukraine/Russland. Im Osten nicht viel Neues. Als Ratspräsident der EU besuchte Ungarns Ministerpräsident Orban zum ersten Mal seit 12 Jahren wieder die Ukraine und deponierte bei Präsident Selenskyj die Forderung nach einem Waffenstillstand mit Russland, vier Tage später reiste er nach Russland, was die offizielle Anti-Putin-Front der EU echauffierte, ja, schäumen liess - denn damit wich Orban von der offiziellen EU-Linie ab, Kritiker werfen ihm eine Putin-russische Agenda vor, was Unsinn ist, ausserdem informierte er den abtretenden NATO-Generalsekretär Stoltenberg vorab. Diese offizielle Linie der EU wird durch das Verhalten der USA gesteuert (was auch Donald Trump weiss, der mit der Ankündigung einer schnellen Befriedigung des Ukraine-Russland-Krieges Wahlkampf macht): Signalisiert sie, dass die Annexionen Russlands zumindest de facto (nicht de iure) zu akzeptieren seien, dass man "mehr Diplomatie wagen" müsse - dann wird die Front, dann werden sie alle kippen: die Scholz, die Von der Leyen, die Kallas (designierte Aussenbeauftragte der EU, deren mindset (Russland-Hass und -Angst; Extreme Abhängigkeit von NATO) besser zu Estlands Botschafterin in den USA, als zu einer Aussenbeauftragen der *gesamten* EU passt, die selbstbewusst **Europa**, nicht nur die EU, aus der NATO in die Post-NATO-Ära, in unsere **Europe Defence Union** (EDU) führen will), die Keir Starmer (nach Rishi Sunak (04.07.)) und, last but not least, Präsident Selenskyj himself. Weltwoche-Chef Klöppel führte danach ein Interview mit Orban, der von der Eiseskälte zwischen ihm und dem Ukrainer sprach. Kein Wunder, denn Orban glaubt nicht an einen vollen Sieg der Selenskyj-Ukraine (gemeint: die volle Rückeroberung des Territoriums der Ukraine von vor 2014) und er versucht, abwiegelnd, Russlands Krieg als interne Angelegenheit von Russland und der Ukraine darzustellen (O-Ton Orban: "dieser Krieg ist nicht unser Krieg...") - dabei hat mittlerweile sogar der Kreml begriffen, dass seine Invasion in die Ukraine ein *grosses* internationales Politikum ist, nicht nur ein gesamteuropäisches. Dieser Krieg ist ein regionaler Weltkrieg, um es paradox zu formulieren. Vielleicht wäre es angemessener gewesen, Selenskyj aufzufordern, wieder einen *externen* Kommunikationskanal zu Russland zu schaffen (parallel zum internen für die Organisation des Austauschs von Kriegsgefangenen) und, statt mit Russland einen Waffenstillstand, der im Moment nicht (lange) halten wird (sicher nicht, solange die USA ihren und Putin seinen Kurs nicht ändern), eine tatsächlich einhaltbare **Diplomacy of Strength** (=**D.o.S**)-

Vereinbarung zu schliessen. Die Ukraine sollte Diplomatie mit Russland vorderhand als eine Kriegsform betrachten, gar nicht erst versuchen, Frieden zu schliessen oder auf einen Waffenstillstand zu drängen, es sollte ihm vorschlagen oder mit ihm Vorschläge erarbeiten, die für beide Seiten nützlich sind, wie: Ihr bombt während dem Sommer Charkiv nicht, wir dafür Belgorod oder die Krim nicht, oder ihr lasst Odessa, wir dafür Petersburg in Frieden. Statt wie bei einem Waffenstillstand die ganze Front, wird bei einem D.o.S-Abkommen der Krieg an der kriegerischen Front oder *im zivilen Inland* auf beiden Seiten für einen bestimmten Zeitraum in einer bestimmten Gegend unterbrochen (mit Optionen wie Fernlenkwaffen zurückziehen, Truppenbestände reduzieren, Munitionsdepots verlagern). Ein D.o.S-Abkommen ist kein klassischer Waffenstillstand, es beschliesst durch eine Art *äquivalenten Tauschhandel* eine räumlich und zeitlich definierte Unterbrechung von Kriegshandlungen gegen Ziele an der Front oder im zivilen Inland des Gegners. Kriegshandlungen bzw. Angriffe gegen diese Ziele beenden das D.o.S-Abkommen für beide Seiten, alle Gegenden sind für sie nun wieder "offen"(aber auch wieder verhandelbar), geht das Abkommen, hat es sich geraume Zeit bewährt, nicht zu einer Verhandlung über einen Waffenstillstand oder über die Vergrösserung des betroffenen Gegenstandes bzw. Gebietes, über. D.o.S-Abkommen können den ersten Schritt in Richtung Waffenstillstand und Frieden bedeuten oder vom laufenden Kriegsgeschehen aufgehoben werden. Sie dienen nicht der Täuschung oder dem Taktieren, sie werden ausgehandelt, beschlossen und in Kraft treten (bzw. nicht gebrochen), wenn beide Seiten an ihrem

Zustandekommen tatsächlich interessiert sind (vielleicht auch nur, weil die Verhandlungsgegenstände kriegerisch relativ irrelevant, dafür humanitär relevant sind). Die Minsk-Abkommen waren keine D.o.S-Abkommen (die eine Seite war zu schwach, zu sanktionsunfähig, dafür, die andere zu wenig interessiert daran), Vorformen von D.o.S-Abkommen waren z. B. im Ersten Weltkrieg "spontane" Abkommen zwischen Frontabschnitten, den Krieg während Weihnachten auszusetzen. Oder von den Kriegsparteien ausgehandelte Korridore für die Fortführung von Zivilisten (zu den ersten "humanen Korridoren" in diesem Krieg: s. *Kriegstagebuch* 05.03.2022). D.o.S-Abkommen können *aus humanitären Gründen* zustande kommen, eigentlich also jederzeit an jedem Ort.

Diplomacy of Strength is ceasefire or fire by agreement, um damit die berühmte Formel von Carl von Clausewitz, dass "*der Krieg die blosse Fortsetzung der Politik mit anderen Mitteln ist*" aufzugreifen und abzuwandeln: Diplomatie der Stärke ist Diplomatie, die militärisch diplomatische Möglichkeiten schafft und militärische Möglichkeiten als diplomatische Verhandlungsmasse betrachtet. In den nächsten Jahrzehnten wird wahrscheinlich diese Form der Diplomatie neben der Diplomatie des Friedens nach dem Prinzip "Aufrüstung Für Abrüstung" (Rearming For Disarming, s. *Kriegstagebuch*......) die Europäische Verteidigungs- und Sicherheits-Politik prägen. To be continued.

Kriegstagebuch 26.06.2024

Ukraine/Russland. Im Osten nicht viel Neues. Präsident Putin scheint die Paranoia zu verfolgen, er stellt in seine Ministerämter Familienmitglieder ein (eine Nichte wird im Verteidigungsministerium installiert, seine zwei Töchter werden in Position gebracht) und verbietet über achtzig westliche Medien (so gut wie alle westlichen Zeitungen: offenbar wird dann auch das Internet der Russen komplett isoliert: sie sollen nur noch Kreml-Propaganda zu lesen, zu sehen und zu hören bekommen...), nicht nur als Reaktion darauf, dass im Westen Putin-russische Propagandasender verboten, zumal behindert, werden (wie RT und Sputnik). Er fürchtet, so scheint es, die Zirkulation von Informationen wie die Wahrheit, wie den Tod, zudem werden die Geschicke "seines" Krieges in der Ukraine wie das Psychogramm eines Manisch-Depressiven gespiegelt. Hat Russland in der Ukraine Oberwasser kriegt der Feldherr (oder sein aggressiveres Sprachrohr, Medvedev) eine manisch-triumphatorische Eroberungs-Hybris, laufen die Dinge in der Ukraine schlecht für sein Militär, verfällt er in Depression, die mit nuklearer Welt- und Selbstzerstörung droht. In solchen Phasen formuliert der Präsident der Russischen Föderation tatsächlich Sätze wie "Sieg oder Niederlage in der Ukraine entscheiden über die Existenz oder die Vernichtung Russlands". Mit dieser Propaganda soll die russische Bevölkerung und "sein" Militär aufgepeitscht und irregeleitet werden zum Glauben, dass die "Spezialoperation" in der Ukraine ein existenzieller Kampf um Leben oder Tod Russlands sei - tatsächlich ist es eine Umkehrung der Tatsachen: die einzigen, die wirklich um ihre nationale Existenz kämpfen, sind die Ukrainer und Ukrainerinnen. Als ob diese misslungene Invasion in das einstmal verbrüderte und verschwesterte, nun durch Krieg und Kriegsverbrechen verfeindete und entfremdete Nachbarland irgendetwas mit Stalins Schlacht gegen Hitler 1941/42 bei Moskau zu tun hat (das eigentliche, das erste "Stalingrad" für die Nazis) oder mit Alexanders I. Schlacht gegen Napoleon, wobei er Moskau in Flammen setzen liess, bevor französische Truppen es betraten. Das waren Kriege und Schlachten, in denen es tatsächlich um die Existenz Russlands ging. Kriege und Schlachten, die Russland aufgezwungen wurden, die nicht Russland anderen aufzwang. Nein. Putin kann seinen - international und national von der von ihm verfolgten, teilweise sogar ermordeten Opposition - geächteten Überfall der Ukraine (für dessen Kritik in Russland sogar 15 Jährige zu 5 Jahren Haft verurteilt werden) noch so aufblasen als Kampf um die Existenz Russlands, um irgendwie an den Rang der heroischen Verteidigungskriege Stalins gegen Hitler und Alexanders I. gegen Napoleon heranzukommen, sein schäbiger Überfall auf einen Nachbarstaat, dem Russland die Souveränität seines Territoriums versicherte, nachdem ihm dieser seine gefährlichsten Waffen ausgehändigt hatte, hat damit nichts zu tun. Auch wenn das jetzt die von Putin diktierten Medien und Schulbücher so hinzubiegen versuchen (einige Genossen in Westeuropa plappern dabei fleissig mit), sie sind nur Papier, das im Winde verwehen wird. Dazu gehört das Narrativ der existentiellen Bedrohung Russlands durch die USA und deren NATO-Vasallen, die Russland umkreisen und strangulieren wollen... tatsächlich war es so, dass sein Überfall auf die Ukraine und darüber hinaus reichende Drohgebärden sogar gute, friedliche Nachbarn von Russland wie

Schweden und Finnland in die Arme(e) der NATO trieben. Die Ukraine ist keine existenzielle Bedrohung für Russland, aber Putins Russland ist eine existentielle Bedrohung für die Ukraine, zudem unter der Führung Putins, sich selbst die grösste Gefahr: Wer andere mit der Vernichtung bedroht (Putin verschärft gerade Russlands Atomdoktrin), weckt den Bumerang-Effekt, wer mit dem Erstschlag droht, bedroht sich mit dem Zweitschlag und wer dabei auf den grossen Bären zählt, der vergisst nicht nur, der weckt, den Europäischen Drachen.

Doch zurück zum Schlachtfeld in der Ostukraine, wo das Momentum wieder in Richtung Ukraine pendelt, zumindest nicht nur in Richtung Russland, das nach und nach gegen Charkiv mit Erfolg vorrückte. Kann man die Front einfrieren, ist das mittlerweile bereits ein Gewinn für die Ukraine, wenn auch damit, das wissen beide Seiten, kein Krieg zu gewinnen, eher, zu Ende zu verhandeln, ist. Munition wird geliefert, nach der "Schweizer Friedenskonferenz" (15./16.06.) mehr denn je. Über Serbien sogar, während Präsident Vucic Kassandra oder doch nur Theater, spielt. Russland beschwert sich über Attacken mit Streumunition auf Strände der Krim, auf russische Krim-Touristen - die USA wird direkt als Beihelfer beschuldigt, das sei Terror. Dabei sei an Russlands Attacke mit Streumunition auf Odessa vor 2 Monaten erinnert (auch dort ging es nur um Töten, Erschrecken und Vertreiben von Zivilisten) oder an Attacken auf Kharkiv in den letzten Tagen und auf ukrainische Elektrizitätswerke, während innnerhalb Russland Ölraffinieren und sogar eine Waffenfabrik bombardiert wurden (die USA, Deutschland und andere

Länder, ausgenommen z.B. Italien, erlauben es der Ukraine, von ihnen gelieferte Waffen auch in RU einzusetzen, was ihre Verteidigungsfähigkeit verbessert und der russischen angleicht). Für die Ukraine ist die Krim immer noch ukrainisch, für Putin-Russland ist sie seit 10 Jahren russisch. Jedoch nicht für das Navalny-Russland, zumal nicht für den letzten Navalny, der sich explizit gegen Putins Invasion der Ukraine stellte. Ein Grund mehr für den Kreml, ihn eliminiert zu wünschen. Dieses andere Russland soll in Russland komplett ausradiert werden, nur noch das Russland der Putin-Propaganda und -Linie soll es geben, was materiell insofern nach dem Motto "Wer zahlt, befiehlt!" möglich ist, als der Russische Staat und eine auf Putin-Linie gebrachte Oligarchie eine riesige staatsabhängige Bevölkerung dominieren und mit dem Verkauf von Öl, Gas und dem Surplus der Kriegswirtschaft, finanzieren: Behörden, Beamte, Soldaten, Schulen, Universitäten, staatlich gelenkte Grossbetriebe, darunter Medienkonzerne, also Journalisten und Journalistinnen, und das Millionenheer der Rentner. Zum Schluss gilt es festzuhalten: die Positionen von Selensky und den USA zur Ukraine decken sich nicht komplett mit der europäischen und der deutschen Position, die auf einen Verhandlungskanal mit Russland insitieren sollte (falls nötig, auf Regierungswechsel und Wahlen in der Ukraine). Wenn beide Seiten das Patt, in dem sie sich befinden und aus dem sie militärisch nicht herauskommen, anerkennen, dann werden sie verhandeln.

Israel/Palästina. Im Nahen Osten nicht viel Neues. Auswirkungen der Hamas Methode in Deutschland werden in den Medien - einseitig exponierte sich z. B. Bahners von der FAZ - und politisch immer noch durchverhandelt. Die Bildungsministerin Stark-Watzinger, die die Verfassungstreue der von der Hamas-unterwanderten Pro-Palästina-Protestbewegung an deutschen Universitäten, insbesondere von Lehrkräften wie Rektorin und Professorin Rauch von der TU, nicht von Studierenden, die von der Polizei gestoppt wurden, in Frage stellt - und persönlich entrüstet kritisierte - , entliess eine Staatssekretärin, statt sich hinter sie zu stellen, die Akademiker, die der Hamas Methode auf den Leim gekrochen sind, jammern jetzt über Konsequenzen (Einschränkung staatlicher Fördermittel, schwarze Liste) und verwechseln leicht mal die Grenzen der Meinungs- und Wissenschaftsfreiheit, die in Deutschland bei der Causa Israel, aus historischen Gründen, auch juristisch keinen Spass versteht, mit deren Annihilation. Kein Wunder, dass sie jetzt in den Angriffsmodus gehen und immer noch, obzwar vernehmbar kleinlauter geworden, die Entlassung der Bildungsministerin verlangen, die der Ampel-FDP angehört, also für Linke, nicht generell nur für Regierungskritiker, ausserdem eine politische Gegnerin ist.

Kriegstagebuch 29.05.2024

Ukraine/Russland. Über das diplomatische Momentum, das der Westen, aber auch Russland, nicht verpassen sollte, und den Begriff **Diplomacy of Strength** (Diplomatie der Stärke), definiert als *eine Diplomatie, die mit militärischen Mitteln diplomatische Optionen schafft.* Die Ukraine braucht nicht statt Waffen, Diplomatie, wie

Wagenknecht und Guérot meinen, eine Diplomatie der Schwäche, sie braucht - besonders gegen Putin, dem Stärke Eindruck macht - , Waffen **und** Diplomatie. The Diplomacy of Strength creates militarily diplomatical options - that's, what Ukraine currently needs. Gerade jetzt heute, am 29. Mai 2024, ist ein diplomatisches Momentum erreicht: westliche Staaten erlauben der Ukraine, provoziert durch russsische Angriffe, die grenznahe mobilisiert, organisiert und aktuell vor allem gegen die Front vor Charkiv exekutiert werden, ihre Waffen auf Militärziele auf russischem Stammland anzuwenden (was bereits mit ukrainischen Waffen gegen Militäranlagen und Öl-Raffinerien und - depots geschah und geschieht), diese militärische Möglichkeit besitzt diplomatisches Verhandlungspotential. Wenn Russland aufhört, Charkiv zu beschiessen, beschiessen wir (Ukraine) russisches Stammland nicht. Die Ukraine sollte noch besser darin werden, ihr militärisches Potential, wenn es diplomatisches Potential erzeugt, mit Russland in Verhandlung zu bringen. Schweden schickt gerade sein grösstes Waffenpaket in die Ukraine, darunter zwei Überwachungsflugzeuge, die die Einsatzfähigkeit und Schlagkraft der F-16, von denen die ersten in der Ukraine eingetroffen sind, verbessert. Ein General sieht darin nur Waffen, mit denen er zuschlagen kann, ein Staatsmann ein diplomatisches Potential, mit dem er verhandeln kann. Präsident Putin hat angedeutet, dass er vor Kharkiv eine Pufferzone schaffen will, das bedeutet, in dieser Zone sollen weder Russland noch Ukraine militärisch aktiv werden. Präsident Selenskiy äusserte zuvor grundlegendes Misstrauen: es ginge Russland gar nicht um einen wirklichen Waffenstillstand, nur darum, Zeit zu schinden, um Langstrecken-Artillerie und Truppen besser zu positionieren. Statt über, sollte er mit den Russen sprechen. Abgesehen davon, dass diese Zeit auch der Ukraine für dasselbe zur Verfügung steht, heisst das: Putin und Ukraine müssten bereit sein, wenn sie eine Pufferzone erzeugen, auch ihre Artillerie zurückzuziehen, deutlich hinter die Pufferzone, zugleich eine No-Flight-Zone einrichten. Auch das wäre Verhandlungssache. Aber dafür müsste man verhandeln, überhaupt wieder eine Basis für Verhandlung und einen Treffpunkt dafür schaffen. Der aktuelle Aussenminister Kuleba erweist sich als komplett unfähig dazu. Entweder fällt er in die Rolle des Historikers, wenn er erklärt, dass die Verhandlungen von 2022 in der Türkei keine echten Optionen enthalten hätten, oder in die Rolle des Chefanklägers, wenn er sich über russische Bomben auf eine Shopping-Mall in Charkiv empört oder er arbeitet an der "Kommunikationsstrategie mit der Karibik": besser eine Aussenministerstelle in die Irrelevanz versetzen, kann man kaum. Kuleba sollte ersetzt werden durch eine Person, die an der Kommunikation mit Russland arbeitet und Russland nicht allzu stark hasst, die zudem pragmatisch denken kann, das konkrete Wohl der Zivilbevölkerung schützen will, an erster Stelle, statt das abstrakte Staatsterritorium, und die von Russland als Verhandlungspartner akzeptiert wird (Poroshenko/Tymoshenko-Kaliber).

Zweiter Nachtrag zu Odessa (Lesetipp: *Sommer in Odessa* (2024) von Irina Kilimnik - geb. in Odessa). Die russische Botschaft lieferte kürzlich einen, das Russische allein betonenden, informativ durchaus interessanten, Abriss über die Geschichte von Odessa. Doch wichtige

Ergänzungen und Informationen fehlen, so dass der Verdacht besteht, dass diese ganze Präsentation einen aktuellen Hintergedanken besitzt, nämlich die ideologische Legitimierung der militärischen Eroberung und Annexion von Odessa. Es fehlte der wichtige Hinweis, dass Odessa seit über 100 Jahren ukrainisch ist - seit 1917 sogar national autonom, bis es 1919 durch die Eroberung von Lenins Bolschewiken bis 1991 sowjetrepublikanisch wurde. In der Sowjetunion herrschte ein tieferes historisches Verständnis für die Ukraine als in der Russischen Föderation unter Putin - als Chrutshov 1954 der Ukraine die Krim "schenkte", geschah das bei der Jubiläumsfeier einer **300 jährigen Verbrüderung** von Russland und Ukraine (mit anderen Worten: das damalige Sowjet-Russland anerkannte eine 300 jährige eigene Identität und Geschichte der Ukraine ohne Probleme an, ganz im Gegenteil zum Putin-Regime in der nationalen Russischen Federation). Ungefähr so alt ist auch das Ukrainisch, die ukrainische Sprache, eine altostslawische Sprache, wovon das Russische eine neuere modernere Abspaltung ist. Die Ukraine mit der Rus ist altostslawischer, ist älter als Russland. Erst als Russland, Moskau, später die Definitionshoheit besass in einem viel grösseren Reich, erklärte es die Ukraine zu "seinem" "Kleinrussland". Doch darauf wollen wir hier nicht hinaus: Es geht erstens darum, Russland nicht einfach als Russland zu betrachten; Kaiser-Russland (bis 1917) gründete unter Katharina, der Grossen, im Jahr 1794 die Stadt Odessa, und zwar aus dem Ort, den Kaiser-Russland zuvor im Krieg gegen das Osmanische Reich eroberte, und Sowjet-Russland (1919-1991), das Teil der Sowjetunion war, eroberte - u.a. mit bolschewistischen Sowjet-

Ukrainern - das ukrainisch-nationale Odessa, das sich nur von 1917 bis 1919 als Stadt der ukrainischen Volksrepublik behaupten konnte. Bis 1991 war Odessa ukrainisch-sowjetrepublikanisch, ab 1991 gehörte es zur national unabhängigen Ukraine, parallel dazu, ebenfalls am Ende der Sowjetunion, entstand die Förderation Russland (ab 1991). Seit über 100 Jahren, spätestens seit 1917, ist Odessa ukrainisch und es gibt überhaupt keinen historischen Anspruch von der Föderation Russland auf Odessa, genausowenig auf Gebiete oder Städte von anderen ehemaligen Sowjetrepubliken, weder auf Minsk, noch auf Charkiv, noch auf Mariupol, noch auf Tiflis.

Kriegstagebuch 03.05.2024

Ukraine/Russland. Odessa ist ein Schmuckstück, eine Weltstadt, eine Stadt vom Rang eines UNESCO-Weltkulturerbes wie Petersburg, Putins Geburtsstadt. Jede Rakete Putins, die Odessa zerstört, zerstört ein Weltkulturerbe. Odessa ist nicht Mariupol oder sonst eine ukrainische Stadt. Odessa ist - wie die Krim - Weltkultur, Odessa gehört allen Menschen, nicht nur Ukrainern, geschweige Russen. Auch Petersburg gehört, in einem gewissen Sinn, allen Menschen, gehört der Weltkultur, gehört der Menschheitsgeschichte an, nicht nur Russen und Russinnen. Vor 4 Wochen töteten russische Raketen über 20 Menschen in Odessa. Nun erfolgten Angriffe mit der geächteten Streumunition, die es nur auf Terror, auf das Töten und das Verletzen von Zivilisten, abgesehen haben - zwei Kinder starben. Man muss sich nicht wundern, wenn gegen das Petersburger Weltkulturerbe, wenn gegen die Petersburger Paläste, ukrainische

Vergeltungsschläge erfolgen, wird Odessa weiterhin zerstört.

[Literatur: Karl Schlögel: Ach Odessa. Eine Stadt in der Zeit grosser Erwartungen. In: Karl Schlögel: Entscheidung in Kiew. Ukrainische Lektionen. München 2015, S. 125-141 - "....*eine Hommage an die ungeheure Vitalität und Produktivität dieses Knotenpunktes europäischer Geschichte und Kultur. Odessa hat das Zeitalter der Extreme mit seinen tödlichen Vereinfachungen, seinen Radikalisierungen und Polarisierungen überlebt und gibt auch jetzt Anlass zu der Zuversicht, dass es standhält.*" (S. 126)]

Ps. Nachtrag zu Odessa. Am 2. Mai 2014 - also vor 10 Jahren - starben fast 50 pro-russische Demonstranten (waren russische Agent provocateurs darunter?), im Gewerkschaftshaus von Odessa, in das sie geflüchtet waren vor pro-maidanischen Demonstranten, die Feuer legten, zudem soll es hunderte Verletzte gegeben haben. Die Strassenschlacht entwickelte sich angeblich aus Ausschreitungen von Hooligans vor dem Fussballspiel Odessa gegen Charkiv. Die polizeilichen Ermittlungen blieben ohne Ergebnisse. Im Jahr 2014 herrschte in der Ukraine der Ausnahmezustand. Nach fast 100 Toten im Maidan, setzte sich der legal gewählte Präsident Janukowitsch im Februar 2014 zuerst in die Ostukraine, dann nach Russland ab, dank der Vermittlung von Polen, Frankreich und Deutschland akzepierte er davor neue Präsidentschaftswahlen, in der seine Wiederwahl allerdings aussichtslos gewesen wäre. Durch den Putsch, darunter die Ermordung von 13 Polizisten durch ukrainische Nationalisten und Neonazis, die sich im Maidan breitmachten (die Regierung schoss zurück, verlor aber dennoch die Kontrolle) verlor Janukowytsch auch die politische Mehrheit im Parlament - was ein *offizielles Amtsenthebungsverfahren* in die Weg zu leiten erlaubt hätte, falls ein schwerer Gesetzesverstoss vorliegt (welcher? Dass er den mörderischen Angriff auf die Staatsgewalt mit Staatsgewalt beantwortete?), ohne Gewähr, dass die dafür notwendige Stimmenmehrheit (3/4 aller Stimmen) erreicht worden wäre. Später wurde er von der Ukrainischen Regierung wegen Hochverrats angeklagt, weil er angeblich die russische Annexion der Krim begünstigt habe (vor dem 21. Februar?), die im März 2014 erfolgte, ein Monat später, im April 2014, proklamierte die Scheinrepublik Doneszk ihre Unabhängigkeit (im September 2022 wurde sie von Russland annektiert): Russland stahl der Ukraine ein an Bodenschätzen und an Menschen reiches Land, sofern sie nicht flohen, und durch Russen ersetzt wurden - verklärt wird diese Besetzung und Neubesiedelung in der Putin-Ideologie als "Schutz ukrainischer Russen" oder der russischen Sprache (Hintergrund: mit Janukowytischs Abgang wurde ein Gesetz zu ihrer Förderung sistiert) und als Heimführung ursprünglich russischer Gebiete, "ihrer" Krim. Dass der Pachtvertrag für die russische Flotte auf der Krim ablief und ihn die prowestliche Regierung der Ukraine, kommisarisch unter Präsident Turtschynov, sicher nicht verlängert hätte um weitere 10 oder 20 Jahre, ein Grund, warum Putin nicht bereit war, den strategisch wichtigen Standort der Krim dem Westen, allenfalls der NATO, unwidersprochen zu überlassen (nebst dem sonstigen Einfluss, den er über Janukowytsch auf die

Politik der Ukraine, zumindest der anti-maidanischen, pro-russischen Ostukraine, hatte) das bleibt in der Berichterstattung meistens unerwähnt (oder in der Geschichtsdarstellung z.B. von Andreas Kappeler: *Ungleiche Brüder. Russen und Ukrainer. Vom Mittelalter bis zur Gegenwart*. München 2017, S. 226-231: "*Putins Begründungen zur Rechtfertigung des Anschlusses der Krim*"). Die Krim-Frage stellte für Präsident Putin als Oberbefehlshaber der Russischen Armee auch ein Prestige- und Macht-Problem dar: Wie sollte er gegenüber seiner Armee einen Rückzug der russischen Flotte von der Krim rechtfertigen, den letztlich der Maidaner "Mob", der Präsident Janukowitsch vertrieb, erzwang? Und bei dem die CIA Öl in das Feuer gegossen habe, wie der ehemalige KGB-Agent behauptete (auf jeden Fall hatte die CIA nachweisbare Präsenz (Labore etc.) in der Ukraine). Das wäre ein Signal der Schwäche und der Akzeptanz eines Unrechts gewesen, formal, legalistisch betrachtet. In diesem formallegalistischen, geostrategischen und sozialpsychologischen Kontext ist vermutlich im Kreml der Plan entstanden, die Krim militärisch zu besetzen und zu annektieren. Putin, der Jurist, wird sich gesagt haben: Wenn in Kiev derart massiv formales Recht, die Rechtmässigkeit einer Präsidentenwahl, gebrochen wird - egal, ob eines heiligen, proamerikanischen oder eines korrupten, von Russland bestochenen, am Ende für Russland, nicht für die EU votierenden, Präsidenten der Ukraine - dann bricht Russland ebenfalls massiv formales Recht. Doch, durch den russischen Grossüberfall auf die Ukraine und deren Widerstand, der insbesondere Erfolge im Kampf gegen die russische Flotte aufweist, ist für diese die Krim ein verbranntes Land geworden, fast gänzlich musste sie an russische Häfen am Schwarzen Meer verlegt werden, wobei ihre Raketen auch von dort das ukrainische Festland treffen, um nicht zu sagen, terrorisieren, können.

Israel/Palästina. Im Nahen Osten nicht viel Neues. Wahrscheinlich haben auch die pro-palästinensischen Proteste und Radikalisierungen an US-Universitäten (einige US-Studenten konvertierten zum Islam, ähnlich wie Achtundsechziger zum Maoismus, Stalinismus, Trotzkismus...: Die Links-Woken werden ihr blaues Wunder erleben in diesem radikalisierten Islam...), nicht nur die Proteste der Familien der Geiseln und die Ermittlungen des Internationalen Strafgerichtshofs, ICC in Den Haag gegen die Israelische Regierung - unterstützt durch die Türkei, die den Handel mit Israel eingestellt hat - , dazu beigetragen, dass die USA für Hilfsgüter Hilfshäfen am Ufer des Gaza-Streifens baut, und Israel in den Modus der Verhandlungsbereitschaft mit der Hamas getreten ist, ihr für die Freilassung der Geiseln einen einjährigen Waffenstillstand angeboten hat. Mehr Kapitulation geht fast nicht, anders formuliert: weniger Ben-Gvir-Methode, mehr Hamas-Methode, gehen fast nicht. Man wird in Ägpyten darüber verhandeln. Die Hamas würde mit der Freilassung ihrer Geiseln ein lebenswichtiges Pfand verlieren. Andererseits inszeniert sie selber Video-Filme mit Geiseln, die weinend um ihre Freilassung flehen, zur Erschütterung der israelischen Öffentlichkeit werbewirksam in Szene gesetzt.

Kriegstagebuch 29.04.2024

Im Osten nichts Neues, aber viel Elendes. Wir betrauern
für die Ukrainer und Ukrainerinnen, die an der Front, an
der Horrorfront, in der Ostukraine sterben, wo Russland,
neben Streubomben und konventionellen Geschossen,
auch Gleitbomben wie FAB-500, FAB-1500 und FAB-
3000 neben thermobarischen Bomben (TOS-1) als
Alleszerstörer und moralische Vernichter einsetzt - sofern
die ukrainische Luftabwehr sie nicht ausser Kraft setzt -,
den Tod von Alla Pushkarchuck, genannt Ruta, die als
Journalistin in einer Artilleriekompanie der ukrainischen
Armee ihr Land gegen die russischen Invasoren
verteidigte. Möge Alla in Frieden ruhen! Änigma. Das
Momentum ist zwar immer noch auf russischer Seite, aber
die - deutlich verzögerte - Billigung des US-Hilfspakets
im Wert von 60 Mia Euro erhöht die an Munitionsmangel
leidende Kampfestärke und Moral der Ukraine, die das
Alter der Dienstpflicht der Männer von 27 auf 25 Jahre
senkte. 79 Ja- zu 18 Nein-Stimmen des US-Sensats
verdeutlichen wie *parteiübergreifend* diese Unterstützung
ist, trotz Trump-Anhängerin Marjorie Taylor Greene, die
als Moscow Marjorie verspottet wird. Fakt ist: Europa
muss sich - immer mehr, immer besser - selber um seine
Verteidigung kümmern - die Marjories haben Recht, wenn
sie sagen, die USA ist für unsere Verteidigung nicht mehr,
schon gar nicht immer, zuständig. Auch in Europa werden
neue Hilfspakete für die Ukraine geschnürt. Die Ukraine,
die die letzten Gasleitungen zu Russland gekappt hat, folgt
dem Wunsch der USA nicht, auf das Bombardieren von
russischen Ölraffinerien durch ihre Langstreckendrohnen
zu verzichten. Massive russische Luftangriffe gegen ihren
Energiesektor sind die Reaktion. Die ukrainische Armee,
die ankündigt, erst 2025 oder 2026 für eine moderate

Offensive bereit zu sein, wird mehr und mehr von Rückeroberung auf Verteidigung umschalten müssen, sich auf eine uneinnehmbare Verteidigungsfestung einstellen, das scheint, zumal entlang der Grenze zu Belarus, die sie vermint hat, bereits ihr Plan zu sein. Dasselbe machte Polen, das jederzeit damit rechnet, dass Putin-Russland einen Angriff auf NATO-Gebiet riskiert (was ja mit vereinzelten Raketen-Überflügen und -Einschlägen schon passiert ist). Wir würden Putin-Russland davon abraten - der Russische Bär sollte den Europäischen Drachen nicht wecken. Unser Drache wird endgültig auf eigenen Füssen stehen, wenn sich die Europäische Verteidigungsunion gebildet hat, mit einer eigenen Generalität und mit eigenen Nuklearwaffen, so dass in Europa drei Armeen mit Nuklearwaffen zur Abschreckung (und, kommt es zu Abrüstungsverhandlungen: **zur Abrüstung!**) bereit sein werden - die Europäische Nuklear-Abschreckung, die Britische Nuklear-Abschreckung und die Französische Nuklear-Abschreckung. Es kann nicht sein, dass die USA, ein Land jenseits des Atlantiks, über den Einsatz von Nuklear-Waffen in Europa bestimmt, die NATO wird sich zu einer EDU (European Defense Union) transformieren, dann bestimmen die Europäer, dann bestimmen WIR, darüber. Vielleicht werden die USA, verlässt sie die NATO, ihrer Nachfolgerin interimistisch 100 taktische Nuklear-Waffen überlassen (sie verkauft Europa ja auch bereits die Flugzeuge, die F-35, dazu), bis die EDU ihre eigenen hat, so dass in dieser Übergangszeit keine Lücke entsteht in der Abschreckung und im Schutzschirm über Europa. Doch das ist Zukunftsmusik. Bleiben wir bei der näheren Zukunft, bei der für den 15. Juni 2024 vorgesehenen Friedenskonferenz in der Schweiz, die der

Kreml als Zeitverschwendung betrachtet, für ihn ist die Schweiz nicht mehr neutral. Wahrscheinlich wäre eine echte Friedenskonferenz, echt, weil mit Beteiligung Russlands, nur noch unter der Schirmherrschaft der UNO möglich. Vielleicht sollte China eine echte Friedenskonferenz organisieren in Peking.

Kriegstagebuch 27.03.2024

Das Massaker im Konzertsaal der Crocus City Hall in Krasnogorsk vom 22. März 2024, das vier islamistische Tadschiken mit Kalashnikovs und Brandlegung ausführten, die kurz danach auf ihrem Fluchtweg nach Belarus, dann in die Ukraine, festgenommen wurden - über 140 Menschen starben, ähnlich viele wie im islamistischen Anschlag auf den Konzertsaal des Bataclan in Paris, 2015 - überlagert den Russischen Angriffskrieg gegen die Ukraine mit einer internationalen Note. Putin-Russland instrumentalisiert dieses Verbrechen als einen Anschlag, den die Ukraine eingefädelt habe, und unterstreicht dies nicht zuletzt durch "Bekenntnisse" der gefangenen Tadschicken, die unter Folter vermutlich alles erzählen, was die Russen hören wollen, andererseits wurden in islamistischen Kreisen im Kaukasus Verhaftungen vorgenommen- so ganz scheint man der These, dass die Ukraine dahintersteckt, selber nicht zu trauen. Putin erklärte dazu von Neuem, dass die Sicherheit, ja, emphatischer, die Existenz Russlands mit dem Sieg ihres Krieges in der Ukraine verknüpft sei (was ein falsches Narrativ ist, die Existenz Russland ist in keinster Weise durch die Existenz der Ukraine gefährdet: die Ukraine hat schlicht und einfach keine militärischen

Möglichkeiten dazu, und die USA, Grossbritannien und Frankreich werden sich/davor/ hüten, die Ukraine mit Nuklearwaffen auszustatten. Gross ist die Wahrscheinlichkeit, dass dieses Attentat in Krasnogorsk eine Vergeltungstat von Islamisten war gegen ein Russland, das sie in Syrien bombardiert und bekämpft, so jedenfalls lautet das Bekennerschreiben des IS und so interpretiert es die ukrainische Seite, die mit diesem Attentat nichts zu tun haben will, Präsident Selenskyi betonte, sie seien keine Terroristen. Macron bot seine Hilfe bei der Aufdeckung der Urheber dieses idiotisch-sinnlosen Massenmordes durch Islamisten an. Zwei Wochen davor warnte die US-Botschaft in Moskau vor solchen Anschlägen (war das eine Distanzierung von ukrainischen Plänen? Kenntnis durch Spionage im syrischen und türkischen IS? Tauschte sie ihre Informationen mit den russischen Behörden aus?). Verunsichernd ungewiss ist es also, ob Europa, nicht nur Russland, in Zukunft mit solchen Massakern durch Islamisten (wieder) zu rechnen haben. Die Taliban verurteilten das Attentat auf das Schärfste. Europa erinnert an die 21 ermordeten Zivilisten in Odessa durch ein Attentat des russischen Militärs vor 2 Wochen. Für Europa führt Russland in der Ukraine einen permanenten Terrorakt durch, keinen Krieg. Die Empörung Zakharovas, Chefpressesprecherin von Lavrovs Ministerium für auswärtige Angelegenheiten der Russischen Föderation, über das Ausbleiben westlicher Beileidsbekundungen ist gespielt oder unehrlich, denn gleichzeitig sind ihr die getöteten Zivilisten in der Ukraine egal, auch Simonjan, die sich wie die Hexe des Kremls geriert, redet vom Töten von Ukrainern, als ob es dabei um das Einkaufen von Blumen geht. Die Nazis behandelten einst die Osteuropäer wie Untermenschen, das Putin-Regime tut dies heute mit den Ukrainern und Ukrainerinnen. Soweit entfernt ist der gegenseitige Respekt, soweit entfernt ist der Frieden. Präsident Putin hat, wie vorausgesagt, bei seiner fünften Wiederwahl als Präsident der Russischen Földeration am 18. März rund 87 % der abgegebenen Stimmen erhalten (absolut rund 60 %): sein Wahlsieg wäre ehrenvoller, und wohl immer noch sicher, gewesen, wenn er das Betrügen gelassen und die Opposition zugelassen hätte. Sechs weitere Jahre Krieg gegen die Ukraine wählte das russische Volk. Die Gratulationsbekundungen des Westens blieben aus, was in Deutschland nicht nur Wagenknecht vom Bündnis Sarah Wagenknecht (BSW) für einen diplomatischen Fehler hielt - zu Recht. Von der EU gratulierte allein Ungarn - Ministerpräsident Orban - dem alten und dem neuen russischen Präsidenten, und "natürlich" Serbien, das an den NATO-Angriff vor 25 Jahren gedachte (ohne sich selber zu kritisieren, nur mit Denunziation der NATO). Auch hier ermisst sich an der Distanz zum Respekt die Distanz zum Frieden. Der SPD-Politiker Mützenich schlug vor, den Krieg in der Ukraine "einzufrieren". Der Papst mahnte die Ukraine an, die weisse Fahne zu hissen, korrigierte sich später, er meinte damit Verhandlung, nicht Kapitulation. Die Empörung (zumal im Westen) war gross, die Zustimmung verhalten. Die offizielle Ukraine hält nichts von einem koreanischen Einfrieren des Konfliktes und vom Hissen der weissen Fahne. Russland hat das militärische Momentum auf seiner Seite und es rüstet weiter gewaltig auf, es baut eine Angriffsarmee auf, für Kriege, die über den Krieg gegen die Ukraine hinausgehen, was Europa missfallen muss. Nach der aussenpolitischen Leitdevise: Aufrüstung zur Abrüstung (**Rearming for Disarming**), akkumuliert Putin damit Droh-, aber auch Verhandlungspotential. Währenddessen baut die Ukraine ihre Rüstungsbetriebe auf, Rheinmetall will vier Fabriken, nicht nur eine Fabrik, in der Ukraine bauen. Die russische Invasion muss auf ihre Grenzen treffen, auf ihre **politischen** mehr noch als auf ihre militärischen und geographischen Grenzen. Europa muss Russland die Grenzen aufzeigen. Europa kann es nicht zulassen - und die USA unterstützt es dabei soweit, soweit ihre Präsidentschafts-Wahlen im Nov sie nicht davon abhalten - an noch mehr NATO-Grenzen direkt ein imperial auftrumpfendes Russland zu haben, in dessen Interesse es nicht sein kann, sich direkt in eine Konfrontation mit Europa zu manövrieren. **Der Russische Bär wird im Krieg gegen den Europäischen Drachen nicht gewinnen können, sicher ist nur, dass beide verlieren, viel verlieren.** Der russische Vorschlag einer entmilitarisierten Zone beinhaltet nur ukrainisches Gebiet, das bis zum Dnjepr reichen würde, dabei wäre es naheliegend, die von Russland annektierten Ostukraine-Gebiete zu entmilitarisieren und unter Dauer-Obhut von UN-Truppen und OSCE-Beobachtung zu stellen (was schon einmal angedacht wurde in den Minsker-Abkommen und nicht geklappt hat). Russland wird versuchen, mit Gewalt auf dem Schlachtfeld, statt mit dem Wort am Verhandlungstisch, in der Ukraine die Verhältnisse, wie sie ihm passen, zu gestalten. Wenn Europa und Russland eine gemeinsame Zukunft haben und gestalten wollen, wird das aber am Verhandlungstisch entschieden. Anstatt sich in die Willkür und Gefahr eines

Grossen Krieges zu stürzen, in dem auch die russische Führung viel verlieren, wenig gewinnen kann, kann, ja muss Europa mit Russland, muss Russland mit Europa, eine **Neue Eurasiatische Sicherheitsarchitektur** aufbauen. Dazu gehört, dass aus dem Weimarer Dreieck, das sich kürzlich - grosse Eintracht bezeigend - getroffen hat, ein **Weimarer Viereck** wird aus Frankreich, Polen, Deutschland, Grossbritannien und dem Rest der EDU (European Defense Union), auch mit Italien und Spanien selbstverständlich. (to be continued)

Kriegstagebuch 29.02.2024

Über Europas Zukunft mit Russland, den USA und China -. ein kurzer Ausblick. **Rearming for Disarming,** Aufrüstung zur Abrüstung, zu Deutsch: Schwerter zu Pflugscharen, aber zuerst zu Schwertern, beschreibt die Position eines Europas, das nicht ewig aufrüsten und Krieg will, sondern Aufrüstung zum Endzweck des Friedens, der Friedenssicherung, der Abrüstung, betreibt: Rearming for Disarming bleibt insofern die Europäische Position gegenüber dem aggressiven Russland unter Putin und einem nicht-aggressiven Russland nach Putin. Es bleibt die Position der nächsten 10, 15, 20 Jahre. Europa rüstet auf und wird weiterhin aufrüsten müssen, um **letztlich** mit Russland abrüsten zu können, egal, ob mit oder ohne Krieg, um sich letztlich zu einigen, die Armeen mehr in Verteidigungs-, statt in Angriffs-Armeen umzurüsten Denn wenn Russland grenzenlos Angriffswaffen (Lenkbomben, Artillerie), Infanterie- und Panzer-Armeen aufbaut, Betonung auf "grenzenlos", dann ist das eine direkte Bedrohung für Europas Grenzen - gegen wen sonst, ist diese Aufrüstung und soziale Militarisierung gerichtet? Gegen China? -, dann ist das zugleich ein politisches Potential, über das so wie über die Zukunft der Länder und des Friedens, verhandelt werden kann und muss.

Wie sich während der Regierung von US-Präsident Trump angezeigt hat, muss Europa die USA, die bislang für die Verteidigung Europas die Hauptverantwortliche war, nach und nach ersetzen, das heisst auch, nach und nach aus Europa entfernen - wir nennen der Einfachheit halber die Nachfolgerin der NATO die Europäische Verteidigungsunion (EDU: **European Defense Union**) die die äussere Sicherheit Europas zum Gegenstand hat. Eine Anmerkung zum **Europäischen Sicherheitsmodell**, das die innere Sicherheit Europas zum Gegenstand hat, und in ihrem Hoheitsgebiet jede Form von Geheimdiensten verfolgt und verbietet, ausser Europas Geheimdienste gegen Geheimdienste (russische, amerikanische, chinesische), -zum Beispielt hat sich in der Ukraine, wie kürzlich in der New York-Times publik gemacht, die CIA festgesetzt. Doch Europa kann mit Russland erst in Abrüstungsverträge, und später in Verhandlungen für eine Umstellung von einer Angriffs- in eine Verteidigungsarmee treten (eine Angriffsarmee erhöht z.B. ihre Panzerbataillone, eine Verteidigungsarmee ihre Luftabwehr), wenn es in der Ukraine weder eine CIA, noch eine NATO gibt. Dafür, zum Beispiel - es gibt mehrere Optionen - eine Europäische Verteidigungsunion (oder Garantie-Union), mit der ein Teil der Ukraine verbunden ist, während ein anderer Teil, zum Beispiel der von Russland annektierte, mit internationalen UN-Truppen, OSCE-Beobachtern, eine entmilitarisierte Zone bildet. Russland soll sich, spätestens nach Putin, für Europa und für den Frieden, Europa sollte sich, spätestens nach Putin, für Russland, für die friedliche Kooperation mit Russland, entscheiden können, auch dafür muss Europa die USA in die zweite Linie, in die Linie alliierter Verbündeter (Verteidigungsverbündeter) und Geschäftspartner versetzen. Während es China ermutigt, mit Europa das gute Geschäftsverhältnis auszubauen, und Russland zu motivieren, in der Ukraine Frieden, zumindest einen Waffenstillstand, allenfalls auch eine entmilitarisierte Zone, anzustreben. Soviel zum Ausblick auf die nächsten Jahre, wenn sie nicht durch einen plötzlichen Nuklear-Überfall Russlands komplett anders gestaltet werden, und Russland, zumindest Putins Russland, nicht nur Europa, in Teilen zu zerfallen drohen. Politisch pragmatisch und rational bleibt: dass wir uns an dem Frieden, an dem wehrhaften Frieden mit der Devise **Rearming for Disarming!** orientieren, den Europa nicht nur erstreben, sondern bewahren und sichern können muss (das ist keine Floskel).

Kriegstagebuch 25.02.2024

Nachtrag zum Ukraine/Russland-Krieg. **Über den Kompromissfrieden.** Offenbar gibt es eine Realität in den Medien und Köpfen, in der der jetzige Krieg in der Ukraine die Gestaltung eines zukünftigen Kompromissfriedens bestimmt, und eine Realität der Illusionen, in der der jetzige Krieg die Erreichung des Sieges der Ukraine oder Russlands bestimmt. Unsere

These ist, nach 2 Jahren Beobachtung dieses Krieges, dieses ukrainischen, international gestützten Widerstandes gegen den russischen Angriffskrieg, dass es nicht mehr um Sieg oder Niederlage, sondern um einen Kompromissfrieden geht, in dem jeder die vorteilhafteste Position zu erringen sucht. Wie wir aus der Erfahrung der Friedensschlüsse des Ersten und des Zweiten Weltkrieges wissen, ist der beste Frieden für die Internationale ein stabiler, klug austarierter, für beide Parteien akzeptabler Friedens- oder Kompromisszustand. Das Gerede von einer NATO-Mitgliedschaft der Ukraine hat mit der Realpolitik eines Kompromissfriedens nichts zu tun, doch sicher hat die Ukraine ihre Sicherheitsbedürfnisse, nicht nur Russland : beide müssen in den Kompromissfrieden einfliessen, beide Parteien, vor allem Russland, muss anerkennen, dass die Ukraine, ohne Atom-Waffen, ein deutlich höheres Sicherheitsbedürfnis hat als Russland selber. Am besten holen die Verhandlungspartner OSZE, UN-Truppen und China an Bord - macht man die annektierten Gebiete zu einer entmilitarisierten Zone. Unsere These also ist: In diesem Krieg geht es nur noch um die Gestaltung eines Kompromissfriedens, nicht mehr um Sieg oder Niederlage. Dabei kann die Ukraine ihre de iure Ablehnung der Putin-russischen Annexion ostukrainischer Staatsgebiete beibehalten. Möglicherweise wird es deswegen später wieder zu einem Krieg kommen zwischen Russland und der Ukraine (Süd-Nord-Korea-like), oder Russland zahlt der Ukraine eine "*Kompromisssteuer*". Das hängt von Bedingungen ab, wie sich Russland nach Putin entwickelt, irgendwann wird auch Russland vor der Entscheidung stehen, ob es sich von Europa weiterhin isolieren soll oder in Europa fruchtbar integrieren will. Die Ukraine hat diese Entscheidung bereits getroffen.

Kriegstagebuch 24.02.2024

Israel/Hamas-Krieg. Nicht viel Neues im Nahen Osten: die militärische Spezialoperation, die Israel seit dem 7. Oktober-Massaker in Gaza durchführt, die Jagd auf Hamas-Anführer und - Soldaten, geht weiter, die Weltöffentlichkeit schreit weiter von "Genozid" und weitere Geiseln der Hamas sollen umgekommen oder umgebracht worden sein. Israels rechtsextreme Regierung weigert sich, eine 2-Staaten-Lösung zu akzeptieren, tatsächlich macht sie erst Sinn, wenn der Iran seinen Irrweg korrigiert und das *Volk und das heilige Land der Ersten Religion des Buches* - wie es im Koran heisst - akzeptiert. Auf dieser Grundlage kann der ewige Frieden und die realistische Nachbarschaft zweier Staaten, die von zwei verschiedenen abrahamischen Religionen geprägt sind - wobei die eine wenige Millionen, die andere Milliarden Anhänger oder Follower hat -, prosperieren. In Russland treffen sich palästinensische Gruppen, an erster Stelle die Hamas, die durch türkische, katarische, algerische, sudanische, saudi-arabische und wahrscheinlich auch russische, Investmentfonds und Immobilienfirmen ihren Terror gegen Israel und das Luxusleben ihrer Führungsriege finanziert. Viel mehr als eine "promotion of terror" sei das nicht, meinte man auf X-Twitter.

Ukraine/Russland. Im Osten einiges Neues - der zweite Jahrestag dieses europäischen Krieges, von Putins Krieg in der Ukraine, betrauert eine Geschichte des Elends und des Todes von über einer viertel Million Menschen (Russen, Ukrainer, Söldner und Söldnerinnen aus allen Herren Länder. Erste offizielle Angabe der Ukraine: 31 000 tote ukrainische Militärs (Russlands Schätzung: mind. 70 000) und 180 000 Tote russische Militärs, andere Berechnungen ergeben deutlich höhere Zahlen, die Invaliden, Verletzten und tausenden ukrainischen Zivilisten nicht hinzugerechnet. Dieser zweite Jahrestag betrauert eine Wüste der Zerstörung und der Verminung des ukrainischen Landes. Als positiv wahrgenommen, zumal in Russland, wird der Neubau von Schulen und Wohnblöcken in der Stadt Mariupol, in der das Leben wieder blühe... für diese Worte geriet ein ZDF-Korrespondent in unserer Medienwelt unter den Vorwurf, russische Propaganda zu betreiben. Wie angekündigt hat Selenskyi statt sich selber - der Präsident der Ukraine wird zurücktreten, wenn seine *Politik der unverhandelbaren Rückeroberung* von an Russland verlorene Gebiete als gescheitert zu betrachten ist, davon kann ausgegangen werden - , den Armeechef Saluschnyj durch General Syrskyj ausgetauscht, der als Schlächter und Vorwärtsmann gilt, doch dessen erste Amtshandlung als neuer Armeechef der Befehl des Rückszugs aus der von der Ukraine lange gehaltenen Kleinstadt Avdiivka, nahe der Grossstadt Donezk, sein musste. Am zweiten Jahrestag seines Krieges in der Ukraine kann Putin einen kleinen militärischen Sieg feiern, zudem festhalten, dass sein Land, das auf Kriegswirtschaft und Waffenimporte aus Nordkorea und Iran setzt - wie auf Ölexporte nach Indien und China - , die Materialschlacht gewinnt. So wie Bachmut ist Avdiivka grösstenteils eine ausgebombte

Gespensterstadt - mehrheitlich bewohnt von einer Restpopulation, die den russischen Truppen und einer russischen Besetzung wohlwollend gegenübersteht - von Herzen überzeugte Ukrainer und Ukrainerinnen, wären sie nicht längst weggezogen, befänden sich in akuter Lebensgefahr. Während Selenskyj den ausbleibenden Munitionslieferungen aus dem Westen die Schuld für das Desaster im Donezker Oblast gibt, wurden tausende Gefangene und hunderte Verletzte dem Schicksal und der Willkür der russischen Besatzungsmacht überlassen - die sich als "Befreiungsmacht" inszeniert und, aus ihrer Sicht, Avdiivka nach Russland "befreit" und "heimholt", nicht der Ukraine wegnimmt. Während die Frau von Navalny an der Münchner Sicherheitskonferenz eingeladen, dafür Russland ausgeladen wurde, lies Putin aus Rache und aus Kalkül - denn für ihn war der lebende Navalny ein Albtraum - Navalny in seiner Zelle umbringen, er verstarb am 15. Februar 2024 (Diese Version seines Todes, nicht die einzige und nicht die offizielle, steht näher oder ferner der Wahrheit) US-Präsident Biden nannte Putin einen "Hurensohn" (was auch mit der gerade aufgedeckten russischen Geheimoperation gegen seinen Sohn, Hunter, zu tun hat) und die britische Regierung sanktionierte sechs Gefängniswärter des bis zu seiner Ermordung eingekerkerten Navalny. Auch das Theater um dessen Leichnam, die unwürdige Behandlung seiner Mutter, sie müsse auf eine Trauerfeier verzichten, man wolle Navalny unauffällig beerdigen, sonst schände man seine - wahrscheinlich Misshandlungen aufzeigende - Leiche, weist darauf hin, dass von einer normalen Sterbensursache nicht ausgegangen werden kann, das Zurückhalten der Leiche würde auch helfen, Misshandlungsspuren zu verschleiern. Sogar Putin-Versteherin Wagenknecht hält den russischen Machtapparat für den Tod von Navalny für verantwortlich, ohne diese Haft und Haftbedingungen, die nachweislich Schikanen und Folterungen beinhalteten, wäre Navalny, so Wagenknecht, "*natürlich heute noch am Leben.*". Putin beförderte den Folter-Knecht seines persönlichen Gefangenen, so ähnlich wie er die Soldaten beförderte, die in Butscha das Massaker an ukrainischen Zivilisten ausübten: das Putin-Regime belohnt in aller Öffentlichkeit jene, die brutalste Kriegsverbrechen und staatlich genehme Morde begehen - so korrumpiert es die Moralität eines ganzen Landes, macht ein ganzes Kollektiv zu Mitläufern und Mittätern, zu Mitlügnern und Mitkriminellen - ausgenommen eine kleine Opposition, die ihre Leuchtgestalt verloren hat, auch Vorbild für viele junge Russen und Russinnen, darunter die Mutigen, die öffentlich um Navalny trauerten, und abgeführt wurden (und werden). Dieser Mord stellt neben Prigoschins Geheimdienstmord durch Flugzeugabsturz, auch Tucker Carlsons Interview mit Putin in den Schatten, mehr als die 200 Millionen auf der Erde, die es anklickten, werden nicht mehr ignorieren können, mit wem sie es bei Putin zu tun haben. Navalnys Blut wird an ihm kleben bleiben, er ist verantwortlich *für ein Verbrechen an der Zukunft Russlands* und Russland, das grosse stolze Land, muss befürchten, dass es bei diesem Verbrechen nicht bleiben wird. Russland wird sich fragen, von welchem Mörderregime, es sich da regieren, manipulieren, anlügen und in einen sinnlosen Krieg ziehen lässt - gleichzeitig ist die Ukraine im Osten dabei zu realisieren, dass sie ihre Verteidigung, auch bündnispolitisch, ausbauen muss (solche Abkommen wurden gerade mit Deutschland und mit Dänemark, das seine gesamte Artillerie der Ukraine zur Verfügung stellte, geschlossen) und dass sie sich besser verteidigen lernen und verhandeln muss, gelingt auch ihre nächste Offensive nicht, nur noch jene der russischen Armee. Belarus, dessen Führer und Militär zu einer russischen Sklavenmacht degeniert sind, warnt von einer gross angelegten Provokation der NATO, übersetzt: Russland plant von Belarus aus eine gross angelegte Provokation der NATO. Wobei jeder Generalstab Angriffspläne in der Schublade hat, Planen und Pläne in die Realität umsetzen, sind zwei ganz verschiedene Dinge. Das Putin-Regime braucht den Krieg, aber nur den, mit dem es im Inland den Terror, und damit seine Macht, aufrechterhalten und verstärken kann, zudem wird bei der Präsidentschaftswahl im März dafür gesorgt, dass das Abstimmungsresultat zugunsten Putins an sowjetische Fantasiezahlen herankommt, und der Krieg gegen "Feinde von Aussen", wie wir von Hitlers Tyrannie wissen, war schon immer eines der besten Mittel zur eigenen Machterhaltung. Gesetzt, der Krieg geht nicht verloren: es bleibt riskant für Putin-Russland, die NATO anzugreifen. Solange jedenfalls die US-Mitgliedschaft nicht wackelt und die Europäische US-Truppen-Präsenz unter US-General Cavoli nicht eine gesamteuropäische Reaktion in Angriffsstellung bringt: dieser Schuss könnte nach hinten losgehen. Die nächste Zeit wird zeigen, wohin die harten Kämpfe an der ukrainischen Front führen. Ob die Ukraine zu Kapitulationsverhandlungen gezwungen sein wird, oder ob sie sich in einem Reduit solange erfolgreich verteidigt, bis dass Russland die Lust am Krieg verliert (der grosse Teil der russischen Bevölkerung mag Putins Krieg in der Ukraine nicht, die russische Mittelklasse mag auch keine Sanktionen, bald wird sie in den Westen nicht mehr reisen können, wenn das so weiter geht, und wenn sie sich dagegen wehrt - vor allem Söhne und Töchter der Privilegierten, die überhaupt keine Lust verspüren, in der Ukraine für Putins Krieg zu sterben -, terrorisiert sie die Putin-Regierung), und zugleich in der Ukraine die Not und der Bedarf nach Verhandlungen steigt. Solange zermürbt und tötet man sich gegenseitig, bis die russische Seite begreift, wir können, auch wenn wir wollen, die ganze Ukraine nicht erobern und die ukrainische Seite begreift, wir können, auch wenn wir wollen, die Ukraine von 1991 nicht zurückerobern (zum Vorschlag Waffenstillstand, der von einer de facto, nicht de iure, Akzeptanz der russisch annektierten Gebiete durch die Ukraine ausgeht, ohne NATO-Mitgliedschaft, auch weil Europas Verteidigungspolitik prinzipiell an die Nach-NATO-Zeit zu denken hat, von daher die Ukraine am besten eine neutrale Pufferzone bleibt, die sich durch Bündnisse überaus effizient verteidigen könnte, falls Russland auf "dumme Ideen" kommen sollte, siehe Kriegstagebuch 19. Juli 2023).

Kriegstagebuch 31.01.2024

Israel/Hamas - Grossbritannien erwägt die Akzeptanz von Palästina als unabhängiger Staat - vor einer realisierten Zwei-Staaten-Lösung, auf die USA, EU, China, Russland und andere, pochen, damit knüpft es an die Politik des British Empire an, das Palästina 1921 aus seinem Mandatsgebiet entliess (so wie später Israel) und gegen die sich Israel sträubt, auch aus realistischen, nicht nur ideologischen, Gründen: die Hamas will nichts wissen von Zwei-Staaten-Lösung, nicht solange der häretische Iran Israel mindestens so akzeptieren und respektieren kann wie das ihr Gott, wie das Allah getan hat und tut, zumindest der Koran (Zum akommunizierten und kommunizierten Gehalt des Korans, siehe *Über die Anfänge*). Ansonsten wurde Israel vom IGH, angezeigt durch Südafrika, gerügt und angemahnt, sich bei ihrer Attacke gegen die Hamas im Gaza-Streifen an die humane Kriegsführung und Menschenrechtsordnung zu halten, doch es müsse die Kriegsoperation nicht unterbrechen, Selbstverteidigung sei legitim, abgesehen davon, dass der IGH nicht die Macht hätte, Israels Kriegshandlungen faktisch zu unterbinden. Israel flutet erstmals Hamas-Tunnels unter Gaza und jagt Hamas-Chefs. Angeblich hätten drei Agenten im Spital, verkleidet als Krankenpfleger, drei in Behandlung befindliche Hamas-Soldaten ermordet: Es ist der Wilde Westen des Nahen Osten. Und noch lange wird es dauern, bis die Kinder in Palästina und die Kinder in Israel nicht ideologisch gegeneinander aufgehetzt werden.

Ukraine/Russland. Nicht viel Neues im Osten, nur viel Elendes. Die Material-Schlacht gewinnt Russland. Europa liefert an die Ukraine - wie immer - zu wenig. Kreml-Russland, das zugleich im Inland die politische und propagandistische Schlacht gegen die eigene Bevölkerung gewinnen muss, erhöht den Druck, die Repression auf Gegner und Kritiker der "Spezialoperation", liefert sie nun ausser der Haft der Enteignung aus. Damit korrumpiert und besticht es seine freiwilligen und eingeschüchterten Mitläufer: ihr sollt von denen profitieren, die Charakter, Vernunft und Widerstandsgeist in sich haben, denn

Russland, wir wissen das, hat "**strong characters**" (siehe das Gedicht dazu in "Geigenunterricht und andere Erzählungen"). Offenbar muss der Kreml, muss Wolodin, der Vorsitzende der Staatsduma, zu solchen drastischen Repressionsmassnahmen gegen die eigene Bevölkerung greifen, wächst die Nervosität, ja, die Angst vor einem Umkippen der Stimmung im Land gegen die Unterstützung dieses unsinnigen Angriffskrieges gegen den westlichen Nachbarn, der teilweise russisch sprechenden Bevölkerung der Ukraine. Das hat auch mit der Präsidentschaftswahl im März zu tun und mit dem hohen Zulauf von Unterschriften, ein stiller Protest, für den Kriegsgegner-Präsidentschaftskandidaten Boris Nadeschdin. Ansonsten hat sich das Putin-Regime propagandistisch auf die Ukraine als "Nazi-Regime" eingeschossen, die Dummen unter den Russen sollen das NarrRativ glauben, man setzte den Zweiten Weltkrieg, den Vaterländischen Krieg gegen die Nazis, fort... (de facto gibt es eine Neo-Nazi-Partei in der Ukraine, das ist korrekt. Die wurde aber 2019 aus dem Ukrainischen Parlament gekickt). Festzuhalten ist, dass die Ukraine gut daran täte, in Zukunft die **Stepan Bandera**-Glorifikation zu verbieten - Bandera und seine Kumpane haben so gut wie alles umgebracht, was ihrem faschistoiden, von Juden und national-radikalen Melnyk-Ukrainern (sozusagen die Menschewiki der Ukraine) "gesäuberten" nationalistischen Ukraine-Projekt im Weg stand, von den Polen (die allerdings Gebiete der Ukraine besetzten), die zu tausenden umgebracht wurden, und den Sowjets, am Ende aber auch Nazis, zu schweigen. Kurz: Bandera ist historisch, ist historisch eine (prä)sowjetische Figur, eine Figur für das historische Archiv der Ukraine während der

Sowjetzeit, aber nicht anschlussfähig, in vieler Hinsicht nicht, an die aktuelle, west-freundliche, post-sowjetische Ukraine, die mit Polen, mit Juden, mit Deutschland in einem ganz anderen Verhältnis steht, auch mit einem post-sowjetischen Russland - zumindest solange das Budapest Memorandum (1994) Gültigkeit hatte -, und das über viele Jahre hinweg während der Jelzyn-Zeit keine Probleme hatte, die Ukraine wie Belarus und andere ehemalige Sowjetstaaten zu akzeptieren (so meinte der ukrainische Journalist Trubetskoy 2020 mit Blick auf Bandera und andere historische Figuren aus dieser dunklen Zeit: "Neue Helden (und Heldinnen) braucht das Land"). So wenig wie die Bandera-Glorifikation in der Ukraine ist Putin s Denunziation der Ukraine als "Nazi-Land" akzeptabel, auch wenn das notwendiges propagandistisches Schmiermittel für die russische Militärmaschine ist. Eine andere Legitimation als eine falsche historische, diesen Krieg zu führen, hat das Putin-Regime nicht. Das Argument, der Krieg werden wegen und gegen die NATO-Erweiterung geführt, ist obsolet geworden: der stratetisch unkluge, überrissene Ukraine-Krieg hat zum Gegenteil geführt - zur Erweiterung des NATO-Gebietes auf Finland und Schweden. Saluschnyj, der die Lage an der Front realistisch sieht, sollte wieder abgesetzt werden von Selenskyj, der die Lage an der Front mit Rosa Brille sieht, wird kolportiert - dagegen hätten die USA und sogar potentielle Nachfolger Salushnyjs protestiert. Wir sind schon länger der Meinung, dass Selenskyj anstatt für Salushnyj, für sich selber einen Nachfolger oder eine Nachfolgerin suchen sollte, er sollte zurücktreten und Platz machen für einen Nachfolger oder eine Nachfolgerin, die die militärische Lageeinschätzung von

Saluschnyj akzeptieren kann und gegenüber Russland und der EU einen anderen, neutraleren Blick in die internationale Diplomatie einführt. Doch selbst der politische Konkurrent Klitschko hält sich mit Kritik am Präsidenten zurück. Eine politische Wahl oder Fraktionierung im Inneren - die es bereits gibt, wie der Salushnyj-Selenskyj-Dissens andeutet - zum jetzigen Zeitpunkt, würde die Front gegen Russland schwächen. Wir gehen ausserdem davon aus, dass auch ein **Präsident Trump** die Ukraine unterstützen würde. Das hat mehrere Gründe. Oder er tut es nicht, und denkt sich, ich will damit Europa schwächen. Aber wir sind wichtig für den US-Absatzmarkt, nicht nur dieser ist es für uns. Kurzum, Europa **muss aus den ehemaligen NATO-Ländern und Nicht-NATO-Ländern eine robuste, effizient abschreckende Verteidigungsgemeinschaft schmieden** - davon kann die USA *doppelt* profitieren: als Waffenlieferant und als kostengünstiger Alliierter -, Europa ist dabei, das zu tun, dabei ist und bleibt die Ukraine ein Sonderfall, eine strategisch und politisch wichtige Pufferzone zwischen einem Putin-Russland, das Europa permanent in den Social Media mit Bedrohungspropaganda "bearbeitet" (was in Deutschland die Leute in die Wagenknecht-Partei (gegen NATO und für?) und in die AfD (für NATO oder EDU) treiben soll) und einem Europa, das sich davon nicht beeindrucken lässt. Der Russische Bär reize den Europäischen Drachen nicht, es gibt keinen Kontinent auf der Erde, der, Zeitenschicht für Zeitenschicht, auf mehr Kriegserfahrung ruht, als Europa. Man wecke dieses Europa des Krieges, der Krieger und der Kriegerinnen, besser nicht.

Kriegstagebuch 31.12.2023

Ukraine/Russland. Nicht viel Neues im Osten, nur viel Elendes. Die Ukraine muss ihre Landesverteidigung ausbauen mit neuen Minengürteln, Panzersperren und Bunkeranlagen, nachdem ihre Offensive offenbarte, dass sie auch in Zukunft kaum erfolgreich sein wird. Sie kann nicht riskieren, ohne ausgebaute Verteidigungslinien dazustehen, wenn die nächste Offensive wieder scheitert. Für diese, und die Ersetzung getöteter und erschöpfter Soldaten, senkte Präsident Selensky das Wehrpflichtalter, nun auch für Ukrainer im Ausland geltend. Erste Länder haben damit begonnen (genaugenommen: Estland), diese in ihr Heimatland zurückzuschicken, das seit fast 2 Jahren unter russischem Angriff steht. Deutschland sollte dem folgen. Von einer Verhandlungsbereitschaft ist nichts zu spüren in den Reihen der Verantwortlichen der Ukraine, Hochmut kommt vor dem Fall, heisst es im Jüdischen Testament. Sachsens Ministerpräsident Kretschmer schlug der Ukraine vor, in Verhandlungen einzutreten, eine **vorläufige** Anerkennung der Annexionsgebiete in Kauf zu nehmen, um der humanitären Verbesserung der Situation der zivilen UkrainerInnen und RussInnen willen. Als Gegenvorschlag lässt sich Medvedevs Ankündigung lesen, Russland werde grosse Gebiete und Städte der Ukraine, auch Kiev, **vorübergehend** besetzen (und, was er nicht sagte, aber dachte und denkt: nach "Säuberungsaktionen" und der Installierung einer Moskauer Marionette, wieder "frei" lassen). Auch Putin lässt kaum Verhandlungsbereitschaft erkennen - jetzt, wo das Momentum auf der russischen Seite liegt (eine diplomatische Delegation von Russen traf sich "geheim" in Washington). Noch immer sind wir der Ansicht, dass es Leute gibt in der Ukraine, die mit Russland über einen Waffenstillstand als ein erster Schritt zu einer langfristigen Lösung, die für beide Seiten gewinnbringend und gesichtswahrend ist, verhandeln könnten (zum 6-Punkte-Vorschlag eines Waffenstillstandes, siehe Kriegstagebuch 19.07.2023). So wie es in Russland dafür Leute gibt, hauptsächlich politische Konkurrenten von Putin wie Javlinski, der die notwendige Anzahl von Unterschriften zur Zulassung zur Präsidentschaftswahl im März 2024 nicht zusammenkriegt, ganz im Gegenteil von Kriegsgegner Boris **Nadeschdin**, und die EX-TV-Moderatorin und Abgeordnete Dunzova, die nicht zur Wahl zugelassen wurde (angeblich wegen formaler Fehler bei der Anmeldung) - Dunzova, die zu einer neuen Generation PolitikerInnen gehört, die in den nächsten Jahrzehnten Russlands Geschick (mit)prägen wird, gründete mittlerweile eine eigene Partei. Möge ihr das Glück zur Seite stehen. Navalny fordert den Aufstand gegen Putin, der ihn dafür von kalt in kälter stellte, in ein Gefängnis im Polarkreis. In der Ukraine (bzw. geflüchtet in das Ausland (aus Russland?)) fordert derweil ein Ex-Regierungsberater der Kyyver Regierung, ein Überläufer, ein Verräter, den Aufstand gegen Selensky, er ruft zum offenen Widerstand gegen die neuen Einberufungsgesetze, ja, zum Krieg der Ukraine und Russlands gegen die NATO und Europa auf. Warum nicht: man kann ja auch dieses rhetorische Spiel spielen. Fakt ist: es entwickelt sich ein Graben- und Stellungskrieg, die Grenzen werden auf dem Schlachtfeld gezogen, wenn nicht am Verhandlungstisch. Und diese muss die Ukraine, der die ersten F-16 geliefert wurden, zu verteidigen verstehen, wenn sie nicht mehr und mehr zurückgedrängt werden will. Unsere Prognose: Im Jahr 2024 entscheiden die US-Präsidentschaftswahlen, nicht nur US-Waffenlieferungen darüber, ob es im Dezember 2024 zu Verhandlungen (und Entscheidungen, statt bloss zu Bla-Bla) kommen wird zwischen Ukraine und Russland, oder nicht.

Israel/Gaza: Viel Neues im Verteidigungs- und Vergeltungskrieg Israels gegen die Hamas. Ein grosser Teil der palästinensischen Zivilbevölkerung, das liess ihr Jubel über das Massaker vom 7. Oktober erkennen, ist Unterstützer und Kollaborateur der Hamas, deshalb für Israel ebenfalls ein legitimes Kriegsziel. Davon will Südafrika nichts wissen, es zeigte Israels Verantwortliche wegen Kriegsverbrechen beim ICC in Den Haag an. Die Regierung Netanyahu hat die Zwei-Staaten-Lösung beerdigt. Solange die Hamas und der Iran den Gaza-Streifen dominieren - und Pälestinenser ermorden, die sich nicht von ihnen dominieren lassen - , sei die Zwei-Staaten-Lösung nicht realistisch zu verwirklichen. Als politische Vision sollte sie, muss sie erhalten bleiben. Im Moment, aber nicht für immer, herrscht eine rechtsextrem-zionistische Partei mit Netanyahu über Israels Aussenpolitik, eine spätere moderatere Politik wird, sofern die islamische und die westliche Welt den politischen Druck auf Israel erhöhen, die Palästina-Frage wieder in Übereinstimmung mit den Vorgaben der UN bringen müssen und wollen - auch mit den UN-Resolutionen von 1947 und 1967, die ein klares, international unterstütztes, Votum für eine Zwei-Staaten-

Lösung und für die internationale Anerkennung Israels, sind

Kriegstagebuch 26.11.2023

Russland/Ukraine-Krieg. Nicht viel Neues im Osten, nur viel Elendes. Die Ukraine darf ihre allgemeine Landesverteidigung, die ihre Zukunft garantiert, nicht in Kriegsscharmützeln an der Ostfront riskieren, ihre besten Truppen verlieren, und dann blank dastehen - also das eintreffen lassen, was angeblich die USA gegenüber Russland beabsichtige, nämlich Russlands Militär empfindlich zu schwächen. Dieser Schuss würde nach hinten losgehen. De facto droht, dass die mörderische Kriegsfront im Osten die Ukraine empfindlicher als Russland schwächt. Sie und ihre Verbündeten müssen die Balance finden zwischen aktueller aktiver Verteidigung und Angriffsoperation im Osten und Vorbereitung der Landesverteidigung für die Zukunft, was die langfristig planende Ukraine auch bereits vereinzelt unternimmt (siehe Kriegstagebuch 24.11.2023), politisch diplomatisch heisst das, Vorbereitung, mit Russland in Verhandlungen einzutreten. Der Präsident der Ukraine muss diese Balance im Auge behalten. Möglicherweise gibt es dafür bereits geeignetere Männer als Selenskij.

Hamas/Israel-Krieg. In Israel fand mittlerweile ein erster grösserer Geisel-Gefangenen-Austausch statt. Dafür wurden von der Hamas die Geiseln, die am 7. Okt. gemacht wurden, gebraucht. Darunter finden sich palästinensische Kinder, die mittlerweile in einem israelischen Gefängnis erwachsen geworden sind - und unter dubiosen Rechtszuständen weggesperrt wurden (weil sie notorisch Israelische Behörden mit Steinen angriffen und es auch weiter tun würden, würde man sie nicht schlicht in Gewahrsam nehmen, operiert Israel hier mit einer Form von Notwehr-/Notstandsrecht). In Zukunft kann es so nicht weitergehen. Es muss Palästina befriedet und eine stolze Nation werden können, es müssen diese permanenten Bürgerkriegszustände aufhören, es muss eine effektive palästinensische Rechtsbehörde (Polizei) und Zivilgesellschaft ermöglicht und aufgebaut werden, die ihre Jugend nicht mehr gegen Israel aufhetzt, und sollte sie Gesetze brechen, in ihre Gefängnisse sperrt, statt in israelische sperren zu lassen.

Kriegstagebuch 24.11.2023

Hamas/Israel-Krieg: Die Rechtsextremen, die Zionisten um BenGvir und Smotrich in der Regierung Netanyahus mischen ihre ideologische Agenda des gereinigten Grossen Heiligen Israels unter die israelische Vergeltungs- und Verteidigungsoperation, sprich: es werden Gebiete Nordgazas entvölkert und Zivilisten umgebracht oder vertrieben, mit der Absicht: endgültige Fakten der Eroberung, des Terraingewinns zu schaffen. Wobei ein grosser Teil der sogenannten palästinensischen Zivilisten Unterstützer der Hamas ist oder war - die Grenze zwischen Hamas und Bevölkerung lässt sich gerade in Gaza nicht "sauber" trennen. Doch auch die Hamas verliert an Support. Die Hamas-Methode, Krieg zu führen, besteht darin, sich hinter Zivilisten und Gebäuden wie Spitäler, Moscheen und Schulen zu verstecken, und aus den Toten (muslimisch: "Märtyrer", die alle zu Allah gehen), die sie kalt und kalkuliert in Kauf nimmt, einen medialen Aufschrei und Angriff gegen die, diese Zivilisten töteten, gegen Israel, zu produzieren. Diese listige Methode ist allerdings durchschaubar. Peinlicherweise redet Iran-Führer Khamenei vom 7. Oktober, als ob es sich bei dieser feigen Abschlachterei um eine heroische Schlacht handelt. Gott und Geschichte werden differente Urteile abgeben. Israel ist nach grossem Druck, den u. a. Türkei-Präsident Erdogan machte, ein wenig mehr bemüht, das Gesicht zu wahren, die zionistisch-rechtsextreme Agenda aus ihren Militäraktionen zu entfernen, sich auf die eigentliche Hamas-Bekämpfung zu konzentrieren. Während die Welt erwartet, dass eine Normalisierung Israels, nicht nur Palästinas, stattfindet in Richtung Konsolidierung der Zwei-Staaten-Lösung, basierend auf der UN-Resolution und den Grenzen von 1967 (da sind sich offenbar alle einig: die USA, Russland und China - nur noch der Iran fehlt). Spanien hat erklärt, es bereite sich vor, Palästina als Staat zu anerkennen. Die Entwicklung ist im Fluss.

Russland/Ukraine-Krieg. Im Osten nicht viel Neues, nur weiter viel Elendes. Selensky sollte endlich sagen, wann er im Jahr 2024 gedenkt, die verschobenen Präsidentschaftswahlen abzuhalten. Putin erklärt abermals Verhandlungsbereitschaft, Medvedev stösst die bekannten Drohungen aus. Der Militärführer, Generalstabschef Saluschnyj wird als Nachfolger Selenskyjs gehandelt. Was noch nicht viel heissen muss. Sicher ist, dass der General über einen ausgeprägten und nüchternen Realitätssinn verfügt. Wenn die Ukraine, das ukrainische Militär, jetzt kapitulieren würde, bedingungslos, mit

Übergabe sämtlicher Waffen, würde es zu einem furchtbaren Massaker durch Russen kommen an allen, die an eine selbstständige Ukraine glauben und für sie kämpfen, es sei, internationale Kräfte, einschliesslich Truppen, verhindern dieses Massaker und stellen diplomatisch einen Waffenstillstand her. Internationale Kräfte sollten auch für diesen worst case vorbereitet sein. Doch auch in Russland steigt die Lust nicht, im Ukraine-Krieg zu sterben, sie nimmt eher ab. Nur ein paar Wagner-Söldner, denen das Töten Spass macht, jedenfalls solange, solange sie auf der stärkeren Seite stehen, denken, sie gewinnen damit mindestens ein Vermögen, egal, ob auch den Krieg. Präsident Putin hat, wie erwartet, seine Wiederwahl im März 2024 in Aussicht gestellt. Dank des Ukraine-Krieges muss sein Wahlsieg niemanden mehr von der Opposition fürchten, es gibt sie de facto nicht mehr. Er wird im März 2024 das Desaster in der Ukraine schönreden, mit dem bekannten Lügenapparat die Notwendigkeit dieses Krieges beteuern, die legale Regierung der Ukraine als Nazis- und Russen-Unterdrücker verteufeln, das Feindbild muss ja erhalten bleiben für das von ihm dominierte und diktierte Militär, usw. (Kurzer Rückblick: 2014 lief der Pachtvertrag für die Krim ab, Russland hätte sie an die Ukraine zurückgeben, ihren Kriegshafen verlieren müssen, wäre es nicht zu einer Verlängerung des Vertrags gekommen, was unter Präsident Janukowitsch sicher der Fall gewesen wäre, doch dieser wich dem Druck auf der Strasse, den Maidan-Protesten, die Russland als US-gestützten Putsch betrachten, ohne zu bedenken, dass - durch Deutschlands und Polens diplomatische Vermittlung - Janukovitsch sich für Neuwahlen bereit erklärte, die er mit Sicherheit nicht gewonnen hätte, ausser im Osten der Ukraine. Doch was hat die illegale Annexion der Krim für Russland gebracht? Der Marinestützpunkt blieb trotzem nicht erhalten, er musste evakuiert werden, weil er in der Reichweite ukrainischer Attacken und Geschosse liegt [ca. zehn Schiffe der Schwarzmeerflotte wurden nach Noworossijsk verlegt, zugleich soll ein Marinestützpunkt in Abchasien ausgebaut, jener in Sewastopol verstärkt oder verlegt werden (Wall Street Journal/FR/ISW/web.de)]. Der Tourismus wird dadurch ebenfalls abgewürgt, usw. Das heisst: Russland wird Gebiete um die Krim bis zu Odessa erobern und/oder neuartige Sicherheitsmassnahmen ergreifen müssen (wie gerade in der Presse berichtet wird, plant es, die angreifbare Kertsch-Brücke durch einen zwar sichereren, aber nicht absolut sicheren, Tunnel zu ersetzen), um auf der Krim wieder ohne Gefahr die Marine stationieren und den russischen Tourismus florieren lassen zu können, es sei, die Ukraine verfügt über Raketen und Marschflugkörper, die auch über tausende Kilometer präzise Ziele ansteuern können - wie das die Schiffe der russischen Schwarzmeerflotte können (und aktuell tun), auch wenn nicht in Sewastopol stationiert. Dann könnte sie Russland zu Verhandlungen und zu Zugeständnissen zwingen. **Verfügt sie über eine sehr starke Verteidigung, die auch sehr angriffsfähig ist,** ist Russland nicht am Bruch, sondern an einem Erhalt des Waffenstillstands interessiert. Von daher ist die Ukraine genötigt, aus Vernunftgründen, **ihre langfristige Verteidigungsfähigkeit** nicht in mörderischen Stellungskriegen zu riskieren, sie muss allenfalls sogar dringender als Russland - da dieses über grössere Ressourcen verfügt - die Balance finden zwischen aktueller kriegerischer Verteidigung und Angriffsoperation an der Front und kontinuierlicher Vorbereitung der allgemeinen Landesverteidigung für die Zukunft (dazu gehören z. B. Produktionsverträge mit deutschen Rüstungsfirmen). Russland respektiert die Ukraine in Zukunft nur, wenn es weiss, dass eine Verletzung ihrer Grenzen bzw. ihres Abkommens nachhaltige unangenehme Konsequenzen haben wird, auch oder vor allem militärisch. Das gleiche gilt, übrigens, auch für die Ukraine. Russland einigte sich dann, wenn sich beide pragmatisch, nicht aus Liebe..., respektieren, mit der Ukraine auf einen Waffenstillstand, dabei erhält die Ukraine ihr Selbstverteidigungsrecht, und, statt NATO, zum Beispiel Beistandsverträge mit EDU-Nationen (Europe Defense-Union-Nationen), die, zusammen mit der UN, Truppen in der Ukraine stationieren, um die Sicherheit des Waffenstillstands zu garantieren). Fazit: Realistischer ist keine bedingungslose, sondern eine bedingte Kapitulation der Ukraine oder ein Waffenstillstand mit einer de facto, nicht de iure, Anerkennung der von Russland annektierten Gebiete in der Ostukraine, einschliesslich der Krim. Zu den Grundzügen eines Waffenstillstandabkommens in 6 Punkten, das entsprechend an die neuen Gegebenheiten angepasst werden kann (man einigt sich zum Beispiel teilweise auf die Frontlinie von vor 24.02.2022, teilweise auf den aktuellen Status quo), siehe Kriegstagebuch 19.07.2023. Die Entwicklung, auch die jetzt noch unabwägbare, ist im Fluss.

Kriegstagebuch 01.11.2023

Aus gegebenem Anlass wird bezüglich des Angriffs von Russland auf die Ukraine an die "*Gründzüge eines Waffenstillstandabkommens in 6 Punkten*" vom 19.07.2023 erinnert - das entsprechend zu modifizieren wäre. Siehe dort.

Kriegstagebuch 31.10.2023

Israel/Palästina. Im Nahen Osten viel Neues. Wir sind in der 3. Woche der IDF- Offensive (Israel Defense Force) gegen die Hamas, die den Gaza-Streifen politisch dominierende, religiös-militante Organisation, die kürzlich in Moskau vom stellvertretenden Aussenminister empfangen wurde. Russland führt die Hamas, die seit Jahren Mio EU-Förderungsgelder für den Gaza-Streifen für Militär und andere Zweckentfremdungen abzweigt, nicht auf der Liste der Terrororganisationen wie die EU und die USA. Die Hamas verursachte am Samstag, den 7. Oktober 2023, ein Gemetzel im israelischen Grenzgebiet, vergewaltigte, köpfte, ermordete wie Hasen hunderte Party-Gänger, rottete Kibbuz-Familien aus, und nahm rund 240 Geiseln. Danach begann die regionale Vergeltungsaktion Israels und die internationale Propaganda-Show der Hamas - die, noch mit Blut an den Händen, ein Gezeter über die Kriegsverbrechen Israels gegen ihre Familien, ihre Kinder, jeden und alles in Palästina, anstimmte. Zuerst unvorstellbare Gräueltaten, grösste Verbrechen der grössten Feiglinge begehen und dann jene als Kriegsverbrecher verschreien, die dafür Recht und Rache einfordern, das funktionierte ganz gut, so wie unter Zivilgebäuden militärische Bunker und Tunnel bauen, dann jammern, wenn die israelischen

Bunkerbrecher zuerst die zivilen Häuser (und Menschen), erst dann die Anlagen (und Soldaten) treffen. Die Hamas war medial vorbereitet auf den Gegenschlag Israels - ihr Geschrei war gross, das internationale Echo grösser, nein, nicht das Echo auf die Klagen über die Massakrierten und die Geiseln aus den verschiedensten Nationen (ganz wenige wurde freigelassen), nein, das internationale Echo auf das Geschrei der Hamas, hundertausendfach verstärkt und verbreitet in den sozialen Netzwerken mit Aufnahmen von zerbombten Gebäuden und teilweise inszenierten Kinderleichen. Israel zeigt kaum Bilder von den Leichen des Massakers: allein deshalb verliert es den globalen Bilder-, den Medienkrieg. Sogar Erdogan und Putin beugten sich dem vorwiegend muslimischen Massenauflauf: machten aus dem Vermittler, der Erdogan zuerst war, einen Parteigänger der Hamas, die plötzlich als "Freiheitsbewegung" firmierte, zu der sich sogar die homosexuelle Judith Butler als Linke bekannte (dass es hier um ISIS-artige Islamisten handelt, die mit Homosexuellen, Queeren und allen anderen Nicht-Normativen, kurzen Prozess machen, und Frauen an den Herd und in den Kindergarten befehlen, spielt bei der US-Akademikerin keine Rolle: in ihrer verblendeten Ideologie handelt es sich um wahre "Freiheitskämpfer"). Was wurde da nicht alles wachgerufen ! Im Christentum schlummert die Mutter aller Antisemitismen, verbunden mit dem Schrei "Free Palestine". Alle Muslime konnten sich vom Hamas-Medien-Kampf gegen Israel angesprochen fühlen, zusammen mit anderen, die Juden und/oder die USA, die Eliten im Westen, nicht mögen. Fakt ist, im Gaza-Streifen und in der Westbank herrscht keine souveräne Nation - intern fürchtet sie die Hamas, extern raubt ihr Israel das

Land -, auch Israel muss sich auf den Weg machen, ebenfalls mit zentralen, nicht mit radikalen Kräften, zu einer respektvollen friedvollen stabilen Zwei-Staaten-Lösung (also sozusagen nach Netanyahu und der Hamas). Bei X-Twitter wird die Stimme laut, dass Israel den Segen Allahs besitzt, und da es im Koran seinen Platz hat, auch einen in der Welt haben muss, haben soll - dass es mit Allahs Segen, in dem die Macht des jüdischen Gottes Elohims, des Gottes Abrahams, aufgehoben ist - sich gegen die arabischen Kriege seit 1947 erfolgreich behauptet. Insofern sollte der Iran nochmals über sein BUCH der Bücher gehen, nicht nur die türkische Religionsbehörde Diyanet, und andere wie der Irak und Yemen, um, im Vergleich zur oberflächlichen, zu einer anderen, tieferen und weiseren Einschätzung der ersten Religion des Buches, seinem Volk und seinem Land, zu kommen. Palästina existierte bis 1920 nicht eigenständig, war Gebiet des Ottomanischen Reiches, dann ein Distrikt des Britischen Empires (Golda Meir, die in einem Kibbuz lebte, hatte von 1921 bis 1948 einen Pass Palästinas, ausgestellt von der britischen Verwaltung), diese entliess 1947 Israel in die Selbständigkeit **(UN-Teilungsplan vom 29. Nov. 1947: zwei Staaten, Jerusalem und Bethlehem unter Sonderstatut)**- das sich erfolgreich gegen Ägypten, Syrien, Transjordanien und andere Arabische Staaten verteidigte, die dem neuen Staat gegen die abgestimmte UN-Resolution, insofern auch dieser, den Krieg erklärten. Nach dem Holocaust in Europa, sieht sich Europa, nicht nur, aber besonders Deutschland, in der Verantwortung, Israel dabei zu unterstützen, endlich ein sicheres Land, eine eigene Nation zu erhalten, allerdings vermag das Israel, trotz seiner Nuklearwaffenmacht, die den Iran bislang vor grossen Dummheiten bewahrt, allerdings auch antreibt, selber "Atommacht" zu werden, heute mehr denn je in Kohabitation, nicht in Konfrontation mit seinen Nachbarn. Nachdem es die Hamas nicht besiegt - eine Hydra kann man nicht besiegen -, aber entscheidend geschwächt hat, dazu kann die EU beitragen, in dem sie ausschliesslich kontrollierte Projekte im Gaza streifen finanziert und organisiert, hoffen wir, hofft die Welt, dass Israel und Palästina mit Vermittlern aus dem Westen, aus dem Osten und vor allem aus den arabischen Ländern, zu einem "**New Deal**" kommen werden - möglichst vor, nicht nach einem grösseren und längeren Krieg, der für die ganze Welt mehr Kosten, als Nutzen generiert.

Ukraine/Russland. Im Osten nicht viel Neues. Präsident Selenskyi beklagt sich, dass der Westen den ukrainischen Überlebenskampf gegen Russland wie eine Show betrachte, zudem auf den anderen Sender umschalte, in dem der Israel-Hamas-Krieg läuft. Letzteres hat er nicht gesagt, aber wohl gedacht. Wir sitzen tatsächlich auf unseren Sofas: während an der Ukraine-Russland-Front seit über 1 1/2-Jahren das Ringen, Verschieben und Halten der Frontlinien und das Töten, das Verletzten, das Verstümmeln und das Dezimieren stattfindet - auch eine Art Bevölkerungsaustausch durch Gewalt: da viele der radikalsten Nationalisten mittlerweile gefallen sind und die Ukraine an ihren Grenzen nun sogar Drohnen einsetzt, um potentielle Fahnenflüchtige entdecken und festnehmen zu können. Für diese Fahnenflüchtigen ist die Ukraine ein grosses Gefängnis geworden, das nur einen Ausgang kennt: die mörderische Front im Osten. In Malta gab es eine Friedenskonferenz, an der der ukrainische Präsident für seinen "Friedensplan" warb, den zunehmend Kritiker im Westen, nicht nur Russland, seit dem er im Dezember 2022 das erste Mal vorgetragen wurde, für ein nicht realistisches Wunschprogramm halten. Shoigu, eingeladen zu einem Militärforum in China, mahnte die NATO, sie solle aufhören, auf die Kapitulation der russischen Armee in der Ostukraine zu setzen, mitunter eine der Bedingungen für die Waffenstillstands- und Friedensverhandlung. Die USA hat wieder einen Speaker, Republikaner und Trump-Anhänger, der, in dieser Frage einig mit dem US-Präsidenten, die militärische Unterstützung der Ukraine nicht in Frage stellt.

Kriegstagebuch 20.10.2023 (**Ende von Teil I**)

Im Osten nichts Neues. Präsident Selenskyi schiebt immer noch Ausreden, eingepackt in fadenscheinige Gründe, vor, warum die fällige Präsidentschaftswahl ausfällt. Sie sollte spätestens im nächsten Jahr abgehalten werden. Eine faire Präsidentschaftswahl wäre auch ein Plebiszit über das Schicksal des Krieges. Soll dieser stockende und aufreibende Verteidigungs- und Rückeroberungskrieg für Gebiete, die seit 9 Jahren unter russischem Einfluss stehen, zu 70% für das Geeinte Russland stimmen und in denen die meisten nationalen Ukrainer und Ukrainerinnen längst nicht mehr wohnen (weil von Bomben geflüchtet (teilweise nach Russland), vertrieben, deportiert oder ermordet), bis zum Sankt Nimmerleinstag weitergeführt oder sollen mit Russland und den Kräften, die die Sicherheit der Ukraine garantieren, Verhandlungen geführt werden? Putin - der Verhandlungsbereitschaft signalisiert -, erklärt derweil hochfahrend, die

Gegenoffensive der Ukrainer für gescheitert, währenddessen Raketen der Ukrainer - die USA steuerten ATACSM bei, Deutschland hält seine Taurus immer noch zurück - auf der Krim (u. a. im Hauptquarter der russischen Schwarzmeerflotte) und im russischen Grenzland einschlugen (und einschlagen), und Russland nicht aufhört, Odessa und andere Städte, mal taktisch, mal blind, so scheint es, zu bombardieren. Mittlerweile lässt Putin die Luftwaffe über dem Schwarzen Meer patroullieren, um etwas Kontrolle darüber zurückzugewinnen. Der Fokus der Welt, auch Russlands, verlegte sich seit dem 7. Oktober (Samstagmorgen) in den Nahen Osten, durch das Hamas-Massaker in feiger und niederträchtiger ISIS-Manier, inklusive Folter und Vergewaltigungen, an hunderten Jugendlichen und Junggebliebenen, die ein Festival besuchten, und an Familien in angrenzenden Kibbuzen, Resultat: weit über 1000 Tote (Resultat auch eines Mossad und eines Militärs, das überlistet, ja vielleicht träge und überheblich wurde), mehr als 10mal mehr Opfer als in Bataclan, Paris (2015). Die Hamas landete in der islamischen Welt erfolgreich ihre Propaganda-Coups, in dem sie ihre Gräueltaten mit Gräueln vergessen macht, die angeblich oder tatsächlich israelische Raketen unter zivilen Palästinensern anrichteten. Saudi-Arabien verurteilt das Massaker, der offizielle Iran findet es mehr als angemessen, die kluge iranische Bevölkerung sieht das zum Teil ganz anders - andere, von Jemen bis Pakistan, von Paris bis Istanbul, protestieren für ein freies Palästina (dabei ist nicht immer klar, ob das von 1948 oder das in Koexistenz mit Israel gemeint ist) und einige davon machen sich sogar auf den Weg zur Hamas, die, soweit sie im Gaza-Streifen lokalisierbar ist, unter israelischem Beschuss steht. Der Welt-Fokus richtet sich besonders dorthin, wo die IDF (Israel Defense Force), umgehend militärisch-machtsymbolisch unterstützt von den USA und UK, zur Offensive, zum Vergeltungsschlag ausholt- eine spezielle und schwierige militärische Operation, die, davon gehe ich aus, die Basis der Hamas, die unterirdische "Tunnel-Metro" mitten in und unter Zivililstengebiet, zerstören will - , dabei ermahnt das internationale Forum Israel, die Verhältnismässigkeit und das (Kriegs-)Völkerrecht zu beachten. Israel, das die Zwei-Staaten-Lösung nur noch als Pappfigur herumträgt, nicht nur die Hamas, die unfähig ist zu einer politischen Verhandlung und alle, die es sind, vertrieb, ermordete oder (wie Abbas) entmachtete, trägt eine Mitschuld und Mitverantwortung an der Radikalisierung in den palästinensischen Kreisen. Die Nahost-Expertin Helberg charakterisierte im ZDF bei Lanz (19.10.) den von Israel beförderten und geschaffenen Nährboden für die islamistische Radikalisierung, die die Männerfängerei der Hamas miterzeugt und abschöpft, wie folgt: es herrsche in Palästina **strukturelles Unrecht** (z.B. illegale israelische Landenteignung, während Palästinenser kein Recht auf Landerwerb haben), **dauerhafte Erniedigung** (z.B. lange Arbeitswege, Grenzschikanen), und **Perspektivlosigkeit**. Israel scheint zu sagen: Verschwindet von hier. Und Ägypten, der Grenznachbar, sagt Kommt, ja nicht in zu uns. Und öffnet seine Grenze nur für Hilfskonvois aus der ganzen Welt für die palästinensische Zivilbevölkerung, darunter auch die Familien der Hamas-Terroristen, -Häretiker und -Geiselnehmer. Ihre Abschlachterei und Folterei von Jüdischen und "Ungläubigen" - eine Maskulinität wird dabei gefeiert, die von vorgestern ist -, offenbart den Abgrund ihres pervertierten ideologischen Innenlebens, befeuert und ausgerüstet von den Hysterikern und Häretikern im Iran. Rund 200 Geiseln halten sie als Pfand in ihren Höhlengängen gefangen, für was auch immer: Was wollen sie verhandeln? Sie haben sich das Verhandeln ja untersagt (höchstens über den Austausch zwischen ihren gekidnappten israelischen Soldaten und ihren Terror-Kameraden in israelischen Gefängnissen, sicher nicht über eine realistische Zwei-Staaten-Politik. Dann würden sie sich selbst abschaffen und die Wahnsinnigen im Iran verprellen). Die völlige Vernichtung von Israel ist ein häretischer Wahnsinn, der nichts mit dem Islam zu tun hat. Die weisesten Zeilen im Koran sind jene, die den Frieden zwischen den drei abrahamischen Buchreligionen und ihre Verbundenheit in dem einen Gott, ursprünglich Gott des Juden Abraham, unterstreichen. Doch kehren wir wieder in die Ukraine zurück, die unweigerlich aus dem Fokus geraten ist und nun fürchten muss, weniger Geld, nicht nur weniger Aufmerksamkeit, zu erhalten. Wäre es nicht eine gute Gelegenheit, während des relativ stabilen Stellungskrieges (ausser in Hotspots wie die Frontstadt Awdijiwka, die aktuell russische Truppen umzingeln und einnehmen wollen), während einer Erschöpfungspause, die jeder Krieg benötigt, die Ukrainsche Bevölkerung darüber abstimmen zu lassen, unter wem, wie und wohin sie in den nächsten Jahren gehen will? Trauen sich in der aktuellen Ukraine Kandidaten und Kandidatinnen eine andere Position als die Selenskyi-Regierung zu vertreten, nämlich die der Verhandlungsbereitschaft mit Russland? Dass man nicht de jure, aber de facto, die Annexion der vier

Regionen aus humanitären Gründen akzeptieren würde, wenn Russland ukrainischen Sicherheitsbedürfnissen und -notwendigkeiten Genüge leistete? Ohne gleich als Landesverräter zu gelten? Wir werden sehen.

Kriegstagebuch 24.09.2023

Im Osten nichts nichts Neues. Erdogan versichert aus zuverlässigen Quellen, dass Präsident Putin den Krieg gerne beenden würde, unter seinen Konditionen, wäre hinzuzufügen, die die faktische, wenn nicht rechtliche, Akzeptierung der annektierten Ostukraine-Gebiete und der Krim beinhaltet. Interessanterweise verkündete derselbe Erdogan unlängst, dass die Türkei, als NATO-Staat und natürlicher Verbündeter der muslimischen Krim-Tataren, die russische Annexion der Krim nicht akzeptiert. Auch Erdogan scheint in seinen Positionen zu changieren. Die Ukraine legte in New York einen Friedensplan in 10 Punkten vor, die UNO den Entwurf eines neuen Getreideabkommens (wobei sie es offenbar versäumt hatte, mit Russland zusammenzuarbeiten, also mehr nicht als einen Papiertiger für den Papierkorb produzierte). Ein solcher Friedensplan wurde erstmals im Dezember 2022 vorgelegt, der aktuelle sei (immmer noch) nicht realistisch, er heize bloss den Kampf und die Entscheidung auf dem Schlachtfeld an, meinte Aussenminister Lavrov. Tatsächlich fordert dieser Plan erneut den kompletten Rückzug der russischen Truppen und Behörden aus den annektierten Gebieten, ihre faktische Rückgabe und Entlassung aus der russischen Verfassung. Unter Putin wird das sicher nicht geschehen und unter Selenskyi wird diese Forderung wahrscheinlich nicht aufgehoben, im Moment gibt es für ihn und die Fraktion, die an der Front das Sagen hat, nur die Option des Krieges, nur Entweder-Oder, keine Zwischenpositionen wie bei den Verhandlungen im Jahr 2022 in der Türkei, die an Minsk-2 anschlossen und über - für beide Seiten akzeptable - Sonderkonditionen der annektierten Gebiete diskutierten.

Kriegstagebuch 21.09.2023

Nicht viel Neues im Osten. Prigoschin wurde wahrscheinlich ermordet, wie das von ihm selbst angekündigt wurde und die Weltpresse, zynisch, erwartete. Nicht per Sturz aus dem Fenster, sondern per Flugzeugabsturz mit "Kollateralschaden" (10 Personen, darunter Wagner-Mitgründer Utkin und drei Besatzungsmitglieder, eine Stewardess und zwei Piloten, verstarben am 23.08.2023). Satelittenfotos dokumentieren die Auflösung des Wagner-Lagers in Belarus. Innenpolitisch war oder wäre das eine Machtdemonstration Putins v.a. gegen die Opposition im Militär. Fehlt ihm dort die Handlungsfähigkeit, dann wenigstens nicht im Geheimdienst. Im März 2024 will er sich wahrscheinlich wieder als Präsident wählen lassen: der russische Staat, der mächtigste Arbeitgeber und Alimentenversorger des Landes, lässt ausser ihm (fast) keine Alternative zu: Navalny verrotet im Gefängnis, der Rest der Opposition, nicht nur die journalistische, ist in das Ausland vertrieben worden und in das innere Exil so gut wie jeder Russe, jede Russin, die den Ukraine-Krieg kritisiert. Ideologisch läuft der Kreml-Apparat auf Hochtouren - mit persönlichem Einsatz des Präsidenten -, um die fragwürdige, ja, fehlende, Legitimität des Ukraine-Krieges mitsamt der Kritik an ihm, durch pseudo-plausible Narrative wie, dass es um die Existenz Russlands, nicht, wie tatsächlich, um die Existenz der Ukraine, ginge, aufzufüllen. In den vier okkupierten und annektierten Ost-Ukraine-Gebieten wurden Volkswahlen abgehalten wie seit 2014 in Doneszk und Lugansk. Rund 70 % der Stimmen erhielt Putins Partei Geeintes Russland. Im Westen wird von Scheinwahlen gesprochen, vermutlich bildet diese Wahl aber ein relativ objektives Stimmungsbild dieser Bevölkerung ab, da eine ultra-ukrainische Anti-Putin-Opposition in diesen Gebieten kaum noch existieren wird, weil geflüchtet, vertrieben, ermordet oder deportiert (es sei, die Opposition der dort lebenden UkrainerInnen ist immer noch gross, aber verstummt). Zudem gibt es neben der staatlich geförderten Deportation von ukrainischen Kindern nach Russland, die staatlich geförderte Einwanderung von Russen in die "neuen" Gebiete und im Wiederaufbau begriffenen Städte wie Mariupol. Findet in diesen Okkupationsregionen eine Art Bevölkerungsaustausch statt. Klarheit darüber wird erst das Ende des Krieges schaffen. Die Russen und Russinen werden es wahrscheinlich wie bei Stalin machen, solange dessen Gewaltherrschaft herrscht, duckmäusern, ist der Diktator tot, sagen, was sie denken und dessen Geschichtsbücher durch neue ersetzen, in denen ein Kapitel sinngemäss lauten wird: "Die Zeit von Putins "Spezialoperation" in der Ukraine: ein Krieg gegen die UN-Charta, gegen das Budapester Abkommen und gegen die Menschenrechte" (im März 2023 erliess der Internationale Strafgerichtshof einen Haftbegehl gegen Putin und die Kinder-Deportations-Beauftragte Maria

Lvova-Bielova). Die Ukraine kommt an der Front kaum vorwärts. In Ramstein beim Treffen der Kontakt-Gruppe insistiert US-Verteidigungsminister Austin darauf, *hauptsächlich die Verteidigungs- nicht die Angriffsarmee* der Ukraine durch Luftabwehr zu unterstützen, kündigt aber auch das Eintreffen der ersten US-Panzer an. Innenpolitisch wechselte die Ukraine den Verteidigungsminister Resnikov, dem Selbstbedienung aus der Staatskasse und Korruption vorgeworfen wird (wahrscheinlich nicht ohne Grund), durch Rustem Umjerov aus, ein Manager-Typ, der als Nachkomme muslimischer Krim-Tartaren fliessend türkisch spricht. Erdogan, der sich mit Putin in Sotschi traf, versucht, bislang vergeblich, das Weizenabkommen zu erneuern, und erinnert daran, dass die Hälfte des Gases für die Türkei immer noch aus Russland stammt. Dennoch lässt die Ukraine von Odessa, das Putin weiterhin bombadieren lässt, Transportschiffe mit Weizen auslaufen. Derweil attackiert die ukrainische Armee die Krim mit Raketen und Marschflugkörpern und verunsichert die russische Marine offenbar soweit, dass sie einen ukrainischen Korridor durch das Schwarze Meer nicht verhindern kann. Prekär bleibt die Situation dennoch. Präsident Selenskyi sprach am 20.09.2023 bei der UNO-Generaldebatte der 193 Mitgliedstaaten, ermahnt die Anwesenden, die Ukraine nicht zu vergessen, und wünscht sich Deutschland im ständigen Sicherheitsrat sowie eine UNO, die auf Kriegsgeschehen und Friedensverhandlungen stärker Einfluss nehmen kann. Im US-Inteview nennt er Putin einen zweiten Hitler, während die Kreml-Propaganda sich die Mühe macht, ständig vom Nazi-Regime der Ukraine zu fabulieren. Demonstrative Unversöhnlichkeit, von einer realistischen Einschätzung und Wertschätzung des anderen, nicht minder vom Frieden: weit entfernt.

Kriegstagebuch 18.08.2023

Nicht viel Neues im Osten. Die Gegenoffensive der Ukraine steht mehr oder weniger still. Ein Dorf bei Bachmut wird zurückerobert, ein anderes verloren - die offizielle Ukraine weiss, sie muss dem Westen Erfolge verkaufen, sie muss den Glauben an den Sieg nicht nur in ihrer Bevölkerung bewahren. Noch zeigt sie sich unbeeindruckt von den lauter werdenden Stimmen, die eine diplomatische Lösung für den Überfall Russlands auf ihr Land, auf ihr Territorium, fordern - sie weiss allerdings, sie ist von Finanzzuschüssen und Waffenlieferungen ihrer ausländischen Unterstützer abhängig, die deshalb ein Wort mitreden werden, wie sich der Verlauf dieses Krieges und sein Ende gestalten werden (vor allem die Amerikaner werden das Ende 2024 tun, nachdem geklärt ist, wer Präsident wird, wieder Biden oder ein Republikaner (Trump könnte, aufgrund der laufenden Prozesse gegen ihn, seine Wählbarkeit verlieren, was unter seinem Anhänger-Mob zu Unruhen führt. De Santis wird sich freuen, obwohl ihn der Trump-Mob deswegen besonders hasst. Es wird ein Kandidat, eine Kandidatin sein, den/die auch die TrumpanhängerInnen akzeptieren. Die Demokraten profitieren von der Zerstrittenheit ihres politischen Gegners) - während Präsident Putin in einer Kreml-Rede nochmals betonte, dass die annektierten Gebiete der Ostukraine für immer und ewig zum Territorium Russlands gehören und niemals zurückgegeben werden, das entspräche auch derm Wille/n der Mehrheit der ostukrainischen Bevölkerung, wie die abgehaltenen Volkswahlen gezeigt hätten. Vierhundert Regierungsmitglieder, hohe Beamte und Militärs, applaudierten. Russland hat Geld, die Ukraine ist Pleite, Putin lässt jetzt auch Hafenanlagen und Getreidesilos in Odessa und in anderen Häfen bombardieren, um den Landwirtschaftsexport der Ukraine, und damit dringend benötigte Einnahmen, proaktiv zu verhindern, um den ukrainischen Staat weiter zu ruinieren, während in Russlands Staatskasse Öl- und Gas-Milliarden fliessen, auch wenn der Kurs des Rubels abgestürzt ist. Aus der NATO kam der Vorschlag, die Ukraine soll das russisch angeeignete Gebiet abgeben, dafür die NATO-Mitgliedschaft erhalten. Es erstaunt, dass die NATO (Stoltenberg) sich zuvor nicht mit Selenskyi abgesprochen hat. Ein anderer Vorschlag befürwortet einen multi-polaren Waffenstillstand zwischen den Kriegesparteien, an dem - z.B. durch die UNO vermittelt - sich China, Saudia Arabien, Afrika (Südafrika), nicht nur NATO-Länder wie die Türkei, beteiligen. Beide Länder haben Probleme, Leute für die Front zu finden, keiner will sich gerne als Kanonenfutter verheizen lassen. Von Greueltaten russischer politischer Offiziere an eigenen Soldaten, die sich zurückzogen oder flohen, wird berichtet. Die ukrainische Vize-Verteidigungsministerin konstatiert konsterniert, in zurückeroberten Gebieten würden Ukrainer fliehen, damit sie nicht eingezogen werden. Andere Ukrainer bestechen korrupte Aushebungsoffiziere und Beamte, um nicht ins Militär zu müssen, um ins Ausland fliehen zu können. Selenskyi entliess alle Aushebungsbeamten. Offizielle Aufrufe der ukrainischen Regierung fordern ihre Soldaten und die Bevölkerung allgemein auf, ihre Angst vor dem russischen Kriegs- und Killerapparat abzulegen, in der Ostukraine ist das neu aufgestellte Asov-Regiment im Einsatz, unter anderem mit Offizieren, die Selenski aus der Türkei nach Hause mitnehmen konnte gegen die vertragliche Abmachung, was Russland verärgerte. Zu den "Grundzügen für einen Waffenstillstand" siehe unter 19.07.2023. Die Ukraine wird die russische Annexion ihres Gebietes niemals de iure akzeptieren - muss sie auch nicht -, sie wird aber aus humanitären und aussenpolitischen Gründen de facto einem Waffenstillstand unter gewissen Garantiebedingungen zustimmen - vielleicht 2025 oder 2026. Das ist meine Prognose. Vielleicht aber - es wäre zu wünschen! - trifft die Prognose der ukrainischen Regierung ein. Auch bei der Ukraine-Friedenskonferenz in Saudi-Arabien, an der z. B. China teilnahm, aber nicht Russland und die USA, wurden Prognosen gemacht, ebenso bei der Russland-Afrika-Konferenz in Petersburg, bei der Russland die Gelegenheit ergriff, Afrika für sich freundlich zu stimmen und gegen Westeuropa, insbesondere gegen Frankreich, aufzuwiegeln (was beim Putschisten von Burkina Faso gut verfing, weniger gut beim südafrikanischen Staatspräsidenten Ramaphosa). Medvedev prognostiziert ganz besonders gerne, ihm schwebt am Ende des Krieges eine Rumpf-Ukraine, mit Lviv als Hauptstadt, vor. Der Realismus scheint weder in Kiyv noch in Moskau so richtig eingekehrt zu sein. Das wird, aber durch das Kräftemessen auf allen Ebenen: militärischen, politischen, ökonomischen,, psychologischen - also medialen -, physischen, finanziellen und technischen, noch kommen.

An welchem Ort und Zeitpunkt ist noch offen. To be continued.

Kriegestagebuch 19.07.2023

Grundzüge eines Waffenstillstandabkommens (in 6 Punkten):

Erster Punkt. Waffenstillstand aus humanitären Gründen. Erstens, die Ukraine akzeptiert die russischen Annexionen ihres seit 1991/94 völkerrechtlich garantierten Territoriums einschliesslich der Krim nicht de iure, aber aus humanitären Gründen de facto. Aus Rücksicht auf das höchste Gut, auf das Leben der teils ukrainischen, teils russischen oder russisch sprechenden Zivilbevölkerung, verzichtet sie auf jedwede militärische Aktivität und Aggression in diesen Gebieten, unter dem Vorbehalt, dass sich Russland an die Vereinbarung hält. Zweitens, Russland verzichtet aus humanitären Gründen auf jedwede militärische Aktivität und Aggression gegen das Territorium der Ukraine, aus Rücksicht auf das höchste Gut, auf das Leben der, teilweise russisch sprechenden, Zivilbevölkerung der Ukraine, unter dem Vorbehalt, dass sich die Ukraine an diese Vereinbarung hält.

Zweiter Punkt. Entmilitarisierte Zone und ihre Kontrolle. Die Grösse, der Grenzverlauf der entmilitarisierten Zone ist von beiden Kriegsparteien zu bestimmen, OSZE-Beobachter und UN-Blauhelm-SoldatInnen kontrollieren und evaluieren die Vereinbarung vor Ort.

Dritter Punkt. militärische Ausrüstung und Aufrüstung. Beide Parteien erklären, dass sie prinzipiell keinen Angriff auf das Territorium des anderen anstreben. Die Ukraine strebt zudem keinen Besitz von Nuklewarwaffen an und die Föderation Russland keine Änderung ihrer defensiv ausgerichteten Nuklearwaffeneinsatzdoktrin. Zur Abschreckung oder für den Fall, dass Russland diese Doktrin ändert, verfügt die Ukraine über Waffensysteme, die für einen Nuklearwaffen-Einsatz geeignet wären. Prinzipiell sollen, erstens, Aus- und Aufrüstung auf einen Verteidigungs- nicht auf einen Angriffskrieg ausgerichtet werden (eine Verteidigungsarmee braucht z. B. weniger Panzer, mehr Luftabwehr) und, zweitens, nicht grenzenlos sein, sondern Spielraum für Abrüstungsverhandlungen schaffen (Prinzip: Rearming for Disarming).

Vierter Punkt. Garantien. Angesichts der ungleichen Grösse von Russland und der Ukraine und des russischen Nuklearwaffenarsenals, dem die Ukraine nichts Vergleichbares entgegensetzen kann, stehen der Ukraine Garantien zur Absicherung und Verteidigung ihres Territoriums zu. Sie verzichtet auf einen Beitritt zur NATO, behält sich aber vor, mit Nachbarn und Freunden wie Polen Verteidigungsabkommen abzuschliessen, die im Falle eines absehbaren oder vollzogenen Bruchs dieses Abkommens durch Russland in Kraft treten (d. h. z. B. die Ukraine lädt und lässt polnische Truppen in ihr Land, damit die Abschreckung konsolidiert und wirksam ist). Gegenseitige Konsultationen und Überprüfungen der Ausrüstung des anderen, in Begleitung z.B. von Militärs der USA und der Volksrepublik China, zur Förderung des Vertrauens und zum Abbau des Misstrauens zwischen den

Kriegsparteien und ihren Partnern, sollen eventuell eingeführt werden.

Fünfter Punkt. Handelsabkommen, Getreideabkommen. Das Getreideabkommen bleibt bis auf weiteres in Kraft. Ebenso das Recht von beiden souveränen Nationen, dem Wirtschaftsraum ihrer Wahl beizutreten. Die Ukraine tritt der EU als rein wirtschaftlicher Handlungsraum bei - nicht ihrem militärischen Verteidigungsabkommen -, sobald sie deren Aufnahmebedingungen erfüllt (das kann viele Jahre dauern) . Über allfällige neue Grenz - und Zollmodalitäten für die ukrainisch-russische Entmilitarisierungszone und Grenze ist zum gegebenen Zeitpunkt zu verhandeln.

Sechster Punkt. Kontroverse, derzeit nicht verhandelbare, Punkte zwischen den Vertragsparteien sind auf spätere Verhandlungen zu verschieben.

Unterzeichner dieses Waffenstillstand- Abkommens sind a) die zwei Kriegsparteien (auf Bezeichnungen wie "Angreifer" und "Angegriffener" wird bewusst verzichtet) b) die UN-Staaten, die Kontingente von Blauhelm-SoldatInnen für die entmilitarisierte Zone stellen (Türkei, China, Südafrika, Brasilien, Kasachstan?) und c) die Garanten des Abkommens auf ukrainischer Seite (Polen, UK, Frankreich, Spanien, Italien, Niederlande, Deutschland, USA und Canada) und auf russischer Seite (Belarus, Iran, Staaten von Afrika, Südamerika und Asien)

Kriegstagebuch 18.07.2023

Putin kündigt Vergeltung für den "terroristischen Akt" gegen die Kertsch-Brücke an, ukrainische Häfen und Marine-Infrastrukturen sollen getroffen werden, dennoch fliehen in Kyiv die, die können, vorsorglich aufs Land. Russland entkoppelt sich von internationalen Abkommen und Völkerrecht -es bricht sie - , und organisiert sich seinen eigenen Rechtsraum, die Duma, der Föderationsrat und das Verfassungsgericht Russlands, alle auf Linie gebracht, peitschten den Vertrag zum Beitritt der Krim zur Russischen Föderation in Windeseile, in vorauseilendem Gehorsam, durch, eine "Volksabstimmung" auf der Krim ging dem voraus. Indessen die Ukraine und das Völkerrecht deuten diesen Angriff auf die Kertsch-Brücke als einen legitimen Akt der Ukraine zur Verteidigung und Rückeroberung des eigenen Territoriums. Die Brücke ist ein feindliches Objekt, ein Nachschubweg, dessen Zerstörung militärisch Sinn macht. Hier prallen zwei Rechtsauffassungen, nicht nur zwei Armeen, aufeinander. Die Ukraine will ohne Abkommen weiterhin Getreide über das Schwarze Meer ausliefern, zu den Hauptempfängern gehören immerhin auch wichtige Verbündete Russlands wie China und Afrika. Russland wird wissen, dass es bei diesem Abkommen mehr um internationale Verantwortung geht als um die Bevorteilung der Ukraine. Präsident Erdogan ist deshalb optimistisch, er geht vom Abschluss eines neuen Abkommens aus.

Kriegstagebuch 17.07.2023

Heute läuft der Getreide-Deal aus, einen neuen gibt es (noch) nicht. An der Front gibt es Gegen-Vorstösse russischer Truppen, Schlachtplätze, wo aus der ukrainischen Gegenoffensive eine russische Offensive wird. Der Russische Generalstab könnte aufgrund solcher Erfolge auf den Geschmack nach mehr kommen, offensichtlich läuft ihr Kriegsapparat immer geschmierter. In den russischen Medien wird tatsächlich diskutiert, ob man die Wagner-Truppen in Belarus nicht für die Eroberung des Suwalki-Korridors einsetzen könnte. Dazu wären zwei Dinge zu sagen: Erstens, TV-Talk-Shows in Russland - nicht nur die des Moderators und Agitators Solovjov - sind Propaganda und Teil der hybriden Kriegsführung (zu der Vernebelung, Täuschung und Drohung gehören) -, es herrschen in Putin-Russland Zensur, Überwachung und Einschüchterung der Bevölkerung wie in den übelsten Zeiten der Sowjetunion - Kritik an der "Spezialoperation" steht unter Strafe, die unabhängigen Medien Russlands wurden verboten, einige von ihnen arbeiten im Ausland. Zweitens, die Wagner Truppen würden bei diesem Versuch, den Korridor zwischen Russland und der russischen Enklave Kaliningrad zu erobern, die NATO-Gebiete von Litauen und Polen betreten, den Grossen Europäischen Krieg auslösen und einen Grossteil der Ukraine auf die Seite der NATO bringen. Kurzum, der in der russischen Talk-Show diskutierte Vorschlag ist strategisch Unfug oder eine Blendrakete (Präsident Putin erklärte, Wagner gibt es nicht. Entweder heuern die Söldner direkt beim Staat an oder der Trupp wird aufgelöst. In Bachmut haben sie einen sehr teuer erkauften Pyrrhus-Sieg errungen) Viel wahrscheinlicher ist, dass die Wagner-Truppen - die kaum zum Picknick in Belarus Station machen - mit in Belarus stationierten russischen Verbänden in die Nordukraine einmarschieren mit Kyjv als Endziel. Dadurch besteht erstens keine direkte Konfrontation mit der NATO und, zweitens, ein zwar bestehendes, aber geringeres, Risiko, die Ukraine an diese zu verlieren. Kyiv muss mit einem solchen Angriff aus dem Gebiet von Belarus rechnen. Der Horror für die ukrainische Zivilbevölkerung, wie er sich in den ersten Wochen nach der Invasion am 24. Feb. 2022 unter russischer Besatzung und Willkür "abspielte", würde sich wiederholen. Allerdings nur dann, wenn die ukrainische Armee zusammenbricht. Zeigt sie Stärke im Norden, wird ein Angriff der Wagner-Verbände bald ins Stocken kommen. Zudem könnte sich ein Teil des Militärs von Belarus abspalten (oder Militär von Polen und anderen?) und ihrem Nachbarn zur Hilfe eilen. Wenn das die russische Strategie einkalkuliert, dann wird Putin-Russland auf einen zweiten Eroberungsversuch von Kyiv verzichten, das heisst, sich mit den Annexionen in der Ostukraine begnügen, allenfalls sonst erobertes Gebiet der Ukraine, sobald sie verhandlungsbereit gebombt wurde, zurückgeben. Wir werden sehen. Präsident Selenskyj gibt sich unerschütterlich und spricht nach wie vor von der Rückeroberung des ganzen Territoriums der Ukraine, und als ob das mit Taten unterstrichen werden sollte, fand heute früh ein zweiter Anschlag auf die Kertsch-Brücke statt. Wieder nur mit einem Teilerfolg, die Eisenbahnstrecke funktioniert, die Brückenkonstruktion blieb intakt, und wieder wurden dabei Zivilisten getötet oder verletzt, was tragisch ist, trotz der Tatsache, dass Russland seit dem 24. Februar 2022 fast täglich ukrainische Zivilisten bewusst angreift (errmordet) und ihren Tod als "Kollateralschaden" von Kriegshandlungen in Kauf nimmt (Auch, dass seit dem Ostukraine-Krieg

(2014), der Tod von Zivilisten auf beiden Seiten in Kauf genommen, wenn nicht bewusst verursacht, wird, macht es nicht besser).

Dass Russland in der Ukraine unzählige Kriegsverbrechen beging und begeht, dass Massenermordungen - egal, durch welche Waffen -, von UkrainerInnen, nur weil sie Ukrainer waren oder sind, stattfanden und stattfinden, das steht mittlerweile ausser Frage, nach den Massakern in Butscha und in anderen Vororten von Kyiv wissen wir von einem Massengrab bei Ijsum, im Oblast Charkiv, in dem rund 450 Leichen gefunden wurden, darunter die des ukrainischen Kinderbuchautors Wolodymyr Wakulenko (ein Freund von Viktoria Amelina, die einen russischen Präzisionsanschlag auf ein Kaffee, und mitunter auf sie persönlich, in Kramatorsk, in dem sich nationale UkrainerInnen, Soldaten, JournalistInnen, Kulturschaffende und Hilfsorganisationen trafen, nicht überlebte. Die von Putin-Russland (nicht: von Navalny-Russland) angekündigte "Entnazifizierung" erweist sich in der Realität als gezielte "Entukrainisierung" der Ukraine - der Wahnsinn, 40 Millionen Ukrainer und UkrainerInnen zu Russen und Russinnen machen zu wollen, muss wohl zu den ganz ungesunden, ganz dunklen Corona-Zeiten im Kreml zum Plan, in Aktion überzugehen, "gereift" sein... - dieser Prozess findet quasi im "Stillen" statt, man berichtet davon, dass Konzentrationslager für "renitente" UkrainerInnen errichtet werden, und sofern Kalibr-Raketen auf schlafende Zivilisten in Wohnhäuser im westukrainischen Lwiw in der Nacht vom 5. zum 6. Juli 2023 als "still" bezeichnet weden können. Tatsächlich findet in der Ukraine ein vom Putin-Regime zu verantwortender "selektiver" wie unspezfischer Völkermord statt, veranwortlich dafür sind Putin, Lavrov, Peskov, Patruschev, Medvedev, Wolodin, Tolstoi, Shoigu und Gerassimov, sowie die ganze Medienmeute, die die Lügen glaubt und verbreitet (wir erinnern uns an die Protestaktion der Journalistin Ovsjannikova in den russischen Abendnachrichten im März 2022). Ein ehemaliger Kommandant eines russischen U-Boots, das Kalibr-Raketen auf ukrainische Zivilhäuser abfeuerte, erlag beim Joggen in Krasnodar einem Attentat. War der Attentäter ein entrüsteter Vater, der sich für die Ermordung seines Kindes rächen wollte? (die Behörden präsentierten einen Ortsansässigen als Hauptverdächtigen) Die Toten von Ijsum starben keines natürlichen Todes, sie wurden ermordet. Eingedenk der 250 ukrainischen Museen, die bisher von Russen zerstört, deren Schätze geplündert, in russische Gebiete und Museen oder in private Hände verschleppt wurden, der ukrainischen Lehrer in okkupiertem Gebiet, die russischen Lehrstoff, der die Ukraine ausradierte, lehren (oder, können sie es sich leisten, sich weigern und entlassen werden), sowie der ukrainischen Kinder, die zur "Russifizierung" nach Russland deportiert wurden, ist eindeutig der Wille zum "selektiven" Genozid, zum "selektiven" Völkermord, und zur Ausrottung der ukrainischen Identität erkennbar, was Medvedev zynisch unverhohlen ja auch in seinen Tweets einräumt: er findet, es braucht die Ukraine nicht, bald findet er, dass es Belarus eigentlich auch nicht braucht, auch Moldau braucht es nicht, auch nicht Georgien, warum braucht es dann Usbekistan und Kasastan? Oder Litauen und Estland? Polen? Finnland? Diese Männer sind ausser Kontrolle und fühlen sich von Europa beleidigt, verstossen, geächtet - das sollte, übrigens, auch China und Indien Sorge machen. Es ist selbstverständlich, dass nicht nur Europa, dass solidarische Völker der ganzen Welt (die grosse Mehrheit, 143 der 193 UN-Staaten, verurteilten die Invasion Russlands in die Ukraine) diesem *epochalen Verbrechen* in ihrer Nachbarschaft nicht tatenlos zusehen können und wollen, strafrechtlich, aber auch moralisch, wäre das mehr als bloss "unterlassene Hilfeleistung".

Kriegstagebuch 16.07.2023

Im Osten nichs Neues - nur, dass jetzt der Kreml die "perfekte Lüge" verbreitet. In den USA verbreitet sie J.F. Kennedy, der behauptet, die CIA hätte in Laboren der Ukraine an Biowaffen (Virus?) für einen Russen-Genozid experimentiert. So oder so: es ist Irrsinn, es ist Spinnerei. Und Kennedy ist ungefähr so glaubwürdig wie Lügen-Lavrov. Die Gegen-Offensive der Ukraine stockt. Russland hatte genug Zeit, sich auf sie einzustellen. Was man schon lange wusste, wird jetzt spürbar: Es verfügt über mehr Waffen, mehr Munition, mehr Soldaten, und deren Einsatz ist effizienter geworden, es hat gelernt. Auch, besser ukrainische Attentate auf HetzerInnen (Simonyan) und Okkupanten (Krim) zu vereiteln. Die Nato-Konferenz war nicht ganz nach Selenskyjs Wunsch verlaufen: es war klar, dass es keinen Beitritt der Ukraine in dieses starke Verteidigungsbündnis unter Führung der USA gibt - vielleicht später, sicher erst nach dem Krieg. Aber Unterstützung, Waffen gibt es. As long as it takes. Sogar amerikanische Streubomben, die Russland schon länger inoffiziell verwendet, auch gegen Zivilisten (Charkiv, Cherson). Wenn das die Ukraine macht, werden wir unsere (noch) effizienteren Streubomben einsetzen - sprich: das hilft Russland, seinen Streubombenseinsatz offen und offiziell zu praktizieren. Prantl von der SZ, der Moralapostel unter den deutschen JournalistInnen, meint, der Westen beschmutze dadurch seine weisse Weste, das gefährde unsere moralische Überlegenheit. Völkerrechtlich sind Streubomben in Kriegseinsätzen, im Unterschied zu Einsätzen gegen Zivilisten, nicht verboten, zudem ratifizierten USA, Ukraine und RU den Vertrag von 2008 nicht. Man muss es mit Brecht sagen: Überleben kommt vor der Moral. Der Prigoschin-Pseudo-Putsch hat Folgen, ein hoher General (Surovikin) wurde kaltgestellt, ein anderer (Popov) wurde nach Kritik an der Militärführung entlassen, angeblich brodelt es im russischen Militär. Die Wagner-Truppe stellt sich in Belarus neu auf. Präsident Putin kämpft um sein Ansehen in der Bevölkerung - mittlerweile mit allen Mitteln - vor laufender Kamera empfängt er im Kreml eine Familie, Umarmung des Mädchens (seht doch, wie Väterchen Putin Kinder mag, Den Haag sucht ihn derweil mit Haftbefehl wegen der Deportierung tausender ukrainischer Kinder, Südafrika will ihn nicht im Land haben: sie müssten ihn de iure verhaften) zudem verbreitet er, ganz der KGB-Agent, nun selber die Verschwörungstheorie, die CIA (und irgendwie auch die Ukraine) hätte in ukrainischen Laboren mit Biowaffen den Genozid aller Russen und Russinnen geplant. Wie verpeilt und grössenwahnsinng die CIA ist, kann man tatsächlich nicht beurteilen, aber man muss sich das vorstellen: wieviel UkrainerInnen, Litauer, Polen, Deutsche mit "russischen" Genen davon betroffen wären. Ganz ohne CIA: für den Kreml ist das die perfekte Lüge, um das Argument, Russland agiere in der

Ostukraine zum "Schutz" der Russen, zu unterstreichen. Zudem soll diese Geheimdienstrakete an die Rassentheorie der Nazis erinnern, die spezifisch Menschen mit "jüdischen" Genen ausrotteten, sowie die Propagandalüge des Kreml unterstützen, die Ukraine bestehe massgeblich aus Nazis, sie müsse sie "entnazifizieren", ihre Regierung sei ein Nazi-Regime, dabei weiss der Kreml genau, dass die Regierung von Präsident Selenskyj seit den Wahlen von 2019 - seit insgesamt faireren, ehrlicheren und unkorrupteren Wahlen als in Russland - den demokratischen Willen von 80 % der Ukrainischen Bevölkerung repräsentiert. Und dass damals die Neo-Nazi-Partei aus der Werchovna Rada flog. Diese Genozid-Lüge, die eine ultimative Bedrohung der Russen "offenbart", erlaubt dem russischen Präsidenten, selber ultimative Drohungen auszusprechen und den Krieg in der Ukraine wie einen Kampf um Leben oder Tod von Russland zu inszenieren und aufzublasen. Putins Armee soll alles geben, das ist der Hauptzweck dieses Propagandanarrativs, sie soll glauben, es geht um die Existenz ihres Vaterlands, sie soll Heldentum als real und notwendig ausüben und empfinden (auch ihr Tod soll Putin keinen Ärger mehr bereiten: die Mütter und Ehefrauen kriegen für ihren gefallenen Sohn, Partner, Bruder,... einen neuen Suzuki und eine Auszeichnung: Heldenhaft gestorben fürs Vaterland!) , auf keinen Fall darf sich in diesen Kreisen die Einsicht verbreiten (die Russlands Opposition nicht nur um Navalny vertritt), dass es hier um einen völlig illegalen und überflüssigen Raubzug gegen Ukrainer und Ukrainerinnen, und, gerade in dem besetzten Gebiet, um äusserst reiche Bodenschätze, geht. Dass der Tod von zehntausenden von Russen überflüssig ist, absolut hätte vermieden werden können. Darum wird gelogen, gelogen und gelogen. Wir fassen zuammen: Die Genozid-Lüge, diese russische Geheimdienstrakete, besagt: Die wollen uns alle umbringen (Merkt euch: sie sind die wahren Kriegsverbrecher, nicht wir), also müssen wir sie aus "Notwehr" töten - zumindest das "Mörderregime". Wer ist hier tatsächlich das "Mörderregime"? Eines Tages wird Russland diese Frage stellen.

Kriegstagebuch 25.06.2023

Im Kreml sitzt einer, der teilweise die Realität "ver-rückt", man kann es fast nicht anders formulieren. Wer das inszenierte Strohfeuer von Prigoschin und seinen Wagner-Söldnern auf dem Protestmarsch in Richtung Moskau mit 1917 vergleicht - ein Verräter wie dieser Prigoschin hätte den Untergang des Zarenreiches bewirkt -, der betreibt nicht nur schlechte Hobby-Geschichte, der hat den Realitätssinn verloren. Der zwängt Realität in ein historisches Korsett, in ein Narrativ, das weder mit der Gegenwart noch mit der Geschichtswissenschaft übereinstimmt. Der lebt in seinem ganz eigenen Diskurs. Aber damit soll sich Russland beschäftigen, sie haben diesen Mann zu ihrem Präsidenten gewählt (zur historischen Einordnung: FAZ 04.07.2023 /Schulze Wessel: Putschisten ohne Glück: https://www.faz.net/aktuell/feuilleton/debatten/russland-prigoschin-inszenierte-seine-rebellion-als-volksaufstand-19007719.html). Er soll sich aus Moskau verzogen haben, als Prigoschin losmarschierte - eine Lüge der Korrupten in Moskau sei es, meinte dieser in einem seiner Telegram-

Videos, dass die Ukraine und die NATO einen Angriff auf Russland geplant hätten, dieselben Korrupten hätten die besetzte Ostukraine in den letzten 8 Jahren nur ausgeplündert. Wenn das so ist, dann müsste Prigoschin konsequenterweise aufhören, seine Truppen gegen die Ukraine einzusetzen. Macht er das? Putin - heisst es hier - arbeitet im Kreml, dort heisst es - er halte sich versteckt - auch, um an seiner weltfremden Rede zu arbeiten, zumindest weltfremd in ihrem historischen Deutungsteil. Noch hat das Putin-Regime die Definitionshoheit über das Wort "Verrat", nicht die Prigoschins. Und noch vor kurzem, an der Petersburger Wirtschaftskonferenz hatte Putin seinen grossen Auftritt, seine grosse, bislang grösste Bühne, um - von Applaus begleitet - gegen die Ukraine und gegen Selenskyj zu hetzen, auch mit einem Propagandafilm, der Ausschnitte aus Dokumtarfilmen aus der Nazi-Zeit enthält, in denen Ukrainer mit SS-Standarte und Flaggen der ukrainischen Ultras posierten. Banderas Männer, die den Nazis bei der Ausrottung der polnischen und der ukrainischen Juden halfen, mit der Absicht, dafür eine unabhängige Ukraine zu erhalten. Eine Ukraine, deren Grund und Fundament auf einem mehr als schäbigen Geschäft, auf Massenmord, gestanden hätte - zum Glück hat das nicht funktioniert. Die Ukraine von heute kann und soll es besser wissen - 2019 hat sie die Neo-Nazi-Partei aus ihrem Parlament geworfen - ein starkes Zeichen! Bandera eignet sich nicht für eine nationale Ikone der modernen Ukraine von 1991 - er wurde von den Nazis gehätschelt, er kämpfte gegen die Sowjetunion, auch gegen kommunistische Sowjet-Ukrainer und Sowjet-Belarussen (ausgenommen jene Ultranationalisten, die am Ende ebenfalls gegen die Nazis kämpften), er ermordete Polen - das alles passt nicht zu einer gegenwärtigen Ukraine, die zur Versöhnung mit Polen, mit jüdischen Überlebenden, mit Russland, mit Belarus, und nicht zuletzt mit Deutschland, dessen Nazis Millionen Ukrainer emordeten, bereit und fähig wurde. Auch in der Ukraine liegt die Darstellung der Gegenwart durch Geschichte leicht bis ganz daneben, nicht nur im Kreml. Vergleicht man Putins Petersburger Bühnenauftritt von 2023 als grosser Show-Master, dessen erster Schüler, Lavrov, ebenfalls so gut wie alles, was er zur Ukraine sagt, zu deren Denunziation und zur Aufhetzung der dummen unter den rusisschen Soldaten und Offizieren zuspitzt, könnte man jetzt vom Berliner Sportpalast reden, in dem Goebbels vor 80 Jahren seine berüchtigte Hetzrede hielt....,doch auch das wäre nur realitätsfern, masslos, ja verrückt, und nicht bloss schlechte Hobby-Geschichte. So oder so ist Russland zu wünschen, dass es mehr und mehr in der Gegenwart ankommt, mehr im Realitätssinn, und mehr und mehr seine Vergangenheit in das historische Archiv verschiebt, veranlasst und verwaltet durch seriöse Fakultäten der Geschichte, die das historische Erbe im Namen der Wahrheit pflegen und, weit über die Gegenwart hinaus, gegen Irrtum, Irrsinn und Demagogie schützen. Das ist die Aufgabe und die Pflicht der Wissenschaft.

Kriegstagebuch 10.06.2023

Putin verkündete, die ukrainische Gegenoffensive sei angelaufen, derweil kursieren bei Twitter Fotos mit ihm und einem jungen Leoparden auf seinem Schoss (Message: Wir haben alles unter Kontrolle; zumindest in der Inszenierung), andere Fotos zeigen einen zerstörten Leopard II - und drei zerstörte Bradleys (Panzerwagen) - hämische Kommentare begleiten die Bilder. Dem ukrainischen Militär ist sicher klar, dass Panzer Boden- und Luftdeckung, besser noch: die Unterstützung durch die Luftwaffe, benötigen, um in einer Feldschlacht ihre Operationen erfolgreich durchführen zu können. Seismographische Messungen und abgehörte Telefongespräche bestätigen die russische Sabotage der Staumauer - zivil: eine Katastrophe, militärisch: eine Verteidigungsmassnahme gegen die ukrainische Gegenoffensive. Wer erfolgreicher ist, der ukrainische Angriff oder die russische Verteidigung, das wird sich in ein paar Tagen oder Wochen zeigen. Es ist davon auszugehen, dass es Putin im Moment (die militärischen und politischen Ziele werden an den Verlauf des Krieges und der Diplomatie angepasst) in der Ukraine nicht mehr um Neueroberungen, sondern um die Konsolidierung des Eroberten geht. Die Feuerprobe, ob das Russland gelingt oder ob die Ukraine Territorium zurückgewinnt, hat soeben begonnen.

Kriegstagebuch 07.06.2023

Im Osten nichts Neues, ausser eine Katastrophe: der Kachowka-Staudamm brach. Bachmut wurde weitgehend von Wagner-Truppen eingenommen, die die Ruinenstadt den russischen Truppen übergaben und grösstenteils abzogen. Putin meldet, Russland hätte auf die Zentrale des militärischen Geheimdienstes der Ukraine einen Präzisionsschlag ausgeführt, nachdem sein Chef, Budanov, in einem Interview sich offen zu den

Mordanschlägen auf russische Ukraine-Hasser bekannte, die das Existenzrecht der Ukraine öffentlichkeitswirksam in Frage stellten, wie Dugins Tochter und ein Petersburger Militärblogger (Russland übt und lernt in diesem Krieg, in seinen Angriffen besser und präziser zu werden, auch aus diesem Grund, wollen wir es nicht an unseren Grenzen haben). Seitdem trat Budanov (wie der militärische Oberbefehlshaber Zaluzhnyi) in der Öffentlichkeit nicht mehr auf. Bei Twitter hiess es dazu: "*Fakt ist, Zaluzhnyi und Budanov würde Putin gerne tot sehen (wonders why a secret service betrays its secrets and thus expressly exposes itself as a target, by the way). Fakt ist auch, dass man beide seit Tagen nicht mehr gesehen hat.*" Unter welcher Führung auch immer, die Gegenoffensive soll verlorenes Terrain für die Ukraine zurückerobern. Nach langem Grabenkrieg, der auch diplomatisch zu nichts führte, droht sie zumindest im Süden in der Flut unterzugehen. Betroffen ist ein riesiges, hauptsächlich russisch besetztes, Gebiet vor der Insel Krim mit rund 80 Ortschaften. Das Ausmass der Zerstörung z B. für die Landwirtschaft, ist noch nicht abzusehen. Die 250 000 Einwohner-Stadt Cherson steht fast zur Gänze zwei Meter unter Wasser. Man sollte sich überlegen, ob man den Krieg nicht vorübergehend in einen **notstandsbedingten Waffenstillstand** versetzt, um sich der Rettung und Evakuierung von Mensch, Tier, Gut und Natur mit vereinten russischen, ukrainischen und internationalen Kräften zu widmen. Immerhin spielen sich die russischen Besatzer als die "wahren" Beschützer der Ostukrainer auf, das können sie jetzt unter Beweis stellen, in dem sie mit der Ukraine und der Internationalen Hilfe kooperieren, stattdessen beschiesst russische Artillerie weiterhin die halb überflutete Stadt Cherson. Ein Kommentar in der SZ meinte, der Krieg eskaliere. Moskau sieht das vermutlich anders. Die Flutung wirkt in diesem Gebiet wie ein Brandlöscher, eine Gegenoffensive findet in ihm demnächst nicht statt, stattdessen Aktivitäten nationaler und internationaler Hilfsorganisationen. Schob Moskau etwas Panik wegen den West-Panzern, dann hat sich das jetzt - auch durch die Überflutung - beruhigt, ohne Nuke-Einsatz und AKW-Beschädigung. Lieber eine Krim ohne Wasser als keine Krim. Wahrscheinlich führte Sabotage - bei Twitter zirkuliert eine Videoaufnahme, die eine nächtliche Explosion bei der Staumauer zeigt - zum Einbruch des Staudamms, der zum russischen Besatzungsgebiet, insofern in die russische Verantwortung, gehört. Unzählige Tiere ertranken. Bei Tik-Tok wird das Massenfischsterben gezeigt: soweit der Blick über die Ebene reicht, liegen Fische dicht an dicht herum, tot oder sterbend. Durch die Wassermassen in ihren Häusern eingesperrte Menschen winken hilfeflehend von den Dächern zu den ukrainischen Aufklärungsdrohnen über ihnen, angeblich lässt die russische Besatzungsmacht keine Rettungen von ukrainischer Seite zu. Auf Zeit führt das zu einem Desaster. Ein Biber, auf dem Trockenen herumirrend, muss die aus den Fugen geratene Lage neu sortieren, die es zu beruhigen gilt für seine neue Behausung, wie er müssen auch die Menschen einen neuen Damm bauen. Ein völlig erschöpfter Hirsch, jung und pudelnass, rettete sich auf eine Mauer, auf der Menschen standen, die ihn, der auf dem Boden liegend zum Wasser starrt, und den neuen Fluss, der mit brachialer Gewalt sich seinen Weg bahnt, filmten. Gerade knapp überlebt, schien ihm dieser wahrscheinlich weit bedrohlicher zu sein als die überraschten Menschen (zu einer weiteren Flucht fehlte ihm wohl auch die Kraft, nicht nur das Gelände).

Chinas Sondergesandter hielt erstmals seit seiner Rückkehr nach China eine Pressekonferenz (am 2. Juni). Der chinesische Vermittlungsversuch verpuffe -zumal dieser erste, China betonte aber, es bleibe dran und Präsident Selenskyj hofft weiterhin sehr auf Chinas Einfluss und internationale Verantwortung...-, zudem erwies er sich als steiff und unoriginell (es fehlten Konfliktlösungsvorschläge wie der diskutierte Vorschlag für eine entmilitarisierte Zone mit UN-Truppen, darunter ein chinesisches Kontingent). Es wurde bloss gefordert, der Westen solle aufhören, der Ukraine Waffen zu liefern, will heissen, stattdessen auf einen Waffenstillstand hinzuarbeiten. Was ist mit der nationalen Landesverteidigung der Ukraine, soll die sich nicht aufrüsten dürfen? Macht China da einen Unterschied? Immerhin machte es von Beginn des russischen Angriffskrieges an deutlich, dass es die Verbindlichkeit der UN-Charta, somit auch das Existenzrecht der Ukraine, nicht in Frage stellt. Dass China nicht gefällt, was in der Ukraine passiert, auch wenn es Russland, mit dem es noch nicht lange ein sehr gutes nachbarschaftliches Verhältnis pflegt, nicht brüskieren will. Europa sollte für China Anreize schaffen, die es motivieren, mit unserer Hilfe, das Problem vor unserer Türe zu lösen. So angeblich ein China-Spezialist in Der Standard, so oder so wird hier das Konzept einer Europäisch-Chinesischen-Partnerschaft und Freundschaft vertreten, China soll der Europäischen Union helfen, den Krieg vor ihrer Haustüre zu beenden, denn das Problem, das die Ukraine mit Russland zu lösen hat, ist auf eine andere Art auch unseres: Europa will keine aggressive Macht wie Putin-Russland, das Völkerrecht, UN-Charta und internationale Abkommen mit Füssen tritt, und national gesinnte UkrainerInnen systematisch vertreibt und ermordet, an den ehemaligen ukrainischen Grenzen haben. Hättte dieses Russland immer noch ernsthaft die Absicht, die demokratisch legitimierte Ukraine durch ein moskauhöriges Marionettenregime zu ersetzen, könnte das im Dritten Weltkrieg enden. Vermutlich wird das in Moskau auch deshalb nicht (mehr) politisch und militärisch geplant, auch wenn die Medvedev weiter damit Propaganda machen, und sofern sich der ukrainische Widerstand weiterhin bewährt. Realpolitische Absicht von Moskau ist es, durch Terror-Krieg, dazu gehört entsprechende Terror-Propaganda, gegen die Ukraine, der irgendwann in einem Waffenstillstand, statt in einem Frieden, münden könnte, die russifizierten Gebiete in der Ostukraine zu behaupten. Auch der Papst hatte seinen Vermittlungsgesandten zu den Orthodoxen geschickt und Südafrika sendet seine Vermittler. Selenskyj verkündete, sie liessen sich durch diese Überflutung nicht aufhalten. To be continued.

Kriegstagebuch 16.05.2023

Im Osten wenig Neues. In Bachmut scheint eine Vorhut der Gegenoffensive der Ukraine für Bewegung an der Front gesorgt zu haben - Prigoschin, der Wagner-Söldner-Chef, spricht von flüchtenden russischen Truppen (allerdings kann man Prigoschin alles und nichts glauben, und dass er, mehr Putins Informationskrieg betreibend als es scheint, die westlichen Medien zum Narren hält), ein ukrainischer General meint, die Wagner-Söldner seien in die Mausefalle getappt. Es wird weiter gekämpft und getötet. Ukraines Präsident Selenskyj war auf Europa-Tour, in Italien traf er Ministerpräsidentin Meloni, Präsident Mattarella und den Papst, auch Deutschland besuchte er zum ersten Mal, wo ihm in Berlin geraten wurde, unsere Currywurst zu kosten, dann ging es nach Frankreich, von dort, herzlich begrüsst von PM Sunak, nach England, das mit den Niederlanden der von Selenskyi initiierten "Kampfjet-Koalition" beitrat (GB verfügt nicht über F-16, bot aber an, ukrainische Piloten auszubilden, die Niederlande gab bereits F-16 an andere Länder weiter, laut *Flugrevue* (2018) liegen weitere 68 Exemplare in ihrem Arsenal). Deutschland hält aktuell nicht viel davon, der Ukraine Kampfjets zu liefern, das könne zur Eskalation beitragen, erteilte aber vor rund einem Monat Polen die Genehmigung, der Ukraine MIG-29 zu liefern. Die Befürchtung, dass die Ukraine absichtlich die Eskalation weitertreiben möchte, um die NATO in den Krieg hineinzuziehen, das sei ein russisches Narrativ, meinte Politologieprofessor Jäger, der vermehrt unter die Twitter-Influencer (15 000 Follower) geht - als strammer Anhänger und Befürworter der Nato- und EU-Mitgliedschaft der Ukraine. Heute, am Dienstag, den 16.05.2023 christl. Zeit, empfängt der reisende Staatspräsident im Auftrag seines gebeutelten Landes, wieder heimgekehrt, ihn Kiyv den chinesischen Sondergesandten LiHui, der nach der Ukraine (Treffen mit Aussenminister Kuleba), Russland, wo er als Botschafter tätig war, Polen, Deutschland und Frankreich besuchen wird, um Anhaltspunkte und Möglichkeiten auszuloten für die Wiederaufnahme von Gesprächen. Kiyv zeigt sich im Moment nicht sehr gesprächsbereit, es verlangt weiterhin vor allem Waffen von seinen Unterstützern - die von Japan, Kanada, Australien und Marokko bis zur Slovakei, in das Baltikum, nach Norwegen, Schweden, Dänemark, Finnland, Rumänien, Bulgarien und Polen reichen. In Aachen erhielt der Präsident der Ukraine den Karlspreis für Verdienste um Europa, die die schwer gebeutelte Ukraine leistet, und Ulrike Guérot, die ihre Bonner Professur verlor (juristisch erwirkte sie einen Aufschub, konkret geht es um Plagiatsvorwürfe) und wohl auch dadurch noch mehr in die Querdenkerei abdriftet und wahrscheinlich gerne für ihre eher theatralischen als realistischen Europa-Ideen den Karlspreis erhalten hätte, meldet per Twitter, dass sie sich dafür schäme. Postwendend erfolgte die Antwort: Sie sollte sich besser über ein Russland schämen, das ein Nachbarland mörderisch terrorisiert, und über sich selber. Es gibt Hetzer der Eskalation in Russland wie Medvedev, Apachev, Solovjov und der Twitter-Influencer Victor (knapp 40 000 Follower) - selten: Patrushev -, die propagieren immer noch die Austilgung der Ukraine und die Ermordung von Millionen von Ukrainer und Ukrainerinnen, die fest an ihre Nation glauben (generell sind Nationen kulturelle Willensgemeinschaften, soziale Konstruktionen, die sich einem Ursprungsnarrativ verschreiben, keine Pflanzen, Russland kann deswegen ja auch versuchen, aus ursprünglich ukrainischen Kindern, die zu tausenden verschleppt wurden, nachträglich gute Russen zu machen). In den russischen Medien und Millionen Köpfen, die sie erreichen, wird das Niveau der Denunziation der Ukrainer*innen, die mediale

Konstruktion des Feindbildes Ukraine - Nazis und US-Marionetten sind die Favoriten - möglichst hoch gehalten, die propagierte Lüge soll die Leute mobilisieren - der Kreml muss ja die vielen Toten, die aus der Ukraine kommen, irgendwie legitimieren und zugleich die Mobilisation von Lebenden, die in die Ukraine kämpfen und sterben gehen sollen, fortsetzen können, neustens wird in den russischen Medien mit der grössten Lüge, die offenbar Panik verbreiten soll, aufgewartet, nämlich, dass es bei dem Krieg in der Ukraine um die Existenz von Russland selber ginge (dabei verwechselt das Putin-Regime sich mit Russland), darüber hinaus richten sich die russischen Staatsmedien weniger an die kaum noch zu beeindruckenden UkrainerInnen, mehr an die Bevölkerungen in Europa und in den USA - um bei ihnen eine Anti-Ukraine- oder Anti-Kriegs-Stimmung zu erzeugen und zu befördern (Jackson Hinkle, Tucker Carlson sind in den USA auf diesen Zug aufgesprungen). Historisch gesehen ist die Ukraine russischer als Russland, ist die ukrainische Kernnation authochtoner als die russische - ist die alte Rus im älteren Kyiv, nicht im jüngeren Moskau gegründet worden, ausserdem ist die moderne russische Nation (Föderation) gleich alt wie die moderne ukrainische Nation, nämlich rund 30 Jahre, das nebenbei bemerkt, aber reden wir von der Gegenwart: Wegen Putins Krieg gegen die Souveränität der Ukraine haben noch nie soviele Ukrainer und Ukrainerinnen (und andere) so souverän, so passioniert, so überzeugt, an ihre Ukraine, an ihre Nation, geglaubt und für sie gekämpft: Der 24. Februar 2022 ist "die" Geburtsstunde der modernen ukrainischen Nation *in der Welt-Gemeinschaft*. Mit Heraklit gesprochen: Putins Krieg, der alle Dinge der

Ukraine vernichten will, ist der Vater aller ukrainischen Dinge. Putins Krieg, der die Nato von Russlands Grenze zurückdrängen will, ist der Vater der Nato-Vergrösserung an Russlands Grenze. Ohne diesen Krieg und die aggressive Propaganda, die ihn begleitete, wäre es Finnland und Schweden nicht in den Sinn gekommen, unter den Schutzschirm der Nato treten zu wollen. Viele UkrainerInnen wollen sogar mit ihrem Russisch, das sie in ihrem zweisprachigen Land ohne deswegen Nachteile oder Schikanen zu erfahren, sprachen, nichts mehr zu tun haben - eine weitere Begründung für die "Spezialoperation", die russische Sprache in der Ukraine schützen, wird dadurch hinfällig, kehrt sich in ihr Gegenteil. Aus solchen Gründen, die sich als Scheingründe oder als kontraproduktive Gründe für diese "Spezialoperation" erweisen, wird die russische Gesellschaft eines Tages über diesen Krieg ganz anders urteilen als sie es heute tut, tun muss, unter Putins Propaganda und systematischen, strafrechtlich verstärkten, Einschüchterung und Unterdrückung der kritischen Meinungsäusserung. So wie die Abrechnung mit Stalin nach dessen Tod begann, so wird die Abrechnung mit Putin spätestens nach dessen Tod beginnen. Fazit: Putins Krieg gegen den nationalen Unabhängigkeitswillen der Ukraine stärkt den nationalen Unabhängigkeitswillen der Ukraine - ausgenommen bei jenen UkrainerInnen in den russifizierten Gebieten, die mit Russland keine Probleme haben im Gegensatz zu jenen UkrainerInnen, die deswegen flüchteten, vertrieben, deportiert oder ermordet wurden, Hauptsache die Rente wird bezahlt, Wasser, Heizöl und Lebensmittel werden geliefert, egal von wem, ob von Moskau oder von Kyiv.

Kriegstagebuch 26.04.2023

Nicht viel Neues im Osten. In Bachmuts urbaner Kraterlandschaft wird weiter gekämpft und getötet, angeblich - gesichert ist das nicht - mit leichtem Übergewicht für die Wagner-Söldner und die regulären russischenTruppen.Gleichzeitig bildet die Ukraine Panzer-Bataillone mit Leoparden für die Frühlingsoffensive aus. Keiner weiss, wann und wo sie beginnen wird. Auf der Krim wurden für kilometerlange Verteidigungslinien, Verteidigungsanlagen gebaut, Schützengräben ausgehoben, Stacheldraht, Minen und Panzersperren verlegt. Heute Mittwoch, den 26.04.2023 telefonierten zum ersten Mal seit Beginn der russischen Invasion Chinas Präsident Xi-Jinping und Präsident Selenskyi miteinander. Als globaler Player übernimmt China vermehrt globale Verantwortung. Der mächtige Staatsmann geht - selbstverständlich - von der Souveränität der Ukraine nach UN-Charta und anderen internationalen Verträgen und Abkommen nach 1991 aus. Ein Sonderbeauftragter Chinas soll helfen, die Kriegsparteien wieder an einen Tisch zu bringen. China, auf das Russland hören muss und auf das die Ukraine hören will, ist zuzutrauen, mehr als das zu erreichen, immerhin vermittelte es ein unmöglich erscheinendes Treffen zwischen den Erz-Rivalen Saudi Arabien und Iran. Der chinesische Präsident zeigt ein ganz anderes Vernunftniveau, als die Gift und Galle speiende Nemesis Medvedev, der eigentlich nur noch für die Propagandaabteilung "Drohung" zuständig zu sein scheint, und zum wiederholten Mal Europa mit nuklearem Angriff droht (Polen mit der Auslöschung, Berlin mit einem Siegesmarsch und Londons Auslöschung hat er diesmal vergessen. Medvedev weiss genau, dass Russland den Zweitschlag nicht kontrollieren könnte). China mahnt an, sich mit verbalen Drohungen zu mässigen. Trotzdem werden in Belarus Soldaten genötigt, den Umgang mit Russlands taktischen Nuklearwaffen (Iksander-M) zu lernen, die Putin auf fremdem Staatsgebiet bedrohlich nahe von Kyiv, von Polen, aber auch noch genug nahe von Berlin, London und dem Baltikum stationieren liess. Lukaschenko wird immer mehr zum Hampelmann Moskaus. Viele, vermutlich die meisten, Belarussen wissen, dass sie mit ihm auf der falschen Seite der Geschichte stehen und dass die Ukraine auf der richtigen Seite, auf der Seite der Freiheit, der Selbstbestimmung, steht, auf der alle Belarussen stehen sollten wie die Georgier, die Kasachen, die Moldauer, die baltischen Staaten. Aussenministerin Baerbock war zum ersten Mal in China und benahm sich in diesem Gastgeberland, mit dem wir die grössten Geschäfte machen, wie Deutschlands Chefin der Grünen, die Moral trompetet, nicht wie Deutschlands Chef-Diplomatin, die leise Töne anschlägt, wo das vielleicht mehr bringen würde und sicher bringen könnte - offenbar hat Baerbock immer noch Mühe, sich in die richtige Rolle zu schicken und die eine von der anderen zu trennen. Dass die EU - in Deutschland die Baerbocks, die Röttgens- ihr Verhältnis zu China offiziell unter die Definition "*Systemrivalität*" setzten, das klingt wie ein Coup der CIA, jedenfalls nicht wie souveräne Europäer. Allein diese Bezeichnung ist ein Affront, ein unfreundlicher Akt, eine Beleidigung - China will weder in Europa eine kommunistische Partei implementieren, noch sich komplett verweigern "mehr Demokratie zu wagen"- Es wird immer dringender dass Europa, erstens, sich der Position von Präsident Macron annähert: unabhängiger zu werden von den USA, die, wie wir seit Trump wissen, nicht ewig Europas Daddy, unsere Erste Schutzmacht sein wird (was auch gut ist: Europa ist gut organisiert, stark und erwachsen: Als member der EALU (Europe Allied Union) wären die USA und Kanada als alte Freunde und Partner, immer noch Teil der Europäischen Verteidigungsunion (EDU: Europe Defense Union) nach der NATO) und, zweitens, dass Europa ein freundschaftliches, kooperatives Verhältnis zu China kultiviert, ohne verbale Beleidigungen und Affronts, die nicht zielführend sind.

Kriegstagebuch 12.04.2023

Der Ex-Aussenminister Joschka Fischer (wir gratulieren zum 75.) fordert mehr Unterstützung für die Ukraine. Definitiv unterstützen wir damit auch uns, unseren Frieden, unsere wehrhafte Freiheit. Mehr ist dazu nicht zu sagen. Slava Ukraini.

Kriegstagebuch 11.04.2023

Der Krieg in Europa ist überflüssig. Ein vernünftiges Russland könnte ohne Probleme mit der Ukraine, eine vernünftige Ukraine ohne Probleme mit Russland koexistieren und kooperieren. Doch aktuell sieht es anders aus: Europa braucht Hyperschallraketen und eine abschreckende Menge von taktischen und strategischen Nuklearwaffen, und die entsprechende Land- Luft- und Wasser-Ausrüstung, die diesen Raketen Grund und Boden

verleihen können, sonst bleibt es von Russland, wie es sich
jetzt unter Putin geriert, bedrohbar und erpressbar, sonst
wird es Russland auch nicht an den Verhandlungstisch
bringen, um gemeinsam abzurüsten: das meint: Rearming
for Disarming (Aufrüstung zur Abrüstung). Ansonsten: Im
Osten nicht viel Neues. Bachmut langweilt langsam und
man fragt sich, warum die Ukraine nicht schon längst
einen taktischen Rückzug organisierte bis zur
angekündigten Offensive. Dass es mit der nicht so rosig
aussieht wie angenommen oder erhofft, verraten geleakte
US-Top-Secret-Unterlagen, die teilweise wie russische
Geheimdienstenten aussehen. Macron war in China und
wohl die chinesische Luft, Xi-Jinpings Hypnose-Technik,
plus die Lektüre unseres Kriegstagebuches vom
25.03.2023 (ganz bestimmt diese Lektüre....), haben ihn
auf die originelle Idee gebracht, dass Europa souverän
werden muss auch gegenüber den USA. Ja, Macron, **auf
grosse Worte sollten auch grosse Taten folgen**
(Reorganisation der Europäischen Verteidigung und
Geheimdienste, Koordination der europäischen
Aufrüstung, Bildung seines [ich schrieb: eines]
europäischen Wehretats, etc.) mit anderen Worten: das
kann Frankreich nicht im Alleingang machen, als erstes
sollten **das Frankreich, England und Deutschland**
gemeinsam entscheiden, aber auch Polen, Spanien, Italien,
Norwegen, Finnland, Schweden, Dänemark, Holland, die
Baltischen Staaten, Kroatien, Slovakei, Tschechien,
Bulgarien, Rumanien, Griechenland und Portugal,
Marokko vielleicht neu dazukommend. Vielleicht ist
Ungarn auch wieder mal für europäische Verteidigung
ansprechbar, zu schweigen von ihren Trittbrettfahrern, die
es sich in der Neutralität bequem gemacht haben, von der

Schweiz und von Österreich -, und ja, Emmanuel, wir werden unsere Freunde selber aussuchen - alte Freunde und Allierte gehören wohl dazu oder nicht? Und ja wir müssen - das wäre eine europäische Eigenheit als internationales Exportgut - das **Europäische Sicherheitsmodell** profilieren, das Geheimdienste in Europa verbietet und verfolgt mit Spezial-Staatsanwaltschaft und -Polizei und einem Geheimdienst gegen fremde Geheimdienste, und ja, dann verkleinern wir auch sämtliche Botschaften auf einen Botschafter und Stellvertreter/in, egal, ob von China oder von Liechtenstein, wir verlegen den Grossteil der Diplomatie in den digitalen Raum (Diplomatie light). Und ja, irgendwann beginnen wir in Europa auch vom Konkurrenzkapitalismus in den kreislaufwirtschaftlicheren Kooperativismus (Kooperationskapitalismus) zu wechseln, der dann mit China, USA, Kanada und Südamerika viel weniger zu tun haben wird als jetzt, umso mehr dafür mit unserem grossen Nachbarkontinent Afrika. Doch noch kümmern wir uns in Europa nicht aus eigener militärischer Kraft um den Krieg Russlands gegen die Ukraine, noch macht das zum grössten Teil die USA - für sich und für uns. Noch haben wir nicht ausreichend militärisch aufgerüstet - ausreichend heisst, dass wir uns ohne unsere erste Schutzmacht USA - die uns freundschaftlich verbunden bleibt - gegen ein offenbar aus der Spur geratenes Russland verteidigen können -, noch ist **Rearming for Disarming** eine Phrase, kein Programm, das mit vereinter europäischer und internationaler Anstrengung Russland abschrecken und zum Abrüsten bringen und zu einem nachhaltigen Frieden in Europa führen kann. Patience, Geduld, braucht Europa und einen langen Atem. Wir haben beides. Man reize den europäischen Drachen nicht.

Nachtrag:

Europa muss sich im klaren sein, wenn Putin-Russland seine Maximalforderungen in der Ukraine durchsetzt, die legitime Regierung der Ukraine exiliert, das Land kapituliert, setzt sich ein russisches Terror-Regime in unmittelbarer Nachbarschaft von vier EU-Ländern fest und neben zwei baltischen Staaten (Lettland und Estland) kommt ein weiteres Land, Finnland, als ein NATO-Land dazu, das direkt an Russland grenzt - allerdings in bislang nicht vorhandenem Ausmass (1340 km Grenze). Finnland ist allerdings defensiv ausgerichtet, das weiss eigentlich jeder, das weiss auch jeder Russe, der nicht auf den Kopf gefallen ist - dass die Propaganda des Putin-Regimes trotzdem eine "Bedrohung" daraus macht, ist eine Lüge für die eigene Bevölkerung, das Regime will mit allen Mitteln deren Mobilisierungsbereitschaft fördern, propagandistische Lügen, aufbereite Falschmeldungen, aggressive Hetze und Verächtlichmachung - Denunziation von Ukrainern und Ukrainerinnen zu Nazis und zu Satanisten sind dabei die Schmankerl - durch die TVs, sind dafür das erste Mittel. Tatsächlich hat das Putin-Regime selber diese Situation an der finnischen Grenze zu verschulden. Mit seinen Taten und Worten trieb es Finnland und Schweden regelrecht in die Arme(e) der NATO. Man kann immer noch davon ausgehen, dass es weiss oder vermutet, dass es einen Krieg gegen die NATO - egal, ob die USA gross einsteigt oder teilweise aussteigt dabei - politisch nicht überleben wird.

Kriegstagebuch 25.03.2023

Europas Stärke und Russlands Wiederbesinnung. Am Donnerstag (22. März) ging der dreitägige Moskau-Besuch von Präsident Xi-Jinping zu Ende. Präsident Putin trat sogar vor die Türe des Kremls um den "lieben Freund" bis zu seiner Staatskarosse zu begleiten. Dieser murmelte vor laufenden Kameras seinem Geschäftspartner noch die Phrase zu "es ist eine neue Ära angebrochen", die dieser mit "d'accord" freundlich bestätigt (Ob es klug ist, dem etwas an Grössenwahn kränkelnden Präsidenten solche Flöhe in den Kopf zu setzen, das muss der Staatspräsident von China selber wissen). Aber in der Tat ist für Europa *eine neue Ära* angebrochen - nämlich die, unter seinen 750 Millionen Menschen (wir rechneten grosszügig die Türkei und Bevölkerungsteile Nordafrikas dazu) **Selbstbewusstsein und Stärke** zu entwickeln neben den USA, der Volksrepublik China und der Föderation Russland oder zu verschwinden in den Einflusssphären der USA und Chinas? - kaum in jener von Russland, das weder ein Militär (da helfen allein Nuklearwaffen nicht weiter), noch eine Wirtschaftsmacht, noch eine Bevölkerungsgrösse besitzt, die Europa beherrschen könnten. Wenn denn Europa seine **Europäische Verteidigung** ernsthaft in Angriff nimmt und *existentiell* (individuell) begreift, dass Europa sich **selber** verteidigen können muss. Und dass unser Kontinent, der **die grösste Kriegserfahrung der Welt** besitzt, das kann, das hat jede einzelne Nation in Europa in ihrer Geschichte mehrfach beweisen müssen und beweisen können!

Russland sollte sich auf seine eigentlichen Tugenden und Stärken besinnen: das sind seine Landesgrösse, sein Autarkiepotential und sein Vermögen, sich verteidigen zu können - mit grossem Erfolg - mit grossem Ruhm -, und nicht: andere unrühmlich anzugreifen (schon gar nicht seine Nachbarn) und für ein paar Quadratkilometer zehntausende Russen in den Tod zu schicken. Der Amtseid, den der russische Präsident leisten muss, will, dass er das Leben seiner Landsleute schützt, nicht zerstört. Dass er den Wohlstand seines Landes fördert, nicht zerstört. Dass er den Frieden in der Völkergemeinschaft fördert, nicht zerstört. Die wahren Tugenden und Stärken von Russland kehrt das Putin-Regime mit seinen masslosen Kriegs-Hetzern und Ukraine-Verächtern in den Dreck und seine ersten Verfassungpflichten höhlt es mit seinen Lügen aus. Russlands aktuelle Regierung missachtet und missbraucht die wahren Werte und Stärken Russlands, dessen politischer Neustart: **Wiederbesinnung** (восстановление) heissen müsste. Aus dem heutigen Russland, das seine moderne Verfassung letzten Endes für keine Kaiserkrone mehr hergeben würde, machte das Putin-Regime einen Paria, der mit dubiosen Partnern paktiert wie der Foltermörder in Syrien und das islamistische Volksmörderregime im Iran. Sind das ebenbürtige Partner, sind das dem modernen Russland würdige, angemessene Partner? Was ist aus dem weltoffenen Russland der Jelzin-Ära, der Gorbatschov-Ära geworden? Das heutige Russland sollte sich seiner eigentlichen Tugenden und Stärken besinnen. Und das wird es eines Tages auch wieder tun! Europa steht jederzeit für die *Wiederbesinnung* Russlands offen.

Europa, heisst jederzeit das Europa, das Russland letztlich ist, willkommen. Jederzeit, immer.

Kriegstagebuch 21.03.2023

Präsident Putin besuchte das völlig zerbombte Mariupol, in dem etwas nachgebaut wurde, nachdem er auf der Krim die Eröffnung einer russisch-orthodoxen Kirche feierte. Dafür wagte er sich aus seinem Moskauer Bunker - nicht aber dafür, um am Moskauer Flughafen den Hohen Gast aus China persönlich zu begrüssen. Wie Selenskyi den japanischen Ministerpräsidenten Kishida, der, am gleichen Tag wie Präsident Xi-Jiping in Moskau, 900km westlicher, in Kyiv auftrat (die Ukraine sollte sich allerdings nicht allzusehr in alte Rivalitäten hineinziehen lassen). Im Hintergrund der inszenierten Szene in Mariupol schreit eine Mariupolerin, das sei alles Lüge, alles nur für die Show, während/dem vor Putin die Kameras, die Mikrofone, die JournalistInnen, die Fotografen stehen. Man muss sich vorstellen, dass Mariupoler Theater schrieb in grossen Lettern "KINDER" auf seinen Parkplatz, um russische Bomber und Raketen davon abzuhalten, hunderte Schutzsuchende in diesem Gebäude zu töten, was dann trotzdem geschah am 16. März 2022. Später liess Putin das zerbombte, denkmalgeschützte Theatergebäude abreissen. Glaubt er tatsächlich, dass er damit die Erinnerung an dieses Kriegsverbrechen wie ein Mörder seine Leiche zubetonieren kann? Doch nicht dafür, sondern für das Verschleppen von ukrainischen Kindern in die russische Adoption, klagte ihn der Internationale Strafgerichtshof in Den Haag an. Für Präsident Putin existiert nun ein internationaler Haftbefehl. Deutschland, so der Justizminister, würde ihn umsetzten, würde Putin verhaften und Den Haag ausliefern (wie Russland unterzeichnete die USA nie das Abkommen mit diesem Gerichtshof: sonst müsste sie vermutlich Ex-Präsident George W. Bush als Hauptverantwortlichen für den völkerrechtswidrigen Krieg gegen den Irak heute vor 20 Jahren, an das Gericht ausliefern). Derweil droht Medvedev mit der Bombardierung von Den Haag. Das machte es nicht besser: Es klebt Blut, viel Blut, an Putins Händen und Chinas Staatsführer, der gerade in Moskau zu Besuch ist, und ihm freundschaftlich die Hand schüttelt, gibt sich sichtlich Mühe, all das im Namen der Staatsräson zweier Partner-Staaten diplomatisch wegzuwischen, zu ignorieren. Man kann vermuten, dass er weiss, dass die Tage von Präsident Putin gezählt sind, während er ihm für 2024 (Neuwahlen in Russland) alles Gute wünscht. Wir hoffen, dass der chinesische Staatschef ausserdem klar macht, dass er prinzipiell die UN und die UN-Charta verteidigt, nicht das russische Gemetzel in der Ukraine. Und dass eine Volksrepublik China die internationale Verantwortung übernimmt, bald eine Delegation mit Aussenminister, ohne Vorurteile und ohne ausschliesslich Putins "Sicht der Dinge", in die Ukraine entsendet. Im annektieren Gebiet verübte der ukrainische Geheimdienst einen tödlichen Anschlag auf einen der Organisatoren der russischen Spezialgefängnisse und Folterkammern. Es ist nicht der erste Anschlag und es wird nicht der letzte sein. Und wenn der russische Terror gegen die Ukrainer und Ukrainerinnen weiter zunimmt: wer sollte sie daran hindern, diese Besatzungsmacht zu hassen, insgeheim zu verachten. Derweil munitioniert die EU die Ukraine mit einer Million Geschosse. Kanada sendet Panzer, die Slowakei und Polen senden Mig-29. USA und Estland helfen durch neue Sendungen militärisch. Es soll der Ukraine an nichts fehlen, was sie zu ihrer Selbstverteidigung und Selbstbehauptung braucht.

Kriegstagebuch 12.03.2023

Im Osten nicht viel Neues. Es wird weiter gekämpft und getötet in Bachmut. Die Wagner-Truppe scheint Mühe mit Nachschub zu haben - an Personal und an Munition. Angeblich eröffnet die Gruppe rund 40 Rekrutierungsbüros in Russland (sind das Potemkinsche Gebilde. Um mit purer Menschenmasse die Ukrainer zu beeindrucken? Prigoschin ist ein Medienmanipulator). Der Chef der Wagner-Truppe sucht Männer, die sich für nichts, ausser für Geld und Held, gemeint: für die vom Staat geförderte Illusion, ein Held zu sein, in einen völkerrechtswidrigen Krieg werfen lassen. Ein ukrainischer Soldat in einem ukrainischen Wald ruft noch "Slava Ukraini" und wird dann erschossen. Das Handy-Video geht viral (Selenksky ehrt den Scharfschützen posthum als "Held der Ukraine"). In der russischen Stadt Brjansk, rund 100 km von der ukrainschen Grenze entfernt, fanden Attentate/Sabotageakte statt. Russland revanchierte sich mit einem Raketenhagel auf die ukrainische Infrastruktur von Kyiv bis Odessa, die gerade repariert wurde. In Belarus wird ein russisches Überwachungsflugzeug sabotiert, freie Bürger und Bürgerinnen von Belarus haben begriffen, dass der Kampf für die Freiheit von Belarus derselbe Kampf ist wie der Kampf für die Freiheit der Ukraine. Auf dem russischen

Luftwaffenstützpunkt in Artjom gab es einen Anschlag auf ein Kampfflugzeug, Russland spricht von Partisanen (die Gruppe nennt sich "Freiheit Russland"). Allgemein massiert es seine Luftwaffe nahe der ukrainischen Grenze. Ein Ex-Nato-General warnt in einem polnischen Radio die Ukraine vor einem grossangelegten Luftwaffenangriff. Norwegen sendet noch mehr Luftabwehr in die Ukraine. Rheinmetall kündigte an, eine Panzerfabrik in der Ukraine zu bauen. Medvedev drohte, für sie ein "pyro"technisches Empfangsarsenal bereitzustellen. So reden Nazis oder Terroristen, die jeglichen Anstand und Respekt vor der territorialen Souveränität ihres Nachbarlandes verloren haben. Medvedev scheint das nicht einmal mehr aufzufallen. In Russlands Kasernen grassiert angeblich die Befehlsverweigung. Das sollen nun nicht Knackis der Wagner-Truppe reparieren, sondern ehemalige afghanische Militärs, die von den Taliban vertrieben und von den USA ausgebildet wurden. Das internationale Söldnerwesen hat für Russlands Feldzug gegen die Ukraine offenbar eine gewisse Bedeutung zum Gefallen oder Missfallen des russischen Militärs. Die EU beschliesst eine koordinierte Belieferung der Ukraine mit Munition, auf Vorschlag von Kaja Kallas, der wiedergewählten Ministerpräsidentin Estlands, eine Ukraine, die lieber für 4 als "nur" für 1 Miliarde Munition für ihre Artillerie, für ihre Mörser, für ihre Luftabwehr hätte - ausserdem plant sie eine neue Offensive. Russland rechnet mit ukrainischen Vorstössen auf die Krim. Polen will der Ukraine Mig-29 liefern und 10 weitere Leopard-Panzer. Der Republikaner McCarthy weigert sich in die Ukraine zu gehen und ihr weiter "Blankochecks" auszufüllen - er wird sich das sicher nochmals überlegen, sollte ein Republikaner der nächste Präsident der USA sein. Trump steht dafür in den Startlöchern: Wehe, ihm wird der Sieg wieder von Biden "gestohlen"... Im deutschen TV wird ernsthaft die Idee diskutiert, ob nicht China als Teil einer UN-Truppe in der Ostukraine den Waffenstillstand besser garantieren könnte als westliche Truppen.Sicher ist: Russland würde eher chinesische als us-amerikanische Truppen in der Ukraine akzeptieren - die nichts gegen Chinas Intervention einwendete, ja sogar begrüsste. Sollte man die russisch annektierten Gebiete in der Ostukraine zu einer UN-Sonderzone machen, in der Waffenbesitz verboten ist? Noch sind weder Russland, das hinter der 1000 km langen Front die Russifizierung der ukrainischen Zivilgesellschaft vorantreibt (im September soll es Wahlen geben), noch die Ukraine, die diese Russifizierung möglichst rückgängig machen will, für irgendeine Waffenstillstandslösung bereit. Der abtretende NATO-Generalsekretär Stoltenberg eröffnet der Ukraine langfristig die reale Option eines NATO-Beitritts, wenn bis dann nicht die EDU (Europe Defense Union) - mit ENU (Europe Navy Union), EAU (Europe Aircraft Union) und EALLU (Europe Allied Union) - die NATO abgelöst hat. Über die Nordstream-Sabotage wird jetzt neu ermittelt - ein Schiffchen mit 6 Personen wird gesucht, darunter zwei Ukrainer, die angeblich ihre Visitenkarten "vergessen" hatten (wo? im Schiffchen? warum wird dann noch eines gesucht?). Natürlich hat die Ukraine von diesen Attentaten profitiert und bekanntlich waren England und die USA schon immer gegen diese Pipelines. Allerdings: Eine Nordstream-Pipeline war ausser Betrieb, die andere funktionierte noch gar nicht. Es handelt sich hier um ein symbolisch aufgeladenes wie medial geeignetes

Ablenkungsmanöver, an dem sich auch Russland beteiligt, das am Laufmeter Recht bricht und sich jetzt über diese professionell ausgeführten Sabotageakte bei der UN beklagt...- de facto gibt es noch andere Pipelines, die Öl und Gas nach Europa führen können (die Ukraine ärgerte zuerst, dass diese Pipelines ihr Land umgehen, dann, nach Russlands Angriff, dass es sie noch gibt), demnächst auch aus Kasachstan, das gegenüber Putin-Russland seine Unabhängigkeit betont und dass es dessen Annexionen in der Ostukraine ablehnt. Man mache also unter diesen Parteien die Täter ausfindig (Da die Bündnisfreundschaft gefährdet wäre, käme heraus, dass sich die USA und UK daran beteiligten - Hersh brachte auch Norwegen ins Spiel -, dasselbe gilt für den ukrainischen Staat, wird sich das Ganze zumindest vorderhand im Sand von Trug- und Halbspuren verlaufen. Mindestens vier Erklärungsversuche zur Nordstream-Sabotage existieren also: der westliche, der Russland nennt, unser Versuch, der UK und die USA nennt (siehe Einträge vom...und...), der Versuch von Hersh, der die USA und Norwegen nennt, und dér jüngste Versuch, der Ukrainer und Unbekannte nennt). Im April reist Präsident Macron nach China, er hält deren 12-Punkte Papier zu einem Ende des Krieges in der Ukraine prinzipiell für anschlussfähig, für diskutabel. Es enthält auch tatsächlich ein paar gute Punkte. Man erwartet das auch von der VR China, die gerade Xi-Jinping zum dritten Mal (vermutlich ohne Gegenstimme) zu ihrem Präsidenten gewählt hat, dass es mehr internationale Verantwortung übernimmt, statt bloss mehr Kriegsgerassel zu erzeugen.

Kriegstagebuch 23.02.2023

In Moskau wird eine orchestrierte Putin-Show im Fussball-Stadion abgehalten, im ganzen Land muss die Bevölkerung durch die Propagandamaschine auf "heroischen Krieg" eingepeitscht werden - ein Soldat singt von der Fahne über Berlin- um damit an die "siegreiche" Sowjetunion, die Hitler-Berlin eroberte eine unzulässige, ja völlig falsche Assoziation zu knüpfen. Putins geknechtetes und kontrolliertes Russland tritt den ehrwürdigen Siegesmythos des Landes: wie gegen Napoleon, gegen Hitler gross und unbezwingbar im Verteidigen zu sein, durch seine **kleinlichen** und sinnlosen Angriffskriege in den Dreck (das ging schon in Afghanistan daneben). Putin nennt die Ukraine - zunächst: die annektierten Gebiete - unser "historisches Land". Wir machen das jetzt auch, wir erklären Russland, dass Königsberg unser "historisches Land" und Polen, dass Ostpreussen (Danzig) unser "historisches Land" ist - will man Chaos, Misstrauen und Unfrieden in die Welt bringen, die sich nach dem zweiten Weltkrieg in der westlichen und östlichen Hemisphäre und nach dem Zusammenbruch der Sowjetunion 1989/90/91 vor allem in Osteuropa neu organisierte. Belarus, Weissrussland, müsste alarmiert sein, hätte es keinen Landesverräter an der Spitze, wenn Putin von seinem "historischen Land" schwadroniert.Wann erklärt er Belarus zum "historischen Land" von Russland? (Geheimdienstpläne verraten angeblich, dass Putin-Russland ein unfriendly overtake von Belarus bis 2030 geplant habe). Im Juni 2022 imitierte Putin Peter, der Grosse, der Teile Schwedens zu "unserem historischen Land" machte, dank dessen Eroberung gewann Russland einen direkten Zugang zur Ostsee, was die meisten Schweden und Schwedinnen nicht so lustig fanden, Putin, der Petersburger, trieb sie in die Arme(e) der NATO. Dieser Schritt, dem Finnland folgt, ist allein auf dessen unfreundliches, aggressives völkerrechtswidriges Verhalten zu seinen Nachbarn zurückzuführen. Nicht die NATO strebte unbedingt nach einem Anschluss von Schweden und Finnland, Putin trieb sie zu diesem Schritt). Kurzum, wenn man schon (fast) nichts anderes hat als Militär und Grössenwahn - materialisiert durch ein wahnsinnig grosses Arsenal von Nuklear-Waffen - , dann investiert man in es wie in eine Epressungs-, Bedrohungs-, Expansions- und Profitmaximierungsmaschine und meint sich quasi unbezwingbar oder nur noch apokalyptisch bezwingbar (was tatsächlich Putin-Rhetorik ist: "Eine Welt ohne Russland ist keine Welt mehr wert", plappern die Apokalypse-Propagandisten in Moskau, die Medvedev, die Solovjov, die Skabejeva, die Simonjan). Diese russische Maschine ist jetzt zwar massiv ins Stolpern und Stocken geraten dank des solidarisch unterstützen Widerstands der ukrainischen Armee, so dass sich der Möchte-Gerne-Peter-der-Grosse im Kreml (aus dem man ein Museum für russische und sowjet-russische Geschichte machen sollte. Zu einem demokratischen Russland passt ein offenes Regierungsgebäude viel bessser als ein aristokratischer Palast hinter hohen Mauern: Darum: Macht aus dem Kreml ein Museum!), sich vorerst begnügen muss, sich auf die ostukrainischen Filetstücke zu konzentrieren und - wenn doch endlich "Frieden" wäre ! - mit der ukrainischen Bevölkerung, die geblieben, statt geflüchtet, deportiert oder ermordet worden ist, eine vollkommene Russifizierung (Pass, Währung, Schulbücher, Rentensystem, etc.) und

Ausraubung der Bodenschätze durchzuführen. Anstatt dass sich Russland **ausschliesslich** auf *seine* Grösse und *sein* riesiges Autarkiepotential konzentriert, und, statt auf einen **letztlich** unnachhaltigen Militär-Rohstoff-Komplex, auf eine nachhaltige Privatwirtschaft und Sozialverstaatlichung (Der Historiker Karl Schlögel: *Entscheidung in Kiew: Ukrainische Lektionen,* 2015 konstatierte, dass Präsident Putin die Föderation Russland durch Krieg in der Ostukraine und Annexion der Krim (2014) in eine Sackgasse manövrierte. Ob China, Indien und Südafrika es aus dieser führen können, bleibt abzuwarten). Russland spielt den aggressiven Imperialisten, dann predigt es, es sei eine Friedenstaube, in der Ukraine nur um des "Friedens" willen militärisch tätig und bedroht zugleich andere Nachbarnstaaten, auch NATO-Staaten, anstatt sich ein für allemal zu normalisieren und zu akzeptieren, dass es nicht mehr und nicht weniger als ein Land neben anderen Ländern ist, mit dem Vorteil der Landesgrösse, den Putin einfach verschenkt, in dem er für ein paar Quadratkilometer tausende Russen völlig unsinnig, völlig unnötig sterben lässt. Es soll in Putins Kasernen Aufstände geben von Russen, die es bevorzugen, statt auf einem Feld in der Ukraine "für nichts" zu sterben (russische Orthodoxe propagieren: für den Himmel, im Kampf gegen "Satanisten": plötzlich sind Ukrainer "Satanisten"!) für eine Weile in einem russischen Gefängnis einzusitzen. Kurzum, vor allem der erfolgreiche Widerstand der Ukrainer macht den Krieg gegen die Ukraine in Russland immer unpopulärer, eine brandgefährliche Entwicklung für das Putin-Regime). US-Präsident Biden ist mittlerweile nach Hause zurückgekehrt, er besuchte die

Ukraine und Polen, und erinnerte das bellizistische Russland und betonte gegenüber seinen wehrhaften Verbündeten, dass die Nato nach Paragraph 5 des Natovertrages jeden Quadratmeter seines Gebietes, der angegriffen wird, vereint verteidigen wird. Zu Hause polemisieren extreme Republikaner, er solle doch gleich in der Ukraine bleiben...und Trump macht wieder einmal den Besserwisser: er würde den Krieg binnen 24 Stunden beenden. Was verspräche er der Ukraine dafür? einen Teil von Florida? eine ständige Vertretung amerikanischen Militärs? In Moskau versucht China durch den delegierten Yi die Balance anzubahnen, die in Zukunft für eine Art Waffenstillstand (von Frieden wollen wir nicht reden) im Osten der Ukraine sorgen soll (mit UNO-Truppen? mit einer Delegation chinesischer Friedenstruppen?) (Ein Twitterer kommentierte: *"Wenn China s Herr Yi schon in Moskau ist, dann soll er doch bitte gleich in die Ukraine weiterfliegen und dort Präsident Selenskyi in die Augen blicken und ihm sagen, dass er alles TipTop findet, was Putins Russland in seinem Land anrichtet. TipTop sei das. Danke."*) Ungarn hat sich mit China dafür angeboten: wird es am Ende ein zweites Budapester Abkommen geben? Die Ukraine will im Moment davon nichts wissen, wie es scheint. Waffenstillstand käme einer Kapitulation, einer de facto Aufgabe der von Russland annektierten Gebiete gleich. Ich will keine Prognose anstellen, aber es scheint ein Jahr nach dem Angriff auf dieses Land wenig realistisch, dass es seine Gebiete vollständig zurückerobern kann (ein US-amerikanischer General ist derselben Meinung, andere (Hodges, Petraeus) meinen das Gegenteil). Die Duma hat diese völkerrechtlichen Raub *ohne Gegenstimme* in verfassungsrechtliche Legitimation transformiert (abgekoppelt von internationalem Recht, das die Illegalität dieses Aktes unterstreicht), was vor allem demonstriert, wie kontrolliert und eingeschüchtert sie ist durch Putins tyrannisches Geheimdienst-Mörder-und-Marionetten-Justiz-Regime. Russland, das freie Russland, das wie Navalny hinter Gittern steckt, muss sich selbst befreien, von dieser Geiselhaft, in der sie ihr Präsident nahm und in die es sich nehmen lässt. Tatsächlich kann die Ukraine dabei helfen, in dem sie den Widerstand erhöht und das freie wie das unfreie Russland immer vernehmlicher drängt, wenn nicht physisch, dann geistig zur Ukraine, zur Freiheit überzulaufen (Bezeichnend dafür ist der russische Regionalabgeordnete der Kommunistischen Partei, der mit Nudeln über den Ohren, anspielend auf ein russisches Sprichwort, Putins Rede im TV verfolgte und dieses Filmchen bei Youtube einstellte. Das Filmchen ging viral...). Wenn Medvedev vom Untergang Russland spricht, verwechselt er seinen mit dem seines riesigen Landes, das anzugreifen weder die Ukraine (sie ist nicht so vermessen wie der Präsident Russlands) noch Europa jemals die Absicht hatten. Wir investieren ja auch nicht fast ausschliesslich in das Militär. Denoch ist Europa **insgesamt** nach den USA der zweitgrösste Investor in Rüstung - und gerade dabei dafür zu sorgen, dass weniger die Industrie für Verteidigung, mehr die Verteidigung selber, davon profitiert. All das wird Russland eines Tages zu spüren bekommen, nimmt es nicht Vernunft an, wir wissen von Hitler, was es brauchte, bis sein System Vernunft angenommen hat - es "brauchte" eine unglaubliche Zerstörung dazu. Wir erwarten, dass es nicht so weit kommen muss, und wenn, dann sei es halt so! Es gibt gegenüber der Tyrannis kein zurück. Das sollte sich Präsident Putin ganz klar sein. Kein zurück. Nie.

Kriegstagebuch 17.02.2023

Sie "vernichten die Wahrheit im Namen der Lüge" wird im tyrannischen Russland nicht nur per Gericht juristisch, sondern von Putins Mörderschergen, geheim und gemein, auch physisch umgesetzt: in Russland, in der Berliner Botschaft Russlands, überall "stolpern" Menschen aus dem Fenster... - diesmal betrifft es einen Menschen, der "gefährlich" viel gewusst hat über die "Spezialoperation" in der Ukraine - vielleicht auch Genaueres über die "Spezialaktion" in der Ostsee (vgl. 16.02.) und über illegales Finanzgebaren, Unterschlagen von Millionen, von wem? von Volksheld Gerassimov wird bei Twitter spekuliert. Kann der dafür staatliche Mörder abbestellen? Das kann man bezweifeln. Marina Yankina (58), Leiterin im russischen Verteidigungsministerium, Petersburg, soll nur noch die Zeit gehabt haben, ihren Ehemann zu bitten, die Polizei zu rufen.

Kriegstagebuch 16.02.2023

Russia has strong characters: Marjia Ponomarenko! (ähnlicher Fall wie Marina Ovsjannikova) - die Putin-russische Medienzensur, die das Gericht exekutiert, verurteilt sie zu jahrelanger Haft und zu jahrelangem Berufsverbot. Sie vernichtet im Namen der Lüge die Wahrheit.

Gysi meldete sich zu Wagenknechts und Schwarzers "Brief für den Frieden". Das prinzipielle Problem von Gysi und von Wagenknecht: Sie sind heimatlos, weder richtig im Westen, noch richtig im Osten (Putin) angekommen, hängen sie verblichenen Welten und Projektionen an (ähnlich wie der Ex von Wagenknecht) ihre Partei wäre eine Partei der Heimatlosen.

Das prinzipielle Problem von Gysi und von Wagenknecht (auf seine west-links geprägte Art auch von Lafontaine), die Linke, ist doch, dass sie in einem no man's land angekommen sind, die Sowjetunion haben sie nie richtig verlassen und Westdeutschland nie richtig erreicht, auch Putin s staats- und oligarchen-mafiöses Russland nicht (sie vermeiden seine Erwähnung oder verklären es als Opfer, etc., etc.).

Eine **Ausnahmeklausel** für das Schweizer Neutralitätsrecht. Die Schweiz sollte ihr Neutralitätsrecht, das seit dem Angriffskrieg Putin-Russlands gegen die Ukraine, international wie national, unter Druck geraten ist, an die veränderten aussenpolitischen Gegebenheiten in Europa anpassen. Erst nach internationalem Druck beteiligt sie sich zwar an Sanktionen gegen das russische Terror-Regime, aber blockiert den Export von - von ihr produzierter - Munition für den Gepard in ukrainisches Kriegsgebiet. Keine Waffen in Kriegsgebiete, lautet, pauschal, ihre Neutralitätsdirektive. Deutschland reagierte und produziert diese Munition via Rheinmetall nun selber. Das Schweizer Neutralitätsrecht müsste eine **Ausnahmeklausel** enthalten : das **Notwehrrecht** eines völkerrechtswidrig überfallenen Landes. Greift man nicht ein bei gemeiner Not, macht man sich nach dem Strafgesetzbuch der **unterlassenen Hilfeleistung** schuldig. Das sollte auch für das Völkerrecht Geltung haben, ja dem Staat ist dabei sogar eine erheblich grössere eigene Gefahr, die es durch seine Hilfe auf sich ziehen könnte, zuzumuten als dem Individuum. Zugespitzt gesagt, will man den absoluten Tyrannen verhindern, gibt es keine Gefahrengrenze, bei der ein Staat einem anderen Staat zu helfen aufhörte (das begriff auf seine Weise ein Georg Elser, der den Tyrannenmord an Hitler plante). Mit dieser Ausnahmeklausel machte die Schweiz ihr politisch und moralisch falsches Neutralitätsrecht zu einem wahren, humanen Neutralitätsrecht, da in diesem Ausnahmefall unbedingte Solidarität vor unbedingter Neutralität geht, *umso mehr,* bewegt sich die Selbstverteidigung eines anderen Landes im Bereich ihrer "**erweiterten Landesverteidigung**" in dem sie sich seit Jahrzehnten als **Trittbrettfahrer** befindet, nämlich im Bereich der NATO, oder nach der NATO, im Bereich der EDU (Europe Defense Union). (Dasselbe gilt für Österreich und dessen Neutralitätsrecht).

Nachtrag 23.02.2023: Es kommt Bewegung in das Schweizer Neutralitätsrecht. Die Ausnahmeklausel soll sich nach der UN richten (unterstützt wird eine Kriegpartei (durch Munitionslieferung z.B.) die offiziell nach UN-Versammlung illegal angegriffen wird)

Über die Nordstream-Sabotage. Der Promi-Journalist Hersh macht aktuell die USA dafür verantwortlich. Warum erwähnt er die US-Helikopter nicht, die vor den Explosionen über der Sabotagestelle kreisten? (gekreist haben sollen. Kann man belegen: falls diese Bewegungsspuren noch irgendwo aufgezeichnet sind) Wir haben dazu schon längst einiges gesagt, siehe Kriegstagebuch 30.09.2022, auch dafür **sechs Gründe** aufgezählt (1. Uk/ USA entledigen sich dieser schon lange kritisierten Pipelines. 2.diese Sabotage befördert die US-Gasindustrie. 3. Russland wird als Saboteur vorgeführt: 4. kommt der Ukraine und Polen zugute. 5. erfolgte aus geheimdienstl. Selbstbetätigungszwang 6. Deutschland muss diese Lieferoption nun ganz real begraben) allerdings halten wir Grossbritannien, den frischen Machtwechsel an der Premierminister-Spitze, als eine Mitursache für diese Aktion. Hersh hält Norwegen für einen Beihelfer. In der Tat wirkte Norwegen nach den Attentaten - die die westliche Hauptpresse - wie voreilig gehorsam - Russland zuschrieb - auffällig "hektisch". Aber ja: Denkbar ist es: Russland als Täter bleibt eine Option, vielleicht eine Fehlentscheidung mehr von Putin (umso mehr dementiert es) (Es gibt allerdings noch andere Pipelines, über die Gas nach Europa gelangen kann, warum hat es die nicht gesprengt?). Das Gute an dieser Sprengung für Europa ist: Europa ist dadurch noch bewusster geworden, dass es seine Energieversorgung - noch schneller, noch dringender - in eine unabhängige Selbstversorgung (und eine diversifiziertere Fremdversorgung) transformieren muss. Die Geschichtswissenschaft bleibt dran.

Kriegstagebuch 12.02.2023

Im Osten nicht viel Neues. Bachmut ist zum Prestigekriegsschauplatz mit horrend vielen Soldaten-

Toten geworden. Strategisch wichtig für den Vorstoss Putin-Russlands, das durch die Wagner-Truppe - für die USA eine kriminelle Organisation - minimale Kriegsgewinne verzeichnet, wie für die Offensive der Ukraine, die zum Stillstand gekommen ist und unbedingt, das heisst: zeitnahe, zeitnahe und nochmals zeitnahe - neue Munition und neue Waffen benötigt. Bundeskanzler Scholz hat, wie seit Sommer 2022 erwartet wird (!), die Leopard-Panzer-Blockade aufgegeben, laut NZZ könnte die angeblich angedachte, vielleicht sogar übermittelte Bereitschaft der USA, Russland 20 % der Ukraine zu überlassen, dazu beigetragen haben, endlich wieder Initiative, statt bloss das Mikrofon, zu ergreifen. Biden, der im Modus des Wahlkampfs angesichts unverdient schlechter Umfragewerte (der USA geht es blendend, die Arbeitslosigkeit ist auf Rekordtiefe), trumpartig auf America First macht, dementiert, solche geheimen Verhandlungen mit den Russen erlaubt zu haben. Das Argument weiterhin gegen Putin in der Ukraine zu investieren und Russland zu boykottieren, das auch bei den Republikanern verfängt, ist wahrscheinlich mehr, dass man damit einen potentiellen Verbündeten Chinas bekämpft (ihn jedenfalls nicht stärker machen und zu weiteren solchen völkerrechtswidrigen Taten ermutigen will) und weniger, dass man damit die Selbstverteidigung der Ukraine unterstützt und das Völkerrecht und die UN-Charta verteidigt. Selenskyi reiste nach London - in England werden Ukrainer auf Kriegsgerät ausgebildet -, dann nach Paris, wo ihn Präsident Macron und unser Kanzler der Zeitenwende empfing (auch Deutschland hat mit der Ausbildung von Ukrainern an Panzergerät begonnen) ohne den neuen Verteidigungsminister, Boris

"The Pistol" Pistorius, der in Militärkleidung die Bundewehr, dann die Front in der Ukraine besuchte und im Gepäck hundert eingemottete Leopard-1-Panzer zu liefern versprach - gefolgt von Leopard2 - von den insgesamt über 200 Panzern, die in die Ukraine geliefert werden sollen (zählt man die englischen dazu. Etwas sonderbar verhält sich die USA, die sonst so schnell beim Liefern von Waffen in die Ukraine ist, dort soll es offenbar solange mit der Panzer-Lieferung dauern, dass es bis dahin die Ukraine in ihrer heutigen selbstbestimmenden Form nicht mehr geben würde. Zu Recht verweisen die USA auf Europa: **Macht das selber, verteidigt euch, euren Kontinent selber!).** Diese drei Staaten, zugleich Europas drei mächtigsten Volkswirtschaften, bilden den Kern der EDU (Europe Defense Union), zusammen mit Italien, Spanien, Polen, Belgien, den Niederlanden sowie den baltischen und den skandinavischen Staaten. Portugal schickt eine eingemottete Version des Leopard2 in die Ukraine - seinem Vorbild und Nachbarn auf dem Nachbarkontinent, Marokko, folgend. Neben Panzern stehen Langstreckenraketen, Raketenabwehr, U-Boote, Kriegsschiffe und Kampfflugzeuge auf der ukrainischen Wunschliste: das relativierte Russlands militärische Reichweiten-Überlegenheit. Von Kriegschiffen auf und von Bombern über dem Schwarzen Meer schiesst es meterlange Kalibr-Geschosse auf Infrastruktur und Wohnhäuser von so gut wie allen Städten der Ukraine. Auch von Belarus aus wird hauptsächlich in Form einer Drohkulisse Krieg gegen den Nachbarn geführt. In 12 Tagen jährt das Einjährige dieses Krieges im Osten Europas - Putin soll eine grosse Feier mitten in Moskau geplant haben: was gibt es da zu feiern ausser die grosse

Lüge? - auch von einer neuen russischen Offensive ist die Rede - nur - mit welchem Personal von welcher Kampfqualität? mit welchen Waffen? Die Truppenverluste sollen angeblich verheerend sein. In Deutschland zirkuliert wieder ein unsäglicher Brief "für den Frieden" zum Unterschreiben, initiiert von der wichtigtuerischen Schwarzer, die von Osteuropageschichte ein paar Floskeln nachplappert, und von Wagenknecht, die nostalgisch Sowjetrusslands kommunistischer Grossmacht nachtrauert (ähnlich verquastet und selektiv wie es das Putin-Regime macht). Dabei fallen sie auf die Droh- und Epressungsrtheorik des Putin-Regimes, das an der Drohung mit Atomkrieg sehr, am Atomkrieg selber überhaupt nicht interessiert ist, nicht nur herein, nein, sie kolportieren und verstärken sie sogar. Ausserdem: Man unterschätze die Russen und Russinnen nicht, denen allmählich dämmert - trotz der Medienmanipulation und der Repression -, dass das Putin Regime sie in Geiselhaft genommen hat und dass der grösste Verbrecher dieses Krieges nicht in Kyiv, sondern in Moskau sitzt.

Kriegstagebuch 17.01.2023

Kissinger machte im WEF in Davos den Vorschlag, die Ukraine solle die russifizierten Territorien an Russland nicht abgeben, aber an der ostukrainischen Vorkriegsgrenze "einfrieren" durch einen Waffenstillstand, dafür zur eigenen Sicherheit die Option zum Nato-Beitritt erhalten. Es ist durchaus möglich, dass dem sogar das Nato-Mitglied Türkei zustimmte. Im Moment kann weder die Ukraine das eine, noch Russland das andere akzeptieren. Für die Ukraine machte das die Gattin von Selensky am WEF deutlich, die finnische Ministerpräsidentin unterstützte sie dabei. Ausserdem wissen wir EuropäerInnen - was den Amerikaner Kissinger weniger interessiert -, spätestens seit Trump, dass wir parallel zur Nato-Strategie - man kann sagen: zur Sicherheit der eigenen Sicherheit - auch eine Nach-Nato-Strategie benötigen. Das läuft auf eine EDU - Europe Defense Union - hinaus (mit Departements wie ENU: Europe Navy Union und EAU: Europe Aircraft Union) und mit einer EALLU - Europe Allied Union - zu der traditionell die USA, Kanada, Australien, Neuseeland, Japan und die Türkei, aber auch neue Bündnispartner wie Marokko, Tunesien, Chile und Argentinien gehören könnten - durch die EU-Mitgliedschaft würde auch die Ukraine Mitglied der EDU werden. Vielleicht wäre das der akzeptablere Weg für Russland. Ausserdem muss, ja kann Europa nicht die gleiche Konkurrenzhaltung zu China wie die USA einnehmen. Europa sollte China mit Respekt und Freundlichkeit begegnen, statt primär mit der Arroganz der Hüter der Menschenrechte. Überlassen wir es der muslimischen Welt - primär - an Chinas Umgang mit der muslimischen Minderheit Kritik zu üben. Unterdessen hat China die Kritik vernommen, und es ist nicht bekannt, dass es eine Art Auschwitz-KZs für seine Muslime und Musliminnen, die Uiguren und die Hui, baut - davon ist es und bleibt es weit entfernt.

Kriegstagebuch 14.01.2023 - mit Nachtrag vom 17.01.2023

Nicht sehr viel Neues im Osten. Die Schlacht und Abschlachterei geht weiter. Nach Bachmut ist Soledar dessen Epizentrum - Wagner-Leute eroberten Teile - eine Film-Crew von euronews zeigt das auch, Ukraine dementiert. Die Leopard-Panzer von Polen und von Finnland und andere modernere Panzer (von England und von den USA) sind im Anrollen - Deutschlands unfähige Verteidigungsministerin ist im Abgehen. Erneut Oberkommando-Wechsel bei den Russen: Gerasimov persönlich übernimmt die schmutzige Arbeit. Zur "Feier" des Kommandowechsels intensives Bombardement auf die ganze Ukraine (mit 40 Toten in einem bombardierten Hochhaus in Dnipro, darunter die jungen Ärztinnen Olya und Irina und ihre Kinder, gesellt sich Gerasimov, in Russland als Kriegsheld bekannt, wie sein Amtsvorgänger, zu den Kriegsverbrechern, die nach Den Haag gehören. Der Kiyver Journalist Trubetskoy geht von einem Kollateralschaden durch eine veraltete, unpräzise Rakete aus, ein blitzschnelles Monster, das eigentlich für die Zerstörung von Flugzeugträgern, nicht für den Terror gegen die Zivilbevölkerung des Nachbarlandes (und einer Stadt der Ukaine, in der die meisten Russisch sprechen) gebaut wurde. Russland behauptet, ukrainisches Abwehrfeuer hätte den Kurs der Rakete abgelenkt. Eine andere These wäre: dieser Wohntrakt wurde gezielt beschossen. Russische Präzisionsraketen trafen wieder Energieeinrichtungen darunter ein Wärmekraftwerk, Brandmunition zerstöre zudem ein Erdöllager der Ukraine. Ein Video, das über Twitter lief, filmte diese nächtlich branderhellte Aktion). In Belarus wird versucht, Stimmung gegen die Ukraine zu erzeugen. Man kämpfe gegen die Nato, nicht gegen die Ukraine, erkärte

Patruschev in Moskau. Es wird weiterhin viel Blödsinn erzählt in Moskau (aber auch die eine und andere erhellende Einsicht verbreitet - Maksim Yusin (nachdem dieser Blog-Eintrag vom 14.1. in Moskau seine Wirkung tat...), konstatiert am 16.1. vor laufender Kamera, dass das Gegenteil, von dem was ursprünglich erreicht werden sollte, erreicht wurde: keine Demilitarisierung, sondern eine Militarisierung, keine Denazifizierung, sondern eine Hypernationalisierung der Ukraine. Was Yusin nicht sagt: Es wurde "dafür": durch Okkupation, Annexion, Deportation, Filtration, Infiltration, Ökonomisation und Naturalisation....und fast hunderttausend toten Russen und zehntausenden toten Ukrainern... ein Bodenschatz-reiches Teilgebiet der Ukraine russifiziert, die Duma, die ganze von Putin-kontrollierte Gesellschaft ist zur BeihelferIn dieser Untat gemacht worden..: wer das kritisiert, wird denunziert -so jetzt eine 19 Jährige Studentin, der zur Einschüchterung von ihr und ihresgleichen mehrere Jahre Gefängnis drohen. Es wird nicht nur die Ukraine terrorisiert, Moskaus Meinungsterror richtet sich gegen die eigene Bevölkerung). Wir schrieben am 14.1: Dass die Nato indirekt so stark in der Ukraine involviert ist, ist allein dem völkerrechtswidrigen Angriff Putins auf die Ukraine geschuldet. Putins Versuch, die Ukraine zu demilitarisieren führte zum Gegenteil: er befördert deren Militarisierung, notgedrungen, notwehrgedrungen. In Moskau wird das Kausaldenken durch blinde einseitige Propaganda ersetzt (Nachtrag vom 17.1.: nicht nur, siehe oben). Wie lange folgen die Russen und die Mütter, die Schwestern, die Ehefrauen, die Freundinnen... diesem offiziellen Lügennarrativ kann auf die Frage "Wie lange lügen sie sich selber an?" beschränkt werden (Nachtrag vom 17.1.: teilweise beginnen sie die Wahrheit nicht nur einzusehen, sondern auszusprechen, wenn dann auch meistens Denunziation und Repression folgen, s. o.). International und national sorgt man sich um den Gesundheitszustand von Navalny, der, wie mehrheitlich das andere Russland, ist es nicht geflohen, hinter Gittern lebt (Nachtrag vom 17.1.: unterdessen wird er gut versorgt).

Kriegstagebuch 11.12.2022

Nicht viel Neues im Osten. Die Ukraine kämpft an zwei Fronten, an der zivilen Heimatfront ums Überleben in der Winterkälte - unsere technischen Hilfswerke liefern Generatoren - in Odessa droht ein monatelanger Stromausfall, der Bevölkerung wird das vorübergehende Verlassen der Stadt empfohlen, die russischen Angriffe auf die ukrainische Stromversorgung halten an - die Achillesferse einer modernen Gesellschaft - dennoch zeigt die Geschichte, zum Beispiel das US-Bombardement Nord-Vietnams, dass blosses Bombardieren eines Volkes dieses nicht in die Knie zwingt .. und an der militärischen Front, am heftigsten im Dombass, um Bachmut und Awdijiwka. Darüber hinaus beschiesst die Ukrainische Armee Donesk und Meritopol (ein Fressen für die Russische Propaganda: "Seht ihr, die Nazis beschiessen ihre eigene Bevölkerung"). Im Hauptquarter der Wagner-Söldner führte ein Raketenwerferbeschuss zu hohen Verlusten - die Serie der Attentate im okkupierten Gebiet wird offensichtlich fortgesetzt. Mitten in Russland, auf zwei Militärflugplätzen zerstörten Drohnen (oder Sprengsätze?) Langstreckenbomber. Putin trommelte den nationalen Sicherheitsrat zusammen. Derweil spuckt Medvedev wieder seine apokalyptischen Drohungen gegen den Rest der Welt aus - er weiss, dass er die Vorzüge Europas, die Côte d Azur, die Toskana, den Tessin, Sankt Moritz, Davos, London, Paris, nie mehr geniessen können wird, in Europa stehen ihm und seinesgleichen nur noch der Gefängnistrakt in Den Haag offen. Kein Wunder, dass seine Sympathie und Zuneigung für den "Westen" in Abwendung und Hass gegen ihn gefror - zufälligerweise immer dann besonders vernehmlich, wenn die Deutsche Bundesregierung mit den Hasenfüssen aus der SPD sich anschickt, mit Waffenlieferungen für die Ukraine - Motto: "whatever it takes" - ernst zu machen. Ganz, ganz zufällig. Wahrscheinlich wird die Ukraine irgendwann moderne Panzer und andere Waffensysteme erhalten (die USA verstärkt besonders die ukrainische Luftabwehr), um die Unabhängigkeit ihres Landes zurückzuerobern und zu verteidigen. Russland hingegen beeilt sich immer panischer, die Grenzen der ukrainischen Besatzungszone zu befestigen und die Russifizierung in ihr zu beschleunigen - das Gebiet Cherson erhält gerade den Rubel. Die russisch besetzten Gebiete kriegen Rente in Rubel und erleiden keine Stromausfälle, mit den Russen geht es uns doch gut - das sollte die Botschaft sein. Jene UkrainerInnen, die nicht geflohen waren oder ermordet wurden, die mit Putin-Russland kollaborierten und seinen Pass annahmen, fürchten die ukrainische Armee und die "Befreiung" noch mehr als die Russen auf der Krim, die, mit gepackten Koffern, auf eine langsam auf sie zurollende ukrainische Armee starren. Währenddem in der Stadt Cherson nach der Befreiung die pure Not herrscht, bedingt durch russische Verwüstung und Zerstörung, die anhält.

Kriegstagebuch 16.11.2022

Während im G-20-Gipfel in Bali die Abschlusserklärung den Krieg Russlands einhellig verurteilt, pfeift Russland demonstrativ auf all diese Worte und Sorgen - immerhin die Sorgen des grössten Teils der Menschheit -, in dem es eine Extra-Ladung Raketen gegen die Ukraine schiesst: mit der Zerstörung der Stromversorgung der Ukraine soll die Härte des Winters den Putin-Russen helfen, die Ukrainer in die Knie zu zwingen, mindestens zu Waffenstillstandverhandlungen, die eine vorübergehende Akzeptanz des russischen Raubes ostukrainischen Landes und Volkes mit sich führte. Präsidentenberater Podoljak setzt einen Waffenstillstand sogar mit einer Kapitulation gleich. Putin hat an dieser Staatsführerkonferenz nicht teilgenommen, an der er nur Kritik, die er in- und auswendig kennt, anhören müsste, auch von Englands neuem Premierminister Sunak und von China, das wie die USA (Xi-Jinping und Biden trafen sich zum ersten Mal persönlich) seine Erpressungsversuche mit Atomwaffen und Nahrungsmitteln nicht lustig findet, ausserdem war ihm sowohl Bali als auch seine Abwesenheit in Moskau sicher zu unsicher. Denn frei ist Putin nicht mehr, nicht nur die russische Gesellschaft unter ihm- Putin muss sie vor sich hintreiben, sonst treibt sie ihn vor sich her, sonst wird er von ihr vertrieben - was auch irgendwann geschehen wird (spätestens irgendwann in der Nach-Putin-Ära) - statt die 700 000 Russinen und Russen, die das politisch und wirtschaftlich sanktionierte Land unfreiwillig-freiwillig verlassen haben. In der Ukraine ist mittlerweile Cherson in die Heimat zurückgekehrt, während Peskov in Moskau die ukrainische Stadt zu "russischem Staatsgebiet" erkärt, blutig zurückerobert musste sie werden, die russischen Streitkräfte zogen sich zurück (klauten noch Zootiere, und sonst, was nicht niet- und nagelfest war), während in Donesk - wo reguläre Truppen, Freiwilligen Korps, Söldnertruppen, Tschetschenen- und Separatisten-Truppen, aber auch Schwerkriminelle aus russischen Gefängnissen und Anti-Kriegsdemonstranten, die russische Armee bilden - Eroberungsversuche intensiviert werden. Russland mobilisiert weiter Truppen, investiert weiterhin Menschenleben in die fette Beute, die die Ostukraine in Form von Bodenschätzen und Menschen für den Imperialisten und Usurpator Putin ist. Mehr an Ideologie ist diesem russischen Raub- und Rohstoff-Kapitalismus nach dem Zerfall der Sowjetunion nicht geblieben: ein kruder Machiavellismus, mit Anlehnungen an Hitlers "Volk und Raum"-Ideologie. 745 Millionen Europäer schauen auf ein Russland von 145 Millionen - und fragen sich, wann und wie findet Russland wieder auf den richtigen Weg, auf den Weg, der das Menschen- und das Völkerrecht achtet - alles andere führt, wie uns auch der Iran vor Augen führt, nur in die Barbarei und, wenn möglich, die Verantwortlichen für sie vor das Höchste Gericht auf Erden, vielleicht auch des Himmels, sicher aber vor das Gericht der Geschichte.

Kriegstagebuch 06.11.2022

Ukrainische Kriegspoeme

Der Vater und der Sohn

Ich hielt seine Hand noch lange. Als aus Moskau blind
mordende Raketen Tod und Terror über Kharkiv brachten.
Noch lange, auch als sie starr und starrer, kalt und kälter
wurde. In mir stieg die Hitze der Untröstlichkeit, der
bittere Fluss der Tränen. Noch lange. Noch (lange) sieht
es so aus, dass sich die Ukrainer und die Russen erst im
Himmel versöhnen, unter dem Diktat und Machtwort des
Schöpfers und seines Sohnes. Amen.

(den zivilen Opfern - darunter hunderte Kinder -
russischer Raketenangriffe gewidmet)

Die Panzerhaubitze

Hoffnung war selten so stählern, Argumentation selten so
tödlich, auf 8 Meter Kanonenrohr und 40 Kilometer
Reichweite verteilt, mit Panzerhaubitzen aus deutschen
und holländischen Beständen im Feld, nicht am
Verhandlungstisch, die Ukraine zu verteidigen, statt
Worte zu tauschen, ihre Logistik, Munitionsdepots,
Transportwege zu zerstören, sie aus den eigenen
Landesgrenzen hinter ihre zurückzudrängen. Unter einem
blauen Himmel, den Bomber und Bomben durchfurchen,
mehr noch in der Nacht, ging es vom Westen in das Gebiet
von Donesk, vom Bahnhof in die nahen Wälder, zu den
Schützengräben, zum Versteck im Geäst. Vor Ort und
über Satellit bestimmen Geodaten, wo die Raketen ihre
tödlichen Fracht abladen.

Botschafter Melnyk polterte: "Schwere Waffen! Wir brauchen Artillerie!", bevor er in Deutschland über Bandera und seine Familiengeschichte stolperte. Die Regierung war zögerlich, weil sie fürchtete den Gashahn, den Putin schliessen könnte, und seine deutschen Apparatschiks, die nur an ihre warme Bude denken, kurzsichtig, naiv, für sie Geld in die Kriegskasse des Diktators spülten, während UkrainerInnen für sie mit Blut bezahlten. Wenn ihre Bude diesen Winter wie jeden davor warm ist, so geht ihr querköpfiges meinen, wird Putin - den Grössen- und Verfolgungswahne, Bedürfnis nach Geltung, Herrschsucht und Raubgier zu Kriegsverbrechen treiben (kulturelle und wirtschaftliche Beraubung fremden Staatsgebiets, systematische Ermordung und Wegsperrung von Menschen), einmal am Ende des Angriffskrieges angekommen, mit ihnen nur neue Gasverträge unterschreiben.

(der Erinnerung an die Attentate auf Nordstream I und II gewidmet)

Der Schützengraben

Holz musste man herantragen, grosse, lange Tannenäste, Holz für die Überdachung und Tarnung, für die Abstützung der Wände unseres Schützengrabens. Oleksander entdeckte Wasser, Grundwasser, wir bauten einen Brunnen und Gold, er wusch Gold mit dem Teller, so fingen wir an im Schützengraben vor Irpin Gold zu waschen, und je länger wir ausharrten, je *länger* wir ihn erfolgreich verteidigten, unseren Schützengraben vor Irpin, desto *goldener* wurde unsere Zukunft, desto *grösser* unser Gewinn.

(den Kämpfern von Irpin gewidmet)

Starke Charakter (strong characters)

Der Diktator, demokratisch gewählt: der Präsident, hatte nicht alle zum Schweigen gebracht, dazu reichte nicht die Macht. Auf Russlands Strassen gibt es surreal anmutende Proteste gegen Putins Überfall auf die Ukraine mit *unbeschriebenen* Schildern, die für das *ungeschriebene* Gesetz dieses Staates als staatsgefährdend gelten. Diensteifrig werden stumme Proteste von Polizisten beendet, sie sehen sonst zwar nicht den Staat, aber Rente und Job gefährdet. Oligarch Deripaska nennt derweil den Krieg in der Ukraine einen "kolossalen Fehler" - Licht und Schatten über die Ermordung zweier Oligarchen-Familien? Hinter Gitter sitzt Navalny, der mehr als gegen den Diktator, der für ein echtes demokratisches Russland schreibt, davor tanzt Olga Smirnova (Exil), die als Ballerina brilliert und gegen den Überfall auf die Ukraine protestiert, Anna Netrebko (Exil), die sich später eines besseren besann, beförderte damit auch ihren Gesang. Meistens müssen starke Charakter nach ihren Protesten exilieren, reisen sie nicht in ihr Heimatland zurück, egal, was sie riskieren, wie Kara-Mursa (Mordversuch) und Navalny (Mordversuch). Starke Charaktere sind auch Boris Bondarjev (Rücktritt), Marina Ovsyannikova

(Flucht), Natalja Poklonskaia (Absetzung), Ilja Jaschin (Gefängnis), Alexej Gorinov (Straflager) und hunderte WissenschaftlerInnen, die einen Protestbrief gegen den Angriff auf die Ukraine schrieben, die ihrer inneren Stimme und besserem Wissen folgen, nicht einer Propaganda aus Potemkin-Lügen, die nach dem Tod des Dikators zusammenfällt, so wie seine Hampelmänner und -frauen zusammenfallen, da ihnen dann die Hand, die an ihren Fäden zieht, fehlt.

(allen "strong characters" Russlands gewidmet)

Das Tierheim

Hunde, zurückgelassen von UkrainerInnen, mit zuviel Sorge für sich, um für sie zu sorgen, im Unglück glückliche Hunde im Tierheim von Anastasiija, die sie versorgte, die den Weg zum Tierheim im besetzen Vorland von Kiyv auf sich nahm. Bis ihr die Kugel eines Snipers, ein Fremder in einem Land, das nicht seines ist und nie sein wird, für immer ihre Wege und das Leben dieser Hunde nahm.

(gewidmet Anastasiija, die in ihrem Heimatland ermordet wurde)

Der Bunker

Ich starb im Bunker. Mauerstücke zerschmetterten mein Gesicht, meine Rippe. Irgendwo vor Luhansk - ich selber komm aus Brasilien, ich stamme aus Belém - tötete mich eine russische Rakete, ein Bunkerbrecher, irgendwo vor Luhansk endete ich in einer Todesfalle. Ich hatte den Anschluss zu meiner Truppe verloren, musste durch hohes Gras auf Knien und Ellbogen robben, mit Tarnung mein Leben retten, dann sah ich den Bunker vor mir, wie eine Höhle, wie eine Grotte, an deren Ende ein Strand, ein Sandstrand am Südatlantik auf mich wartete.

(Thalita do Valle gewidmet, gefallen in der Ukraine)

Auf Schewtschenkos Pfaden

Henker, Henker, Menschenfresser. Ihr habt euch gefunden. Räuber ihr. Und auf unseren Leichen aufgebaut Mariupol. Ist verbrannt mein Heimatland? Hat man gar den Dnepr ausgeschöpft ins blaue Meer? warf man unsere Ernten in Räuberschiffe? Doch eines ist mir nicht ganz gleich: wenn Schurkenvolk mein Land beschwätzte und nach gelungenem Räuberstreich das leere Haus in Flammen setzte. Die Ukraine schwamm im Blut. Seither blühn in der Ukraine wieder grüne Felder; kein Kanonenschuss, kein Weinen.

(Zitate Petersburg 1844, Kasematte, 1847)

Verschleppt nach Navodka

Sie besetzten den Osten der Ukraine, mein Heimatland,
nahmen uns gefangen, filtrierten uns und gaben uns ein
Flugticket, ein Ticket für ein fremdes Land. Sie sagten zu
Mama und Papa: Jetzt gehört ihr zu Russland, ob es euch
passt oder nicht: Unser ist jetzt euer Pass! Ich trat in die
neue Klasse und sagte: Hallo, ich bin Yanka aus der
Ukraine, die ihr...Nein, Ich bin nicht freiwillig hier!
Umsiedlungspolitik hat man in Russland schon vor Stalin
betrieben. Putin wird sich sagen: auch ich kann Menschen
verpflanzen und verschieben. Allerdings ist heute eine
andere Zeit. Erinnerungen und Geschehnisse verschleppen
sich nicht einfach so per Flugticket in die Vergessenheit.

(den aus der Ukraine Verschleppten gewidmet)

Der russische Soldat im Panzer

Ich hatte noch an die Javelin gedacht, da hatte sie mich
schon umgebracht. Die Ukrainer hatten mir nichts getan:
Nazis seien sie laut Befehl, sie seien "Dill", die "Dill". Und
Nazis müssen besiegt werden: in Stalingrad wie in
Mariupol! Weiter wird nicht nachgedacht. Befehl war
Befehl! Solange der Sold bezahlt wird mit Europas Geld
für unser Öl, werden sie umgebracht. Solange genug Geld
und billige Propaganda unsere Sinne betäubt, vergessen
wir, dass wir Unrecht tun. Sind wir die Ukraine in unseren
Büchern zu tilgen und die Ukrainer auf ihrem Boden zu
töten bereit (ach, Annika, vierzehn Jahr). Für meinen

Präsidenten, für seinen Sieg hab ich getötet, bin ich getötet worden. Je älter er wird, desto unsterblicher will er werden! Desto bereiter ist er, Leben zu opfern ohne Bedenken, desto *belebter* legt er auf unsere Särge rote Nelken (ach, ein *beruhigendes,* ein *erhabenes* Gefühl: ihr Tod *war mein* Befehl!) - ich hab gesiegt, nun verloren, in einem ungerechten, in einem grossen Kriegsverbrecherkrieg. Mein Sarg wurde ein ausgebrannter Panzer. Mein Sterbebett ein Feld in der Ukraine. Mit einem Marschbefehl begann ich in ihr das Morden. Mit einem Todesschein bin ich nach Russland zurückbefördert worden.

(den manipulierten, angelogenen russischen Soldaten gewidmet)

Kriegstagebuch 26.10.2022

Im Osten nicht viel Neues. Der Krieg ist hässlich geblieben. Soviel ist jedoch deutlich geworden: Putin-Russland hat Respekt, wenn nicht sogar Angst vor der ukrainischen Armee. Also konzentriert es sich auf Ziele in der Ukraine, die billig und ohne grossen Menschenverlust, grosse und kostspielige Zerstörungen anrichten - Putin versucht es jetzt statt mit der "Demilitarisierung", mit der "Deelektrisierung" der Ukraine, ein Zeichen von Schwäche. Um Luhansk bauten Wagner-Söldner und Separatisten in Panik eine kilometerlange Panzersperre, die ungefähr soviel Nutzen haben wird wie die Maginotlinie, nämlich so gut wie keinen (Vorstoss und

Vormarsch der ukrainischen Armee werden dadurch sicher nicht aufgehalten. Dass Russen sie "Maginotlinie" nennen, soll Ukrainer wohl als Nazis diskrimieren, und (unbewusst) andeuten, dass selbst auf russischer Seite ihr Nutzen als gering erachtet wird). Das Putin-Regime heuert nun sogar Gefängnisinsassen und Afghanen an, neben tausenden zwangsrekrutierten Russen, darunter einige, die gegen ihre schlechte Ausrüstung und Ausbildung öffentlich protestieren. In einer russischen Kaserne werden über zehn Mann erschossen, angeblich, weil ein Islamist durchdrehte. Zuerst wurde ein ukrainischer Anschlag vermutet. Putin-Russland erlebt ein Debakel und Desaster nach dem anderen - Jetzt soll die Infrastruktur der Ukraine zerstört werden mitunter mit iranischen Drohnen, unter Anweisung iranischer Instruktoren, gegen die auf der Krim ein Anschlag verübt worden sei (ein russischer Analyst verplapperte sich vor laufender Kamera: man solle, wenn die Kamera läuft, die Herkunft dieser Drohnen verschweigen) damit führt Putin auch einen indirekten Krieg gegen Europa: eine Migrationswelle von UkrainerInnen soll bei uns für Unruhe sorgen wie 2015. Doch auch das wird nicht funktionieren (sogar der Gas-Preis ist erstmals deutlich gesunken). Die Ukraine schiesst mittlerweile dank vermehrter Lieferung von Luftabwehr immer mehr von diesen russischen Raketen und Drohnen ab, die eine verheerende Zerstörung unter der Infrastruktur anrichteten und für den kommenden Winter Probleme schaffen (Scholz und Co. planen einen"Marshallplan" für die Ukraine). Eine "schmutzige Bombe" Russlands ist die medial und politisch verbreitete Lüge, die Ukraine bastle an einer schmutzigen Bombe. Sollte die Ukraine tatsächlich an einer basteln, dann als präventive Antwort auf den von Russland mehrmals angedrohten Einsatz von taktischen Nuklearwaffen. Wenn ihr uns mit diesen Waffen angreift, werden wir mit "schmutzigen Bomben", die in russischen Städten hochgehen, antworten... Kadyrov, der seine minderjährigen Söhne in den Krieg schickte, propagiert die nukleare Austilgung ukrainischer Städte. Kann er machen, doch erneut erweist sich der nukleare Einsatz nicht wirklich als Option: In Russland sollten besser keine schmutzigen Bomben, in der Ukraine keine taktischen Nuklearwaffen hochgehen. Die Ukraine wird irgendwann Kherson zurückgewinnen oder das, was von der Stadt übrig blieb - teilweise plünderten, verschleppten die Russen Denkmäler, die Gebeine von Potemkin, und Schätze aus den Museen wie in Mariupol - viele von jenen Ostukrainern, die in den hastig organisierten, halb bis nicht seriösen Referenden der russischen Annexion zustimmten, lassen sich offensichtlich ohne Volksaufstand evakuieren, andere sind längst geflüchtet, wurden ermordet oder stecken in Filtrationslagern fest. Offen bleibt, wieviele von ihnen unter Zwang oder Angst vor der russischen Besatzungsmacht handeln, wieviele von ihnen, ganz unpatriotisch, die Vorteile dem öl- und gas-reichen Russland, statt der kriegsruinierten Ukraine anzugehören, eigennützig bevorzugen (Rentner erhalten mit dem russischen Pass eine Rente in Rubel: kann Moskau die patriotische Seele der Ukrainer mit Rubel bestechen, mit einer Rente kaufen?). In Luhansk wird irgendwann die Maginot-Linie zur Disposition stehen. Russland sollte sich an den Gedanken gewöhnen, den Krieg in der Ukraine - den raubmörderischen Überfall und *Land-, Menschen- und*

Kulturraub - zu verlieren. Russland wird diesen Krieg dem Putin-Regime zuschreiben. Es wird in Russland die Erkenntnis um sich greifen, dass dieser Krieg Unrecht ist und die, die ihn befohlen haben, zur Verantwortung gezogen werden müssen. So sucht das Gespenst der Ukraine langsam den Kreml heim. Noch hat sich Russland mit Putin in eine Falle gesetzt: noch fürchten die russischen Generäle den "Killer" an ihrer politischen Spitze, noch meinen andere sie könnten den "schwachen" Putin ersetzen, durch eine noch wahnsinnigere Version von ihm, die dann Russland endgültig in den Ruin eines Dritten Weltkrieges führen wird.

Kriegstagebuch 13.10.2022

Es wird der Tag kommen, an dem sich Russland und die Ukraine versöhnen, verschwestern, an dem sie ihre vielfältigen, auch vielfach verwandtschaftlichen, Beziehungen, die sie seit Jahren, Jahrzehnten, sogar Jahrhunderten hegen und pflegen, hochfeiern lassen. Russland, das richtige, das grosse und grosszügige Russland, wird jeden Quadratmeter, den das Putin-Russland mit Gewalt an sich gerissen hat, der Ukraine zurückerstatten. Es wird sich für die verschleppten und deportierten Kinder, die in zehn, zwanzig Jahren wissen wollen, woher sie kommen und was mit ihren Eltern geschehen ist, entschuldigen. Das und mehr als das.

Kriegstagebuch 12.10.2022

Wie schon lange erwartet und fast so lange geplant, wurde auf die Krim-Brücke über die Kertsch-Strasse ein

Anschlag verübt, ein Teil der Schienen und der Autobahn wurden zerstört, nicht die Fundamente, wie bei der Sabotage auf die Nordstreams lief nicht alles perfekt (3 Menschen starben angebl.), aber die Symbolik war deutlich: Putin kann auch dieses Prestigeobjekt der illegalen Krim-Annexion nicht schützen - man kann vermuten, dass es weitere Sabotageakte geben wird (über den tatsächlichen Nutzen solcher Taten siehe unten. In diesem Fall handelt es sich, obzwar vom ukrainischen Geheimdienst ausgeführt, um eine militärische Handlung der Ukraine, um ihre territoriale Integrität und Souveränität in der besetzten Krim zu restaurieren. Allein Putin nennt das einen "Terrorakt". Die internationale Gemeinschaft, eine legitime militärische Aktion. Stephen King nannte Putins Empörung sogar eine "Unverschämtheit" aufgrund des Dauer-Terrors, den Putin-Russland seit Monaten gegen die Ukraine ausübt). Das Putin-Regime musste auch aus innenpolitischen Gründen reagieren (Hardliner wie Kadylov und Patrushev würden am liebsten taktische Nuklearwaffen einsetzen), es verbesserte die Absicherung der Brückenanlage und jagte über 100 Raketen gegen die Ukraine (militärische und infrastrukturelle Einrichtungen waren die Hauptziele, Einschläge in Kinderspielplätzen, Marktplätzen und Wohnhäusern der "Kollateralschaden", rund 20 Tote. die ersten zivilen Opfer, wofür sich der neue Kommandant der russischen Streitkräfte in der Ukraine, Surovikin, nicht nur Putin, verantworten werden muss). Es folgte eine scharfe Verurteilung durch die grosse Mehrheit der UN-Versammlung (143 der 193 Mitglieder verurteilten auch die Annexionen und Pseudoreferenden, 5 Stimmen votierten dafür: ungefähr waren das Belarus, Russsbela,

BelRuss, BelSyr und Syrbel...Oder hab ich da nicht ganz exakt recherchiert...) sowie Lieferungen von Raketen-Abwehrsystemen aus Deutschland, den USA und anderen Ländern. Trump jammerte derweil, dass Biden am Ukraine-Krieg schuld sei, er ignoriert dabei, dass Putin schon immer (in russisch-imperialistischer Tradition des 18. und 19. Jahrhunderts) mit Worten, Versprechungen und Drohungen, aber auch mit Gift, Geld und Gewalt, die Ukraine unter russische Kontrolle bringen und fern von der NATO halten wollte ("Gift" heisst: 2004 Giftanschlag auf Juschtschenko; "Geld" heisst: Kredit für Janukowytisch, um der Zollunion mit Russland, statt der EU beizutreten: Janukowytisch lehnte einen NATO-Beitritt der Ukraine ab (2010), der unter Poroschenko Verfassungsrang errang, und begriff die blockfreie Ukraine als Brücke zwischen Russland und dem Westen, und "Gewalt" heisst, nach Janukowytschs Abgang durch den Maidan und einem von Deutschland und Polen vermittelten Übergang, erfolgte die Krim-Annexion und die Separatisten-Abspaltung, der von Russland geschürte Bürgerkrieg), ausserdem ignoriert Trump, dass das Putin-Regime an einem Dritten Weltkrieg nicht interessiert ist, wohl aber, die Welt damit zu bedrohen und zu erpressen.

Taten, in denen Geheimdienste erstens, *mehr schaden als nützen*, und, zweitens, *vom Zwang des Aktionismus getrieben*, das Stromnetz für die Deutsche Bundesbahn sabotierten, nachdem sie die Nordstreams sabotierten (war es nicht die Rocketworm-Gang (zur Nordstream-Sabotage siehe 30.09.2022), dann die "Spezialisten" aus Transsibirien...oder 9-Euro-Fanatiker, angeblich sei dre Plan des elektrischen Leitungswerkes der DB im Internet frei zugänglich) sind auch weitere Argumente für das **Europäische Sicherheitsmodell,** nach dem Geheimdienste in Europa *verboten* und durch eine spezielle Anti-Geheimdienst-Polizei und - Staatsanwaltschaft *verfolgt* werden. Schon 2014 war klar, dass im Donbass die Schatzkammer der Ukraine liegt, das aktuell von Putin-Russland besetzte Gebiet, rund 10 % der Ukraine, birgt rund 60 % der Bodenschätze der Ukraine, einen Billionen-Euro-Schatz. Auch um diesen Diebstahl, um den Landraub, zu schützen, mobilisiert Putin die russische Gesellschaft, alle, die von seinem Raubüberfall auf die Ukraine profitieren könnten (am meisten Oligarchen (Schwerindustrielle, Stahlbauer, Metallhändler, usw.), sollen ihre Hände schmutzig und blutig machen, Putin will Putin-Russland zu einem Volk von Dieben, Mördern und Lügnern machen, er ruiniert die russische Moral so wie Kyril aus der Orthodoxen Kirche einen Propaganda-Betrieb des Kremls für den politischen, juristischen, moralischen und wirtschaftlichen Ruin Russlands macht - das Navalny-Russland steckt derweil im Exil, in russischen Gefängnissen und beginnt sich, ermutigt durch den breiten Widerstand gegen die Zwangsmobilmachung im Land, zu reorganisieren (Zu Putins Raub der Schatzkammer der Ukraine z. B. Thomas Sabin (*Focus*): https://www.focus.de/finanzen/krieg-um-rohstoffe-mit-annexionen-reisst-sich-putin-die-schatztruhe-der-ukraine-unter-den-nagel_id_156496237.html.) Am Ende des Raubüberfalls auf die Ukraine, - wird nach 50, 60 oder 70 000 toten Russen (und zehntausenden toten Ukrainern und Ukrainerinnen) Bilanz gezogen -, soll sich die Beute - langfristig - gelohnt haben. Man könnte doch jetzt bitte zu

Friedensverhandlungen übergehen- die Räuber möchten mit den Beraubten, die Mörder mit den Freunden der Ermordeten "Frieden" machen (also sich konsolidieren, die Beute ausschlachten und russifzieren). Wie soll da Frieden entstehen? Konsequenterweise verbat Präsident Selenskyj Verhandlungen mit Putin. Mit anderen russischen Repräsentanten ja, aber nicht mit diesem Präsidenten. Ob das durchgehalten wird, wir werden sehen. Jedenfalls rumort es weiter in Russland, der erfolgreiche Widerstand der Ukraine an der Front wirkt zurück auf Russland: dort wollen die Wahnsinnigen die Welt mit Nuklear-Waffen drangsalieren, während die Vernünftigen ihre Entmachtung planen.

Kriegstagebuch 06.10.2022

Es freut uns, dass eine von der EU unabhängige, grössere Europäische Selbstverstärkungsunion aus 44 Nationen (darunter 27 EU-Nationen), politische Repräsentanten von rund einer Milliarde Menschen, die ein starkes Signal nach Moskau sendet, sich heute unter dem Namen **EPC (Europe Political Community** - Europäische Politische Gemeinschaft) in Prag getroffen hat - es freut uns besonders, dass die Englische Premierministerin dabei war und - für Italien fehlte der abtretende Draghi - mit Bestimmtheit auch Frau Meloni an diesem Treffen der Staatschefs und -chefinnen gerne dabei gewesen wäre. Die EPC wirkt wie inspiriert von der Idee der EDU (Europe Defense Union), die von der EU unabhängig operieren und allein dadurch Europa und die EU stärken soll. Ansonsten: Im Osten nicht viel Neues. An der Front geht der Vormarsch der ukrainischen Armee weiter, die extrem konzentriert und eigenmotiviert erscheint. In Moskau redet Satanovsky im russischen Grossmaul-TV von "Satanischen Listen" (alle umbringen, die sich nicht unterjochen oder einschüchtern lassen) und Putin erhebt Kadyrov zum General, wobei dieser die Militärschule nicht absolviert hat, und Exektionen durchführen zu können nicht die Eigenschaft ist, die in einem regulären Krieg letztlich die Oberhand gewinnt wie die Nazis vorzeigten, die im Exekutieren von Menschen Weltmeister waren, was ihre Niederlage und ihren Untergang trotzdem nicht verhinderte.

Kriegstagebuch 30.09.2022

Um das Blatt doch noch zu wenden, erklärt Präsident Putin heute vier in einem illegalen Angriffskrieg eroberte Gebiete der Ostukraine für annektiert und Russland zugehörig, die Scheinreferenden wurden im Eiltempo durchgeführt (mit der Krim-Annexion hatte man ja einschlägige juristische und admininstrative Erfahrung dafür gesammelt. Putin pervertiert und simuliert "*Legitimation durch Verfahren*" (Luhmann). Viele Ostukrainer im Rentenalter nehmen den russischen Pass an, weil er ihre Rente sichert, andere erwarten durch die Annexion das Ende des achtjährigen Krieges - Putin erweitert diesen Akt der gewalttätigen Aneignung mit der Forderung an die Ukraine: mit Russland in Friedenverhandlungen, zumindest in Verhandlungen für einen Waffenstillstand, zu treten: man annektiert das Raubgut und erkärt den Beraubten, sie sollten mit den Räubern Frieden machen - zugleich droht man mit dem Einsatz von Nuklearwaffen, der den Kampfeswillen der

Ukrainer und Ukrainerinnen brechen soll. Mit etwas anderem kann Russland nicht mehr drohen, die russische Armee ist demotiviert und russische Soldaten sind wenig begeistert von der Vorstellung, für einen machthungrigen Präsidenten, der jenseits seines Eides auf die russische Verfassung operiert (Putin sieht das anders: er würde die Filetstücke der Ukraine, ein Billionenschatz an Bodenschätzen, gerne Russland einverleiben und den UkrainerInnen, die das akzeptieren, den ersehnten Frieden bringen), in einem Nachbarland, das man ohne Grund, nur für tausend Scheingründe, zu seinem Todfeind machte, zu fallen. Wie bei der Krim wird die Duma und das Höchste Gericht Russlands diese Annexionen wie ein Marionettentheater, dessen Fäden Putin in der Hand hält, ratifizieren ohne eine einzige Gegenstimme, was Zeugnis dafür ablegt, wie stark Putin die Demokratie in Russland zerstört hat und Russlands ParlamentarierInnen durch die Repression gegen Kritiker des Krieges und kaum verhüllte Taten seiner Mörderschergen eingeschüchtert sind (Fensterstürze von Funktionären, Journalisten, Managern und Ärzten; Vergiftungen; Ermordungen prominenter Familien; usw.). Alle ducken sich, keiner wirkte an der Annexions-Zeremonie begeistert - ausser Putins "Exekutor" Kadyrov, der wenige Tage später prompt zum General (Oberst) ernannt wird.... Es herrscht eine Atmosphäre der Angst und des Terrors in Moskau - die Gleichschaltung auf den Kurs des Regimes funktioniert, solange das Schmieröl dafür fliesst: das immer noch reichlich in die Staatskasse rubelnde Öl und Gas. Putin verleiht dem Landraub in der Nachbarschaft Russlands einen legitimen Anstrich zumal für die Putin-treuen Russen. Die wenig Begeisterung zeigen für die

"Teilmobilisation" : man war nur solange bereit, die Ukraine zu erobern, zu berauben (im Augenwinkel, ohne genau hinzuschauen...), solange nicht die Kosten dafür zu hoch sind, das Töten und das Rauben weit weg von der eigenen Komfortzone passiert. Als ob per Dekret des Kremls und durch russisches Blut, das auf ukrainischem Boden vergossen wird, russische Vaterlandsliebe für die Ostukraine entstehen sollte, durch ein Russland, das es hasst und davor flüchtet, in den Krieg mit der Ukraine, in die Verteidigung dieser Eroberungen, eingezogen zu werden (Sogar nach Alaska flüchteten junge Russen). Auf diese Weise, nicht auf eine solidarische wie in Navalnys Russland, auf die egoistische, eigenbesorgte, werden in Putins Russland diese Annexionen abgelehnt. Eine andere Form des Protestes richtet sich gegen die Ungleichbehandlung der Einberufungen: Putin verschont die Söhne seiner Paladine und Studenten von Elite-Unis. Bevorzugt werden (oder wurden) - rassistisch motiviert - Minderheiten, statt Weissrussen, in den Krieg geschickt. Putin wünschte sich, dass seine Landsleute für "ihr" neu erobertes Land, mehr noch: für seinen Krieg, in der Ukraine ihr Blut lassen, doch ausser ein paar Verrückten, lassen die Russen lieber die Finger davon - das ist hauptsächlich dem Grillen von Russen an der Front, dem Geschick und der Stärke der ukrainischen Armee und ihrer Helfer, USA, England, Frankreich, Spanien, Polen, Tschechien, Slovakei, Litauen, Lettland, Finnland, Schweden, Norwegen, irgendwann auch Deutschland, zu verdanken. Von der internationalen Gemeinschaft werden weder diese Scheinreferenden, noch die durch die Marionetten-Duma und -Gerichte ratifizierten Annexionen akzeptiert - allenfalls von Lukaschenko, von

Nordkorea und von irgendeiner korrupten afrikanischen und südamerikanischen Semi-Diktatur (wobei Gebiete von Cherson und Saporischschja teilweise unter ukrainischer Kontrolle stehen, und die Stadt Cherson bald von der ukrainischen Armee eingenommen sein könnte, zudem vermelden die Medien die Einkesselung der russischen Truppen in Lyman).

Viel Pressegeschrei und Ungewisstheit über die Täterschaft - seismographisch wurden am 26. September in der Ostsee 4 Explosionen registriert - herrscht über die Sabotage an der **Nordstream1 und Nordstream-2- Pipeline** vor Dänemarks Insel Bornholm - die durch ihre Lage mitten in der Ostsee seit Jahrtausenden eine strategisch wichtige Stelle einnimmt. Ein Twitterer scherzte: "Who did it? Combeback of the "Rocketworms"". Doch nicht Raketenwürmer stecken dahinter, höchstens - nennen wir sie - die "Rocketworm-Gang". Putin sprach von "Angelsachsen" und von "internationalem Terror". Von der Mainstreampresse - inklusive "Experten" - zeigten alle nach Russland, nur Rand- und Rechtspresse, z B. Köppels *Weltwoche*, vor allem anti-amerikanische, auf die USA (kurz vor den Explosionen hätten US-Hubschrauber über dem Tatort gekreisst etc. Andererseits wurde am 27.9. die "Baltic Pipe" zwischen Norwegen, Dänemark und Polen eröffnet. Das muss mit der Sabotage der russisch-deutschen Nordstream-Pipe nichts zu tun haben. Gewisse Stimmen meine, es habe damit zu tun: Russland produzierte eine Machtdemonstration, einen Wink mit dem Zaunpfahl: Seht, wir hätten leicht auch eure neue Pipeline sabotieren können, statt unsere eigene. Eine davon stand leer...

Norwegen verstärkte umgehend die Sicherheitsvorkehrungen in seiner Gas- und Öl-Industrie. Biden bekennt offen - er muss ein Unschuldslamm sein - dass diese Sabotage die Chance für die USA eröffnet, Europas (wahrscheinlich meinte er: Deutschlands) grösster Gaslieferant zu werden. Man kann es den USA nicht verübeln. Dass Russland das nicht mehr ist, hat es Putins völkerrechtswidrigem Krieg zu verdanken. Parallel dazu ist vom schlechten Start von Englands neuer Premierministerin die Rede (Truss musste ihre Steuersenkungspläne korrigieren, der Kurs des Pfunds schmierte ab, usw.), vielleicht, nein, ganz sicher hatte sie mit Russland eine Rechnung offen. Auch das jedenfalls wäre in die Spekulation über die Saboteure an einer Nordstream 1, die stillliegt, und an einer Nordstream 2-Pipeline, die nie in Betrieb war, aufzunehmen. Ein Twitterer: *"Dass Russland Gas liefern soll - sogar über Nordstream 2 - , das fordern die AfD und die Wagenknecht-Fraktion schon lange - entweder sabotierte die Rocketworm-Gang die Streams auch um das zu verhindern, oder Putin-Russland, um sich selber zu sabotieren. Sie können raten."* Und weiter, angesichts der Tatsache, dass vier Detonationen erfolgten, aber nur drei, nicht vier von den zwei Doppelsträngen, stark beschädigt wurden: *"Vermutlich sprengte die #Rocketwormgang irrtümlicherweise statt beide Stränge von Nordstream 2 einen Strang zweimal, in der Hast, im Tiefwasser, kann das passieren. Fragen Sie mal Experten (Masala ausgenommen), ob sie Liz Truss - Russenfresserin, James Bond Fan und Ex-Verteidigungsministerin - für die Durchführung einer solchen "Mission possible" für fähig hielten."* Auch hier zeigt sich, dass Geheimdienste aktionistisch sein müssen, einen Zwang zum Handeln haben, dass das Europäische Sicherheitmodell diesen Zwang nicht besitzt und diesem ein Ende machen muss und kann. Wir fassen also fünf Gründe zusammen: warum USA, Grossbritannien an dieser Sabotage federführend gewesen sein könnten a)

Kriegstagebuch 21.09.2022

Das Putin-Regime hat erkannt, es ist in die Defensive geraten, und Russlands Bevölkerung muss erkennen, nicht die Ukraine greift sie an, sondern ihre Regierung durch eine Teilmobilmachung, die so gut wie jeden Mann zwischen 20 und 50 treffen kann. Für sie hat der Krieg, der seit 6 Monaten andauert, jetzt erst richtig begonnen, er ist in ihrem Alltag angekommen. Ihnen dämmert, dass sie in der Ukraine für einen Krieg, der nicht der ihre ist, gegen einen Popanz-Feind, der tatsächlich keiner ist, als Kanonenfutter verheizt werden sollen. 300 000 Reservisten sollen in ein souveränes Land einmarschieren, wenn sie denn logistisch und ausrüstungstechnisch "sinnvoll" mobil und wehrfähig gemacht werden können. Wenn sie denn in der Ukraine sich nicht gegenseitig behindern und im Weg stehen. Sie sollten sich vereinen und statt in die Ukraine, nach Moskau marschieren und ihren Präsidenten austauschen. Im Nu wäre der Frieden hergestellt.

Die Ukraine, so scheint es, nimmt es relativ gelassen hin - es wird weiterhin Tote geben, man wird weiterhin um die eigene Existenz und Souveränität des Landes kämpfen müssen - Putin versucht die Ukraine auszubluten, allein die personelle Überzahl an Russen soll es letztlich richten - soll in einem materialschlachtlastigen Erschöpfungskrieg zur Erschöpfung führen, auch die erneut geäusserten Drohungen Putins, Nuklearwaffen einzusetzen, ändert nichts an der ukrainischen Gemütslage. Er, der angreift (der deutsche Bundeskanzler sprach in seiner UN-Rede von "blankem Imperialismus") behauptet, die Nato ,die Nazis, bald wohl auch die grünen Marschmenschen, greifen Russland an. China warnt, die USA warnen das Regime vor atomarem Unsinn. Was hätte Russland davon, wenn es sein erobertes Gebiet mit Atomwaffen verseucht? Das alles macht keinen Sinn. Das Putin-Regime ist militärisch in einer Sackgasse - wenn das so weiter geht, bald auch politisch. Seine Eskalationstrategie endet wahrscheinlich mit ihm eher, als dass die Ukraine unter russischen Bomben endet. Ebenso relativ gelassen nimmt die Ukraine die hastig angesetzten Pseudoreferenden für einen Beitritt zu Russland in den Regionen Cherson, Saporischschja, Donesz und Luhansk, hin: es ist die Fortsetzung des Krieges mit politischen Mitteln, es sind Kriegshandlungen und Verzweiflungstaten, die dortigen Russland-hörigen Separatisten sehen ihre Felle davonschwimmen. Pushilin hat sich frühzeitig nach Russland abgesetzt und nun wurden auch russische U-Boote von der Krim in russische Häfen verlegt - bei Cherson und Luhansk, wo kürzlich ein Attentat den separatistischen Generalstaatsanwalt tötete, steht die ukrainische Armee vor den Toren. Die Stadt Saporischschja ist nicht unter russischer Kontrolle, nur das Umland mit dem Atomkraftwerk. Das Putin-Regime und seine Marionetten-Duma wollen mit diesen Pseudoreferenden schnell, bevor die ukrainische Armee

Nägel mit Köpfen macht, so wie aus der Krim (2014), aus der Separatisten-Ostukraine ein Hoheitsgebiet von Russland, also ebenfalls Nägel mit Köpfen, machen (die ganze Welt wird diese Pseudoreferenden und diesen Landraub, diese Annexion nicht akzeptieren, vielleicht nicht einmal Lukaschenko, sicher nicht Kasachstan, sicher nicht die Türkei, wie Erdogan kürzlich mit Nachdruck betonte) um dann bauernschlau zu behaupten, die Ukraine greife Russland an. Und dann? Nicht einmal die russische Bevölkerung wird diese Lüge glauben, so wie sie immer weniger glaubt, dass die Ukrainer und Ukrainerinnen in ihrer Mehrheit Neo-Nazis sind. Überhaupt rumort es in Russland vernehmbar lauter, Provinzpolitiker klagten Putin des Hochverrats an, der grosse Popstar Alla Pugatschova, deren bekannter Ehemann und Satriker Maxim Galkin zum "ausländischen Agenten" deklariert wurde, protestiert gegen Putins kriminellen Krieg gegen die Ukraine (und gegen Russland!) und bittet darum, ebenfalls als "ausländische Agentin" bezeichnet zu werden. Was natürlich Unsinn ist (wie eigentlich bei allen, die das Regime damit stigmatisieren und kriminalisieren, und andere einschüchtern, auf Linie bringen oder halten will). Sie ist eine russische Patriotin, die sieht, dass das Putin-Regime Russland in den Dreck zieht, seinen Ruf, seine Wirtschaft, seine Zukunft und für "nichts" - ausser dass es bei diesem Regime schnell um "alles" geht - junge russische Männer in einen sinnlosen Krieg treibt. Die Ukraine hingegen wird es mit 300 000 schlecht motivierten russischen Männern zu tun haben. die aber letztlich angreifen und sich verteidigen werden, um selber zu überleben. Eine Masse von Militär, von russischen Soldaten, Raketen, Panzern und Drohnen wird weiter wie eine grosse schwere Welle gegen die Ukraine rollen, solange Putin an der Macht ist. Diesen Frontsoldaten sollte bewusst sein, dass das nicht ihr Krieg ist, dass es hier nicht um Landesverteidigung, um Ehre geht - wie auf der Seite der Ukrainer, der ukrainischen Soldaten und Soldatinnen. Die russische Zivilgesellschaft ist angehalten, sich von ihrer Regierung zu trennen, um ihr grosses, ehrenvolles Russland - das im Sieg über Hitler, mit Ukrainern Seite an Seite kämpfend, historische Verdienste besitzt - zu schützen, zu verteidigen. Wenn es sein muss, Seite an Seite mit Ukrainern und Ukrainerinnen.

Kriegstagebuch 15.09.2022

Präsident Putin meinte ja, bis zum 15. September wolle er endlich Resultate in der Ukraine sehen, da forderte jemand bei Twitter dasselbe von der Ukraine. Die Fronten in Charkiv und Kherson sind jedenfalls in Bewegung geraten, die lang vorbereitete und angekündigte Offensive der Ukraine hat erstaunliche Rückgewinne von Land und Leuten zu vermelden. Vielleicht wollen und können die russischen Soldaten auch nicht gewinnen, weil sich unter ihnen langsam verbreitet hat, dass A) sie in der Ukraine nichts zu suchen haben und B), dass der Krieg, für den sie den Kopf hinhalten müssen, nicht wirklich der ihre ist. Mit Rückwirkung bis nach Moskau.

Kriegstagebuch 24.08.2022

Grosse Geburtstagsfeier in Kyiv: der 31. Unabhängigkeitstag der Ukraine - ein Twitterer schrieb: *"Weitere erfolgreiche 31 Jahre wünsche ich der grossen,*

*der stolzen Ukraine - eine Ukraine, die wir in West-, Süd-
und Mittel-Europa etwas vergessen haben, die die
nächsten 31 Jahre aber bestimmt im Herzen Europas
leben wird!"* - Putins Russland hat derweil die
Möglichkeit, der Welt zu zeigen - na ja, was heisst hier
"zeigen" -, dass es die Ukraine als Nation und Volk
akzeptiert, in dem es seine Raketen und Bomben zu Hause
lässt, oder es zeigt der Welt seine Fratze des Terrors, des
Terrorstaats, in dem es seine Raketen und Bomben aus den
Schächten und Rohren gegen die Nation und das Volk der
Ukraine schleudert. Aktuell scheint es die erste Option zu
bevorzugen. Grosse Freundschaftsgeste: der scheidende
Premierminister Boris Johnson ist überraschend in Kyiv
eingetroffen. Im Osten sonst nicht viel Neues. Die
Frachtschiffe mit ukrainischem Getreide reisen ungestört
über die Türkei an ihre Destinationen weiter. Vor Kherson
und Charkiv beginnen sich die Fronten zu zermürben und
einzugraben. Präsident Selenskyi beteuerte gestern
nochmals den Wille zum Sieg und zur vollständigen
Rückeroberung. In der Krim ereigneten sich ein paar
verheerende Angriffe auf Flugplätze, Munitionsdepots
und - ohne Erfolg - auf das Hauptquartier der
Schwarzmeer-Flotte, die sich in einen russischen Hafen
zurückgezogen hatte. Russische Sommerurlauber werden
durch "Rauchzeichen" daran erinnert, dass die Krim zur
Ukraine gehört, in Europa diskutiert man, ob man sie
hereinlassen will, während russische Soldaten Ukrainer
umbringen, was das Gross der russischen Bevölkerung
gutheisst. Warum sollte man dann dieses Gross in Europa
Urlaub machen lassen? fragt sich die EU, die für ein
generelles Visa-Verbot für russische Bürger ist
(schliesslich wurde die Einreiseerleichterung für russische

BürgerInnen aufgehoben), im Gegensatz zur Bundesregierung. Wohl nur noch eine Frage der Zeit ist es, bis die neue Brücke zwischen Krim und russischem Festland zerbombt ist. In Russland ist Dugins Tochter, eine Kriegshetzerin nach Vaters Gusto, einem Attentat durch eine Autobombe erlegen, ihr Vater, dem das Attentat ebenfalls gegolten hat, hetzt jetzt noch wilder (zudem rachsüchtig) gegen die Ukraine und zwar so, dass es für den Kreml nicht mehr opportun sein kann. Ob dieser das Attentat befahl oder die Ukraine oder ob separate Partisanen dahinter stecken, ist offen. Möglich ist alles. Jedenfalls ist es eine Warnung an andere Hetzer wie RT-CEO Samonjan und TV-Moderator Solovjov. Die Nachricht lautet: Ihr seid mitten in Russland, sogar in Moskau nicht sicher: wenn ihr die Vernichtung der Ukraine propagiert, dann droht euch das, was der Mossad mit Propagandisten der Vernichtung Israels macht. Nicht überraschend hetzten russische Offizielle aus der zweiten und dritten Reihe gegen die "faschistische Brut" und die mutmasslichen "Drahtzieher" in Kyiv, die man ausrotten müsse (merkwürdig ruhig verhält sich Medvedev, sonst der erste Kriegs- und Vernichtungsprediger). Das Wort "faschistisch" ist in der russischen Propaganda eine leere Phrase geworden. Mit Live-übertragender Kamera in Begleitung verhaftete heute ein grosser Trupp von Sicherheitskräften - solche Medienereignisse sollen die Russen und Russinnen einschüchtern - Jewgeni Roizman, einer der letzten russischen Politiker, der Charakter beweist, der ehrlich und mutig genug ist, um den Krieg in der Ukraine öffentlich als grosse Dummheit und Ungerechtigkeit zu verurteilen. Er wurde verhaftet wegen "Verunglimpfung der russischen Armee". Der grösste

Verumglimpfer der russischen Armee sitzt im Kreml. Es würde nicht verwundern, wenn dieser bald verkündet, dass er mit diesem Krieg, äh, Pardon, mit dieser "Spezialoperation" eigentlich nichts zu tun habe. Die Separatisten hätten um Hilfe gebeten, um noch mehr Mord und Totschlag zu verhindern. Daraus ist allerdings ein Mord- und Totschlag geworden, der binnen 6 Monaten jenen der letzten 8 Jahre weit in den Schatten stellt. Obwohl sich Russland Mühe gibt, mit dem Verteilen von russischen Pässen, mit dem Auswechseln der Währung, der Schulbücher und der Bürgermeister, die Russifizierung des süd- und ost-ukrainischen Okkupationsgebiets, das fast nur noch "gefilterte" Menschen bewohnen - alle anderen sind tot (es ist mit weiteren Massenmorden, die in Massengräbern verscharrt werden, zu rechnen), gefangen, deportiert oder geflüchtet - voranzubringen, dazu werden auch Wahlen organisiert, deren Themen und KandidatInnen dem Kreml passen müssen. Niemand, auch nicht Kasachstan, wird diese Wahlen anerkennen, den Büttel in Belarus ausgenommen, aber den fragt keiner. Korrigiere: auch Präsident Lukaschenko, der sich offenbar eine Brise Unabhängigkeit erlaubt, gratuliert der Ukraine zum Unabhängigkeitstag (vielleicht auch im Namen von Präsident Putin?).

Kriegstagebuch 04.08.2022

Besonders die über 2000 Soldaten und Offiziere des Asov-Bataillons, seitdem sie sich im Mai in Mariupol den Russischen Besatzern ergeben mussten, und die für das Putin-Regime den Inbegriff der "ukrainischen Nazis" und des offiziellen Grundes für diesen Krieg, die

"Entnazifizierung" der Ukraine, repräsentieren, kriegen den Frust und die Aggression russischer Soldaten und Offiziere zu spüren, in der Ukraine nicht vorwärts zu kommen und umso *massloser, umso sadistischer* einen Triumph zu feiern, ansonsten zu tausenden, was hohe Offiziere betrifft, zu Dutzenden, den Tod zu finden, ausserdem lenken sie ihren Frust und ihre Aggression gegen den Unsinn dieses Krieges, den ihnen ihr Präsident als "sinnvoll" verkaufen will - insofern gegen diesen selbst -, ebenfalls gegen diese Gefangenen: die gleich mehrere Ventil-Funktionen erfüllen, gleich für mehrere Dinge die Sündenböcke sein müssen. So foltert man diese wehrlos gemachten Wehrleute, schneidet vor laufender Kamera Genitalien ab, spiesst abgesäbelte Köpfe auf, lässt laute Musik laufen, damit die Schreie nicht zu hören sind, begeht Schlachtereien, Kriegsverbrechen, Verbrechen gegen die Menschlichkeit, wie der Schlächter Assad, Putins Busenfreund in Syrien, in ähnlichen Lagern. Es scheint, Russlands Regime, zusammen mit führenden Separatisten, beschloss am 29. Juli 2022, über 100 dieser Gefangenen - nach dem sie "filtriert" (selektiert) und im berüchtigten Donesker Gefangenenlager Olenivka räumlich separiert wurden - mit Raketenbeschuss zu exekutieren (über 50 starben, über 70 wurden verletzt), Selenskyi nannte es eine Hinrichtung. Die zynischen Lügen russischerseits, die gleich darauf folgten (ukrainischer Beschuss mit US-Raketenwerfer hätte diese Ukrainer getötet, eine UN-Kommission müsse diesen "Vorfall" untersuchen) unterstreichen zusätzlich dieses Kriegsverbrechen, entkräftigen es nicht. Die "Hunde" sind nicht einmal ein Kriegstribunal wert, werden sich die Verantwortlichen in der russischen Regierung gedacht haben. als ob hier aufgestauter Hass und Vergeltungswunsch gegen den rechten Flügel, der vor 8 Jahren z. B. in Odessa 40 oder 50 pro-russland-freundliche Landsleute in die Flammen trieb, auf dieses Bataillon übertragen wird, das mittlerweile grösstenteils aus "normalen" Patrioten und Patriotinnen der Ukraine, nicht aus Neo-Nazis, besteht - so jedenfalls die glaubhafte offizielle Aussendarstellung. Wie es auch immer um dieses Bataillon bestellt ist, die normale ukrainische Armee ist eine Volksarmee, keine Neo-Nazi-Armee, und die ukrainische Gesellschaft, die von Russland terrorisiert wird, nicht "der rechte Flügel".

Es gibt erfreulichere Entwicklungen: Die am 22.07.2022 unter der UN vereinbarte Korn- und Getreideausfuhr über Odessa und andere ukrainische Frachthäfen kommt ins Rollen. Es geht hier um Russlands internationale Reputation, insbesondere in Afrika, im Mittleren Osten und in Asien, deren Nutzen für Russland als langfristig wichtiger eingestuft wird als eine Beschädigung der Ukraine. Im grössten Atomkraftwerk Europas in Schaporischschja, das in russischer Okkupationshand ist, während die Stadt in ukrainischer liegt, finden Beschiessungen, sogar Demolierungen statt, ein Atomreaktor wurde heruntergefahren, die Gefahr einer Katastrophe in tschernobylischer Dimension, besteht. Sich dort zu verschanzen ist unklug. Wünschenswert wäre, wenn sich die Kriegsparteien z.B. durch Vermittlung der UN und der internationalen Atomenergiebehörde (IAEA), darauf einigten, **dass Atomkraftwerke im Kriegsgebiet automatisch zu UN-Schutzzonen erklärt und von UN-Blauhelmen besetzt werden**, die garantieren sollen, dass in dieser Zone keine der beiden Parteien militärisch aktiv wird, was im Interesse aller, am Konflitk Beteiligter und Nicht-Beteiligter, geschähe, denn eine nukleare Katastrophe in der Ukraine kann sich schnell in beide Richtungen ausweiten: in Richtung Europa oder in Richtung Russland oder Belarus. Nicht dass noch eine Todeszone zwischen der okkupierten und der freien Ukraine entsteht, die an die Zone im Film "Stalker" (1979) des genialen russischen Regisseurs Andrei Tarkovski (1932-1986), Liebling des Filmfestivals von Cannes, erinnert. Währenddessen halten die Kämpfe an. Die Nord-Süd-Achse Charkiw (in ukrainischer) - Cherson (in russischer Hand), bildet ungefähr die ostwärts gebogene Frontlinie: die Ukraine gewinnt ein paar Dörfer um Cherson, und Charkiv, die zweitgrösste Stadt der Ukraine, ziemlich nahe an der Grenze Russlands, ist kein russisches Okkupationsgebiet, wird aber beschossen (was hat eine russische Artillerieattacke auf Charkiv mit dem angeblichen Ziel Russlands, im Donbass für Frieden zu sorgen, zu tun? Die Antwort ist relativ einfach: "Terror gegen die ukrainische Zivilbevölkerung" soll in zukünftigen Waffenstillstandsverhandlungen ein Pfund werden, mit dem Russland wuchern kann. Zugleich verbessert die Ukraine zunehmend ihre Fähigkeit, den russischen Raketen- und Drohnen-Beschuss zu bekämpfen. In Odessa werden Schiffe mit Korn abgefüllt und geladene warten auf die Abfahrt morgen früh, wo sie die Türkei schon erwartet.

Kriegstagebuch 22.07.2022

Fünf Wochen nach dem letzten Tagebucheintrag: Im Osten nicht viel Neues. Nur Medvedev dreht durch, die Drohungen, die Moskau ausspeit, besitzen das Potential eines virtuellen Vulkanausbruchs (jedenfalls was den Rauch, den Nebel betrifft), als ob sie den Atomangriff simulieren sollen (England soll ausgelöscht werden, die Ukraine von der Weltkarte verschwinden, warum nicht auch die USA, Europa, der "Westen" - er hasse die Ukraine abgrundtief - ein Twitterer empfahl Medvedev daraufhin eine Psychotherapie. Peinlich sind Medvedevs Drohungen aus mehreren Gründen: erstens, er geht davon aus, dass seine Überlegenheitsekstase, dass seine Drohungen nicht leer, sondern voll sind, also einen materiellen Hintergrund haben: eine nukleare Erstschlagtechnologie (Raketentyp "Skyfall"), die allen westlichen und der chinesischen Angriffstechnologie *überlegen* ist. Das bestreitet die USA. Sie behauptet, sie hätte dieselbe Raketentechnologie, nur weiterentwickelter. Sie verfüge auch über die Hyperraketentechnologie. Wer von beiden recht hat, das würde der Ernstfall zeigen, auf den sollte man es besser nicht ankommen lassen. Wenn Russland mit einem Verteidigungsetat unter 80 Milliarden über eine überlegenere Raketentechnologie verfügt als die USA mit einem Etat von über 800 Milliarden, dann ist das mehr als peinlich für die USA. Dann sollte sie ganz schnell, ganz gut und ganz neu über die Ineffizienz und Fehlsteuerung ihrer Verteidigungspolitik nachdenken (wohin fliesst dieses Geld eigentlich? In die Rentenkasse? In die Gehälter für Soldaten und Offiziere?). Dennoch sollte man besser nicht mit dem atomaren Erstschlag drohen, wenn man den Zweitschlag nicht unterbinden kann und davon ist Russland weit entfernt. Das Mega-U-Boot "Belgorod", über das es jetzt verfügt, das ist für den Drittschlag zuständig. Also sozusagen nach der Zerstörung Russland für die Zerstörung Russlands und der Welt . Die atomare Abschreckung Russlands schreckt nicht einmal mehr vor der eigenen atomaren Zerstörung zurück und führt sich damit ad absurdum. Medvedev führt den ganzen nuklearen Schlam(m)assel, die verfahrene Lage vor Augen, in dem die extreme Bedrohung der anderen zu einer extremen Selbstbedrohung wird. Wie vor drei Jahren, im Juli 2019, in Nordrussland eigene Nuklearwaffentests. Ein misslungener tötete dutzende und verstrahlte tausende Menschen. In Westeuropa, in Finnland, haben die Messstationen zwar nicht, wie nach dem Tschernobyl-Fallout, Alarm geschlagen, vielleicht aber auch nur, weil die ganze Zeit West-, nicht Ostwind wehte. Die Angeberei Medvedevs ist aber auch vermessen, weil solche medialen Selbstinszenierungen und Drohungen Moskaus diametral im Widerspruch stehen mit den kaum nennenswerten Eroberungen in der realen Ostukraine, die mit horrenden Verlusten an Personal und Material in den letzten fünf Wochen errungen wurden. Die Hilmars, die Panzerhaubitzen, moderne Raketensysteme und Raketenabwehrsysteme, die noch kommen sollen, zeigen Wirkung. Die angekündigte Gegenoffensive der Ukraine prallt auf eine Offensive Russlands und auf einen Raketenterror gegen die ganze Ukraine (solange die russischen Munitionsdepots dafür reichen). Russland will die Ukraine weichbomben. Die Ukraine indessen bleibt hart: Selenskyj spricht immer noch davon, die ganze Ukraine, einschliesslich die Krim, zurückzuerobern - in seinem Geheimdienst und in der Staatsanwaltschaft räumte er auf, Defätismus, Landesverrat, Kollaboration oder Fehler in ihrer Bekämpfung, seien die Gründe. DIe Nato (in England verliert die Ukraine mit Johnson einen guten Freund, doch Liz Truss oder Sunak Rishi werden der Ukraine genauso beistehen wie Johnson, wie die USA, wie Deutschland, wie Frankreich, wie Polen, wie Spanien, wie Tschechien, wie Litauen, wie Schweden, wie Finnland,...) und andere Verbündete liefern derweil schwere Waffen in die Ukraine - die Russen sprechen davon, dass die Nato die Ukraine mit Waffen vollpumpe, der Krieg arte immer mehr zu einem Stellvertreterkrieg zwischen Russland und der NATO aus. Das ist eine oberflächliche oder tendenziöse Betrachtung. De facto schützt die Ukraine ihre angegriffene Souveränität, ihre verletzte territoriale Integrität, ihre Staatlichkeit, und angesichts der systematischen Filtration und Ermordung von Ukrainern durch Russland, kämpfen viele dieser UkrainerInnen um ihr Leben, geht es ihnen nicht um einen "Stellvertreterkrieg", sondern um ihre Existenz, um Notwehr, also geradezu **um das Gegenteil** von einem Stellvertreterkrieg. Vielleicht wurden diesen vertrauten Kampfgenossen Selenskyjs auch entlassen, weil sie die standhafte und ehrbare Position des Präsidenten und eines Teils der ukrainischen Verantwortlichen nicht weiter verantworten konnten, mehr in Richtung Verhandlung und Waffenstillstand mit den Russen drängten. Für die Ukraine ist der Moment dafür offenbar noch nicht gekommen. Solche Verhandlungen sollen aus einer rmöglichst starken Position geführt werden, Moskau sieht das genauso und droht mit härteren Bedingungen als im Frühjahr, sollte es wieder zu solchen Verhandlungen kommen. Ukrainische Partisanen attackieren derweil russische Okkupanten und Russland beschleunigt in ukrainischem Okkupationsgebiet die Naturalisierung der Ukrainer und Ukrainerinnen (Abgabe des russischen Passes im Eilverfahren: ein Putinbild an der Zeltwand, die russische Nationalhymne plärrt, und Zack, werden aus Ukrainern Russen) - ostukrainische Rentnerinnen nehmen den russischen Pass an, weil er für sie pures Geld wert ist, er garantiert ihnen eine Rente. In Moskau sprudelt das Geld, so lange jedenfalls das Gas und das Öl sprudeln und in den Westen und in den Osten für viele, viele Rubel abfliessen. Jeder Rubel, den Moskau nicht kriegt, ist ein guter Rubel. Immerhin: lassen sich gewisse Fortschritte bei der Auslieferung ukrainischen Weizens von ukrainischen Häfen verzeichnen, während die Türkei zwei russische Frachter mit gestohlenem Ukraine-Weizen festsetzte. Putin traf sich mit Irans Ober-Taliban und mit Erdogan im Iran, diskutiert wurde auch über den ukrainischen Weizenexport. Vielleicht entwickeln die Ukraine und Russland über die Garantie des ukrainischen Weizenexports für den Weltmarkt, für Afrika, auch über Odessa, einen ersten Schrift zur Verhandlungsbereitschaft - China könnte, sollte, die Türkei kann vermitteln (was ist bei diesem Treffen herausgekommen?). Natürlich wünscht sich die Welt, nicht nur Afrika, dass dem so sein wird (Meldung: 22.07.22: Ukraine-Russland einigten sich auf ein Exportabkommen). To be continued.

Kriegstagebuch 15.06.2022

Über Russlands Objektivitätsverweigerung. Wie eine Journalistin kürzlich meinte, sind die meisten Russen und Russinnen nicht Geißeln des Putin-Regimes, sondern

Komplizen und Komplizinnen. Das hat massgeblich mit Russlands unproduktiver Wirtschaft zu tun und dem Reichtum an fossilen Rohstoffen, die es produktiven Ländern gegen Milliarden von Rubeln verkauft (Verkaufen ist das einzig "Produktive"), Milliarden, die Millionen Russen bestechen und sie dem Väterchen Staat unterordnen, der über die Einnahmen und Ausgaben dieser Milliarden bestimmt. Jetzt werden sie daran gewöhnt, Überfallkriege, illegale Angriffskriege als etwas "Gutes", für das Land "Notwendiges" zu betrachten, glauben sie nicht lieber die umgedrehte Geschichte: dass SIE angegriffen wurden..., und ihnen prägt sich nachhaltig ein, dass andersdenkende Russen wie "Landesverräter" behandelt werden - , sie lügen sich selber an. Ein Volk von skrupellosen Lügnern, Selbstanlügnern und Untertanen wird in der Putin-Ära herangezogen, die keinen moralischen Kompass mehr besitzen, die keine internationale Regel mehr respektieren, ausser die "strong characters", die vom Putin-Regime, weil sie nicht mitlügen, verfolgt, vertrieben, verhaftet und verurteilt werden - im Hintergrund dieser Entwicklung liegt das riesige Autarkiepotential Russlands, das Angriffs- und Eroberungskriege gegen die Ukraine oder Georgien überflüssig und unnötig macht. All das ist unter Russlands Würde. Das echte, das ehrenwerte, das grosse Russland, das die Weltgemeinschaft schätzt, hat das nicht nötig. Russland braucht die Industriemeile, die Weizenfelder und das Wohnland der Ukraine **nicht** - es hat von allem selber genug (und wenn nicht, lässt sich das mit Geld kaufen, im Handel erwerben, statt plündern, oder pachten, wie China es macht, statt erobern) . Putins Russland lebt in einer doppelten Objektivitätsverweigerung: objektiv braucht

Russland kein neues Land, Russlands Autarkiepotential ist dafür gross genug - objektiv ist es nicht bedroht, Russland Nuklearwaffenpotential ist dafür gross genug. Vielmehr ist es objektiv eine Bedrohung für seine Nachbarn und den Rest der Welt und bedroht es sich durch sein Nuklearwaffenpotential selber - denn andere mit Nuklearwaffen würden spätestens im Zweitschlag Petersburg, Moskau etc. in Schutt und Asche legen. Deswegen kann man davon sprechen, dass der Ukraine-Krieg, den Putin-Russland anzettelte, bloss ein Prestigekrieg ist - Putin will sich wichtig machen, seine endlife crisis muss kompensiert werden durch historischen Bedeutungszuwachs: objektiv betrachtet, ist sein Ukraine-Krieg überflüssig. Russland "braucht" diesen Krieg nicht - weder aus Gründen der Sicherheit, noch der Subsistenz, noch der Zukunft - eher ist es so, dass dieser Krieg Russlands Zukunft objektiv beeinträchtigt, nicht fördert. Objektivität darf es nicht geben in Putins Russland, Objektivität muss noch mehr als die Navalny verfolgt und verboten werden. Objektivität ist aber wie der Weltgeist: sie greift, aber lässt sich nicht greifen, sie erfasst, aber lässt sich nicht fassen, sie ist der Tatbestand, ohne den Bestand einer Tat.

Kriegstagebuch 14.06.2022

Präsident Selenskyi verspricht der Ukraine, die Krim werde zurückerobert. Vor einigen Tagen sagte er noch, die Rückeroberung der Krim würde hunderttausenden von ukrainischen Soldaten das Leben kosten, damit andeutend, dass das nicht realistisch ist (Kriegstagebuch 23.05.2022). Oder ist der Hass gegen die mordenden, raubenden und vergewaltigenden Russen schon so gross geworden, dass die Ukraine keinen Preis, **keinen Blutzoll,** mehr scheuen will, um sie vernichtend zu schlagen und aus ihrem Land zu werfen? So führt der Präsident offenbar - abwechslungsweise - **zwei** Diskurse mit unterschiedlicher Stimmungslage oder Einschätzung und Strategie. Einmal einen opportunen, ernüchternden Diskurs, der auf Eingeständnisse und baldige Einstellung der Kampfhandlungen orientiert ist - mit einer feindselig-befriedeten Grenze irgendwo in der Ostukraine wie zwischen Süd- und Nordkorea -, und einmal einen mobilisierenden, ermutigenden Diskurs, der keine Kompromisse macht und keine Fristen setzt, aber ein übergeordnetes Ziel, **die territoriale Integrität der Ukraine** (während in den eroberten, besetzen und annektierten Gebieten der Ukraine Russland Fakten schafft, russische Pässe verteilt, ukrainische Schulbücher mit russischen ausgetauscht, den Rubel einführt, Ukrainer in "schlechte" und "gute" aussortiert (Tatoos kontrolliert, Patriotismus detektiert - von Morden wurde berichtet (nach Butscha keine Überraschung) auch von Gefängnissen in Russland, in welche Ukrainer wegen des "Vergehens", Ukrainer zu sein, einsitzen) sowie ganze Familien nach Russland umsiedelt, teilweise tausende Kilometer von der Ukraine entfernt (man wird sehen, wieviel von diesen in die Ukraine zurückkehren werden, sich in Russland als "ukrainisch" definieren, stellt sich heraus, dass sich die Ukraine, erstens, im Kampf um ihre Existenz behauptet - teilweise mit der Unterstützung von weissrussischen Freischärlern, denn Putin könnte genauso gut oder schlecht behaupten, dass Weissrussland wie die Ukraine "eigentlich" a) zu einem Ur-Rus-Land gehört (also nicht bloss zur ehemaligen sozialistischen Sowjetunion, mit der der Anti-Sozialist Putin de facto wenig am Hut hat) oder b) einstmals unter Peter dem Grossen russisch war und als selbst erklärter Nachfolger von Peter dem Grossen müsse Putin letztlich auch Weissrussland von der Landkarte verschwinden lassen... und so weiter mit der gefährlichen Nostalgie und megalomanen Träumerei des Kreml), und, zweitens, die Ukraine der EU beitritt und *langfristig* wirtschaftlich mehr prosperiert als Russland, das sich wegen der Willkür und Vermessenheit ihres Präsidenten international isoliert und gesellschaftlich wie wirtschaftlich stagniert- denn Handel mit fossilen Rohstoffen ist ein auslaufendes Geschäftsmodell, auch wenn heute und morgen noch Milliarden in russischen Kassen klingeln.

Ein **übergeordnetes Ziel**, nicht nur Etappenziele, brauchen die kämpfenden Soldaten und Soldatinnen und die vielen Helfer und Helferinnen in der Ukraine, so wie Meldungen von neuen Waffenlieferungen, die sie diesem Ziel ein Stück näher bringen. Deutschland hat ukrainische Soldaten an Haubitzen ausgebildet und organisiert mit den USA die Lieferung von Mehrraketenwerfern mit mittlerer Reichweite (ca. 80 km), nicht grosser (ca. 300 km). Die USA liefert der Ukraine Waffen, damit die sich erfolgreich gegen russische Aggressoren und Okkupanten verteidigen, nicht Russland angreifen, russische Städte und Dörfer verwüsten kann, so wie es die russische Armee in ihrem Land macht. Russlands Armee betreibt eine vorwärtsgerichtete Taktik der verbrannten Erde, weil sie die Defensive der Ukraine fürchtet, aber damit auf Distanz halten und zerstören, zumindest beschädigen, kann. Also zerstört sie aus Distanz die Stellungen ukrainischer Soldaten, um möglichst im Bodenkampf ihrer Infanterie nicht auf grossen, unüberwindbaren Widerstand zu stossen (de facto bedingt das grosse Beweglichkeit - dauerndes Ausweichen, Zurück- und Vorrücken - graben sich viele Fronten nicht ein, auch wenn **Sjwejerodonezk** soeben russischen Truppen in die Hände fiel). Die Ukraine braucht also Waffen, braucht Mittel um die Distanz zu den Waffen, die sie nicht erreicht, aber die sie erreichen, zu überbrücken, Artillerie und Flugabwehr, Kampfjets und Drohnen (letztere, hunderte, stehen auf der Wunschliste).

Kriegstagebuch 13.06.2022

Die Ukraine legte den internationalen Partnern eine Liste vor, was sie an schweren Waffen braucht um Russland an den Verhandlungstisch zu zwingen - darunter 500 Panzer. Gibt es nicht eine Friedenslösung, durch das physische oder politische Ende der Herrschaft Putins, auf die alle - vielleicht tatsächlich alle - insgeheim warten. Dann könnte Russland einen Neustart beginnen und die Ukraine ihre Kriegswunden behandeln und langsam zur Normalität übergehen.

Kriegstagebuch 12.06.2022

Peter, der Grosse? Was ist das wieder für eine Geschichtsklitterung? Nervt Putin wieder mit seiner Hobby-Geschichte? Präsident Putin leistete den Amtseid auf Russlands Verfassung,offenbar hat er das vergessen. In der steht **nichts** von einer Nachfolge von Peter dem Grossen, sondern dass der legitim demokratisch gewählte

Präsident der Russischen Föderation Schaden von russischem Leben, von Russlands Ruf, Wirtschaft und Zukunft fernhalten soll. Man kann seine Zweifel haben, ob der "Alterspräsident" auch nur eine seiner verfassungsgemässen Pflichten erfüllt (man kann ihm zugutehalten, dass seine Regierung sich die Mühe macht - machen muss, gezwungen durch die internationalen Sanktionen gegen diesen Paria- und Räuberstaat - , jetzt statt Deutschland China zu seinem grössten Öl- und Gas-Käufer und -Importeur zu machen). Die Russen sind selber schuld, dass sie ihren Präsidenten aus dem Ruder laufen liessen, dass Russlands Parlaments- und Gesellschaftskontrolle der Regierung dermassen macht- und funktionslos, opportun und gleichgeschaltet geworden ist - weil sie letztlich der Staat besticht, weil sie alle vom Öl- und Gas-Geld leben....weil Russland keine andere Ressourcen und Innovationen entwickelt hat unter Putin, ausser Innovationen in Kriegsindustrie, für Verteidigung, Eroberungskrieg und Rüstungsexport - und sie jetzt dafür den Blut- und Wirtschafts-, den Sozial- und Zukunftszoll, den langsamen Abstieg Russlands bezahlen müssen: rund 30 000 junge und ältere russische Männer hat Putins Wahnsinnskrieg bis jetzt gekostet - darunter hohe Offiziere und tausende halbe Männer, Jüngelchen, die nicht richtig wussten, was sie in der Ukraine zu suchen hatten und nur ihren Tod fanden. Und auf der Ukrainischen Seite amtlich bis jetzt 12 000 Zivilisten (in Mariupol liegen noch tausende unter den Trümmern) und über 10 000 Soldaten. Für was eigentlich? Für das reine Ego eines Präsidenten, den niemand zu stoppen wagt (und die, die es wagten, wurden ermordet, denken wir an die merkwürdigen Verbrechen, die zwei Oligarchen-Familien geradezu ausrotteten). Das erinnert an Hitler, das erinnert an Stalin (fern), auch hier hätte ein "Eingriff" vieles, sehr vieles verändert, viele, sehr viele Menschenleben gerettet.

Kriegstagebuch 24.05.2022

Professor Fenenko - ein Kriegsanalytiker Moskaus - hält die militärische Spezialoperation in der Ukraine über dessen konkrete Absicht hinaus - Erweiterung des russischen Territoriums - für eine gute Gelegenheit, um das Angreifen, Erobern und Besetzen von westeuropäischen Staaten zu trainieren, also die nächsten Länder - Polen, Baltikum, Finnland, Rumänien, Slovakei, Bulgarien, Ungarn, verlustloser für sich, verlustreicher für den Angegriffenen zu überfallen. Was Fenenko sagt, ist trivial, ja, Russland lernt etwas und alle anderen lernen auch etwas daraus: Man muss jetzt Russland nur noch beibringen, dass es sich nicht lohnt, andere Länder zu überfallen, viel lohnenswerter ist es, mit ihnen im Handel, im Austausch und im Frieden zu stehen. Der Ukraine-Krieg ist ein Desaster für Russland, Russlands Gewinn dabei nur ein Pseudo-Gewinn, die Ukraine indessen wird militärisch gestärkt aus dieser Auseinandersetzung hervorgehen: so gestärkt, dass sie weiss, dass sie sich verteidigen kann - Russland macht sich zum Paria-Staat, produziert eine Clique von Kriegsverbrechern, zu denen Leute wie Fenenko gehören, die aktive Beihilfe zu Völkerrechtsbruch und Kriegsverbrechen ihres Staates leisten - daran ändern auch Kampfjet-Manöver, militärische Muskelspiele mit China nichts.

Kriegstagebuch 23.05.2022

Solange Putin die Propaganda seines Landes kontrolliere, meinte Norbert Röttgen, CDU - Interview bei web.de, wo Gabor Steingarts unauffällige Medienpräsenz hunderttausende UserInnen von web.de erreicht - könne er fast alles behaupten, was als Anlass, als Rechtfertigung und als Sieg des Krieges gegen die Ukraine zu gelten habe (ein Sieg über die Nato, über die Ukraine im Donbass und im Süden vor der Krim, ein Sieg **für** die vom Bürgerkrieg bedrohten Pro-Russland-UkrainerInnen, und so weiter). Für die Definition eines Sieges kann Putin-Russland flexibel von Maximalforderungen abrücken und sich begnügen, aus dem Donbass und einem Teil des Südens der Ukraine, verbunden mit der Krim, eine Pseudo-Republik von Russlands Gnaden zu gestalten - während seine ideologischen Kettenhunde von der Leine gelassen von der "ukrainischen Frage" faseln, die man doch nicht der **nächsten Putin-Generation** überlassen dürfe, sprich: man muss die Ukraine am besten gleich jetzt eliminieren. So faseln sich die Leute um RT-Chefin Samonjan bei ihren Grössen- und Vernichtungswahn-Ideen, die sie in TV-Talkshows produzieren, um die Wette, andere schweigen, möglicherweise nicht die dümmeren. Auch die Ukraine kann Sieg unterschiedlich definieren, von der Maximalforderung (Herstellung der territorialen Integrität ohne Abstriche) bis zur erfolgreichen Verteidigung der nationalen Existenz in Bereichen ausserhalb der russischen Okkupationszone. Putin-Russland zieht jetzt Iksander-Raketen-Systeme, die nukleare taktische Waffen bis 500 km weit transportieren können, an die russisch-ukrainische, und thermobarische Raketenwerfer, die ihre ultramörderische Fracht 5 km weit werfen können, an die ukrainisch-separatistische Grenze - wohl um für die nächste Verhandlungsrunde die maximale Drohkulisse als "Garanten" der neuen Republik- und Landesgrenzen aufzubauen? besagend: diese Grenze - dieses von Putin-Russland von der Ukraine gestohlene Land - geben wir nicht mehr her? Verteidigen wir mit unseren tödlichsten, schrecklichsten Waffen? (bei Nuklearwaffen würde der Fallout bei entsprechender Windrichtung die Separatistengegend, Weizenland während sehr vielen Jahren, mitverseuchen: auch deshalb ist ihr Einsatz selten eine gute Idee). Der zurückgetretene UN-Vertreter Russlands in Genf, Bondarev, spricht von "kleptokratischen Trieben" und der "totalitären Neigung" seines Landes, das das Putin-Regime verdorben habe und für das er sich schäme (vermutlich ist auch er ein Verfechter der **moralischen Wende,** die Russland nach Putin gut täte). In der Tat raubten Soldaten in den Kyiver Vororten sogar ukrainische Waschmaschinen, nicht nur das Leben ihrer Besitzer. Dafür ist jetzt der erste Soldat und Plünderer der russischen Armee - ein Jüngelchen, der alles andere als wie ein Massenmörder aussieht, und sich glaubhaft bei den Hinterbliebenden entschuldigt hat - im ersten Kriegsverbrecherprozess der Ukraine von der Ukrainischen Justiz zu lebenslanger Haft verurteilt worden. Ein potentieller Austauschkandidat für die Asov-Gefangenen, denen in der Pseudo-Volksrepublik Donezk ein Schauprozess unter dem Label "Internationales Tribunal" bereitet wird. Selensky insistiert bei seinem Video-Vortrag am WEF, Davos, auf ihren Austausch. Ausserdem würde die Rückeroberung der Krim hundertausenden ukrainischen Soldaten das Leben kosten (ist also nicht realistisch) und ausser über den Frieden habe er mit Putin nichts zu besprechen. Tatsache ist aber auch, dass im Dombass bei der freien und fairen Volksabstimmung der Ukraine von 2019 80 % der Ukrainer und Ukrainerinnen den russisch sprechenden Selenskyi, nicht Putin wählten- es verwundert darum wenig, dass auf den von Moskau eingesetzten Bürgermeister Schevtschik in Enerhordar - der den Unsinn von dem Nazi-Regime in Kiyv verbreitet- ein Anschlag verübt wurde (er und seine zwei Leibwächter überlebten schwer verletzt). Das wird kaum der letzte Guerilla-Anschlag auf eine Moskau-Marionette sein. Die Ukraine fühlt sich im besetzten Gebiet wie im besetzten Gebiet, nicht frei - sofern sie nicht den Eindruck gewonnen hat, dass Kyiv immer weit weg war und der Krieg, den es gegen die Separatisten führte in den letzten 8 Jahren (darunter Waffenstillstände, die meistens die Separatisten nicht einhielten, beklagte die OSZE), sie mehr bedrohte als befreite.

Kriegstagebuch 21.05.2022 (Schwarz stehn die Berge...)

Wie ein "Prestigesieg" für Putins Russland aussieht? Durch das Ende des ukrainischen Widerstands im Asov-Stahlwerk ist Mariupol gefallen, und wie schon länger geplant, soll es ein Distrikt im Einzugsgebiet von Donesk und Luhansk werden, dazu gehört, dass ab Herbst in Mariupol ein "russifizierter" Schulunterricht eingeführt wird, mit Schwerpunkten auf russische Geschichte, russische Literatur und Mathematik (Quelle: @SamRamani2). In der geistigen Welt Putins wird so getan als ob "ukrainische Literatur und Geschichte" nicht genauso gut und gleichwertig ist wie russische, französische und englische Literatur und Geschichte,

Putin macht hier eine Trennung und Abwertung, die nicht historisch, die nur ideologisch ist. Nicht zufällig nahmen russische Literaturgiganten wie Dostojewski, Lermontov und Nekrassov an der Beerdigung des ukrainischen Dichters Taras Schewtschenko (1814-1861) teil. Und sie rezitierten vielleicht gemeinsam das Schewtschenko-Gedicht "**Schwarz stehn die Berge...**"

Schwarz stehn die Berge - Sonne sich neiget,
Still wird's im Feld, Grauvögelein schweiget;
Froh aller Herz, in Ruhe gewieget.
Ich aber sinn — die Seele, sie flieget,
Flieget zum Gärtchen in der Ukraina,
Flieget, wohin die Wünsche mich tragen,
Mir ist, mein Herze hör' auf zu schlagen.
Felder und Wälder schwimmen im Dunkel,
Droben am Himmel Sternengefunkel. —
Stern, du mein Stern! — die Tränen mir kommen —
Bist schon den *heimischen* Fluren erglommen? (Ausz.; Dt. Ged.bib)

So will Putin also die ukrainische Literatur und Geschichte verjagen und einkerkern, sozusagen eine russisch-zaristische Tradition der Unterdrückung wiederbeleben, siehe Kriegstagebuch 09.05.2022 (Anmerkung zu Taras Schewtschenko) . "Die Welt jagte mich, konnte mich aber nie fangen" steht auf Gregori Skorowodas (1722-1794) Grabstein - dessen Gedenkstätte russische Raketen vor 10 Tagen verwüsteten - als ob man Skoworoda mit Raketen treffen, mit Raketen beeindrucken könnte...: "Putin jagte die Ukraine, konnte sie aber nie fangen" wäre die aktuelle Version von Skoworodas ewigem Testament. Es wird die

Zeit kommen, in der dieser pseudo-russische, ja, mittlerweile un-russische Spuk, ukrainische Literatur und Geschichte zu denunzieren und zu negieren, vorbei sein wird - in der die ukrainische Geschichte und Literatur - angefangen mit dem **Evangeliar von Peresopnice** (1561), auf das seit der Unabhängigkeit 1991 der Präsident der Ukraine den Amtseid leistet - so normal, so selbstverständlich wie italienische, französische, englische, deutsche und russische Geschichte und Literatur gelehrt und gelesen wird. Die Ukrainische Kultur und Nation zu gängeln, auszuschliessen, zu unterdrücken, das ist ein Pseudo-Prestigesieg, das ist ideologisch, das ist künstlich, das ist eine russifizierte Welt, die der russischen Welt und Geschichte nicht würdig ist - Dostojewski wird Taras Schewtschenko ewig die Hand reichen, ihm und damit auch sich ewig die letzte Ehre erweisen - wenn die kurze Phase von Putins Anti-Ukraine-Geschichtsklitterung längstens vergessen, nur eine kleine Notiz in der grossen Geschichte Russlands und der Ukraine sein wird.

Kriegstagebuch 21.05.2022

General Budanov, Chef des ukainischen Geheimdienstes, betont in einem Interview nochmals, dass die Ukraine alle von Russland besetzten Gebiete zurückerobern, die territoriale Integrität des Staates und Landes Ukraine herstellen werde, ohne Abstriche - im Laufe des Sommers 2022 soll das der Fall sein (dann kommen auch die deutschen Gepard zum Einsatz). Kurz zuvor äusserte er die Meinung, dass ein Putsch gegen Putin bereits im Gange und dieser schwer an Krebs erkrankt sei. All das muss man natürlich sagen in seiner Position. Man kann vermuten, dass der Chef des russischen Geheimdienstes FSB, Bortnikov, dergleichen umgekehrt kommunizieren wird.

Kriegstagebuch 20.05.2022

Man erinnere sich an Bundeskanzler Scholz "Putin darf diesen Krieg nicht gewinnen", "Putin wird diesen Krieg nicht gewinnen" könnte er auch gesagt haben, beides feuert den Prestigekrieg an. Nach seiner Zeitenwende-Rede ist Scholz kleinlauter und zögerlicher geworden. Jedenfalls lernt gerade Putins Armee besser zu erobern und anzugreifen und im Hinterland die "Russifizierung" und "Denationalisierung" durchzuführen - Leute, die für den ukrainischen Staat arbeiteten wie Polizisten in Filtrationslagern (zum Teil in Belarus) auszusieben (was machen sie mit ihnen? Ermorden sie sie?), teilweise in russische Gefängnisse weiterzuverschleppen: Es findet hier ein kollektives Verbrechen statt, wie man es zum letzten Mal in Europa unter den Nazis und aktuell in Syrien unter Assad kennt: dort gibt es Filtrations- und Folterlager..... - während die Ukraine lernt, noch besser zu verteidigen und Gegenangriffe zu starten. Man kann nur hoffen, dass dieser Prozess auf dem Schlachtfeld den Ausflug in den Prestigekrieg zurück auf den Boden der Waffenstillstandsverhandlungen bringen wird - Präsident Selenskyj mag zu stark auf Grossbritannien gehört haben (das wirft Wagenknecht beiden: Selenskyi wie GB und den USA vor: dass sie an einem Kompromissfrieden nicht interessiert sind, oder nicht an ihn glauben, dass man Selenskyi davon abbrachte, mit Russland Kompromisse zu finden), letztlich muss, sollte der Präsident der Ukraine auf sich, auf sein Land hören. Die Ukraine braucht einen Schwarzmeerzugang, den die russische Marine aktuell blockiert, und/oder eine EU-Mitgliedschaft, über die ihre Weizenexporte gehen können. Und so weiter. Putin-Russland hingegen braucht einen Prestigesieg, den viele Kommentatoren im Westen - aber auch in der Ukraine - nach den Kriegsverbrechen in Kyver Vororten und anderswo in der Ukraine nicht mehr für möglich halten oder verhindern wollen. Für Russland braucht es aber einen erfolgreichen Krieg, einen erfolgreichen Abschluss, für Putin-Russland braucht es, wie auch immer an der Wahrheit vorbeikonstruiert, einen Prestigesieg.

Kriegstagebuch 20.05.2022

Wie zu befürchten überlagert sich das Kriegsziel in Putin-Russlands Angriffskrieg gegen die Ukraine seit dem 24. Februar 2022 von einer zweckgerichteten militärischen "Spezialoperation" zugunsten der Separatistengebiete im Donbass, immer mehr zu einem **Prestigekrieg**, in dem es darum geht, wer gewinnt und wer verliert, in dem es um den Raub von Eroberern und die Verteidigung von Eigentümern geht, nachdem einfach zuviel Kränkung von Offizieren, Zerstörung von Symbolen und Gefährdung von Etiketten wie "Supermacht" erfolgt sind und Russlands internationale Reputation als Kriegsmacht und Waffenexporteur auf dem Spiel stehen - Dinge, deren Unantastbarkeit, ja Heiligkeit man annahm und andere Dinge, von denen Putin-Russland nicht erwartete, das sie eintreffen, wie die erfolgreiche Verteidigung der Ukrainer und Ukrainerinnen, die um ihre nationale, kulturelle und physische Existenz kämpfen müssen und Europas geschlosssene Solidarität, der USA, Kanadas, Australiens, Japans und anderer Länder, die die Sanktionen gegen den Aggressor Russland unterstützen. Sogar China, das in Russland einen Partner im Konkurrenzkampf gegen die USA sieht (wenn auch dieser eine Ausgeburt des internationalen Konkurrenzkapitalismus, also viel verflochtener als auf einen simplen Antagonismus reduzierbar ist) muss oder sogar will weise handeln, immerhin zählt Europa zu seinen besten Kunden und baut es auf internationalen Regeln wie die UN-Charta, die ihr grosser Nachbar mit Füssen tritt. Im Morgenland zeigt Russland sein freundliches Gesicht, gilt als vertrauenswürdig, bietet Indien, Pakistan und China Gas und Öl zu günstigen Preisen an, im Abendland zeigt es seine hässliche Fratze, verspielt fast jedes Vertrauen und jede Investitionsbereitschaft von treuen Kunden. Sogar SIEMENS hat sich aus Russland zurückgezogen - Russland fehlen bald nicht nur Ersatzteile. Und für was das Ganze? Dafür, dass der russische Präsident und sein Umkreis auf der historisch falschen Ideologie, dass es die Ukraine, das Ukrainische, die ukrainische Geschichte schon vor Bohdan Khmelnytsky (1595-1657) nicht gibt die Ukraine, das Ukrainsche, die ukrainische Geschichte physisch zu zerstören und zu annektieren versuchen. Das ganze Kriegsunternehmen basiert auf falscher Beratung, auf falschen Einschätzungen, auf falschen Behauptungen und Animositäten gegen ein grosses 44-Millionen-Einwohner-Land. Das Putin-Regime versucht, möglichst viel Russen und Russinnen zu Komplizen dieses ungerechten Angriffskrieges gegen ihren Bruder, ihre Schwester, ihren Nachbarn zu machen, es werden in

Russland Spendenaktionen für die Bürger und Bürgerinnen organisiert, so dass sich jeder Russe und jede Russin auch zu Hause die Hände schmutzig machen kann.

Kriegstagebuch 20.05.2022

Das Gold der Skythen. Moskaus Räuber schauen sich ihre Kriegsbeute in der Ukraine an. In Mariupol entführten sie die Museumsdirektorin, drohten ihr mit Folter, lebt sie noch? Ist den Räubern von Moskau doch egal, die sich allesamt die guten, nein die einzig "wahren" Christen nennen. Möge ihnen ganz schnell Kiril die Absolution erteilen! Jedenfalls wurde das Gold der Skythen (5. Jh. v.u.Z.) von ihnen abgeschleppt. Das erinnert an die Nazis, die Kulturgüter in von ihnen beherrschten fremden Ländern abschleppten. Zum Teil ging das in Goebbels Privatsammlung, wobei dieser wusste, dass Hitler daraus jederzeit eine Art "glorreiches Kriegsbeutemuseum" machen konnte. Das könnte ja noch kommen - ein "glorreiches Kriegsbeutemuseum" in Putins Moskau (Quelle: SZ/20.05.2022).

Kriegstagebuch 18.05.2022

Moskaus Räuber schauen sich ihre Kriegsbeute in der Ukraine an: der Vize-Regierungschef Chusnullin besucht die ukrainische Hafenstadt Cherson, um zu unterstreichen, dass dieses Okkupationsgebiet der Ukraine russisch (gemeint: russländisch) sein und bleiben wird - im Unterschied zu Charkiw im Norden, das Russland den ukrainischen Truppen wieder überlassen musste. Kyiv kündigt an, dass eine Russifizierung Chersons scheitern wird. Man weiss nicht, ob Russland plant, erstens bei Cherson die "endgültige" Grenze seines Okkupations- und Russifizierungszieles zu ziehen, denn darauf laufen "Denazifizierung" und "Entmilitarisierung" von ukrainischem Okkupationsgebiet hinaus (am 1. Mai wurde der Rubel eingeführt) (und falls nicht die ukrainische Armee und Zivilbevölkerung ein Wort mitreden bei diesen Eroberungsplänen der Russen und Separatisten) - und, zweitens, die Hafenstädte Mykolajiv und Odessa, östlich von Cherson, ukrainisch zu belassen (so sieht es nicht aus, aktuell toben heftige Kämpfe um Mykolajiv) sowie das Schwarzmeer für ukrainische Handelschiffe und Handelspartner wieder freizugeben (Stichwort: Welthunger, Weizenexport). Dann wäre ab Cherson der westliche Uferbereich am Schwarzen Meer bis zur russischen Grenze **russisches Okkupationsgebiet der Ukraine**, ebenso der südöstliche Grenzbereich, hochsteigend von Mariupol über Donesk nach Luhansk: dieses ukrainische **Okkupations-L** - das sich an die Krim anschlösse - wäre die russische Kriegsbeute. Es handelt sich um Territorium, das seit über 100 Jahren staatsrechtlich ukrainisch ist, **zwischen 1922 und 1991** gehörte es zur **Ukrainischen Sowjetrepublik** und seit 1991 der unabhängigen Ukraine. Vielleicht kann Putins Regime mit dieser Kriegsbeute das Gros der russischen Bevölkerung für das "Opfer" das sie dafür brachte, mehr als 10 000 getötete Soldaten, zufriedenstellen. Falls diese Putin-hörige Bevölkerung und Medienwelt es gutheisst, dass ihr Militär andere Länder überfällt und die eroberten Gebiete russifiziert (was sie offensichtlich tut: sie spendet Millionenbeträge für "ihren" Krieg in der Ukraine), - gegen alle Abkommen und Verträge - nur mit dem

Hinweis, dass die NATO ihren ungeschriebenen, in einem Sowjetkontext geäusserten Vertrag (besser: Versprecher) gebrochen hat und die Ukraine innenpolitisch wie militärisch erstens eine ideologische (Nazis, überall Nazis! Demokraten, überall Demokraten in einer Demokratie, in der die Opposition nicht im Gefängnis landet oder in das Ausland fliehen muss) und zweitens eine militärische Gefahr für Russland darstelle, ohne zu erwähnen, dass die Ukraine schon bereit war, über Neutralität und Verzicht auf Nuklearwaffen zu diskutieren, und dass es das flächenmässig grösste Land der Erde nicht nötig hätte, ein paar ukrainische Landstriche, ein klitzekleines Transnistrien, eins oder zwei ukrainische Hafenstädte zu erobern, denn das, nur das, verbessert Russlands Sicherheitslage nicht, zudem treibt das Finnland und Schweden unter den Schutzschirm der NATO. Deswegen höre Russland mit seinem Märchen auf: es werde von der NATO eingekreist - die NATO ist ein Verteidigungs- kein Angriffspakt, Moskau weiss: Finnland geht nicht zur NATO um Russland anzugreifen, sondern, um nicht von Russland angegriffen zu werden. Das heisst, Putins Invasion in die Ukraine bringt für Russland keinen, höchstens einen geringen sicherheitsstrategischen Vorteil (wenn Russland es schafft, die Ukraine auf Neutralität und Nuklearwaffenlosigkeit zu verpflichten), und auch kaum einen ökonomischen, im Donbass gibt es Eisenerz; um Cherson eine Kornkammer - als ob Russland zuwenig Eisenerz und Korn hat- , zudem wird Russlands Armee die eroberten Ukrainer, unfreiwillige "Neurussen" wie freiwillige Separatisten, in die russische Armee aufnehmen - als ob Russland zuwenig Personal für seine Armee hat - wenn das überhaupt alles funktioniert. Nach der Putin-Ära wünschte man sich in Russland, eine **"moralische Wende** ", die die Bevölkerung *staatspädagogisch* so informiert und erzieht, dass sie die Wichtigkeit von internationalen Verträgen wie die UN-Charta und den Respekt für Landesgrenzen nicht nur versteht, sondern verinnerlicht. Es gibt eine Opposition in Russland, die diese Werte verteidigt und sich für Russland als gemeiner Dieb schämt. Oft braucht es wie wir von Hitler-Deutschland und von Kaiser-Japan wissen, erst Krieg bis Staaten, die das Völkerrecht und die Grenzen der Nachbarn missachten, zur Vernunft kommen (man kann sogar die These wagen, dafür braucht es früher oder später nicht oft, sondern **immer** Krieg). Wir hoffen nicht, dass Russland erst durch einen umfangreichen Waffengang, durch einen weltkriegsähnlichen Krieg, der das Ende der Ära Putin einläutete, wieder zur Vernunft und in das internationale Regelsystem zurückfindet. Dass Putin nicht mit einem riesigen Eklat und Desaster (auch für sein eigenes Land) von der Weltbühne abtritt, weil er es anders nicht mehr kann, nicht will.

Kriegstagebuch 18.05.2022

Fast alle Soldaten des Asov-Regiments im Mariupoler Stahlwerk - zuerst weniger, später folgten fast 1000 Soldaten - kapitulierten, sie - mit über 50 Schwerverletzten - wurden in russisch okkupiertes Donbass-Gebiet verlegt. Dort werden sie gefangen gehalten und medizinisch versorgt. Ihr Schicksal ist ungewiss. Präsident Selenskyi will sie durch einen Gefangenaustausch befreien. Das Putin-Regime steht unter Rechtfertigungszwang für das (selbst-)mörderische Desaster in der Ukraine (siehe

16.05.), deshalb werden möglicherweise mit einigen Asov-Gefangenen Schauprozesse für die russische Öffentlichkeit inszeniert (Mal zur klaren Auskunft eine Zwischenbemerkung: diese Idee ist nicht in diesem Blog entstanden: solche Spekulationen zirkulieren seit dem 16./17.05.2022 u.a. bei Twitter. Danke. Ausserdem sollte das Putin-Regime aufhören, die eigene Bevölkerung anzulügen und die ganze Ukraine als ein Nazi-Volk zu denunzieren. Die Wahrheit wird eh an den Tag kommen, auch wenn es im Asow-Regiment paar Neonazis gibt. Sie sind weder für die Ukraine noch für die Ukrainische Volksarmee repräsentativ) Das "*Regiment Asow*" wie **Wikipedia** es nennt - Stand: 18.05.2022 - hatte schon vor dem Krieg den Ruf, ein Hort für Neonazis und Rechtsextremisten zu sein, es bildete sich 2014 zur (para-)militärischen Verteidigung des ukrainischen Territoriums - ab 2015 dem Innenministerium unterstellt - im Kampf gegen pro-russische Separatisten, die ebenfalls, denken wir an die Wagner-Gruppe, Nazi-Nippes. Rechtsextremisten-Folklore und SS-Symbolik wie die Wolfsangel - Asows Regimentsabzeichen - schätzen. Sowohl die ukrainischen als auch die russischen Neonazis sollten aufhören mit SS-Symbolik und Nazi-Kram zu "spielen" - offensichtlich haben sie beide nicht begriffen oder ignorieren bewusst, dass sie damit irregeführten Mördern ihrer Gross- und Urgrosseltern die Ehre, die absolut nicht verdiente Ehre erweisen. Sowohl in Russland als auch in der Ukraine gehören Nazi-Abzeichen wie Wolfsangel, Nazi-Grüsse und anderer rechtsextremistischer Müll, andere militärische Stimulanzmittel, gesellschaftlich geächtet und juristisch verboten.

Kriegstagebuch 16.05.2022

NATO Generalsekretär Stoltenberg ist jetzt auch zur Einsicht gekommen, und meinte kundtun zu müssen, dass Russland seinen Krieg in der Ukraine verlieren könne - dass, mit anderen Worten, Russlands militärische Spezialoperation in der Ukraine ein Misserfolg wird. Stoltenberg, der ein gut informierter Organisator, kein brillanter General sein muss für seinen Job, sollte seine Privatmeinung von solcher prospektiven Qualität, an die sich weitere Konsequenzen nur spekulativ anknüpfen lassen, besser für sich behalten. Zudem wollen wir hoffen, dass es am Ende nicht nur Verlierer gibt oder hauptsächlich nur Verlierer - denn mit 15 000 toten Soldaten ist Russland schon längstens auch ein Verlierer, ebenfalls die Ukraine mit 3000 toten Zivilisten und 3000 toten Soldaten (oder mehr). Zudem könnte eine der Gründe dieser Operation sein, in Form eines Straffeldzuges, blind Rache zu üben für die Ermordeten in Odessa, für die zivilen Kriegsopfer im Donbass - diesbezüglich jedenfalls hätte die Spezialoperation in Butscha und an anderen Orten der Westukraine schon einmal "siegreich" Rache genommen, Vergeltung geübt (aus Putin-russischer Sicht). Und so weiter. Aber natürlich hoffen wir mit der Ukraine, dass sie zu einem "Sieg" kommt, zumal zu einem Frieden oder friedensartigen modus vivendi mit Russland, der für beide Länder anständig und nachhaltig, also ihrer Gesellschaft vermittelbar ausfällt (denn auch die Russen und Russinnen wollen irgendwann einmal wissen, wofür eigentlich ihre Ehemänner, ihre Söhne, ihre Väter, ihre Brüder tatsächlich gefallen sind, dann, wenn sie nicht mehr glauben, dass die

Ukraine ein Pseudo-Nazi-Regime voller Neo-Nazis ist...) - ob das mit Putin und Lavrov gelingt, wage man doch besser zu bezweifeln. Auf der anderen Seite wird ein solcher Frieden, zumal ein Waffenstillstandsabkommen, irgendwann einmal zu beschliessen sein. Das stimme optimistisch.

Kriegstagebuch 16.05.2022

Die Tragik Putins und das Dialektische an seiner Politik. Putin hat ja die Sowjetunion überwunden und die chaotische Anfängerdemokratie Russlands, ein absolutes Entwicklungsland in Sachen Demokratie, der 1990er Jahre, auf ein prosperierendes Niveau der Ordnung und Versorgung der Gesellschaft gebracht (gewisse Volkswirtschaffende meinen, die "Hauptleistung" für Russlands steigende Prosperität sei der steigende Ölpreis gewesen), so dass eigentlich erst jetzt, quasi in einem zweiten Anlauf, Demokratie in Russland zu funktionieren beginnen kann. Paradoxer- oder dialektischerweise. Der Präsident hat für Russland Etliches geleistet (und sich das auch mit Reichtum, den er vermutlich seinem Volk stahl, gut bezahlen lassen). Doch jetzt am Abend seiner Amtszeit droht Putins historisches Verdienst, den er Russland erwiesen hat, mit kontraproduktiven, ja selbstzerstörerischen Handlungen niederzureissen. Er ist für Russland kein Segen und Glück mehr, sondern ein Problem, vielleicht sogar eine Gefahr geworden.

Kriegstagebuch 16.05.2022

Hat Putin Krebs? Jedenfalls ist seine neueste Politik krebsartig - sie wuchert über alle bewährten Regeln und vorgegebenen Bahnen hinaus und zeitigt selbstzerstörerische Züge.

Kriegstagebuch 15.05.2022

Ein Gespenst geht um in der Ukraine, es ist das Gespenst des Kreml.

Kriegstagebuch 14.05.2022

Ein Gespenst geht um in Europa, es ist das Gespenst des Kreml. Finnland und Schweden fühlen sich von diesem heimgesucht und wollen unter den Schutzschirm der NATO (für mich *mittlerweile* der zweitbeste, nicht der beste Weg, by the way). Überhaupt bei der NATO muss sich Europa fragen, nachdem schon Präsident Trump die USA aus der NATO zurückziehen wollte, wie ihre gesamteuropäische Verteidigung, wie ihre Nachfolgeorganisation, aussehen wird. Einige Vorschläge dazu finden sich in diesem Blog, Stichwort: EDU (Europe Defense Union) mit alten neuen Alliierten wie USA und Kanada und neuen Alliierten wie Japan, Südkorea und Marokko und dank Spaniens gutem Draht zu Lateinamerika, vielleicht auch mit lateinamerikanischen Partnern wie Mexiko und Chile). Doch zurück zum Kreml, der die Präsidentinnen von Finnland und Schweden in die starken Arme der NATO treibt. Wenn Putin verhindern will, dass sie Mitglieder der NATO werden (wahrscheinlich zu spät, trotz des Vetos der Türkei, für die beide Länder unliebsame Horte für kurdische

"Terroristen" sind), dann müsste er jetzt, erstens, statt wieder zu drohen (Grossbritannien schloss kurzfristig einen Verteidigungspakt mit beiden NATO-Kandidaten) und die Ukraine forgesetzt zu überfallen, deutliche Signale setzen, dass seine militärische Spezialoperation in der Ukraine *in absehbarer Zeit beendet* werde so wie allgemein seine imperialistische Rhetorik ersetzt durch eine regelkonforme Sprache, die sich an nationale und internationale Regeln und Grenzen halte. Doch diese Normalität hat Putin aufgekündigt. Er zwang dadurch Russland einen *unnötig* riskanten und schädlichen Weg auf - aber dieses Problem sollen die Russen und Russinen berurteilen und lösen (das auf die eine und andere Weise auch unseres, ja, ein Problem der ganzen Welt ist: Stichwort: Weizenexport). Allgemein müsste Putin klar machen, dass Russland die Russland-phoben Pogrome und Tötungen an pro-Janukowytisch-orientierten zivilen Ostukrainern, die in Odessa 2014 und im Donesk-Gebiet zwischen 2014 und 2022 stattgefunden haben, nicht durch "Entnazifizierungsmassnahmen" rächen will. Denn 2014 traten ukrainische Neo-Nazi-oder Ultranationalisten-Truppen (Selbstbezeichnung "*Rechter Sektor*") wie ein mörderischer Mob auf (vgl. Spiegel 2015 über das Odessa-Massaker) und ukrainische Soldaten, die im Auftrag ihrer Regierung gegen ostukrainische Separatisten kämpften, die von Russland unterstützt wurden, nahmen tausende zivile Tote - im Grunde ihre eigenen Landsleute - in Kauf. Leute aus dem Rechten Sektor gehörten auch zu denen, die das Friedensabkommen vom 21. Februar 2014 zwischen Regierung, Opposition und Maidan-Vertreter, vermittelt durch Deutschland und Polen, aggressiv ablehnten, das u.a. Neuwahlen vorsah, Präsident Janukowytsch musste daraufhin die Flucht ergreifen. Viele Ostukrainer akzeptierten dieses Mob-Regime oder eine Regierung in Kyiv, die sich vom rechten Mob treiben liess, nicht, hielten vielmehr zu "ihrem" Präsidenten Janukowytsch, der in Russland Asyl fand. Wobei dieser in den am 21. Februar beschlossenen Neuwahlen keine reale Chancen für eine Wiederwahl gehabt hätte: insofern wäre er eh durch ein legitimes Verfahren abgesetzt worden. Die Neuwahl des Präsidenten der Ukraine gewann Poroschenko. Er erbte auch das Problem mit dem Teil in der Ostukraine, der militant pro-Russland-orientiert blieb und der die *Diktatur der Mehrheit,* also die herrschende Demokratie in der Ukraine, bis heute nicht akzeptiert, er erbte den ukrainischen Bürgerkrieg, in dessen Feuer Russland Öl goss. Putin müsste also klar machen, dass er diese ermordeten und durch Bürgerkriegshandlungen getöteten Pro-Russland-Ukrainer durch "Nazis" nicht durch das, was er "Entnazifizierung der Ukraine" nennt, rächen -und auch nicht den Krieg der ukrainischen Regierung gegen die ostukrainischen Separatisten, zugunsten der letzteren, dauerhaft beenden und befrieden will. Dafür müsste er die aktuelle Regierung der Ukraine entmachten oder mit ihr in Friedensverhandlungen eintreten bezüglich der Separatistengebiete, doch Russland scheint es eher auf Diebstahl, auf Landraub abgesehen zu haben als auf einen unwillkommenen Frieden, sollte das ukrainische Militär diesem Vorhaben nicht einen Strich durch die Rechnung machen. Tatsächlich ist Putin bereit, dieses ostukrainische Gebiet so wie die Krim per Verfassungsänderung Russland zuzuschlagen und mit Gewalt einen Polit- und Mentalitäts-Wechsel in der Ukraine zu erzwingen. Putin möchte sozusagen, die Pro-Russland-Partei der Ukraine an die Macht putschen; doch dafür müsste er die ganze ukrainische Demokratie zerschlagen, denn diese vertraut dieser Partei 3 % , nicht wie der Partei Selenskyis, 43 % ihrer Stimmen an und jetzt wahrscheinlich 0.1 % . Putin hat es geschafft, dass ihn mittlerweile 99,9 % der Ukrainer verfluchen - eine völlig unnötige extreme Feindseligkeit zwischen zwei Bruder- und Schwester-Völkern. Mit Gewalt in Kyiv einen Regierungswechsel gegen den demokratischen Willen der ukrainischen Gesamtbevölkerung zu erzwingen, hat nicht geklappt, in Kyiv ist immer noch der 2019 legal gewählte Präsident Selenskyi an der Macht, legitimer, stärker, breiter unterstützt denn je von der Bevölkerung und von internationalen Freunden und Partnern. Um mit Gewalt den Willen seines russischen Regimes gegen den fast gesamten Willen der Bevölkerung der Ukraine durchzusetzen, müsste Putin 20, 30 Millionen UkrainerInnen aus ihrem Land vertreiben oder ermorden lassen - als Massenmörder fast in der Grössenkategorie eines Hitlers in die Geschichte einzugehen, scheint aber nicht Putins Wunschvorstellung zu sein -, denn diese starken eigenwilligen Ukrainer und Ukrainerinnen werden sich vor der russischen Gewalt nicht beugen, wenn nicht in einen offenen Krieg, in nächtliche und tägliche Guerilla, in zivilen Widerstand, in latenten Bürgkrieg übergehen. Die ganze Idee von Putin, die Ukraine zu überfallen, ist von Anmassung, von schlechter Beratung und von realer Undurchführbarkeit geprägt - denn der ganze russische Unterdrückungsaufwand für ein riesiges Land mit 44 Millionen Einwohnern müsste zusätzlich das ganze Umfeld dieses Landes kontrollieren können, das diese

Aktion von Putin in der Ukraine nicht akzeptieren kann und das mit allen Mitteln, die ihm zur Verfügung steht, den ukrainischen Kampf für Freiheit und Selbstbestimmung unterstützt. So kommt es, dass Finnland und Schweden nicht nur in die NATO wollen, sondern die Ukraine mit militärischen, zivilen und finanziellen Mitteln unterstützen, und die internationalen Sanktionen gegen Putin-Russland mitmachen. Und **zwar langfristig, wenn es sein muss während Jahren,** bis die Ukraine das Joch Putin-Russlands abgeworfen haben wird (wenn sich das nicht auf andere Weise erledigt). Nein, diese Signale vermittelt Präsident Putin Finnland und Schweden nicht - und selbst wenn, dann würde man nur seinen Taten, nicht seinen Worten glauben. Ähnlich sein Sekundant, sein Aussenminister Lavrov - der sich beklagt, der JAMMERT, dass die westliche Welt einen totalen (hybriden) KRIEG gegen Russland führe - Lavrov wie Putin zeigen mit ihren Fingern immer auf die anderen, auf die anderen und betreiben Ursache-Wirkung-Umkehr, sie sollten mal mit dem Finger auf sich zeigen: sie tun so, als sei nicht ihr Krieg die Ursache für diese Reaktionen in ihrem internationalen Umfeld, als führten wir, nicht sie Krieg. So wie sie die Tatsachen verdrehen, verdrehen sie die Köpfe der Russen und Russinnen - die irgendwann ihren Lügen nicht mehr folgen, nicht mehr glauben werden. Wie sie dieses Problem lösen ist ihre Sache, doch leider ist ihr Problem mit dieser verdrehten ideologischen Wirklichkeit, die in Russland die Leute beherrscht, wie gesagt, auf eine andere Weise auch unser Problem. Ganz besonders Deutschland hat die historische Pflicht, die Ukraine zu unterstützen, nachdem was unsere Gross- und Urgrossväter ihren Bürgern und Bürgerinnen, Genossen und Genossinnen, Juden und Jüdinnen im Nazi-Vernichtungskrieg angetan haben. Deutschland hat die Pflicht, die Ukraine in ihrem Recht auf Selbstverteidigung und Freiheit (freie Wahl, etc.) zu unterstützen, wenn es sein muss, sehr langfristig, während Jahren. Man täusche sich nicht in der Durchhaltekraft und im Kampfeswillen Europas - noch schläft Europas Drache, der russische Bär sollte ihn nicht wecken.

Kriegstagebuch 13.05.2022

Putins Grossrussland-Ideologie und Rus-Ideologie, statt UN-Charta und Budapester Memorandum. Statt Frieden, Krieg gegen die halbe Welt, der nicht gewonnen werden kann, aber die UN-Charta und das Budapester Memorandum bestätigen wird - nach Millionen Toten oder nicht nach Millionen Toten - wörtlich oder im Geiste. Alternativlos.

Kriegstagebuch 13.05.2022

Über russische Filtrationslager (Ausmusterungslager),in denen russische Patrioten ukrainische Patrioten (de facto: Kriegsgefangene und zivile Ukrainer und Ukrainerinnen, die von Russland aus eroberten Gebieten der Ukraine geführt und entführt wurden) foltern und umbringen, weil sie ukrainische Patrioten sind. Das ist ungefähr so, wie wenn man Chinesen foltert, weil sie Chinesen sind. Schande über diesen Kreml!

Kriegstagebuch 13.05.2022

Über den postsowjetischen und den sowjetischen Taras Sevcenko. Die 1991 untergegangene Sowjetunion - beherrscht von der Kommunistischen Partei mit Parteizentrale in Moskau - war ja noch so klug und liess die Ukraine Ukraine sein, wenn auch, wie alle Länder und Ländergeschichten in der Sowjetunion, politisch in einem *sowjetrepublikanischen Raster* (die Ukraine hatte ihr eigenes Parlament) und ideologisch in einem *marxistisch-leninistischen Raster*, der Taras Sevschenko zu einem Klassenkämpfer machte und eher unterbelichtete, dass er ein Christ und sein Verständnis von nationaler Selbstbestimmung der Ukraine sicher kein sowjetisches war. Als Leibeigener, der sich frei kaufen musste, kämpfte er politisch wie lyrisch gegen die Leibeigenschaft, gegen aristokratische Besitz- und Produktionsverhältnisse und das Zarentum zugunsten einer kulturell und staatlich selbstständigen Ukraine im Zuge einer nationalen Bewegung und bürgerlichen Athmosphäre, die in der Mitte des 19. Jahrhunderts mehr oder weniger jedes Land in Europa ergriff.Bei Sevcenko hiess das, dass er seinem Umfeld entsprechend, das nicht Paris, Berlin oder London, sondern die Ochsensteppe und der Kaukasus war, mehr ein Bildungsbürgerdichter und -Maler der Bauern als der Bürger, der Landschaften als der Städte war. Dass es heute in der Ukraine hunderte Strassen gibt, die nach Taras Sevschenko heissen, das rührt aus der Sowjetzeit, nicht erst aus der Zeit nach 1991. Seit den 1960er Jahren wurde in der Ukraine zum Beispiel ein Taras-Sevschenko-Literaturpreis vergeben. Wenn also heute von Putin indoktrinierte russische Soldaten und Apparatschiks, patriotische Ukrainer verfolgen und bedrohen, die Sevcenko für einen Nationaldichter und geistigen Gründer

der Ukraine und die Ukraine für ihr Vaterland halten, wenn diese Russen die patriotische Überzeugung und nationale Einstellung von Ukrainern und Ukrainerinnen nicht wie bei Italienern, Franzosen Engländern, Slovaken, Tschechen, Polen, Ungarn, Litauern, Letten, Esten, Finnen, Schweden, Rumänen, Bulgaren und Weissrussen akzeptieren, dann ist das blanker Terror, dann ist das ein historisches Zurückfallen, eine ideologische Regression hinter die Sowjetunion, nicht nur aus Dummheit und Arroganz Folter, Repression und Mord an Ukrainern und Ukrainerinnen. Dann kämpft hier ein Irrsinniger im Kreml gegen ein 44-Millionen-Volk, gegen Windmühlen, ja gegen den Wind selber an, mit der verrückten These, dass es dieses Volk, dass es den Wind nicht gibt, nicht geben darf - deswegen muss alles, was Ukrainisch ist, abgewertet und untergeordnet, verdrängt und verschwiegen, geächtet und verfolgt werden. Deswegen müssen alle Fenster und Türen, alle Ohren und Münder geschlossen werden im Kreml: doch den Widergänger in seinen Gängen wird man damit nicht los - ein Gespenst geht um in Europa, es ist das Gespenst der Ukraine....Oder anderst gesagt: Ein Gespenst geht um in der Ukraine, es ist das Gespenst des Kreml. Doch die Ukraine lebt, stark mit der Zukunft und mit ihrer Geschichte verwurzelt. Die ukrainische Sprache, die seit 400 Jahren gesprochen, seit über 200 Jahren schriftlich weiterentwickelt wird, wird vom arroganten Putin-Russen zu einem minderwertigen russischen Dialekt verkümmert, und die vielfältige ukrainische Volks- und Kosakenkultur, die seit Jahrhunderten gepflegt, wird, wird vom arroganten Putin-Russen zu einem minderwertigen Brauchtum erniedrigt, die ganze Ukraine zu einem Kleinrussland verkleinert oder, da Kyjiv **viel älter** ist als Moskau und das ausserukrainische Russland ("wir sind deshalb viel russischer als Russen", könnten Ukrainer behaupten, argumentierten sie so russistisch-nationalistisch wie Putin) - zu einem **Ur-Rus-land** hochstilisiert - zu dem Weissrussland (Belarus) - Belarus weiss von seinem Glück noch gar nichts! - und das ausserukrainische Russland gehören. Das wahre rus-ische Vaterland....ist Kyiv, jedenfalls für einen Moskauer, dem die riesige Grösse und Selbstgenügsamkeit seines Landes aus merkwürdigen Gründen immer noch nicht gross genug ist/sind... Selbstverständlich muss bei dieser ganzen Konstruktion der Moskauer nicht der Kyjiver zum "Ur-Russen" gemacht werden - denn merkwürdigweise leuchtet Putins grossrussische Ideologie mehr Russen in Moskau als Ukrainern in Kyiv ein. Kurzum: diese ganz pseudo-historische Konstruktion ist mehr nicht als ein riesiges Kartenhaus - bis irgendwann das ganze Kartenhaus zusammenkracht. Der Dummkopf-Dugin'sche Grössenwahn kennt keine Grenzen, wo russisch oder russischer Dialekt gesprochen wird (der ukrainische Präsident Selenskyj spricht besser russisch als ukrainisch...das ist wie bei den Österreichern und Deutschschweizern, die deutsch-dialektal sprechen und hochdeutsch schreiben: aber sich deswegen niemals national als Deutsche definierten: es gibt weit mehr Faktoren, die eine nationale Identität definieren, als die gesprochene Sprache. Stupid), nein, sie (aner)kennen keine Grenzen, die müssen, wo sie ignoriert und eingerissen werden wie in der Ostukraine, erst wieder hergestellt oder mit Waffen verteidigt werden, will der Frieden, der Friedensvertrag und das zivile Vertragswesen dem Kreml-Chef nicht mehr genügen. Will dem

Präsidenten Putin nicht mehr genügen, eine **"Übergangsfigur"** in der russischen Geschichte zu sein, eine Figur des Übergangs von Russlands sowjetisch-kommunistisch diktatorischen Zeiten in nicht kommunistische nationale demokratische Zeiten (und Grenzen), will Präsident Putin am Abend seiner Amtsperiode ein grosser "Feldherr" sein, der erstmals in Russlands neueren Geschichte Europa angreift, statt von dem Europa Napoleons und Hitlers angegriffen zu werden (mit bekanntem Resultat). Dabei riskiert Putin den Glauben an die Unbesiegbarkeit Russlands, der in Afghanistan (wie bei den USA und ihren Verbündeten) einen empfindlichen Dämpfer, einen Vorgeschmack davon erhielt, wie es ist, wenn man auf dem Schlachtfeld geschlagen wird. Man kann die These vertreten, ein Russland das wirklich angegriffen wird, existentiell militärisch angegriffen wird, nicht eines, das sich sich einbildet oder vorgibt, angegriffen zu werden, ist tatsächlich unbesiegbar, indessen ein Russland, das angreift, nicht nur Mini-Ländereien, lächerlich kleine Provinzen sondern grosse Länder wie die Ukraine, zudem im Unrecht ist mit seinem Angriff, einem solchen Russland ist nicht unbedingt viel Glück dabei beschieden. Ein solches Russland operiert unter seiner Würde.

Kriegstagebuch 13.05.2022

Die Ukraine kommt mit voller Wucht in Europa, Europa kommt mit voller Wucht in der Ukraine, Osteuropageschichte kommt in Europageschichte, Europageschichte kommt in Osteuropageschichte an.

Kriegstagebuch 11.05.2022

Anmerkungen zu Nikolai Watutin und einer komplizierten *panslawistischen, faschistischen* und *sowjetischen* Vergangenheit Europas in der ersten Hälfte des 20. Jahrhunderts, die sich nicht eignet für plakative Propaganda in postsowjetischen und postfaschistischen Zeiten zu Beginn des 21. Jahrhunderts. In Putins 9. Mai-Rede wurde von den Helden und Heldinnen des Grossen Vaterländischen Krieges, die auf ukrainischem Boden starben - in der ganzen Rede wird der Begriff "ukrainisch" tunlichst vermieden -, als erster General Watutin (1901-1944) erwähnt Das hat seine besonderen Gründe (Der Wortlaut aus der Rede lautet: ".. "*Heute kämpft die Donbass-Miliz gemeinsam mit den Soldaten der russischen Armee auf dem Boden, auf dem Swjatoslaw* [10. Jh. n. Chr.] *und Wladimir Monomach, Rumjanzew und Potemkin, Suworow und Brusilow standen, wo die Helden des Großen Vaterländischen Krieges - Nikolaj Watutin* [der sowjetische General fiel 1944 im Krieg gegen die Ukrainische UPA] *Sidor Kowpak* [sowjetische Ukraine-Guerilla, fiel nicht im Krieg] u*nd Ljudmila Pawlitschenko* [legendäre sowjetische Scharfschützin, fiel nicht im Krieg] - *den Tod fanden.* [wen Präsident Putin nicht erwähnt: es ist ebenfalls der Boden des ukrainischen Nationaldichters Taras Sevcenko (1814-1861) und des Ukrainisch-Alphabet-Gründers Pantelejmon Kulisch, der Boden des Ukrainophilologen Michail Maximowitsch - erster Rektor der Universität Kyiv -, und des Historikers und Gründers der ukrainophilen, antizaristischen *St. Cyril- und Method-Bruderschaft* (1845/47) Nikolai Kostomarov, der über den ersten Gründer eines Ukraine-Staates, den

Kosaken Bodhan Chmelnytzkyj (ca. 1595-1657) promovierte - um nur einige der berühmtesten Begründer und Vorgänger einer modernen nationalen Ukraine zu nennen] *Ich wende mich nun an unsere Streitkräfte und die Miliz im Donbass. Sie kämpfen für das Vaterland* [was ist hier mit "Vaterland" gemeint? Die Separatisten-Miliz und die russischen Streitkräfte befinden sich völkerrechtlich eindeutig auf ukrainischem Territorium], *für seine Zukunft, damit niemand die Lehren des Zweiten Weltkriegs vergisst. Damit es keinen Platz auf der Welt für Henker, Bestrafer und Nazis gibt.*" [Man muss dazu sagen, selbst wenn der ukrainische Geheimdienst erschossene Kollaborateure, Saboteure, Spione unter die von russischen Truppen Ermordeten von Butscha, Irpin, Hostomel etc. mischte - Putin geht ja *ausschliesslich* von solchen "Inszenierungen" aus - die russischen Truppen benahmen sich wie "Henker, Bestrafer und Nazis". Als ob sie eine Vergeltungsaktion bei den verhassten Westukrainern auszuführen hatten auch für die rund 50 Pro-Russland-orientierten Ukrainer, die in den bürgerkriegsähnlichen Wirren von 2014 in Odessa verbrannten (der Bericht des Europarats spricht von einer "Chronik des Behördenversagens" - Putins Rede erwähnt sie explizit) sowie für die tausenden Zivilisten im Donbass-Krieg, die nach Putins Logik durch die Untaten von ukrainischen Neonazis starben - nicht von einer souveränen Ukraine, der Russland seit dem Abkommen von 1994 die territoriale Integrität garantieren, statt verletzten sollte. Doch zurück zu Watutin, dem "Opfer" der ukrainischen Faschisten und Ultranationalisten. Putin-ideologisch ist die Erwähnung von Watutin als einer, der auf "diesem (ukrainischen) Boden" starb, insofern geschickt, da sie, erstens, zu verwischen hilft, dass viele Ukrainer, die seit 1920 der *Ukrainischen [Sozialistischen] Sowjetrepublik* angehörten nicht nur Ostukrainer, auf Watutins Seite standen, in der sowjetischen Armee gegen die Hitler-Wehrmacht kämpften und einen grossen Beitrag zum Sieg über sie leisteten (teilweise zusammen mit ukrainischen Nationalisten der UAP, als die sich von den Nazis enttäuscht abwendeten, weil sie ihnen keinen eigenen Staat einräumten, trotz ihrer Unterstützung bei der Ermordung von ukrainischen und polnischen Juden und bei ihrem Kampf gegen die sowjetische Armee) - insofern "passt" Putins Vergleich mit der "Donbass-Miliz" als "gute Ukrainer", die gegen die "bösen Ukrainer" kämpften hinten und vorne nicht - und zweitens betont die besondere Erwähnung von Watutin den **Gegensatz** zwischen sowjetischen Russen und faschistischen Ukrainern. Auch das scheint nur mit der Gegenwart übereinzustimmen, einschliesslich die falsche Analogie zwischen heute und damals gefallenen Generälen durch Ukrainer: Seht ihr, schon damals starben "unsere" Generäle durch "feindselige" Ukrainer. Putin inszeniert sich so, als ob er "Sowjetführer" Stalin-Zwei und die heutige russische Armee immer noch eine sowjetrussische Armee sei und als ob die heutigen Ukrainer und Ukrainerinnen, Patrioten ihres Volkes wie es die Russen ihres Volkes sind, die faschistischen UAP-Ukrainer von damals seien - nicht eine moderne nationale Volksarmee. Man kann sagen, das ist alles schlechte Hobby-Geschichte und schiefe Folklore, gäbe es wegen ihr aktuell nicht so viel Tote und Leid wäre sie nicht ernst zu nehmen. Zu dieser retro-historischen Inszenierung, die Putins Historismus provozieren musste, passt, dass die heutige national selbstbewusste Ukraine eine gewisse "Desowjetisierung" in ihrer Gesellschaft durchführt, keine radikale -zum Beispiel hat seit 2015 die Feier über den Sieg der Nationalsozialisten in der Ukraine Verfassungsrang - , nur eine moderate: so wurde der Watutin-Prospekt 2017 offiziell in den Schucewytsch-Prospekt umbenannt (Polen protestierte: zu Recht!): Schucewytsch (1907-1950) war führender Offizier der UAP (Ukrainische Aufständische Armee), militärischer Arm der OUN (Organisation Ukrainischer Nationalisten) und wurde 1950 so wie Stepan Bandera 1954 von einem sowjetischen Agenten ermordet, nachdem dasselbe Schicksal 1938 Jewhen Konowalez ereilte, dem Vordenker des ukrainischen Staates und der OUN. Stalin bekämpfte wie und nicht wie der Zar bis 1954 die OUN-Ukraine, übernahm von Lenin das Konzept einer sowjetisch-sozialistischen. Dann begann das Tauwetter, der Ukrainer Chrutschov schenkte der Ukrainischen Sowjetrepublik die Krim, und 1991 brach sich auf dem implodierenden Fundament der ukrainischen Sowjetrepublik die Befreiung der Ukraine Bahn, wie auch Russland ohne leninistisch-marxistischen Extremismus endlich zu seinen demokratischen Wurzeln zurückfinden konnte [damit sind nicht die chaotischen prä- wie pseudo-demokratischen 1990er Russlands gemeint, sondern post-putinische Demokratieformen] Auch Schucewytsch und Bandera waren in politische Morde verwickelt - teilweise von polnischen Nationalisten. **Im Massaker in Wolhynien und Ostgalizien** zwischen Frühjahr 1943 und Frühjahr 1944 durch die UAP wurden wahrscheinlich über 100 000 Polen und Polinnen ermordet - bekanntlich verübten auch die Sowjetunion und die Nazis Massaker in dieser Grössendimension an Polen und Polinnen - was

Polen ertragen musste im Zweiten Weltkrieg ist in der Tat unbeschreiblich - Deutschland hat sich schon entschuldigt, die Ukraine auch, fehlt nur noch die Entschuldigung Russlands.... Polen hätte heute mehr Grund als Russland die Ukraine zu hassen, zur Ukraine unversöhnlich zu sein, doch Polen kann etwas, was Moskau (noch) nicht kann, Polen kann zwischen post-sowjetischer Gegenwart und sowjetischer Vergangenheit, zwischen demokratischer Gegenwart und faschistischer Vergangenheit der Ukraine **unterscheiden** -in Moskau verschwimmen diese Unterscheidungen, in Polen nicht. Anstatt der heutigen Ukraine immer noch das Riesenmassaker an ihren Landsleuten durch das damalige nationalistische und faschistische Ukraine Übel zu nehmen - Polens Vergeltung oder "Reaktion" führte damals zu über 10 000 ermordeten Ukrainern -, heisst das heutige Polen von allen Nachbarstaaten am meisten ukrainische Flüchtlinge willkommen. So haben sich die Zeiten geändert, nur in Moskau nicht so richtig, nur Moskau und ihr Hamlet im Kreml, nur diese historische Übergangsfigur vom post-sowjetischen,post-diktatorischen zum nicht-kommunistischen, demokratischen Russland hadert (noch) damit.

Quellen: Andreas Kappeler 2019: Kleine Geschichte der Ukraine; Kerstin Jobst 2019: Kleine Geschichte der Ukraine; Wikipedia; Rossolinski-Liebe 2017: Verflochtene Geschichten: Stepan Bandera... (bpb); Jurij Bojko: Taras Sevcenkos Leben. In: Seminar für Slavische und Baltische Philologie der Universität München und Ukrainische Freie Universität München (Hg.): Zum 150. Geburts- und 100. Todestag von Taras Sevcenko 1814-

1861, München 1964); Spiegel (2015) Art. zum Brandanschlag in Odessa; Putins 9. Mai-2022-Rede: z. B. Allgäuer Zeitung (Übersetzung), div. Mediatheken (ARD phoenix, ntv); TV-Dokumentationen über Ukraine (ARD, ZDF, ntv, CNN, BBC, usw.).

Kriegstagebuch 10.05.2022

"Wir müssen die Ukraine um Vergebung bitten." (Marina Ovsyannikova, 22.03.2022). Chinas Staatspräsident Xi Jinping drückt in einer Videokonferenz mit Bundeskanzler Scholz den Wunsch Chinaus aus, dass sich Europa stärker für Waffenstillstands- und Friedensverhandlungen zwischen Russland und der Ukraine engagiert. China macht vom Fortschritt dieser Verhandlungen die Mehrimporte von Energieträgern aus Russland abhängig. So jedenfalls könnte man Chinas Botschaft, Chinas Engagement für einen Stop und Exit von Russlands Militäroperation in der Ukraine lesen. Belarus Präsident Lukaschenko drückt seine Verwunderung darüber aus, dass Russlands Spezialoperation in seinem Nachbarland immer noch andauert. Es scheint, als ob er damit sagen wollte: Man könne sicher über die Neutralität der Ukraine, die einen Verzicht auf Nuklearwaffen und NATO-Mitgliedschaft beinhaltet, diskutieren. Im Moment scheint es so zu sein, dass nicht die Ukraine, sondern nur das russische Militär (und der russische Geheimdienst), dass die hohen Offiziere, die das Märchen Putins von der gefährlichen Nazi-Ukraine nicht mehr glauben, nein, nicht mehr in militärische Taten umsetzen wollen, Putins Spezialoperation stoppen könnten (wobei in den Nachrichten gemeldet wird, sie fürchteten die

Nachstellung durch Putin-loyale Geheimdienstleute, die lieber mit Putin untergehen, als zuzulassen, dass man Putin entmachtet oder auf den Kurs der Verfassung Russlands, auf die der Präsident einen Amtseid leistete, bringt. Sein Argument, das er in seiner 9-Mai-Rede wiederholte ist: Russland sei 2014 - und wieder 2022 - massiv von der Ukraine bedroht worden - ja fast schon von einer Ukrainischen Atombombe -, Russland "musste" kriegerisch intervenieren... das klingt fast schon wie die Begründung der USA für den Irakkrieg (2001). Man sucht heute noch nach den Massenvernichtungswaffen von Sadam Hussein. Solange der Präsident Russlands für die Ukraine und ihre legitim demokratisch gewählte Regierung nicht das Mindestmass an Respekt aufbringt, solange er die Ukraine als ein "Neo-Nazi-Regime" denunziert, und damit keine treffende Analyse, sondern bloss ausdrückt, dass er die Demokratie, die Selbstbestimmung der Ukrainer und Ukrainerinnen nicht respektiert, solange *fehlt die Grundlage* für einen Frieden zwischen Russland und der Ukraine, solange drückt Putin damit aus, dass er die bestehende, unabhängige Ukraine durch eine Russland-hörige Satelliten-Ukraine ersetzen will. Doch Putin manövrierte sich in ein Paradox, in eine Sackgasse. Durch diesen Krieg, der durch Russlands Morden, Stehlen, Vergewaltigen und Zerstören unter Ukrainern und Ukrainerinnen Abscheu, Hass, Wut und Verachtung für Putins Russland erzeugt (ausser für jenes Russland, das den Ukraine-Krieg ablehnt und das in Putin-Russland massiv unter Druck gerät, massiv staatlich-polizeilich behindert wird) zerstörte Putin die Grundlage für eine Russland-orientierte Satelliten-Ukraine - die findet er vielleicht noch in Mariupol, weil hauptsächlich jener Bevölkerungsteil geblieben ist (ausser Leute wie die Bloggerin Tatiana Kumok, die von russischen Besatzern gewarnt wurde...), der sich einem russischen Staat unterordnet - der grössere Rest ist getötet oder aus der Stadt geflüchtet oder verschleppt worden. Sogar ukrainische Pro-Russland-Parteien wollen mit Putin-Russland nichts mehr zu tun haben (oder ihre Vertreter sind geflüchtet). Es ist Putins historische Schuld, dass er aus einem Bruder- und Schwestern-Volk zwei verfeindete Völker machte - vermutlich wollte das die Journalistin Marina Ovsyannikova der russischen Bevölkerung klar machen als sie im Abendprogramm am 14. März 2022 (fast 2 Monate ist es her...) für 6 Sekunden ihr Protestschild in die Kamera hielt.

Kriegstagebuch 09.05.2022

Putins Rede anlässlich der Feier des Sieges über die Nazis - die Rede war verhältnissmässig moderat gehalten, fast schon kleinlaut geraten, westliche Medien spotteten über den Kaiser ohne Kleider (hier die Übersetzung: https://www.allgaeuer-zeitung.de/welt/politik/putin-rede-uebersetzung-ansprache-am-tag-des-sieges-in-russland_arid-418414) Dennoch: erstens, aus Angegriffenen (Ukrainern) werden Angreifer und Neonazis gemacht: die Realität wird verweigert, dass die grosse Mehrheit mit Neonazis nichts zu tun hat, und, zweitens, die Ukraine-Gebiete "Donbass" und "Krim" werden als "unsere historischen Gebiete" bezeichnet. Mit "unser" meint er russische. Das ist ungefähr so, wie wenn Deutschland Königsberg als "unser historisches Gebiet" bezeichnete oder "Ostpreussen" - heute: polnisches Gebiet

-und sich unverständig zeigte, wenn Russland die Enklave Kaliningrad oder Polen Ostpreussen von Deutschland, das sie militärisch "nach Hause holte", zurückforderte. Putin beschränkte sich hauptsächlich auf die Ereignisse um 2014 und den Angriff von 2022 bezeichnete er als eine Massnahme, die einen angeblichen Angriff vorwegnahm, es seien sogar Nuklearwaffen, die die Ukraine wollte, im Spiel gewesen (vermutlich wollte die Ukraine noch viel, sie wollte auch in die NATO, was aber nie eine reale Option war, aus Rücksicht auf Russland: auch hier findet eine Realitätsverweigerung statt) - nicht eine Sekunde lässt Russlands Präsident den Gedanken aufkommen, dass der Donbass und die Krim der Ukraine gehören, für deren territoriale Integrität sich Russland 1994 im Budapester Memorandum als Garant verpflichtet hatte. Eine merkwürdige Ausblendung und Ignorierung von völkerrechtlichen und vertraglichen Tatsachen und gesetzten Landesgrenzen. Abgesehen davon wurden vom Präsidenten Briten und US-Veteranen, auch Franzosen und Chinesen in ihrem Kampf gegen den Nationalsozialismus gewürdigt - was man als freundliche Geste bezeichnen kann.

Kriegstagebuch 09.05.2022

Anmerkung zu Tsaras Schewtschenko (1814-1861), ukrainischer Nationaldichter. Ähnlich wie Alessandro Manzoni (1785-1873) das dialektale Italienisch für ein Italien, das 1861 unter einem König gegründet wurde, entwickelte Schewtschenko das dialektale Ukrainisch zu einer klassischen Schriftsprache hoch (für eine Ukraine, die sich erst in den Wirren des Ersten Weltkrieges von der zaristischen Unterdrückung befreite, parallel zur Tschechoslowakei, die den Abschluss ihrer nationalen Renaissance auf der zerbrechenden Habsburgmonarchie vollzog. Beide Republiken wurden allerdings bald von dem sowjetisch-bolschewistischen Militär eingenommen). Schewtschenkos ukrainische Lyrik erlangte Weltliteraturniveau, nicht zufällig nahmen literarische Giganten wie Dostojewski, Nekrassov und Lermontov von ihm an seiner Beerdigung Abschied. Der moderne Nationalismus und Demokratismus war im 19. Jahrhundert in Europa - in West- wie in Ost-, in Nord- wie in Südeuropa - im Schwange und mit ihm "Nationaldichter" im Dienst ihres bürgerlich national ausgerichteten Landes: die moderne Schweiz - 1848 gegründet -, hatte ihre Gottfried Keller und Jeremias Gotthelf, Deutschland - die nationale Gründung von 1847 scheiterte - hatte ihre Goethe und Schiller, Frankreich - die nationale Gründung der 2. Republik gelang vorerst erst zwischen 1848 bis 1852 - hatte Viktor Hugo, Russland hatte seinen Puschkin (1799-1837 - der u.a. nach Odessa verbannt wurde - und die Ukraine ihren Schewtschenko - den der Bann der Zaren in das Ferne Oldenburg verstiess - neben anderen Autoren wie Schewtschenkos Freund, der russisch-ukrainische Dichter und Offizier Jakow de Balmen (1813-1845). Die bürgerliche Ukraine strebte wie andere Länder im 19. Jahrhundert zur nationalen Einheit, hier griff europaweit eine Bewegung um sich, die der russische Zarismus, der mit Aristokratie und Leibeigenschaft über das ukrainische Gebiet herrschte - zwei auslaufende Herrschaftsmodelle -, argwöhnisch beobachte und in seinem Herrschaftsgebiet zu verhindern strebte: über des Ex-Leibeigenen Schewtschenkos

Literatur meinte ein zaristisch-russischer Geheimdienstoffizier um 1847. "*Mit der Verbreitung seiner Gedichte in der Ukraine könnten Ideen über die Möglichkeit des Bestehens der Ukraine als eines selbstständigen Staates Wurzeln schlagen.*" (Zit. n J. Bojko, in: Taras Sevcenko - zum 150. ..., München 1964, S. 15). Diese Bestrebungen schlugen tatsächlich in den nächsten Jahrzehnten Wurzeln bis ihre Früchte 1918 an der Oberfläche ankamen.

Wenn der russische Präsident Putins im Jahr 2021 die nationale Selbstständigkeit der Ukraine aberkennt, dann fällt er in einen Anachronismus, in den Zarismus der 1840er Jahre zurück, der die nationalen Selbständigkeitsbestrebungen der Ukraine vergeblich bekämpfte so wie es aktuell russische Truppen tun, wenn sie Ukrainer als "Neo-Nazis" diffamieren und unter dem Pseudorechtfertigungsdiktat "Entnazifizierung" verbreiben, verhaften, allenfalls ermorden. Und es war - auch da liegt Putin falsch - kein Fehler Lenins, 1918 die nationale Selbstständigkeit der Ukraine zu würdigen oder erstmalig zu "konstruieren", sondern Lenin war sowohl historischer Realist genug, sie zu akzeptieren (als ukrainische Volksrepublik, gegründet 1918) als auch listiger Taktiker genug, sie unter Moskaus Vormacht zu stellen, sie zu sowjetisieren als Ukrainische Sozialistische Sowjetrepublik, erobert und integriert 1920 (nicht ohne national-ukrainischen Widerstand, der in den Untergrund ging). Der Zarismus bekämpfte in seinem Vielvölkerreich nicht nur nationale Bestrebungen, sondern demokratische, panslawistische und frühsozialistische (Frühsozialist Dostojewski wurde 1849 zum Tod verurteilt und begnadigt). Damit beförderte er, erstens, den Extremismus im Untergrund und im Exil, anstatt ihn zu entschärfen und ihn durch eine Demokatisierungsreform in sein Herrschaftsgebiet zu integrieren und grub sich, zweitens, sein eigenes Grab. Durch die Wirren des Ersten Weltkrieges und der Russischen Revolution (1917/18) kam im Zarenreich der anti-zaristische, sozialistisch-(inter)nationalistische Extremismus an die Macht - unter Stalin bis 1954 -, der nach Glasnost 1991 mit dem Wiedererscheinen und Druchbruch der bürgerlichen Demokratiebewegung endete. Insofern feiert seit 1991 ein ukrainischer Nationaldichter wie Taras Schewtschenko - über 800 Strassen in der Ukraine sollen seinen Namen tragen - , aber auch ein russischer Nationaldichter wie Dostojewski seine nationale Renaissance - 1997 kam Sevtsenko auf ukrainische 200er-Griwna-Banknoten, sein Kollege Gregor Skoworoda (1722-1794) auf 500er-Griwna-Banknoten - ab 1997 die ukrainische Währung-, dessen Gedenkstätte in der Ukraine nähe Charkiw am 6. Mai 2022 (also vor 3 Tagen) von einer russischen Rakete zerstört wurde. Möge die neu aufgebaute Erinnerungstätte zu Ehren Skoworodas, zu Ehren von Literatur und Philosophie, zu Ehren der Versöhnung von Russland und (der) Ukraine, eines Tages schöner und grösser werden!

Kriegstagebuch 08.05.2022

Zum Gedenken des Sieges über Hitlerdeutschland in der Ukraine. Warum Putin von **"Denazifizierung"** der Ukraine spricht? Weil er die **"Desowjetisierung"** der Ukraine als Provokation empfindet. Der Begriff "Denazifizierung" ist die Revanche für diese Provokation.

Tatsächlich wurden im Zuge dieser Desowjetisierung Strassenschilder wie "Moskau Allee" mit "Stepan Bandera-Strasse" ersetzt, wurde damit hundertfach im ganzen Land ein politisch-symbolisches Zeichen, eine semiotische Note, eine Unterstreichung der nationalen Selbstbehauptung gesetzt: Wir sind jetzt nicht mehr Satellit von Moskau, wir sind eine unabhängige Nation. Bandera war ein ukrainischer Nationalist (und ein gesuchter polit. Mörder), der nicht nur mit den deutschen Faschisten angemehme Haftbedingungen aushandeln konnte, sondern von Sowjetrussen 1954 ermordet wurde, nicht von Russen, von Sowjetrussen. Denn das waren andere Zeiten. Mittlerweile ist Russland wie die Ukraine eine moderne, verfassungsrechtliche Gesellschaft mit dem ersten demokratisch gewählten Oberhaupt, dem Vorgänger von Wladimir Putin, Boris Jelzin. Dieses post-sowjetische, nicht-kommunistische, demokratische Russland ist nicht mehr der leninistisch-stalinistische Sowjetsatellit der Sowjetsatelliten und nicht nur die Ukraine, auch Russland hat eine sowjetische Vergangenheit, die statt golden und ehrenhaft, dunkel und unehrenhaft war, wie Chrutschov 1954 gegenüber dem verstorbenen Stalin (Massenmorde) einräumen musste. Doch Putin sieht offenbar nur allzu gerne diese Seite der Ukraine. Auf der anderen Seite ehrt die Ukraine jedoch jedes Jahr die Sowjetukrainer, die als Soldaten der Sowjetunion gegen Hitler kämpften Die Feier dieses Sieges über Nazi-Deutschland schrieb die Ukraine sogar in ihre Verfassung - eine Nazi-Ukraine würde das sicher nicht tun. Das scheint Putin "übersehen" zu wollen. Und egal, ob dieser Sieg über Hitler die Ukraine am 8. Mai, Russland am 9. Mai - oder ob beide, was wünschenswert und historisch angemessen wäre - diese Feier **gemeinsam** feiern - den Toten, den Helden, den sowjetischen Soldaten und Offizieren ist es egal, ob sie am 8. oder am 9. Mai geehrt werden - hier geht es um die Ehre und das Gedenken von Brüdern im Geiste und an der Waffe, von Sowjet-Ukrainern und Sowjet-Russen, die von Nazis schlimmstes in ihren Ländern erfuhren, und zu deren Niederlage Entscheidendes beitrugen, mit Hilfe US-amerikanischer Wagen, auf die sie Stalinorgeln montierten, oder ohne Hilfe, sie allein trugen das Entscheidendste dazu bei.

Kriegstagebuch 07.05.2022

Der Schlächter vom Donbass. Der "Schlächter von Syrien", General Dvornikov, scheint seinen Job gut zu machen an der ostukrainischen Front. Er bindet die ukrainischen Soldaten an der Front, schlachtet diese dort mit Artillerie und Flugzeugen ab - es geht im Moment also weniger um Raumgewinn, als um die *Festsetzung* von ukrainischen Truppen als "Ziel". Die Ukraine müsste sofort zu Gegenstrategien übergehen - z. B. extra die Front hier öffnen, dort verlassen, um die russischen Truppen wieder *in Bewegung* oder statt in die stehende Horizontale in die bewegliche Vertikale zu bringen, was sie besser angreifbar macht, weil das ihre Frontlinie verlängert - Massnahmen um Massnahmen, um nicht selber bloss wie auf einem Präsentierteller abgeschlachtet zu werden (ausführlicher dazu: Janis Peitsch (ntv): https://www.n-tv.de/politik/Warum-der-russische-Zangenangriff-im-Donbass-stockt-article23315974.html)

Kriegstagebuch 07.05.2022

Zum 77 Gedenktag: ehemalige sowjetische Nationen unter Stalins Moskau feiern den Sieg über die Nazis. Zweifellos ist der Sieg der Sowjetunion (und der Allierten) über Hitler, der am 9. Mai besonders im modernen nationalen Russland, im modernen nationalen Weissrussland und in der modernen nationalen Ukraine gefeiert wird, zumal bis zum Überfall Russlands in ihr Land, zusammen mit Russland und Weissrussland, gefeiert wurde, ganz zweifellos ist dieser Sieg von 1945 im Grossen Vaterländischen Krieg über Nationalsozialisten, die aus rassistischen und antisemitischen Gründen und zur Begründung des eigenen "Lebensraumes", die Bevölkerungen Russlands, Weissrusslands und der Ukraine unglaublich barbarisch und systematisch dezimierten, und sowohl in Leningrad (heute Petersburg), das belagert wurde, als auch in der Schlacht vor Moskau und in Stalingrad gestoppt, dann zurückgedrängt und besiegt wurden - ein/en ausserordentlich/en grosser/n Feier- und Gedenktag wert - für die vielen, die gestorben sind, die heldenhaft gekämpft haben, die für Augenblicke auf der richtigen Seite der Geschichte waren. Allerdings ist das ein internationaler, nicht nur ein nationaler Gedenktag, den das moderne nationale Russland, *zusammen* mit Weissrussland, mit der Ukraine sowie mit allen anderen ehemaligen Sowjetländern, deren Soldaten in diesem Verteidigungskrieg gekämpft hatten, feiern sollte. Historisch angemessen wäre es auch, wenn an diesem Feier- und Gedenktag die Länder der ehemaligen westlichen Allierten, die USA, Grossbritannien und Kanada, eingeladen werden, die damals ihrem

Verbündeten, der Sowjetunion unter Stalin, technisches Material wie Stacheldraht, aber auch schwere Waffen zur Bekämpfung und Besiegung Hitlers geliefert hatten, während sie in der West-, Nord- und Südfront Europas die Nazis bekämpften, und damit ihre Kräfte an sich banden, was diesen verunmöglichte, ihren Truppen in Sowjetrussland beizustehen. Letztlich ging Hitlers Drittes Reich an einem Mehrfrontenkrieg, der seine Kräfte an zuvielen Orte verzettelte und verdünnte, an einer geballten westlich-östlichen Übermacht zugrunde.

Stattdessen kämpft heute ein modernes nationales Russland - mit alten Mythen von "Rus" und falschen Fantasien von Nazis im Kopf - gegen die moderne nationale Ukraine - bezichtigt, ja beleidigt ihre legitime Regierung als "Nazi-Regime" und als Bedrohung, was sowohl historisch (die Nazis sind besiegt) als auch miltärisch falsch ist (die Ukraine besitzt keine Nuklearwaffen, dafür zählte sie darauf, dass sich Russland an das Budapester Memorandum von 1994 hält, ihre territoriale Integrität zu garantieren, ausserdem erklärt sie sich jetzt bereit, über den Status einer Neutralität, statt über einen Beitritt in die NATO (der eh keine ernsthafte Option war), ernsthaft nachzudenken). So ist es, da Russland tatsächlich eine Begründung für einen völkerrechtlich "gerechten Krieg" gegen die Ukraine fehlt, pure Gewalt, nacktes militärisches Faustrecht des Stärkeren, dass das Putin-Russland der Ukraine zuerst die Krim weggenommen hat - dort ist ein grosser Teil der Bevölkerung pro-Russland-orientiert, ausserdem begriff sich Russland im Kalten Krieg gegen die NATO, und liess vor allem deshalb diesen strategischen und psychologischen Verlust nicht zu - und ihr jetzt Teile der Ost- und Süd-Ukraine wegzunehmen droht - auch dort zählt Russland vor allem auf pro-Russland-orientiere Leute und darauf, dass es alle anderen vertreibt und den Rest davon unter Kontrolle kriegt. Dabei verliert die Merkwürdigkeit an Bedeutung, dass es in der Ukraine eine legale Neo-Nazi-Partei gibt, die offenbar die Vergangenheit so verklärt, dass sie aus ehemaligen Todfeinden Freunde macht. Diese irre Neo-Nazi-Partei ist marginal (unter 3 % der Wählerstimmen), also nicht repräsentativ für die moderne nationale Ukraine.

Kriegstagebuch 06.05.2022

Über Europas Kriegs- und Friedenspolitik - das Prinzip "Rearming for Disarming". Statt "utopische Grossreformideen" zu skizzieren, meinen die Autoren Christian Rieck und Bastian Scianna von der Uni Potsdam, Lehrstuhl für Militärgeschichte, in der ZEIT, solle man *evolutiv* die Koordinations- und Führungsfähigkeit der bestehenden Militärinfrastruktur der EU ausbauen, zudem solle Bundeskanzler Scholz seine "Zeitenwende" in dieser Hinsicht *europäisieren*, man solle also nicht nur evolutiv vorgehen, sondern *revolutiv* (statt revolutionär) und damit wären wir bei der EVU (Europäische Verteidigungsunion - EDU - Europe Defense Union - UDE - Union de la défense européenne - UED - Unione Europea della difesa). Vor allem im Hinblick auf den Tag, an dem Europas Verteidigung von der NATO auf die EVU umstellt. Diesmal wird das nicht so geschehen, dass kaum waren die US-Panzer aus Europa verschwunden (2013), Russische Panzer auf der Krim erschienen (2014). Europa hat seine

Lektion gelernt oder ist gerade dabei, sie zu lernen, allerdings mit Lehrgeld, das sie gerade der Ukraine zahlt: Das wenn nicht revisionistische, dann gefährlich nostalgische Putin-Russland befindet sich immer noch im Kalten Krieg (gegen die NATO) oder es setzt den Zweiten Weltkrieg gegen Hitlers Nazis fort (gegen die Ukraine, gegen Potemkin-Nazis der Russischen Medien, also ein selbstkonstruiertes Feindbild). Als ob man nicht viel mehr als Militär und Militärgeschichte hat, worauf man seine stolze Identität und Selbstbespiegelung aufbauen kann. Eine fatale, um nicht zu sagen neurotische Konstruktion des kollektiven Identitätsaufbaus: Gross bin ich, weil die Zahl der Quadratkilometer, das Arsenal der Nuklearwaffen und das Gas- und Öl-Reservoir meines Landes gross, grösser, am grössten sind. Doch Landfläche und Kubikmeter sind keine menschlichen Qualitäten und Militär ist nur eine Notration, keine Hauptmahlzeit, um es kulinarisch auszudrücken, Russland kann darauf keine gesunde, ausgewogene Identität aufbauen. Russlands Bevölkerung braucht produktive Anreize und Leistungen in der zivilen Wirtschaft und Gesellschaft. Es sollte nach und nach, so wie Europa von der NATO zur EVU, seine Armee von einer Angriffs-. auf eine Verteidigungsarmee umstellen, im Zuge dessen, dass es sein riesiges Autarkiepotential als Hort der Friedsamkeit und Selbstgenügsamkeit zu nutzen, anders zu denken, besser zu begreifen versteht, anstatt sich in lächerlichen militärischen Mini-Eroberungen wie Transnistrien, Moldau, Abchasien, Krim und simulierten Angriffen gegen Mini-Staaten wie Litauen unfruchtbare Selbstbestätigungs- und Erbauungssurrogate zu fabrizieren.

Doch kehren wir zurück zu Europa. Wir stellten oben fest: Europa baut die bestehende EU-Miliärstruktur nicht nur evolutiv aus, sondern revolutiv um - und damit wären wir bei der EVU, engl. EDU, franz. UDE, ital. UED **und spanisch UED: Unión Europea de Defensa.** Die zum Beispiel wie die Schweiz nur im Ernstfall den aktiven Oberbefehlshaber der Europäischen Verteidigung stellt - ein geeigneter General, eine geeignete Generalin aus den europäischen Generalstäben - im Moment ist das ein US-amerikanischer General der NATO, genannt SACEUR (Supreme Allied Europe Commander), ab Sommer 2022 ein kriegserfahrener Haudegen, Christopher Cavoli. Europas Politik sollte in der Ära des Post-Cold- und Post-Second-World-War eine andere, im Prinzip "friedlichere" Richtung gehen - was sie, im Zuge der erwähnten Umstellung des europäischen Verteidigungsdispositivs, den USA, die sie als Allierter bewahren, und Russland, das sie als Abrüstungspartner gewinnen will (statt dauerhaft als Aggressor zu bekämpfen, zumal auf Distanz zu halten) klar machen muss. Europäische Nach-. und Aufrüstung - im Moment befinden wir uns eher im Modus des Nachrüstens als des Aufrüstens - soll *zweigleisig*, nicht eingleisig funktionieren: einmal als diplomatisches Angebot zur Abrüstung und einmal als militärische Abschreckung, das meint das Prinzip "Rearming for Disarming". Die EU verfügt über einen ständigen Militärstab mit einem General an der Spitze - zur Zeit ein französischer Vizeadmiral - mit eigener Eingreiftruppe, das Eurokorps in Strassburg. Politischer Führer dieses Stabes ist der Hohe Vertreter der EU für Aussen- und Sicherheitspolitik, der der Kommissionspräsidentin und durch diese dem Europäischen Rat und Parlament untersteht (beide, die EU-Kommissionspräsidentin Ursula von der Leyen und der Hohe Vertreter, der Spanier Joseph Borrell, waren kürzlich in der Ukraine bei Präsident Zelenskyi). Zugleich gibt es einen Militärausschuss der Europäischen Union, in dem die ständigen Vertreter der Generalstäbe der siebenundzwanzig Mitgliedstaaten einsitzen. Der Militärstab der EU koordiniert im Ernstfall, abgestimmt mit der NATO, die intereuropäischen Truppen. Aus unserer Sicht ist diese Militärorganisation zu stark mit der EU verflochten, von der wir nicht wissen, wie stark sie ist und sein wird, ausserdem ist sie zu kompliziert und zu bürokratisch, was sie dreifach schwächt. Europa braucht eine Verteidigungsunion, die durch sich *in dreifacher Weise gestärkt*, nicht geschwächt wird - also möglichst unabhängig von der EU, direkt und schnell ist. *Die EU kann es geben oder nicht geben*, ein Mitglied kann aus ihr austreten, ein neues in sie eintreten, *die Verteidigung Europas muss es immer geben und wird es immer geben.* Für Europas Nach- und Aufrüstung - wird sie mit dem Prinzip Rearming for Disarming verbunden - ist es angesichts der Tatsache, dass Russland über 2000 taktische und noch mehr strategische Nuklearwaffen besitzt, unabdingbar, dass wir solche in ausreichender, d.h. abschreckender *und* abrüstbarer Menge als "gesamteuropäische" Waffen- und Ausrüstungsbestandteil der EIU (Europe Infantry Union), ENU (Europe Navy Union) und EAU (Europe Aircraft Union) besitzen müssen, in Friedenszeiten verwaltet, überwacht und einsatzbereit gehalten von einem gesamteuropäischen Generalstab (ähnlich dem Militärstab der EU) und im Ernstfall mit den Nuklearwaffen von Frankreich und England und allenfalls jenen des Alliierten

USA koordiniert. Wenn auf Europäischem Boden Nuklearwaffen eingesetzt werden als ultima ratio, dann soll das spätestens nach Abschluss des Übergangs von der NATO zur EVU, Europa, nicht die USA entscheiden, zumindest massgeblich unter europäischer Kommandoverantwortung stehen, nicht in allierter, ausserdem sollte ein unkoordinierter Alleingang eines der europäischen Nuklearmächte möglichst verhindert werden: Gemeinsam sind wir immer stärker als einsam. Fazit: Europäische Aufrüstung soll immer *zweigleisig*, nicht eingleisig verstanden sein: diplomatisch (für Abrüstung) *und* militärisch (für Abschreckung). Europäische Aufrüstung hält immer die Hand für diplomatische Schritte ausgestreckt, die sie aber auch, wenn es sein muss, zu einer eisernen Faust ballen kann, für das militärische Faustrecht gegen das militärische Faustrecht.

Ps. Am Ende will Europas Friedens- und Kriegspolitik Europa und Russland als ein Grosses Haus verstehen (von Lissabon bis Wladiwostok), in dem wir für das Projekt Leben - dem wir seit Millionen von Jahren mit Glück und Leid, aber immer erfolgreich, frönen - unsere Energie, unser Talent und unsere Weisheit widmen.

Kriegstagebuch 01.05.2022

Im Osten nichts Neues. Scholz nennt Putin einen Imperialisten (in einer 1. Mai-Rede), die Grünen gewinnen dem Begriff "wehrhafte Demokratie" einen umfassenderen und konkreteren Begriff ab. Deutschland ärgert sich über die 28 Unterzeichnenden eines offenen

Briefes, in dem der Egoismus des eigenen Landes (Frieden) über die Solidarität mit der Souveränität und Selbstverteidigung eines Nachbarlandes (Ukraine), oder die Inkompetenz und das Desinteresse an Osteuropa und Militär unter die eigene Gefühligkeit und Gutmeinerei (Angst vor einem 3. Weltkrieg zu bekunden, kann ja per se nicht schlecht sein) gestellt wird. (Zur Erinnerung, allein 700 russische Wissenschaffende protestierten am 25. Februar 2022, einen Tag nach der Invasion, in einem offenen Brief gegen Putins illegalen Angriffskrieg. Ein Auszug daraus lautet: "**Unsere Väter, Großväter und Urgroßväter haben gemeinsam gegen den Nationalsozialismus gekämpft. Einen Krieg für die geopolitischen Ambitionen der Führung der Russischen Föderation zu entfesseln, angetrieben von dubiosen geschichtsphilosophischen Fantasien, ist ein zynischer Verrat an ihrer Erinnerung.**"). Kurzsichtig, mit der Illusion, weitsichtig zu sein, ist ihr nationaler Egoismus, ohne einsehen zu wollen oder zu können, dass man den Imperialisten Putin nicht anders stoppen kann als mit faktischem, nicht mit verbalem Widerstand, mit militärischer Verteidigung des eigenen Landes, die irgendwann die Parteien zum Einlenken bewegen und zu Verhandlungen führen wird, denn Diplomatie hatte ja jetzt lange genug gezeigt, dass ihre Bemühungen ins Leere läuft, konterkariert wird durch Taten des Putin-Regimes, die so gut wie alle Gesetze und Regeln brechen: UN-Charta, Völkerrecht, Budapester Memorandum, ja, sogar die Russische Verfassung. Für Tscheltschik hatte die Ukraine es versäumt, sich um die Umsetzung der Minsker-Abkommen zu bemühen. Er rechnet ihr ein gewisses Verschulden am Angriff Putins an. Allerdings zeigte schon die Vergiftung von Juschtschenko im Jahr 2004, dass Putin seit 20 Jahren davon besessen ist, die Ukraine unter Kontrolle zu bringen. Wenn Putin immer mehr von wirrer Ideologie besessen ist, ist das gefährlich für das Ausland und für Russland selber - doch die folgende Generation von "PutinistInnen" wirkt noch radikaler irregeführt als Ihr grosses Vorbild. Denken wir an Margarita Simonjan (geb. 1980), die RT-Chefin, die die ganze Zeit vom Dritten Weltkrieg plappert und fiebrige Vernichtungsträume, gepaart mit Grössenwahn, zur Russischen Propaganda beisteuert. Für Russland (ja, richtig: für Russland! auch für Russland!) ist sie so dumm-gefährlich wie Dugin.

Kriegstagebuch 01.05.2022

The Belarus Resistance will fight for their country and Ukraine against their dictator and dictator Putin (sabotage, etc.), the more, the more Putin wants to involve Belarus in the war. It would destabilize Belarus.

Kriegstagebuch 30.04.2022

Putins Hobby-Historiker-Schrift vom Juni 2021 über die eigentliche Assimilation und Einheit von Russland und Ukraine in einem Ur-Russland (Ähnliches hätte man auch über Russland und Belarus schreiben können, denn schreiben kann man ja noch viel) nach der die Ukraine keine eigenständige Nation ist, ist nicht mehr aktueller oder alleiniger Stand der Dinge in Moskau. Nicht, wenn hohe Militärs oder Vertreter des Aussenministeriums der Nachrichtenagentur TASS mitteilen, dass Garanten der

Ukraine die ständigen Mitglieder des UN-Sicherheitsrates sein könnten, also z. B. Grossbritannien, Frankreich und China. Man kann vermuten, dass es in Moskau die Fraktion der Hobby-Historiker, der Ideologen gibt, für die gibt es "eigentlich" keine Ukraine, und die Fraktion der Realisten, der Empiriker, für die gibt es fraglos die Ukraine. Setzte sich die Fraktion der Realisten, der Empiriker gegen die Fraktion der Hobby-Historiker, der Ideologen, allmählich durch in Moskau, dann wäre das ein gutes Zeichen für alle Seiten dieser Partie.

Kriegstagebuch 29.04.2022

Wenn die russische Lüge die ukrainische Wahrheit ist. Es ist nicht ganz neu, was der britische Geheimdienst gerade publik machte: Das Putin-Regime strebte seit Beginn des Angriffkrieges die Entmachung der Demokratie und der Regierung der Ukraine und ihre Ersetzung durch eine Satelliten-Verfassung und eine Satelliten-Regierung an: die russische Okkupationszone, die Putin-Ukraine, soll ein pro-Russland-orientierter Präsident regieren, noch mehr als wie es Lukaschenko in Belarus ist. Das ist unter Lavrovs Beteuerung zu verstehen, dass wir in heutigen Zeiten doch keinen Hegemon mehr wollen, der über Satellitenstaaten regiert - ja, da spricht Lavrov eine ukrainische Wahrheit und eine russische Lüge aus. Denn nach Putins Wunschprogramm soll die Ukraine genau das werden, ein Satellitenstaat unter dem Hegemon Moskau.

Kriegstagebuch 29.04.2022

Es steht also die Maximal-Forderung einer Ukraine, die Russland restlos aus dem Land vertreibt, die Russland besiegt - Grossbritannien vertritt diese Position, vehement die britische Aussenministerin Liss Truss, da es sich mit den USA, Russland, Frankreich, China..., im **Budapester Memorandum** von 1994 verpflichtet hat, die territoriale Integrität der Ukraine zu garantieren (auch Baerbock, die deutsche Aussenministerin, verbindet Frieden in der Ukraine mit dem vollständigen Abzug russischer Truppen aus deren Territorium) - im radikalen Gegensatz zur Maximal-Forderung eines Russlands, das die Ukraine restlos okkupiert und besiegt. Frieden, kluger, solider, nicht schlecht ausgehandelter, brüchiger Frieden geht in der Regel so, dass man sich von Extrempositionen enfernt und in *Kompromissen* annähert und einigt. Der Russland-Krieg in der Ukraine geht dann in einen Kompromissfrieden über, wenn Russland akzeptiert, dass es sein Wunschprogramm nicht durchbringen wird (zum Teil weil es auf falschen Prämissen und Einschätzungen beruht) und die Ukraine ebenfalls auf Wünsche, auf Idealvorstellungen verzichtet (also z. B. auf die sofortige Rückgabe der Krim). Die Ukraine wird auf Zeit soviel Waffen und Geld zur Verfügung stehen wie Russland - ja, wenn der Krieg noch zwei, drei Jahre dauert, dann wird Russlands Kriegskasse die Sanktionen zu spüren bekommen. Es ist also nicht wirklich im Interesse Russlands, dass diese militärische "Spezial-Operation" allzulange dauert, aktuell ist die Rede von bis maximal Ende dieses Jahres. Um die Ukraine schnell zu besiegen, müsste Russland sie nuklear vernichten. Man würde dann über einen Gespensterstaat mit Gespensterweizenfeldern, Gespensterruinen und Gespensterleichen, über ein gigantisches Tschernobyl regieren (wenn dann der Krieg nicht längst Moskau erreicht haben wird). Soweit sollte es nicht kommen.

Kriegstagebuch 29.04.2022

Der Wackelkanzler. Deutschland diskutiert über Putins Drohung mit Atomkrieg und warum Bundeskanzler Scholz zuerst vor dieser Drohkulisse den Ängstlichen, den Besorgten, den Beeindruckten gibt - anstatt das klugerweise für sich zu behalten, gibt er dafür ein Spiegel-Inverview, - und dann den Mutigen? Vernünftigen? Nachgebenden - der sich dem Wunsch der USA und dem Handeln europäischer Freunde fügt, um am Ende doch noch seine angekündigte "Zeitenwende" zu vollziehen. Vizekanzler Habeck zeigte von Anfang an klare Kante. Man hätte sich von Anfang an einen Bundeskanzler gewünscht, der die Öffentlichkeit aufklärt, warum wir uns einer russischen Erpressung nicht fügen können, und warum sich die Ukraine einer solchen nicht fügen wird - ob wir sie mit Waffen, egal, welcher Art, unterstützen oder nicht. Dem Bedrohungs-Manöver oder -Gerede Putins müssen wir schon in der Ukraine begegnen, nicht erst, wenn er es bei Polen (und bei Polen hat Deutschland einiges gut zu machen !) oder sonst wo wiederholt. Da müssen wir durch, mit oder ohne Atomkrieg. Darum geht es. Ausserdem wäre der Fallout von Nuklearbomben, die in der Ukraine explodierten, sobald er NATO-Gebiet berührt, ein nuklearer Angriff Russlands auf ein NATO-Land. Die NATO kann dann z. B. überlegen, ob sie der Ukraine hilft, die russischen Truppen aus ihrem Territorium zu vertreiben. Putin holte sich durch sein

Handeln die NATO in die Ukraine oder Putin verhandelt mit der Ukraine, dass die NATO draussen bleibt. Putin hat beide Optionen in der Hand. Diese "Idealposition" hält sich aber nicht ewig.

29.04.2022

Zwei Briefe an die Öffentlichkeit (einer wurde geschrieben). Gerade mal 28 Intellektuelle schrieben an den Bundeskanzler- der sich zur Auslieferung von schweren Waffen an die Ukraine durchgerungen hatte, einen öffentlichen Brief - sie verpassten es dabei, auch der russischen Bevölkerung einen Brief zu schreiben, der sie vor ihrem Präsidenten warnt, da er sie mit Nuklearwaffen bedroht, in dem er uns mit Nuklearwaffen bedroht, und damit nicht mehr im Sinn der Russischen Verfassung handelt, in dem er Russland **ohne Not, ohne zwingenden Grund**, in Gefahr, in Atomkriegsgefahr, bringt, anstatt Russland vor jedwedem Schaden *nach Möglichkeit* (und diese Möglichkeit besteht!) zu bewahren, auf das er einen Eid abgelegt hat, er ruiniere ausserdem Russlands Ruf, Russlands Wirtschaft, und damit ihre Zukunft. Nein, dieser Brief wurde nicht geschrieben. Putin-Russland ist gerade in einer inneren Transformation begriffen - die Kritik, die der Staat durch sein Handeln in der Gesellschaft bewirkt, eliminiert er nach staatlicher Möglichkeit - alles, was nicht den Kurs des Präsidenten-Diktators folgt, alles, was vom **neuen wahren Patriotismus** abweicht, wird diskreditiert, verfolgt, bedroht, geächtet, eingesperrt, sogar ermordet, Nein - einen solchen Brief schrieben diese Deutschen nicht -- den, den sie schrieben, unterschrieben Leute wie Alexander Kluge und July Zeh, es hätten ihn auch die Linken Wagenknecht und Von Aken unterschrieben - auch sie können nur empört warnen - auch sie blenden die unangenehme Seite der Wahrheit ihrer Warnung aus, dasselbe gilt für jene, die nur von "Abrüstung" ("disarming") sprechen, nicht von "Rearming For Disarming" - denn ohne dass Europa etwas zum Abrüsten hat (inkl. ein Angebot, die Ausgaben dafür auf ein Minimum zu senken), wird Russland nicht abrüsten.

Kriegstagebuch 28.04.2022

Zwischen Geheimdienstlogik und Mafialogik. Dass Regime will nur noch, und hat auch viele, sehr viele, überzeugte Ja-Sager, Opportunisten, Nacheiferer - nur noch Himmlers und Goebbels, die bereit sind, mit ihrem Boss unterzugehen.... - keine Leute, die Nein zu Putin sagen, keine Elsers und Stauffenbergs oder - eine Stufe ziviler: tausende Marina Ovsyannikovas... - wie noch vor zehn, elf Jahren in grossen Anti-Putin-Protesten auf den Strassen Moskaus. Diese Zeit ist weit vom heutigen Moskau entfernt. Putin erklärt die fundamentale Opposition zu einer "Terrororganisation ("extremistische Organisation")" und fahndet nach 2 Navalnysta, die ins Ausland flohen- Rechtsanwälte, die für Menschenrechte, für faire Prozesse, für die unabhängige Justitia, statt für gelenkte Rechtsbeugung. einstanden -, zugleich sterben ganze Oligarchen-Familien (man will ja keine Rächer und Zeugen erzeugen: zudem eine unübersehbare Abschreckung) unter merkwürdigen Umständen - alles, was sich dem Regime widersetzt. Ähnlich wie in der Mafia: Jene, die mit ihr sehr, sehr reich geworden sind, und sie, wenn es unopportun wird, verraten, werden umgebracht. Wenn sie dem Mafiaboss, den sie für verrückt geworden halten, die Loyalität aufkündigen und sogar seine Beseitung erwägen: aus staatlich-geheimdienstlogischer Perspektive "Hochverrat" begehen.

Der Gewinn des Krieges. Eine Minderheit der russischen Geheimdienste und Regierungsverantwortlichen, unterstützt durch Dummkopf Dugin, ist unzufrieden mit dem bisherigen Verlauf ihrer "Spezial-Operation" in der Ukraine, fordert von Putin den "totalen Krieg" gegen sie, die umfassende Mobilmachung der Gesellschaft - in unseren Worten, sie fordert den vollen "Prestigekrieg". Man kann vermuten, dass Putin begriffen hat, wohin ein totaler Prestigekrieg führen wird, Hitler ist ein grosses Beispiel, Milosevic ein kleines dafür - es reicht, es ist schon überaus gefährlich, dass die Hälfte dieses Angriffskrieges gegen die Ukraine ein Prestigekrieg ist. Eine gänzlich besiegte und besetzte Ukraine würde vier Nato-Staaten an die Grenze Russlands rücken, was die Gefahr eines Krieges mit der NATO extrem erhöhte. Hier wird die Doktrin vertreten, dass nur noch kleine, kurze Kriege zwischen sehr ungleich starken Kombattanten - wie Leopard gegen Gazelle, statt: Leopard gegen Hyäne - vom Anfang bis zum Ende kontrollierbar und mit einem Nutzwert, der höher als sein Aufwand ist, sprich: **mit einem "Gewinn"** beendbar sind. In diesem Zustand befindet sich der aktuelle Stand in der Ukraine nur scheinbar: Russland kontrolliert das Geschehen nur beschränkt, steckt in der Ukraine im Moment fest, ein Gewinn lässt sich noch nicht festhalten Diesmal will man einen haltbaren Frieden sichern, nicht den unhaltbaren Zustand des ostukrainischen Bürgerkrieges der letzten 8

Jahre fortsetzen. Dann wäre (aus russischer Sicht) *nichts* gewonnen.

Kriegstagebuch 27.04.2022

Der Pulverdampf hat sich hüben wie drüben in den Köpfen etwas verzogen, nur nicht auf den ostukrainischen Feldern, Wäldern, Strassen, Gemeinden und Städten. In Ramstein traf sich die Europäisch-Amerikanische Verteidigungsunion (nicht die NATO), rund 40 europäische Nationen auf Einladung der USA, um sich unter ihrer Regie untereinander und mit der Ukraine besser zu koordinieren, währenddessen traf sich in Moskau UN-Generalsekretär Guterres mit Lavrov und Putin, beiden schenkte er die UN-Charta (sie sollten sie gut studieren!), sonst schenkten sie sich nichts. Die Konturen, Linien und Profile haben sich aus der amorphen Masse der Kriegesgeschehnisse noch deutlicher herausgebildet, wobei sie immer wieder in Amorphität zurückfallen können, da sich der Grabenkrieg noch nicht fest eingegraben hat, dafür ist noch zuviel im Fluss, im Anmarsch, in Bewegung. Putin-Russland hat den kleinsten gemeinsamen Nenner seines Kriegsgrundes endlich gefestigt...: bei der "Spezial-Operation" ginge es um die Rettung? die Befreiung? von russischsprachigen Ukrainern, denn die werden von Quasi-Nazis unterdrück, ja, nicht das Ukraine-Russische, aber das Russland-Russische werde in der Ukraine diskriminiert (man muss dabei wissen, dass Putin gerade dabei ist, die Ukraine in russischen Schulbüchern systematisch zu diskriminieren, um nicht zu sagen, auszumerzen) darum müsse man im ganzen Land der Ukraine mit tausend Raketen gegen diese

Unterdrücker bomben, Gebäude, Strassenzüge, Wohnblöcke, Städte zerstören, das ganze ukrainische Militär besiegen, die Ukraine militärisch kastrieren ("Entmilitarisierung" bedeutet konkret: die Militärinfrastruktur und Verteidigungsfähigkeit der Ukraine kaputtbomben) und deren Neonazi-Minderheit "entnazifizieren" - um die russischsprechende und Russland-hörige Mini-Minderheit zu schützen? zu rächen? an die Macht zu bomben? in die Autonomie zu versetzen?, wobei die Neo-Nazis der Ukraine bei Putin keine Minderheit sind - die aktuell in der politischen Szene der Ukraine unter 3 % der Wählerinnen bleibt -, sondern eigentlich sind für ihn (fast) alle Ukrainer Proto-Neo-Nazis, Proto-Neo-Faschisten (wie sollen die entnazifiziert werden? wie die Uiguren in China in Umerziehungslagern? In Archipel-Gulags? In Vernichtungslagern? In Massenerschiessungen, die in Massengräbern enden, die gerade durch Luftaufnahmen entdeckt wurden, eines mit über 1000 Leichen in der Nähe Kyivs ? - wobei wir nach dem Krieg genauer hinsehen können und müssen, um zu untersuchen, ob nicht auch auf ukrainischer Seite massive Kriegsverbrechen geschehen sind (zum Beispiel gibt es merkwürdigerweise kaum Handyvideo- und sonstige -aufnahmen von den Erschiessungen in Butscha, Irpin, Borodyanka, Hostomel, usw., dafür existieren von ukrainischen Soldaten authentische Youtube-Aufnahmen, wo sie die Hände von Kollaborateuren und Saboteuren aus Russland mit hellen Bändern auf dem Rücken zusammenbinden (viele Hingerichtete in den genannten Orten lagen mit ähnlichen Bändern gefesselt hingerafft da - wobei, man dabei nicht vergessen darf, erst nachdem Russland das grösste

Kriegsverbrechen der Kriegsverbrechen beging: den Überfall auf ein souveränes Land, erst in dem von Russland aufgezwungenen Krieg unter Kriegsrecht - das nicht zimperlich ist bei Verrätern - sind mutmasslich auch ukrainische Verbrechen geschehen. ////Doch auch dieser Kriegsgrund für den "gerechten Krieg", den Putin als der dafür verantwortliche Präsident seinen Offizieren, Soldaten und deren Familien öffentlich diktiert, auch dieser wackelt, ist mehr scheinheilig als heilig. Denn: Jeder weiss, dass der Präsident der Ukraine russisch spricht, Ukrainisch kann er nicht halb so gut, und dass er mit seinem Russisch in einem Land, in dem die Mehrheit ukrainisch spricht, problemlos Karriere machen konnte - als Schauspieler, aber auch als jüdischer, russischsprechender Ukrainer, der von einer Mehrheit christlicher ukrainisch sprechender Ukrainer und Ukrainerinnen sogar zu ihrem Staatspräsidenten gewählt wurde (2019). Daneben weiss man von russischsprachigen Ukrainerinnen, die nie in ihrem Leben schikaniert wurden in der Ukraine wegen ihres Russisch und jetzt aus Solidarität mit ihrem Land ukrainisch lernen. Von diesen russischsprachigen Ukrainern kann Putin nicht reden - diese lieben ihr Vater-, ihr Mutterland und dieses liebt sie. Doch ausser diesen gibt es, vor allem im Osten der Ukraine eine Art ukrainisches Transnistrien - Russland machte zwei "Volksrepubliken" daraus -, politisch repräsentiert in einer kleinen Pro-Russland-Partei (in der Ukraine legal zugelassen, in Russland wäre eine solche Partei als "fremder Agent" und "Terrororganisation" verboten worden, der ukrainische Russland-Freund und Oligarch Medwetschuk war legal gewählter Parlamentsabgeordneter dieser Pro-Russland-Partei. Erst im Krieg wurde sie verboten und Medwetschuk verhaftet) von dieser Minderheit in der Minderheit redet Putin - es sind die einzigen, die lieber Putin als Selenskyi folgen - die Ukraine sollte ihnen die Ausreise nach Russland erleichtern mit einem Check von 10 000 Dollar, dass sie nach Russland gehen als Startgeld für ihre neues Leben. Dann kann sich Putin beruhigt um jenen kleinen Teil von russischsprachigen Ukrainern und Ukrainerinnen kümmern, die lieber in Russland leben möchten, unter Putin als in einer Ukraine unter dem russischsprechenden Selensky, wie die grosse Mehrheit der russisch und ukrainisch sprechenden Ukrainer und Ukrainerinnen, anstatt mit Militärgewalt in die Ukraine einzufallen, und in 4 Wochen mehr russische Gefallene zu produzieren als in den 8 Jahren Bürger- und Stellvertreterkrieg in der Ostukraine gefallen sind. Das Problem, für Putin der Kriegsgrund für den "gerechten Krieg" - eine alte, völkerrechtliche Institution -, wäre gewalfrei und billig lösbar mit einem Check von 10 000 Dollar für jeden Ukrainer, der in das Reich Putins gehen will als dass das Reich Putins mit Gewalt und riesigen Verlusten für diesen in die Ukraine kommt.

Kriegstagebuch 22.04.2022

Hier nimmst Du an "Ender's Game" teil : ob Du es weisst oder nicht, ob Du es willst oder nicht.

Kriegstagebuch 21.04.2022 (III)

Nachtrag: Zwei Lösungsvorschläge auf dem Weg zur Friedensverhandlung zwischen Ukraine und Russland:

Russland wolle die Spezial-Militäroperation beenden, so Politschuk, wenn die NATO aufhöre, Russland zu bedrohen (gestern wurde Russlands neue Interkontinentalrakete mit 18 000 km Reichweite vorgeführt, ein absoluter Allesbedroher, kein Abwehrsystem könne gegen die etwas anrichten, meinte Putin. Aufgrund solcher Waffen, die ihr in eurem Nuklearwaffen- Arsenal habt, Politschuk, klingt es immer hohler, dass die Nato Russland bedroht, dass die Ukraine Russland bedroht; der Wahrheit entspricht eher, dass mit solchen Waffen Russland die Ukraine und deren Nachbarländer bedroht//doch bleiben wir bei dem, was Politschuk im Namen des Aussenministeriums sagte/ - die Nato auf ukrainischem Territorium müsse als Bedrohung ausgeschaltet werden, dann wird Russland den Krieg beenden - neben den bekannten Zielen dieser Militär-Operation: Donbass-Befriedung, Entmilitarisierung und Entnazifierung der Ukraine. Vom Territorium der Ukraine ginge eine Bedrohung aus, "*weil es von NATO-Ländern eingenommen wurde.*", meinte Politschuk (Quelle: msn.com). Es heisst nicht: weil ein paar NATO-Länder der Ukraine bei ihrer Selbstverteidigung helfen: nein: "eingenommen" werde sie von diesen... Auch das ist eine Lüge, auch das ist nonsense. Wie auch immer: Russlands Problem mit dem Einfluss der NATO auf die Ukraine lässt sich relativ einfach und ohne Panzer lösen, Präsident Selenskyi signalisierte auch eine gewisse Bereitschaft, dieser Lösung zuzustimmen: Eine in die Verfassung der Ukraine eingeschriebene Neutralität des Landes würde den Ausschluss einer NATO-Mitgliedschaft und das Stationierungsverbot für Nuklearwaffen auf ihrem Territorium beinhalten. Von einer neutralen Ukraine kann dann keine militärische Bedrohung mehr für Russland ausgehen, keine NATO-bedingte und keine nukleare (abgesehen davon, dass schon jetzt keine Bedrohung von ihr ausgeht, das Bedrohungspotential Russland tausendmal grösser ist als das von eine Ukraine ohne Nuklearwaffen). Dierser Punkt wäre erledigt (die Ukraine müsste sich verpflichten, in einem bestimmten Zeitrahmen eine entsprechende Verfassungsänderung vorzunehmen, sollte sie das nicht tun, würden die Garantie-Mächte der Ukraine, namentlich Frankreich und Grossbritannien, dafür sorgen, ja sich verpflichten, dass dies geschieht.). Auch der nächste Punkt: die Entnazifizierung der Ukraine, ist theoretisch relativ einfach lösbar - man kann Neo-Nazi-Parteien verbieten, aber sie sind in der Ukraine so marginal (Svoboda - 1,6 %), dass man sie nicht einmal verbieten muss. Merkwürdig ist schon, dass ein Nazi-affiner (bedingt nazi-affin, denn er kämpfte auch gegen Nazis, da er primär für die Ukraine kämpfte, nicht für Hitler) und Sowjet-hassender ukrainischer Nationalist, der einer Partisanenbewegung des Zweiten Weltkrieges angehörte, wie Stepan Bandera (1909-1959) in der post-sowjetischen Ukraine noch soviele Verehrer findet, und hunderte Strassen, die nach ihm benannt sind (vgl. Artikel von V. Masliychuk (Heinrich Böll Stiftung 2014), der in der post-sowjetischen Ukraine eine *"Schwäche der kritischen Auseinandersetzung mit der Vergangenheit"* konstatierte). Es ist hier also noch viel zu tun im intellektuellen Innenleben der Ukraine, aber auch im russischen gibt es Merkwürdigkeiten - wie etwa die an Geschichtsklitterung grenzende einseitige Stalin-Verehrung. Viel bedrohlicher wird//wäre/// die NATO durch die Ukraine, wenn die Ukraine Russland-Gebiet wäre, dann grenzten vier, mit Finnland fünf NATO-Länder an Russland - deswegen müsste auch Russland an einer Neutralität der Ukraine, an der Ukraine als Puffer und Brücke, wie China es nannte, zwischen Russland und NATO-Gebiet interessiert sein, und gegen ihre Mitgliedschaft mit der EU nichts einzuwenden haben. Denn irgendeinmal könnte, ja wird auch Russland wieder ein normaler Geschäftspartner der EU sein.

Kriegstagebuch 21.04.2022 (II)

Premierminister Boris Johnson hält eine Friedensverhandlung mit Russland zum gegeben Zeitpunkt für verfrüht, mit einem Krokodil, das ein Bein des Verhandlungspartners im Rachen habe, könne man nicht verhandeln. Allerdings ist international einen offensichtlichen Mangel an Vertrauenswürdigkeit zu verbreiten auch kein Zustand, schon gar nicht ein ewiger. Irgendwann muss Russland auch mit Europa, mit der Ukraine, und Europa mit Russland, in den courant normal, in die internationale diplomatische Vertrauenswürdigkeit zurückkehren. Putin-Russland kann und will nicht dauerhaft als lügender Paria gelten, - irgendwann müssen Worte und Taten in eine Übereinstimmung zueinander geraten - alles andere ist auf Zeit nicht durchhaltbar. Russland wolle, so Johnson, aus einer Position der Stärke die Verhandlungskonditionen diktieren: möglichst viel rauben von der Ukraine und ihr die Friedensbedingungen diktieren - das seien die Absichten Moskaus. Die Ukraine will das auch: Möglichst aus einer Position der Stärke die Verhandlungspositionen bestimmen, also den zweiten russischen Überfall möglichst vereiteln und möglichst kein Land abgeben (wobei schon Minsk II für die Donbass-Regionen besondere Autonomie-Statue vorsah und Russland zwei Pseudo-Republiken aus der Taufe hob: offenbar soll bis zu Mariupol eine quasiautonome Verwaltungseinheit geschaffen werden). Johnson hält sogar eine Weiterführung des Krieges, einen zweiten Angriff auf Kiew für möglich (Quelle: Standard) - keine Ahnung, über welche Zusatzinformationen er verfügt - man kann auch davon ausgehen - zu den Gründen siehe Kriegstagebuch 21.04.2022 (I) - , dass sich Russland - zumindest das Aussenministerium - möglichst schnell und ohne Gesichtsverlust aus der Ukraine zurückziehen will - natürlich erst, nachdem diese einen Beitritt zur NATO und das Stationieren von Nuklearwaffen auf ihrem Territorium im Rahmen ihrer Neutralität ausschloss - , dass es sich auf das Donbass-Gebiet beschränkt, um es endgültig zu befrieden unter pseudoautonomen Verwaltungseinheiten ("Republiken"), deswegen dieses Vorpreschen von Preskov und Lavrov: Ist am 9. Mai der Krieg vorbei? Doch: Noch ist alles in Bewegung, aber nicht nur die Entscheidungen auf dem Schlachtfeld, auch weitergehende Überlegungen, werden über die Länge und den Radius dieser militärischen "Operation" und die Art und Weise der Friedensgestaltung entscheiden. we will see.

Kriegstagebuch 21.04.2022 (I)

Dugin, der Dummkopf, plappert von der liberalen Nazi-NATO-Welt (er sollte das Wort "Nazi" besser professionellen HistorikerInnen überlassen) und fordert von Russland den vollherzigen, statt halbherzigen

Patriotismus - dabei inszeniert er eine fiktive Bedrohungslage - als ob Moskau in das Jahr 1941 zurückversetzt wird und Hitlers Truppen kurz vor Moskau stünden. Als ob Moskau nicht der Bedroher, der Bedrohte ist und zwar so stark bedroht, dass nur noch der vollherzigste Patriotismus und die Generalmobilmachung es "retten" kann. Währenddessen auf der realpolitischen Ebene, sagt Alexander Politschuk, der Vertreter des russischen Aussenministeriums am Donnerstag, 20.04, der Nachrichtenagentur TASS, dass die ständigen Mitglieder des UN-Sicherheitsrates die Garanten der Ukraine sein könnten - andere Modelle nicht ausgeschlossen (Aussenministerin Baerbock brachte die Garantie Deutschlands für die Ukraine ins Gespräch - wie immer die auch aussähe). Das ist bemerkenswert, in diesem Statement wird die Ukraine als Nation nicht mehr in Frage gestellt - wie es der eine und andere hobbyhistorische Deutungsversuch aus Moskau machte. Russland anerkennt die Ukraine, gibt ihr etwas, wird ihr dafür wahrscheinlich auf der anderen Seite den Donbass nehmen. Da diese "Anerkennung" aus Lavrovs Ministerium stammt, ist sie mit Vorsicht zu geniessen: auch hier gilt, dass den Worten Taten folgen müssen. Es ist aber eher davon auszugehen, dass Russland an einer *neutralen Ukraine* mehr Interesse hat als an einer russisch besetzen, weil dann gleich vier NATO-Länder an Russland grenzten. Damit näherten wir uns der Vorstellung Chinas von der Ukraine als Brücke, nicht als Mauer, zwischen Russland und der NATO an. Dass also das russische Aussenministerium glaubwürdig an einer diplomatischen Lösung der russischen "Spezialoperation" in der Ukraine arbeitet.

Am 20.04.2022 ist auch auf der Seite der Friedensverhandlungsvorschläge ein gewisser Fortschritt zu vermelden, nicht nur ein bescheidener Eroberungssieg der Separatisten in der Ostukraine im Zuge der zweiten Angriffswelle, die Russland die Macht über die Hafenstadt Mariupol, gegen die letzten widerständigen Ukraine-Truppen, die dringlich um internationale Bergung bitten, einbringen soll. Erstmals unterbreitet Moskau der Ukraine ein konkretes Angebot für Friedensverhandlungen (Peskov behauptet das - die ukrainische Regierung dementiert) und erstmals ist ein paar Stunden davor bei Twitter ein konkreter Friedensvorschlag mit 4 Punkten gewittert worden - der beinhaltet - 1. Russland und Ukraine sollen ihren achtjährigen Krieg beenden. 2. Die Ukraine soll EU-Mitglied werden können (eine wirtschaftliche Angelegenheit, keine militärische). 3. Finnland soll neutral bleiben (zusammen mit einer russischen Ukraine, lägen plötzlich fünf NATO-Staaten an Russlands Grenze - das liegt weder im Interesse der NATO noch Russlands). 4. Falls eine solider Frieden zwischen Russland und Ukraine zustande kommt, deren Neutralität verbunden wird mit Garantien anderer Länder, dann sollten - nach dem Krieg - auch Gas-Geschäfte mit Russland neu evaluiert werden können - ohne dass sich Europa und Russland wieder in eine grosse Abhängigkeit bringen müssen (etwas, worauf China achtet). Denn es hat keinen Wert, meinte der Twitterer, dass man Russland absolut verteufelt, das kann man vielleicht mit einem Ozean dazwischen, aber nicht in nachbarschaftlicher Reichweite auf Dauer aufrechterhalten.

Kriegstagebuch 18.04.2022

Hitlers Prestige-Krieg gegen das Judentum und den Bolschewismus. Ein "Prestigekrieg" kann mörderischer sein als ein "fakten-basierter" Krieg. Objektiv betrachtet hatte Hitlers Deutschland nie wirklich eine Chance, gegen die USA, Kanada und die Sowjetunion zu siegen - aber es reichte bekanntlich, um extrem viel Schaden, um ein Massaker grössten Ausmasses anzurichten.

Kriegstagebuch 18.04.2022

Putins Prestige-Krieg. Für die Ukraine geht es in diesem Krieg um *alles*: um die Freiheit, um die Selbstbestimmung, um die Existenz. Für Russland geht es in diesem Krieg um *nichts*: um Nostalgie, um Grössenwahn, um Prestige. Denn nichts davon ist wahr, was die russische Seite als Rechtfertigung für diesen Angriffskrieg vorbringt: Die Ukraine ist keine Bedrohung (sie erklärt sich zur Neutralität bereit), sie ermordet nicht systematisch russisch sprechende Ukrainer (ihr Präsident spricht besser russisch als ukrainisch) und sie ist kein Nazi-Regime, ihre Demokratie funktioniert besser, fairer als die russische. Ausserdem ist die Behauptung, sie sei ein "Nazi-Regime" eine Beleidigung von Stalin und der damaligen sowjet-russischen und sowjet-ukrainischen Bevölkerung, die mit hohem Blutzoll das Nazi-Regime endgültig vernichtete. Doch wenn der kleine Russe auf der Strasse sich wieder mal nach Grosspolitik sehnt, obwohl sie nur noch in Russlands Vorgarten stattfinden kann, dann bildet sein Präsident die ideale Projektionsfläche dafür. Spätestens ab Donbass ist der Angriffskrieg gegen die

Ukraine ein reiner Prestige-Krieg, den Putin "für die Geschichte" führt und der auf eine kollektive Zustimmung in der russischen Bevölkerung trifft, die gerne wieder einmal "Sowjetmacht" wäre und die "guten alten Zeiten" der 1970er, 1980er Jahre heraufbeschwört, dazu gehörte Schirinovski, der jüngst verstorbene Chef der kommunistischen Partei.

17.04.2022

Für die zweite Angriffswelle, die Oster-Welle hat Russland jetzt erstmals einen General ernannt, dem der Ruf des "Schlächters von Syrien" vorauseilt. Ein achter russischer General (Fodorov) fiel im völkerrechtswidrigen Angriff Putin-Russlands auf die Ukraine. Zudem wurde die Moskva, das Flagschiff der russischen Schwarzmeerflotte durch Raketenangriffe versenkt (Moskau drehte die Sache zu einem Unfall im Munitionsdepot des Schiffes um (möglicherweise ein Hinweis, dass es die Rakete traf) um vor der russischen Bevölkerung diesen ausserordentlich grossen Verlust am liebsten gar nicht der ukrainischen Feuerkraft zuschreiben zu müssen. Es ist das zweite russische Schiff, das sie versenkt. Statt Quantität steht bei ihr offenbar Qualität im Fokus. Die Ukrainische Post edierte eine Briefmarke, die über diesen Untergang Spott und Häme giesst, ob das zielführend ist für einen Frieden, ist fragwürdig. Allerdings beging Russland tausende Kriegsverbrechen: man solle damit die Bevölkerung einschüchtern und in die Flucht treiben, hiess es. Ob das zielführend für einen Frieden ist, ist fragwürdig. Russland antwortete u.a mit Raketenangriffen auf militärische Ziele (Raketendepots,

Munitionsdepots, Reparaturwerkstätten, Treibstofflager, Panzerfabriken, Elon Musks Satelliten, usw. - alles was nach "Entmilitarisierung" oder nach Krieg, der den Gegner besiegen will, aussieht). In Mariupol erging ein russisches Ultimatum. Die letzte ukrainische Bastion diese Stadt am Meer - darunter Asov-Leute -, die hartnäckig die Stellung hält, lehnte ab. Selenskyi warnte Russland, sollten diese exekutiert werden, wie angedroht, bräche er die Friedensverhandlungen ab, zugleich ermahnt er seine Unterstützung im Ausland, sie möge schnell genug Munition und Waffen liefern, um die Verteidigung proaktiv voranbringen zu können. Er hält auch einen taktischen Nuklearangriff durch den "Schlächter" für möglich (Europa, NATO, USA lehnen dies entschieden ab. Das könnte ein indirekter Angriff auf NATO Gebiet beinhalten! Russland sollte sich das ganz gut überlegen). Im russischen TV läuft unterdessen Putins Kriegspropagana - vom Kreml entsendete "agent provocateurs". Angeblich ein "pundit", tatsächlich ein "bandit", der frivol einräumt, ‚ja, wir begehen Genozid, und allein das Wort "Ukraine/r" sei eine Beleidigung für den Russen, zumal für einen, der "panrussiskisch" denkt. Ein bandit, kein pundit besetzte die beste Sendezeit, um die Ukraine zu beleidigen und zu bedrohen, ein bandit, kein pundit mischte sich unter die eh schon Hardcore-mässig ideologisierten Putinisten wie die RT-Chefin Simonyan (die der Nostalgie einer Sowjetunion ohne Sowjetunion anhängt), Bortko (der die Bombadierung von ganz Kiev empfiehlt) und Moderator Solovjov - der am 11. März 2022 im TV ein Gespräch mit Ex-Geheimdienstler Jakov Kedmi hatte, und mit diesem in der dritten Woche der Invasion zu einer von Solovjov unwidersprochen bleibenden kritischen Einschätzung von Putins "Spezialoperation" kam. Kedmis Vorwürfe sind fünf Wochen später nicht viel weniger gültig, er beklagte "... *die vielen Unklarheiten im Krieg. Man könne sich nicht sicher sein, ob die ursprünglichen Kriegsziele noch gültig seien oder nicht. Es sei auch unklar, ob die ukrainische Regierung vonseiten Russlands überhaupt anerkannt werde oder nicht. Zuletzt habe es geheißen, dass es reichen könnte, wenn die Ukraine nicht der Nato beitrete - noch kurz zuvor habe der Kreml der Staatsführung um Wolodymyr Selenskyj jegliche Legitimation und Glaubwürdigkeit abgesprochen.*" Und so weiter. Natürlich ist dabei zu bedenken, dass der Angriff nicht nach Plan verlief, also ein neuer erarbeitet werden musse, man dynamisch die Ziele an die Realitäten anpassen musste und muss. Tatsächlich wäre zu empfehlen, dass Russland, erstens, seine Ziele klar definiert und nach Innen und nach Aussen kommuniziert, wann das Ganze aufhört. Ob mit Donbass, quasi Minsk II auf seine Art vollendend? Peskov deutete an, dass die ganze Operation bald zu einem Ende kommen könnte (wir wollen das jetzt als pure Wahrheit betrachten, nicht als taktische Lüge)- und, zweitens, klar befristet, anstatt zu suggerieren, Russland führe einen unbefristeten totalen Krieg - statt eine befristete Operation durch -,und, drittens, sollte das Putin-Regime zu verstehen geben, dass es die Ukraine, die seit 1991 wie Russland eine post-sowjetische Nation ist nach der UN-Charta, die sogar China anerkennt, nicht grundsätzlich als souveränen Staat mit einer Demokratie, die mindestens so gut, wenn nicht besser als in Russland funktioniert, in Frage stellt, somit auch nicht die legitime Wahl des Präsidenten des ukrainischen Volkes, das seit 400 Jahren ukrainisch spricht (ihr russischsprachiger Präsident musste sein Ukrainisch verbessern). Während der Sowjetunion und danach in Budapest, 1994, wurde die Ukraine in ihrer Historie und Gegenwart nicht in Frage gestellt. Putin stellte die Sache nicht ganz richtig dar: 1918/22 erhielt sie eine *Scheinselbstständigkeit*, da Lenin sie sowjetisierte unter der Führung Sowjetmoskaus, nicht sehr fern von der alten Tradition Russlands, zu versuchen, die Ukraine zu unterwerfen, zu gängeln, zu berauben und zu teilen, die Putin wiederbelebte. Im Budapester Memorandum wurde von Russland, USA und Grossbritannien (Frankreich? China?) die territoriale Souveränität der Ukraine garantiert, sie gab dafür ihre Nuklearwaffen ab. Putin ist ja auch dabei, ähnlich wie den Untergang der Sowjetunion, die Politik Jelzins rückgängig zu machen: als ob man beides tatsächlich "rückgängig" machen kann. Wir nennen das Putins "gefährliche Nostalgie" oder "Retro-Dialektik", mit der er die Köpfe seiner Anhänger und Anhägerinnen, nicht nur seiner Gegner, verwirrt. Auch hier ist es geboten, mit Vernunft und richtigen Informationen der ideologischen Verwirrung ein Ende zu bereiten.

17.04.2022 Kriegstagebuch

Über die Führung der Europäischen Verteidigung (Teil II). Fassen wir zusammen - Die Schweiz hat nur im Ausnahmezustand, im Kriegszustand, einen vom Parlament eingesetzten, auf Frist gestellten militärischen Oberbefehlshaber, der die Landesverteidigung organisiert- den letzten ernannte sie im Zweiten Weltkrieg, den Französischschweizer Guisan, den am

Ende auch die Deutschschweizer, ob seiner Klugheit und Konsequenz, verehrten. Ein ähnliches Modell empfiehlt sich auch für ein prinzipiell militärisch starkes, aber nicht offensiv und aggressiv ausgerichtetes Europa und dessen Verteidigungsunion. Europa signalisiert damit, wir sind nicht ständig im Ausnahmezustand mit einem "aktiv" geschalteten Oberbefehlshaber, wir fühlen uns auch nicht ständig angegriffen, wir sind wie die Friedensmacht eines schlafenden Drachens, den man lieber nicht weckt. Auch nicht der russische Bär. Wir wählen nur im Ausnahmezustand, im Ernstfall eine/n Oberbefehlshaber/in für unsere Verteidigungsunion (EVU, engl. EDU, frz. UDE). Like in Switzerland only in exceptional cases the Europe Defense Union (EDU) - with ENU (Europe Navy Union) and EAU (Europe Aircraft Union) - needs a supreme commander, elected and mandated from the majority of the Leaders of the Europe nations. This supreme commander of EDU, builds with the President of EU-Comission, the President of France and the Prime Minister of UK the leadership of Europe in war (as long as NATO has US-soldiers in Europe with the NATO-US-Supreme Commander for Europe, and with the Bundeskanzler/in of Germany, once it possesses nuclear weapons). If France or UK retreats from the EDU - because Marine Le Pen, not Macron, becomes President of France, for example -, they will be automatically replaced by the Prime Minister of Poland, Italy, Spain, Greece, etc. - and invited, to cooperate/cooperating in any way)

Kriegstagebuch 16.04.2022

Über die Führung der Europäischen Verteidigungsunion (für die Nach-NATO-Zeit auf dem Weg zu einem neuen Pakt mit alten Freunden wie USA und Kanada). Der russische Angriffskrieg gegen die Ukraine machte es deutlich: es wäre von Vorteil, wenn Europa *im Ausnahmezustand, im drohenden Kriegsfall,* nicht mit 30 Stimmen, sondern mit *einer* Stimme spricht, dass Europa in gewissen Fällen am besten verteidigt wird, wenn es sich einen Generalstab mit einem Oberbefehlshaber (General der EVU) einrichtete, der mit *der ausserordentlichen Vollmacht* von Millionen Soldaten und Soldatinnen und mit dem zweitgrössten Verteidigungsbudget der Welt im Rücken, mit einem russischen Oberbefehlshaber vom Format Putins verhandeln kann (Er oder sie muss militärisch wie politisch denken und handeln können - das können nicht alle): Es wäre also von Vorteil, dass Russland, das einen Krieg gegen die Ukraine entfesselte, eine adäquate Adresse in Europa hätte, an die es sich wenden könnte, und umgekehrt, Europa eine Adresse besässe, die sich im Ausnahmezustand im Namen Europas an den Präsidenten der Russischen Förderation wendete - eine Adresse , die für ein starkes Europa steht, repräsentierend dreissig Adressen von dreissig einzelnen europäischen Nationen, einschliesslich "neutrale" Nationen, die sich für diesen Ausnahmezeitraum der EVU anschliessen.

Wie konstituiert sich dieses Ausnahmegremium? Gesetzt die EVU hat einen europäischen Generalstab, wird Europa nur für den Ausnahmezustand einen Oberbefehlshaber diesem Stab vorsetzen, der allerdings nicht aus dessen Generalität stammen muss. Nehmen wir an: Russland greift die Ukraine an: Dann rufen zum Beispiel der Europäische Rat (das Gremium der Europäischen Staats- und Regierungschefs) oder das Europäische Parlament - auf Initiative einzelner Unionsmitglieder oder aus Eigeninitiative, unterstützt von ausreichend Unionsmitgliedern - den Ausnahmezustand aus und bestimmen den oberbefehlshabenden General der EVU (wahrscheinlich ein General oder eine Generalin aus einer von Europas Nationalarmeen, der als der/die fähigste/r gilt). Er wirkt als primus inter pares in einem Dreier-oder Vierer-Führungsgremium, bestehend aus ihm, dem Presidenten/der Präsidentin der Europäischen Kommission, sowie dem Präsidenten Frankreichs und dem Ministerpräsident Grossbritanniens als die zwei europäischen Nuklearmächte (solange die NATO US-Soldaten in Europa stationiert hat, einschliesslich NATO-US-Oberbefehlshaber, oder des Bundeskanzlers von Deutschland, falls es eines Tages eigene Nuklearwaffen besitzt). Für den Einsatz von Nuklerarwaffen auf oder vor europäischem Terrain sollte die Führung des Generalstabs der EVU möglichst einstimmig, mindestens dreistimmig (wie beim Einsatz von Nuklearwaffen in Russland) zustimmen (also der General der EVU, der über einen eigenen Generalstab und europäische Nuklearwaffen verfügt - etwa in Italien, Spanien und Griechenland stationiert - , der Kommissionspräsident der EU, Frankreichs Präsident mit seinem Generalstab und Britanniens Ministerpräsident mit seinem Generalstab) um nationale Einzelaktionen möglichst zu verhindern und die Verantwortung für solche schwerwiegenden Entscheidungen auf mehrere Schultern zu verteilen (die europäischen Nuklearmächte bleiben gleichzeitig jederzeit für sich reaktionsbereit). Wichtig ist, dass dieses Gremium, dass Europas Generalstab, eine Adresse Europas, nicht der USA, ist, an die sich der Präsident des heutigen Russlands (und der Ukraine) wenden kann, spätestens dann, wenn Europa im Transfer von NATO zu EDU ausreichend konventionell und nuklear aufgerüstet und politisch neu alliert ist sowohl mit alten Freunden wie USA und Kanada, mit denen Europa einen Pakt abschliesst, der bei einem Angriffsfall die gegenseitige Hilfe beinhaltete - ähnlich wie Paragraph 5 im Nordatlantikvertrag - als auch mit neuen Alliierten aus Nahost und Nordafrika. Auch gegen Überraschungen wäre die EVU (Europäische Verteidigungsunion) weiterhin permanent gewappnet, da Europas Militärs nie schlafen und sehr schnell reagieren und sich koordinieren können. Oft spielt bei Ausnahmefällen die Zeit eine grosse Rolle, muss die Handlungsfähigkeit der gesamteuropäischen Verteidigung über die Definition des Ausnahmezustandes und der Wahl des *mit ausserordentlichen Vollmachten* ausgestatten Generalstabs und Generals der EVU sehr schnell hergestellt werden können.

Kriegstagebuch 11.04.2022

Von der NATO zur Europäischen Verteidigungsunion (EVU). From NATO to EDU (Europe Defense Union). De l OTAN à l Union Européenne de la Défense (UED) .Seit zum ersten Mal die USA unter Präsident Trump drohte, sich aus der NATO zurückzuziehen, wurde plötzlich in Erinnerung gerufen, was Europa schon länger gewusst, aber genauso lange verdrängt hatte, dass es früher oder später für seine eigene Verteidigung sorgen können muss

- hauptsächlich alleine, aber auch mit Partnern aus Übersee und möglicherweise aus dem nahöstlichen und nordafrikanischen Raum. Die USA kann nicht ewig für Europa den Verteidiger, Russland nicht ewig gegen Europa den Aggressor spielen - beides ist in dem Masse nicht mehr möglich, beides nimmt in dem Masse ab, in dem Masse sich die Verteidigung Europas steigert, in dem sie sich sowohl von der Hilfe der USA als auch von der Bedrohung Russlands *unabhängiger* macht, dafür europäisch vernetzter und abgestimmter auch in der Anschaffung und Erneuerung der militärischen Ausrüstung. Europas Verteidigungsunion *finanziert und koordiniert* gemeinsam gesamt-europäische Waffensysteme, andere finanzieren sich national-europäisch, und bestimmt gemeinsam ihre Einsatzorte. Dafür braucht es einen Unionsgeneralstab - ähnlich wie die US-Generalität der NATO - der Europas zentrale Verteidigungsstragegie koordiniert, einschliesslich eigene taktische Nuklearwaffen und, falls nötig, Nuklearwaffen von Unionsmitgliedern wie UK und Frankreich. Im Zuge dieser Entwicklung wird ein Europa von 500 Millionen Menschen mit dem zweitgrössten Verteidigungsbudget der Welt und einer abschreckenden taktischen Nuklearbewaffnung sowohl den USA als Verbündeter und Geschäftspartner als auch Russland als Verhandlungs- und Abrüstungspartner zum ersten Mal in der Geschichte auf Augenhöhe begegnen können. Die Europäische Verteidigung füllt das Prinzip "Rearming for Disarming" (Aufrüsten zum Abrüsten) damit mit Inhalt, mit Leben (Idealisten, Pazifisten, PazifistInnen wollen lieber nur die Hälfte, das "Disarming" sehen, Realisten kommen nicht umhin, einzusehen, dass "Rearming" dazugehört, dass

Rearming for Disarming gelten muss, solange eine asymmetrische Verhandlungsposition und starke Divergenz, statt eine freundschaftliche Vertrauensbasis in///mit// Europas Nachbarschaft besteht, eine Vertrauensbasis, die in Europa auf der Grundlage von jahrhundertlange unter- und gegeneinander angefangenen und in Friedensverhandlungen beendeten Kriegen entstehen konnte. Die heutige Friedfertigkeit und Kooperationsbereitschaft der europäischen Staaten ist nicht nur dem Geschäftssinn von Handlungspartnern zu verdanken, sondern den langen und grausamen Kriegen, die sie unter- und gegeneinander führten. Man kann sagen, 1648, 1815 und 1945 sind Daten, in welchen europäische Kriege die Friedensfähigkeit Europas auf ein neues strukturelles Niveau beförderten.

PS. 2013/14 wurden in einem ähnlichen Blog der Entwurf einer Europa-Armee vorgestellt - Teile davon wurden der damaligen Piraten-Partei Deutschland zur Abstimmung vorgelegt. Für die Idee einer Europa-Armee hatten die meisten damals nur ein müdes Lächeln übrig, ausgenommen die Militaria-Fans. Das hat sich heute, 2022, radikal verändert. Die EVU (Europäische Verteidigungsunion) ist die *akzeptablere*, weil leichter und schneller in Europa implementierbare Version der Europa-Armee. Die bestehenden Nationalarmeen müssen nicht komplett umstrukturiert, ihre Offizierskorps nicht, weil überzählig geworden, grösstenteils entlassen werden. Die EVU baut viel stärker als eine Europa-Armee auf den bestehenden Verteidigungsstrukturen und -beständen in Europa auf - *jede Nation der Europäischen Verteidigungsunion kann sich im Einzelnen "schlanker",*

dafür in der gemeinsamen Schlagkraft "stärker" machen .
Das macht sie anschlussfähiger, insbesondere auch für
vergleichbare Strukturen der NATO, um diese eines Tages
unter europäischer Regie fortzuführen.

Kriegstagebuch 10.04.2022

Nach Fukuyama. Über das Ende von Francis Fukuyamas
These vom "Ende der Geschichte" (1992) und über das
Ende des Russland-Ukraine-Krieges (2022).
Neuzeithistoriker Adam Tooze greift auf Thesen des
Hobby-Historikers Francis Fukuyama (1992) zurück, der
sich bei dem französischen Hegelianer Kojève bediente -
vor allem mit der These des "posthistoire". Geht es im
Ukraine-Krieg darum, ob Fukuyamas Narrativ des Sieges
der liberalen Demokratie als Ende der Geschichte oder das
Ende dieses "Endes der Geschichte", mündend in ein
neues Imperium, siegt? Wir halten diese These für falsch,
für zu bipolar geprägt vom Kalten Krieg: der
kapitalistische, liberal demokratische Westen gewinnt am
Ende über den kommunistischen, diktatorischen Osten -
1989/1991 sah sich Fukuyama in seiner Annahme
bestätigt. Fukuyamas Geschichte der Menschheit endet in
der "liberalen Demokratie" als ihr ewiges Gefäss.... Von
alldem ist nicht allzuviel zu halten. Die Demokratie erwies
sich seit den Athenern gegen das Imperium der Perser
einfach als *schlagkräftiger,* es ging dabei nicht so sehr um
hegelsche "Anerkennung", es ging um kollektive wie
individuelle Behauptung - innernpolitisch durch Siege bei
Wahlen (es sind immer Wahlkämpfer und -sieger, die eine
Demokratie anführen) und aussenpolitisch durch Siege in
Schlachten und Kriegen (SiegerInnen sind in

Demokratien, und eben nicht nur in diesen, immer Sieger von Kollektiven - ihre militärische Selbtbehauptung garantierte und förderte ihre zivile Selbstbestimmung und umgekehrt, ihre zivile Selbstbestimmung garantierte und förderte ihre militärische Selbstbehauptung. Die Demokratie beendete, im Bürgerkrieg und auf dem Schlachtfeld, nicht nur im philosophischen Diskurs, auch das Erfolgsmodell der Aristokratie - die sich zuletzt von einer übernatürlichen Macht auserlesen begriff - , die Demokratie, die radikale, also eine, die sich selbst aufhob, entmachtete, enteignete, detheologisierte, re-egalisierte die Aristokratie und integrierte sie in ihre Unterhaltungsindustrie: Aristokratie ist in der heutigen modernen Gesellschaft zum Unterhaltungszirkus degeneriert: Aristokraten führen nicht mehr, sie lassen sich vorführen, sie gewannen die Führerfunktion durch Kollektive und verloren sie an diese wieder, seitdem sind sie funktionslos, hätte die Demokratie für sie nicht andere Funktionen ge- oder erfunden, etwa die der "Repräsentation" oder die der lebendigen Geschichte. Auch im Zweiten Weltkrieg siegten Demokratien über diktatorische Imperien und Aristokratien (vor allem Hitlers und Japans) und Stalins Grossser Vaterländische Krieg hätte in einer Niederlange enden können ohne Unterstützung der westlichen Alliierten, ohne Waffenlieferungen an die primär angegriffene Sowetunion - primär angegriffen, denn Hitler versuchte mit England eine Art transatlantische Brücke zu bauen unter europäisierten Ariern und säkularisierten Christen, Antikommunisten und Antisemiten - und ohne den Eintritt der USA, der westlichen Alliierten in den Krieg gegen Hitler auf der Seite Stalins - was Hitlers Drittes Reich von

Afrika bis zur Normandie, vom Nahen Osten bis zu Stalingrad, in einen fortschreitende Überforderung von Personal und Material zwang. Die materielle, technische und personelle, vor allem aber die kooperative-strukturelle Überlegenheit des Gegenschlages gegen Hitlers Angriffskrieg zerrieb, zersplitterte und erdrückte immer mehr die Kraft und Kräfte des Dritten Reiches. 1945 wurde das Ende der imperialen Träume Deutschlands besiegelt, seitdem engagiert sich Deutschland *als mitteleuropäische Macht inter pares* innerhalb der Europäischen Union. 1945 war das Marignano Deutschlands, 1515 war das Marignano der Schweiz, das Ende ihrer Grossmachtträume. Die Geschichte ist deswegen keineswegs zu Ende.

Dass sich fü post-sowjetisch Russland seit 1991 die *Option für Europas grösster Demokratie* öffnete und teilweise realisierte: Boris Jelzin ist das erste demokratisch gewählte Oberhaupt von Russland, Putin das zweite, geschah kraft einer Wiederkehr des Verdrängten (das 19. Jahrhundert und Freud lassen grüssen, denn die Bekämpfung der Demokratie durch den Zaren beförderte dessen Untergang und den Aufstieg radikaler linker marxistischer Kräfte, erst 1991 kehrte die Demokratie ganz an die Oberfläche), das hat mit Fukuyamas These eines Endes der Geschichte nichts zu tun, Geschichte verläuft rekursiv und reentrisch: sie kann nicht enden, ausserdem ist Demokratie viel flexibler als Aristokratie. Chinas illiberale Demokratie oder Diktaturdemokratie ist nicht *wesentlich* anders als unsere liberale Demokratie, aber wesentlich eingeschränkter, und selbst Russland, so sehr es auch den Zarismus zelebriert, wirft seine moderne

Verfassung nicht für eine Kaiserkrone weg. Auch der Kapitalismus, der Konkurrenzkapitalismus, ist nicht am Ende der Geschichte angekommen, sondern im Transfer zum Kooperationskapitalismus begriffen, zu einer nachhaltigen Demokratisierung der Wirtschaft, des Kapitals. Also das, was die Marxisten versuchten, doch mit viel weniger Gewalt, da funktionierende Demokratien gegenüber Diktaturen den Vorteil besitzen, dass sie ihre Machtwechsel in zivilisierten, friedlichen (Wahl-)kämpfen, statt in blutigen Revolutionen durchführen, weil im Rahmen der Verfassung, die sich die Mehrheit gab, statt im Chaos der Willkür von Minderheiten. Kein Ende der Geschichte also, denn Demokratisierungen, nicht nur in Diktaturen, werden sich weiterentwickeln, besonders im Bereich der Wirtschaft und ihrer Definition von Profit (Kooperativprofit eines kooperationskapitalistischen Unternehmensnetzwerkes misst sich daran, dass und wie es *allen* Beteiligten gut geht, *alle* profitieren, auch die Ökobilanz des Unternehmens sowie das Staats- und Konsumentennetz). Wesentliches für das Leben hat sich kaum geändert. daran erinnert uns die Klima- und Energiekrise: man muss essen, eine trockene Behausung haben und im Winter heizen können, ausserdem brauchen Fabriken, Handys, Kühlschränke, Lampen und Laptops Energie.

Die Menschheit arbeitet auch an ihrem *Konfliktmanagment*, daran erinnert uns die Konkurrenz zwischen diktaturdemokratischen (Chinas), diktatorischen (Burma/Myanmar) und liberal demokratischen Regierungssystemen, erinnert uns Russlands "militärische Spezialoperation": sprich: Überfall auf die Ukraine -

Putins Russland will hier mit der "Nachhilfe" von Gewalt wenn nicht das Imperium vergrössern, für gewisse Leute in der Ostukraine und für sich bessere, sicherere Verhältnisse implementieren (dabei der Ukraine einen Teil des Territoriums stehlen: egal, ob sich das wirtschaftlich und militärisch lohnt oder nicht - Fukuyama sprach von Kriegen, bei denen es nur noch um "Prestige" gehe) - dabei eskaliert die beschränkte Spezialoperation von Militär gegen Militär - weil der Plan wie auch der ukrainische Widerstand gegen ihn sich als zu gross erwiesen- zu einer schrankenlosen Invasion (die vor Kyiv zurückbefohlen wurde: Putin hatte nicht die Absicht, als Mörder der Klitschkos in die Geschichte einzugehen. Deren Blut hätte ewig an seinem Namen geklebt) und zu einer blindwütigen Zerstörung und Ermordung von Zivilisten und zivilen Infrastrukturen. Neue ′Disziplinierungen" und bessere Ziel-Planungen - nicht nur Eroberungsstrategien (auf der Seite der Ukraine: Verteidigungsstrategien) - müssen reimplementiert, müssen verbessert eingeführt werden in das ganze dynamische Vorhaben: Zielplanungen, die ihr Ende, ihre Exit-Strategie klarer definieren und besser im Auge behalten.

Kriegstagebuch 09.04.2022 (II)

In der Verbrecher-Clique in Moskau - so nannte sie kürzlich Bundespräsident Steinmeier - herrscht ja die Auffassung, dass man die Ukrainer und Ukrainerinnen nicht anders von der sehr, sehr ansteckenden, insofern für Russland sehr gefährlichen Krankheit, die Freiheit und die Demokratie zu lieben, heilen kann, als sie massenweise abzuschlachten oder umzuerziehen. Das erste geht einfach, das zweite ist langwierig und ohne sicheres Ergebnis. Mit einem blutigen Gruss aus Moskau (Moskau dementiert - muss dementieren, muss etwas liefern, was Putins Marionetten und Medien nachplappern müssen - : aber hunderte, ja tausende Schauspieler, die Ermordete "spielen", hat die Ukraine nicht...wohl aber waren hunderte, ja tausende Tschetschenen, Kadyrovsky und russische Armeeangehörige während drei, vier Wochen in diesen Vororten von Kyiv - wo rundum gemordet, gefoltert, geplündert, vergewaltigt und zerstört wurde) platzte eine Rakete mitten in die Menschenmenge am Bahnhof von Kasmagorsk, in tausende UkrainerInnen, die in die Westukraine oder in den Westen fliehen wollen: 50 Tote, darunter 5 Kinder.

EU-Präsidentin Von der Leyen, der EU-Aussenbeauftragte Borrell und der Slovakische Minsterpräsident Heger statten am Freitag dem Präsidenten Selenskyi in Kyiv einen Besuch ab (sie gehen auch zu den Massengräbern in Butscha) im Gepäck ein Geschenk für die Ukraine: der EU-Beitrittsantrag, den man prioritär behandeln werde. Damit korrigiert Von der Leyen auch ein wenig den Fehler von Bundeskanzlerin Merkel, trotz Putins Krim-Eroberung, 2014, die Nord Stream 2-Pipeline zu bauen, die der Ukraine wirtschaftlich geschadet hätte. Die Überlegung war rational: Putin wird kaum ein Europa angreifen, das seinen Staat finanziert, im Gegenteil, Russland profitiere doch von der Prosperität, nicht von der Ausbombung Europas. Umso mehr muss sich Europa vor Putin-Russland schützen, wenn für dieses Europa auf ein Mal weniger Nutzen, mehr Schaden, weniger Freundschaft, mehr Feindseligkeit bedeutet, und auf eine freundschaftlich gesonnene Meta-Diplomatie mit einem Russland nach Putin setzen, das an den alten guten Kontakten und *an einer Versöhnung* mit Westeuropa und der Welt interessiert ist (siehe Kriegstagebuch 09.04.2022 (I)).

Kriegstagebuch 09.04.2022 (I)

Über Sicherheitsgarantien für die Ukraine (Verhandlungsszenario). Wie können Garantien von Deutschland, Frankeich und Grossbritannien oder von einer Union von westlichen und östlichen Mächten, an der sich die Türkei und China beteiligen, für die Ukraine aussehen? (China gab schon 1994 eine Garantie für die Ukraine ab (Quelle unsicher). Es wäre wichtig, dass China zu den Garanten der Ukraine gehört. Mit ihr wächst das Sanktionspotential enorm. Es kann, mit Abstand, der beste Garant der Ukraine sein !). Am 30. März erkärte die deutsche Aussenministerin Baerbock, Deutschland sei bereit, der Ukraine nach dem Krieg Sicherheitsgarantien zu geben. Was müssen diese leisten, wenn Russland den Friedensvertrag mit der Ukraine, der deren Integrität und Souveränität garantiert, nicht einhält? Neutralität besitzt eine reziproke Struktur. Die Neutralitätsverpflichtung der Ukraine gegenüber Russland beinhaltet eine Neutralitätsverpflichtung Russlands gegenüber der Ukraine, da sie ja ein wesentlicher Teil ihrer Friedensverhandlung ist. Frieden verpflichtet alle, die den Vertrag unterschreiben, kriegerische Handlungen, auch verdeckte, zu unterlassen, sonst handelt es sich um einen Scheinfrieden. Hält Russland die Neutralität und

Garantien, die sie der Ukraine gibt, nicht ein, dann tritt der Garantiefall ein, dann wäre die Ukraine nicht mehr zur Neutralität gegenüber Russland verpflichtet. Wenn sich Russland nicht neutral gegenüber der Ukraine verhält, dann steht die Ukraine nicht mehr in der Pflicht, gegenüber Russland neutral zu sein - wie könnte sie? Die Garantiemächte der Ukraine können zu ihrem Schutz, zu ihrer Verteidigung, nun Waffen, Truppen und Verstärkung in das Land entsenden und Sanktionen gegen Russland beschliessen, die Ukraine könnte ihr Waffenarsenal vergrössern, was der Friedensvertrag, solange die Neutralität in Kraft ist, ausschliessen würde. Statt einer totalen Entmilitarisierung enthielte dieser Russland-Ukraine-Friedensvertrag Angaben zu Obergrenzen und Bewaffnungsart der ukrainischen Armee, wie auch zum Modus oder Ablauf der Rüstungskontrolle: es versteht sich von selbst - seit dem Budapester Memorandum von 1994 -, dass auf Ukraine-Territorium keine Nuklearwaffen stationiert werden dürfen, dabei muss man sich im Klaren sein, dass, erstens, objektiv allein was Nuklearwaffen betrifft, Russland für die Ukraine eine (potentielle) Bedrohung darstellt, nicht die neutrale Ukraine für Russland, deren Armee konventionelle Waffen besitzt sowie eine deutlich kleinere Luft- und Schiffsflotte und, zweitens, dass sich die Armee der Ukraine dezidiert als Verteidigungs- nicht als Angriffsarmee formiert (Zwischenbemerkung: Dass sich Russlands Armee eines Tages zu einer reinen Verteidigungsarmee entwickelt, dabei ihre A-, B- und C-Arsenale erheblich verkleinert, das gehört zur Grossen Erzählung oder zum Narrativ, das Russland auf dem Weg zu Europas grösster Demokratie begreift und eine - aus unserer Sicht bessere, nachhaltigere, zukunftsfähigere - Alternative darstellt zu Putins nostalgisch rückwärtsgewandtem Narrativ des Grossen Imperiums)

Die Neutralität der Ukraine, dass Russland sie nicht angreift und die Ukraine sie nicht unterläuft - ihre Kontrolle und Einhaltung -, sollte bezüglich der Ukraine Russlands prioritäres Sicherheitsinteresse sein. Je freundschaftlicher und partnerschaftlicher das Verhältnis zwischen diesen beiden Staaten sein wird, je grösser, beständiger das gegenseitige Vertrauen, desto weniger Kontrolle ist nötig (soviel zu Lenins: Vertrauen ist gut, Kontrolle ist besser). Desto mehr verliert das Militärische an Gewicht. Das beste für die Ukraine wäre, wenn es mit einem Nach-Putin-Russland Frieden schliesst, das Putins ideologischen Fehler, Putins Überfall des Bruder- und Schwester-Staates verurteilt und echtes Interesse zeigt, sich auf Vertrauensbasis wieder mit der Ukraine, mit Europa, mit der Welt zu versöhnen. Dieser Tag wird kommen, so wie das Jahr 1991 gekommen ist. Wer glaubt daran, dass die Ukraine in nächster Zeit mit dem Putin-Regime einen echten, stabilen Frieden schliessen kann? Mit einem Regime, dass so gut wie alles plante, das gegen die Ukraine gerichtet war (oder ist): die Aberkennung ihrer nationalen Existenz und Souveränität, ihrer territorialen Integrität, die Beraubung ihrer Freiheit, die Ermordung ihres Präsidenten, die Liquidierung ihrer neo-nazi-affinen Minderheit (die politisch keine grosse Rolle spielt), die Beraubung ihres Territoriums, die Verwüstung ihrer Häuser, Infrastrukturen und Kulturstätten, die Ermordung ihrer Zivilbevölkerung in der Grössenordnung eines Völkermordes, der Bruch der UN-Charta, des

Budapester Abkommens, usw. das alles soll unter den Tisch gekehrt werden bei einer "Friedensverhandlung"? Russland hat nie einen grossen Krieg, geschweige einen Vernichtungskrieg, gegen die Ukraine geführt, nicht offiziell (auch wenn viel vernichtet wurde und wird). Man muss zu Minsk zurück: nach dem Minsker Abkommen geht es darum, die Donbass-Region zu befrieden und zu schützen, allenfalls Russland-gesonnenen Ostukrainern die Möglichkeit eines russischen Passes zu geben. Ob diese Regionen wie die Krim von der Russischen Föderation "annektiert" werden - was in der Form von Volksrepubliken bereits geschah: sogar Kasachstan anerkennt sie nicht, formal und völkerrechtlich gehören sie zum Territorium der Ukraine - oder ob es zu *Kompromissformeln* kommen wird auch in dieser Frage - das wird die Friedensverhandlung in Budapest oder in der Türkei zeigen möglicherweise innerhalb des Normandieformats. Soweit ist es noch nicht, sollte es aber in gar nicht mehr so weiter Zukunft kommen (das meinte Peskov am 08.04.2022 in einem Interview - wir werden sehen, ob oder wieviel Lavrov in Peskov steckt. Friedensliebende hoffen natürlich, dass Peskov mit seiner Einschätzung richtig liegt !).

Kriegstagebuch 08.04.2022

The civilians of Ukraine should tell the Russian soldiers: we are from the pro-Russia-party. We are lucky, that you are here... then from self-defense switch to defense or flee or wait...

Kriegstagebuch 07.04.2022

---- in BEARB ---- Für das historische Protokoll: zu den Massakern und Massenhinrichtungen in Butscha, Irpin, Hostomel und in anderen Kyiver Vororten - in Butscha fand man 300, 400 herumliegende und wahrscheinlich auch hingelegte Leichen: für das, was jetzt nicht gemacht wird, und später nicht mehr gemacht werden kann, sowohl für die Geschichtswissenschaft als auch für die Beweise, die die UNO-Untersuchung zu Kriegsverbrechen oder Völkermord benötigt, nachgefragt: Woher kommen all diese Leichen - sind sie alle von diesem Ort? - wer waren sie? welcher politischen Partei gehörten sie an? werden ihre Namen alle bekannt werden? werden ein paar Namen verschwinden wie die Leichen? zudem ist festzuhalten: dass es tatsächlich auffällige Parallelitäten gibt - zum Beispiel, es gibt Leichen, deren Handgelenke wurden auf dem Rücken gefesselt mit weissen Bändern und es gibt Youtube-Aufnahmen von ukrainischen Soldaten, die am Boden liegenden Saboteure? mit Stiefen treten und deren Hände auf dem Rücken mit weissen Bändern fesseln - Bänder, die sich an vielen Butscha-Leichen finden. Haben Russen und Ukrainer Zivilisten mit den gleichen Bändern gefesselt, auf die gleiche Art ins Gesicht (blutig) geschlagen und getreten - oder richtete der ukrainische Geheimdienst ukrainische Kollaborateure, Saboteure (Russen), Spione und andere Verräter hin und mischte diese Leichen unter die Leichen, die auf Kosten des russischen Massenmordens gehen? Es gibt in der Ukraine ja nicht nur Opportunisten, die ihr Fähnchen nach dem Wind drehen, sondern eine kleine pro-russlandfreundliche Partei, also Leute, die Russlands Überfall, nein, "Spezialoperation", auf ihr Land gutheissen - Leute, wie ein wegen Hochverrats nach Spanien geflüchteter

Parlamentsabgeordneter dieser Partei zum Beispiel. Die Vermutung, dass es in Butscha um eine Inszenierung des ukrainischen Geheimdienstes geht, der die hingerichteten "Verräter" in den Kieler Vororten verteilt und das ganze Massaker - erstens - den Russen in die Schuhe schiebt um dadurch - zweitens - in der Weltöffentlichkeit eine riesige Empörungswelle und dringend benötigte Solidarität auszulösen - in einem "Geniestreich" zwei Fliegen mit einer Klappe zu schlagen (allein: aus Not, in die Russland sie gebracht hat) - das ist eine These, die nicht ganz von der Hand zu weisen ist - für Russland ist es die *ganze und einzige Wahrheit*, ja, sie doppelt noch eins drauf, und fügt dem ukrainischen den britischen Geheimdienst und die NATO dazu, sie macht aus einer möglicherweise falschen These oder marginalen Wahrheit nicht nur die ganze Wahrheit, sondern eine Verschwörungstheorie und Propaganda. Und alle russischen Putin-Marionetten - bei der UNO, in den Botschaften, in den Ministerien, in den Medien - müssen dieses Märchen, diese Lügen vortragen (ausgenommen die Marina Ovsyannikovas machen diese Inszenierungen nicht mehr mit), müssen sie verbreiten, bis sie sie selber glauben (Im Moment scheint im Kreml nur noch Peskov ab und zu die Wahrheit zu sagen Lavrov lügt, Sacharova trägt die Lügen vor und Putin diktiert die Lügen, an die er teilweise selber glaubt). Dabei gibt es schon über 2000 getötete Zivilisten in der Ukraine - ermordete, in Autos Erschossene, darunter die vierzehnjährige Polonia, und eine auf dem Weg zum Füttern von herrenlos gewordenen Hunden aus unmittelbarer Nähe erschossene junge Frau. Die Schlächterei hat nicht erst in Butscha angefangen und hört auch dort nicht auf. Und natürlich wollen und werden wir eines Tages wissen, was macht die Ukraine unter Kriegsrecht mit Saboteuren und Landesverrätern oder solchen, die die Partei Russlands vertreten? Sie hat jetzt, wo es um ihre nationale Existenz und territoriale Souveränität geht, keine Zeit für sie - die Erfahrung zeigt, dass solche Leute im Krieg relativ schnell standesrechtlich erschossen werden. Ob tatsächlich eine Spezialgruppe von älteren FSB-Leuten diese Folterungen, Vergewaltigungen, Ausraubungen, Fesselungen und Hinrichtungen in den Kyiver Vororten vorgenommen haben, nicht die in der ersten Linie kämpfenden Soldaten aus Russland und Tschetschenien, oder nicht, das spielt eine zweirangige Rolle. Diese FSB könnte sich dann als Putins "SS" am Beispiel der Deutschen Wehrmacht aufgeilen, hinter deren Front die SS unter der Zivilbevölkerung wütete - besonders der ukrainischen und der russischen. Auch hier werden Kopien durchgereicht, auch hier lebt der Horror in einer historischen Kopie und Maske. Auch hier wird gefährliche Nostalgie betrieben, nicht mal hier ist der Horror originell., sondern abgeschmackt, unfruchtbar, elend und verflucht, wie er es immer ist.

Kriegstagebuch 06.04.2022

Russische Soldaten töten aus Rache und Feigheit -um Terror zu verbreiten, um die Ukrainische Bevölkerung daran zu erinnern, dass sie sich unbedingt zu bewaffnen hat - Zivilisten - russische Goebbels-Bubis publizieren Mordphantasien in russischen Zeitungen - das Putin-Regime entwickelt sich zu einem kriegsverbrecherischen Monster, das sich in seiner Hybris noch in einen Dritten Weltkrieg wie in ein Messer stürzt. Danach kommt immer die Ernüchterung. Das ist immer mit Kriegen so. Und man wird sich plötzlich erinnern: ach, ich hab ja kleine Kinder...

Kriegstagebuch 06.04.2022

In Russland gibt es diese Parteien-Freiheit nicht , in der Ukraine gibt es die, hier dürfen Neo-Nazi-Parteien und pro-russlandfreundliche Partien existieren (beide marginal) -dort wird jetzt alles uniformiert, auf Massenmord vorbereitet. Gefährlich ist, überschätzt sich Russland, verliert es die Vernunft u tritt über die Grenze.Taktische Nukes reichen für einen Sieg nicht, nur für eine Niederlage.

Kriegstagebuch 31.03.2022

Warum hat die NATO in Europa nur 150 taktische Atomwaffen - und Russland 2000 ? Wir geben 300 Millliarden im Jahr für Verteidigung aus - Russland 60 Milliarden pro Jahr für Verteidigung und Angriff. Wer hat da geschlafen?

Kriegstagebuch 31.03.2022

The EDU (Europe Defense Union as the European NATO) has to coordinate its nuclear defense budgets through a central general staff (France, UK, Germany, Poland, Espana, Italia, ...)

Kriegstagebuch 31.03.2022

Selenskyi fertig machen, dann Krieg beenden. Solange der russische Präsident den ukrainischen Präsidenten "fertig machen will" - angeblich dessen Antwort auf einen Brief Selenskys an ihn, den der Briefträger Abramovitch überbrachte - solange Putin Selenkskyi töten will, will er mit ihm nicht verhandeln. Dabei sollte der Präsident Russlands nach seiner Verfassung, auf die er einen Eid leistete, persönliche Antipathien und Sympathien zurückstellen für das, was dem Interesse des Staates und der Gesellschaft am besten dient. Statt ein nicht aufhörender, auch guerilla-haft geführter Krieg, ist das der dauerhafte Frieden mit der Ukraine, die, ohne Nuklearwaffen und eventuell neutral, keine militärische Gefahr für Russland bedeutet, das 6000 Nuklearwaffen besitzt.

Kriegstagebuch 31.03.2022

Die kollektive Lüge, die in Russland verbreitet wird - dass die Ukraine aktuell von "Nazis" befreit wird., dass sie gegen ein Naziregime kämpfen - eine dreiste Lüge und Verachtung der demokratisch gewählten Regierung der Ukraine - soll den russischen Familien, die ihre Söhne verloren haben, helfen, zu glauben, dass ihre Söhne für ein HÖHERES Interesse ihres Landes, nicht für NICHTS gestorben sind. Sie glauben also fest daran, ihre Soldaten befreien die Ukrainer vom Naziregime (anstatt zu realisieren, dass die ST in einer legitimen Wahl 43 % der Stimmen aller UkrainerInnen erhielt, dagegen die Neo-Nazi-Parteien weniger als 3 %), so ähnlich wie Deutsche unter Hitler fest daran glaubten - ohne tief nachbohren oder es persönlich überprüfen zu wollen -, dass ihre jüdischen Nachbarn nach Osteuropa umgesiedelt werden, weil es besser für beide sei. Die meisten Russen und Russinnen wissen dank Einzelaktionen wie von Marina Ovsyannikov im Staatsfernsehen, dass sie sich einer Lüge hingeben, dass es in der Ukraine um ein Kräftemessen von zwei Nationen geht, dass hinter dem Begriff "militärische Spezialoperation" - angelehnt an die Bezeichnung, die die Ukraine für ihre Militäraktion gegen die Separatisten in der Ostukraine benutzte - das Gesetz des Stärkeren und ein breit angelegter Krieg stehen. Diese Angelogenen, die sich die Lüge gerne gefallen lassen, partizipieren im Geist am Überfall und am Morden, das dort stattfindet, und wollen, so ähnlich wie wenn Russlands Fussballmannschaft gegen die ukrainische spielte, dass ihre Mannschaft gegen die von Nazis verführte, schwächere Mannschaft gewinnt, an deren Spitze merkwürdigeweise ein Mann jüdischen Glaubens steht, was antisemitische Ressentiments bedient, die auch in Russland verbreitet sind.

Kriegstagebuch 31.03.2022

Zwei Bemerkungen zu Putins unsouveräner Militär-Operation gegen die souveräne Ukraine. Der russische Angriff auf die Ukraine macht eines klar: erstens: es gibt schon sehr lange ein ukrainisches Volksgut, eine ukrainische Volkskultur, die moderne Nationalisierung der Ukraine begann im 19. Jh. (Mychailjo Hruschewskyi-1866-1934). Lenin machte 1917 aus der Ukraine keine unabhängige Nation, sondern leitete zugleich ihre Sowjetisierung unter Moskaus Führung ein, der Stalin-Terror gegen die Ukraine folgte, bis dass die Nazis ab 1941 ihren Terror in die Ukraine trugen. Erst 1991 erhielt die Ukraine erstmals einen nationalen Souveränitätsstatus, den Moskau ab der Ära Putin (2000) bekämpfte. Bis 1999 herrschte die Ära Jelzin in einem Russland, das ab 1991 ebenfalls zum ersten Mal einen nationalen demokratischen Souveränitätsstatus errang. Russland als moderner demokratischer Nationalstaat war eine politische Leitidee, die wie bei vielen anderen europäischen Völkern im 19. Jahrhundert entstand und vom Russischen Zar bekämpft wurde. Mit der Bekämpfung der Demokratie beschleunigte er seinen eigenen Untergang und den Aufstieg radikaler linker marxistischer Kräfte. Erst 1991 war es soweit, dass diese verzögerte und unterdrückte Demokratisierung Russlands an die Oberfläche kam, dass endlich auf das Sowjetrussland der Sowjetunion ein demokratisches Russland folgte, das viele Völker und verschiedene Religionen nationalisierte und in eine moderne Verfassung brachte, es folgte, mit anderen Worten, nach der post-stalinistischen Phase, die die Ukraine als Sowjetukraine respektierte (Sowjetrussland schenkte ihr sogar die Krim) und der Perestroyka Gorbatschovs, die demokratische Ära Jelzin. Boris Jelzin (1991-1999) ist das erste demokratisch gewählte Staatsoberhaupt Russlands. Unter seiner Regierung kam 1994 das Budapester Memorandum zustande: die Ukraine erhielt für den Verzicht auf Nuklearwaffen von Russland, Grossbritannien und den USA Souveränitätsgarantien, auch Frankreich und China gaben Erklärungen dieser Art ab (vgl. Wikipedia: https://de.wikipedia.org/wiki/Budapester_Memorandum) - , 10 Jahre später, 2004, bekämpfte Moskau unter Putin den west-orientierten Präsidentschaftskanditaten der Ukraine, Juschtschenko, der 2004 ähnlich wie der

Putingegner Navalny 2020 einen Giftanschlag überlebte und die Wahl zum Präsidenten (2005-2010) gewann - 2014 eskalierte der Maidan in Kiew, die Krim wurde von Russland annektiert (es wurden auch taktische Fehler auf ukrainischer Seite gemacht: Russland drohte der Verlust des Pachtvertrages für die Krim als Flottenstützpunkt, zugleich ein NATO-Beitritt der Ukraine. Beides war nicht akzeptabel aus einer militärisch-politischen Sichtweise, die vom Kalten Krieg geprägt ist). Soviel zu "erstens". Zweitens: es gibt kein sowjetisch-russisch. Egal, ob und wie Putin-Russland die von ihm seit dem 24. Februar 2022 angegriffene Ukraine besetzt. Deutlicher denn je, mit Blut unterschrieben, gibt es kein Sowjet-Russisch, sondern ein Ukraine-Russisch und ein Russland-Russisch, der aktuelle Krieg fördert weniger die historisch falsche Ein-Rus-Volk-Ideologie, sondern die nationale Spaltung, die ukrainischen und russischen Eigenarten, die getrennten Entwicklungen, wobei das Verbindende (wie z. B. die mittelalterliche Rus) wohl erst wieder zum Zuge kommen kann zwischen beiden Völkern und Nationen, wenn sie sich in ihrer Eigenart, Souveränität und Nationalität akzeptieren.

Kriegstagebuch - 27.03.2022

---- in Bearb ----- Warum die Europäische Verteidigungsunion nicht auf das psychologische Droh- und das faktische Vernichtungspotential von Nuklearwaffen verzichten kann, aber darauf verzichten will, *als Endziel* darauf verzichten können will/// -

. Warum Deutschland, wie Frankreich und Grossbritannien oder die EDU - Europe Defense Union - nukleare Abschreckung braucht nach dem Prinzip: Rearming for Disarming (Aufrüsten zum Abrüsten). Im SZ Artikel vom 25.03.2022 *"Deutschland wird seiner Bedeutung in Europa nicht gerecht"* stellt Stefan Kornelius ein Szenario vor, in dem Russland mit allem, was es hat, einen Pseudo-Sieg des Schreckens und Zerstörens über die Ukraine herstellte. Aus der Ukraine ein riesiges Tschernobyl zu machen wäre ein Pyrrhus-Sieg - die Ukraine und mit ihr die Weltwirtschaft verlöre zudem ihren wirtschaftlichen Nutzwert, ihre riesigen Weizenfelder - für diese Vorstellung ignoriert Kornelius, dass Moskau - mittlerweile so chronisch lügend, dass man fast NICHTS mehr glauben kann, dass sich das Putin-Regime damit in die eigene Verhandlungsunfähigkeit manövrierte - kürzlich nochmals betonte, dass nukleare Waffen nur in existentiellen Situationen zum Einsatz kommen würden, und es nicht eine Besetzung der Ukraine beabsichtige, auch keinen Vernichtungskrieg gegen sie führe (wenn auch in Mariupol Magdeburgisierende Ansätze dazu unverkennbar sind), sondern nur eine "militärische Spezialoperation". Nicht heute und morgen, aber irgendwann werden wir Atomwaffen - bis auf ein UN-Mandat - abschaffen, weil sie viel zu schmutzig, viel zu schädlich, viel zu gefährlich, ja, *ein direkter oder indirekter Angriff auf unsere Kinder und deren Kinder* sind. Wenn in einem Land Atomwaffen niedergehen, dann ist das schlimm, noch schlimmer ist ihr Fallout, der sich in die Länge und in andere Länder zieht. Eingedenk dessen baute man kleine taktische Nukes, deren kollaterale Schädlichkeit weniger gross, ihr militärischer Nutzen also grösser als der von grossen A-Waffen ist. Nuklearwaffen sind also lokal einsetzbarer geworden - doch auch diese kleinen Schmutzbomben spucken bei jedem Einsatz tödliche Radioaktivität in die Welt, die wir nicht vollständig kontrollieren können. Eine Waffe, die man nicht vollständig kontrollieren kann, die sich auf Umwegen sogar gegen den, der sie anwendet, richtet, ist eine schlechte, ist eine untaugliche Waffe. Zurück zu Kornelius.

Am Ende seines Artikels kommt er zu merkwürdigen Wendungen und Widersprüchen wie - dass Deutschland auf keinen Fall Nuklearwaffen "enttabuisieren" dürfe, gleichzeitig moniert der Autor, dass sich Deutschland vor "harten Entscheidungen wegducke" und immer noch die USA Europa verteidige... Ja, Kornelius scheint sich auch vor solchen Entscheidungen "wegzuducken" und meint wohl: Sollen doch die USA, Frankreich und Grossbritannien für die nukleare Abschreckung des Westens sorgen, aber, Pfui, auf keinen Fall Deutschland, hier müsse ein ewiges Nuklearwaffen-Tabu herrschen -

Danken wir also den USA, sonst wären wir, wäre Deutschland, Polen, Litauen und so weiter, Russlands nuklearem Drohpotential, das ein rhetorisches, taktisches und psychologisches z.. B. Angst oder Respekt machendes Potential enthält, wehrlos ausgeliefert.

///Kornelius Deutschland bleibt der Wegducker in dieser Frage. "*Es ist nicht leicht, gegen Putins Drohungen ein glaubwürdiges Konzept der Abschreckung zu stellen* [so schwer ist es gar nicht, Kornelius, wenn das Konzept

"Rearming for Disarming" glaubwürdig verankert wird].
Wer mit Nuklearwaffen droht [Europa droht nicht aktiv
damit, aber Putin] *und für den Fall des Untergangs des
russischen Staates das Überlebensrecht der restlichen
Welt infrage stellt, der ist nicht mehr weit weg von Hitlers
Bunker-Delirium* [das ist eine Verdrehung der Tatsachen:
Wer Europa mit Nuklearwaffen droht, und damit sein
Überlebensrecht in Frage stellt, muss sich bewusst sein -
angesichts unseres nuklearen Potentials -, dass er damit
auch sein Überlebensrecht in Frage stellt. Eine
Verteidigungsunion droht per definitionem nicht offensiv
mit dem Einsatz von Nuklearwaffen, droht nur passiv
durch ihr Einsatzpotential, das gesichert werden muss. Es
gibt Raketen, die mit einem Schlag 60 Städte verwüsten,
60 Orte treffen können]. *Aber: Wer in Sprache, Haltung
und Entscheidung die Niederlage der Ukraine einpreist,
der versieht das Geschäft des Usurpators. Gerade in
Deutschland sollte das niemandem passieren."* [Dann
sollte was geschehen, Kornelius, soll man trotz der
nuklearen Drohung des Usurpators der Ukraine zu Hilfe
eilen? Und wenn wir ihm dabei klar machen können, dass
er diese Drohung besser sein lässt, weil wir sie erwidern,
sie zu seinem Menetekel machen werden? dass er auch
sich bedroht, wenn er uns damit bedroht? *Sollen wir auf
diese Option verzichten?* Wohl eher nicht. Dass heisst
auch Europas Verteidigungsunion - reden wir von ihr als
Nachfolgerin der NATO - soll ihr psychologisches Droh-
und faktisches Vernichtungs-Potential an Nuklearwaffen
nicht nur besitzen, sondern nach und nach *vergrössern* -
im Idealfall bis zu der Schwelle, die Russland motiviert,
mit uns am Verhandlungstisch über die Verkleinerung
dieses selbstbedrohlichen Drohpotentials, über Abrüstung

dieses potentiell selbst-gefährdenden Waffenpotentials, damit auch über die Verringerung und Abschaffung des Wahnsinns, den wir seit kurzem in unsere Geschichte einführten, zu sprechen.

Kriegstagebuch - 26.03.2022

Kurz vor dem Kriegsanfang. Es ist nicht ganz richtig, dass vor dem 24.02. niemand mit dem tatsächlichen Einmarsch, mit einer full-scale-Invasion in die Ukraine gerechnet hat. Seit November 2021 besass die Massierung von russischen Truppen an der ukrainischen Grenze internationale Aufmerksamkeit. Einer der frühesten Annahmen über eine Überfall der Ukraine wurde bei Twitter im Januar getwittert, der Tweet *"Ein Angriff auf die Ukraine ist ein Angriff auf ganz Europa"* blieb mehr als 3 Wochen lang angeheftet. Ausserdem wurde bekannt, dass Russland in Grenznähe zur Ukraine Feldlazarette errichtet hatte und US-Geheimdienste informierten, dass Russland für die Invasion Fake-Gründe zu konstruieren sucht ähnlich wie Hitler für die Invasion in Polen 1939 (die Fake-Gründe, die vorgetragen wurden für eine geraume Zeit, hiessen, Russland müssse die Ukraine "entmilitarisieren" und "denazifizieren". Diese Begriffe - ein Twitterer nannte sie "bad jokes der Putin-Propaganda"- haben in letzter Zeit an Präsenz verloren. Es heisst jetzt mehr, dass es bei dieser militärischen Spezialoperation um Straf- und Vergeltungsaktionen gegen die Ukraine und um die Eroberung und Befriedung des Donbass ginge, nach einem achtjährigen Bürgerkrieg in den Separatistengebieten, der rund 15 000 Menschen das Leben kostete (es starben allerdings auf BEIDEN

Seiten Soldaten und Zivilisten) und die Russland mittlerweile als "Volksrepubliken" anerkannte, d.h. eine neue Logik, eine neue Begründung, ein neues Narrativ wird für Russlands Militärpräsenz in der Ukraine aufgetan, das den Tod von Tausenden von russischen Soldaten und Offizieren nicht nur der Weltöffentlichkeit, sondern tausenden russischen Familien erklären muss - siehe dazu Kriegstagebuch .....und den Artikel von Sofi Oksanen in der SZ vom 25.03.2022, die die "Moskauer Ideologie" vielleicht etwas gefestigter einschätzt als sie tatsächlich ist.) Dann äusserte sich am 7. Februar 2022 der ost-ukrainische Separatistenführer Denis Pushilin bei Reuters, dass nach 8 Jahren Grabenkrieg mit rund 15 000 Toten "a full-scale war with huge casualties in east Ukraine could break out any time." Recht hatte er, es musste nur noch die Winterolympiade in China am 20.02. zu Ende gehen (bat wirklich China darum?). Ab dem 24. Februar folgte dann das, was Pushilin etwas vorzeitig verplappert hatte.

Kriegstagebuch - 25.03.2022

Angeblich soll FSB-Chef Alexander Bortnikov (geb. 1951) falls Präsident Putin etwas zustösst (und dass er an einem Attentat erliegt, ist nicht ganz unwahrscheinlich, angesichts der Todfeinde, die er sich in der Ukraine macht) dessen Präsidentenamt übernehmen. Man kann spekulieren, dass Bortnikov, da der FSB einen klaren Kopf bewahrt zu haben schien bezüglich der objektiven Einschätzung des Nutzens und Schadens einer Ukraine-Invasion für Russland- siehe Kriegstagebuch 14.03.2022) Russland schnellstmöglich aus dem Ukraine-Abenteuer abziehen und dessen internationalen Ruf und die internationalen Verträge so gut wie möglich wieder herstellen würde. Man würde mit Putin abrechnen, ähnlich wie mit Stalin nach dessen Tod.

Kriegestagebuch - 24.03.2022

Lucian Kim (NZZ) fasst zusammen: "*Wladimir Putin hat ein gefährliches Hobby. Seine Besessenheit von der Vergangenheit und vom historischen Erbe kostet Tausende von Menschenleben, richtet in der Ukraine Zerstörung an und bedroht Russlands eigene Zukunft.*". Fakten, statt Mythen, wären allerdings besser. Klar, Putin ist ein Hobby-Historiker, er studierte Jura, nicht Geschichte. Es verwurndet allerdings, dass ein Autokrat einer demokratischen Republik (Russische Föderation) ohne parlamentarische Kontrolle und Gegenprüfung (wobei eine Studie des FSB von einer Ukraine-Invasion abgeraten haben soll , siehe Kriegstagebuch - 14.03.2022) als Oberbefehlshaber der Russsischen Armee einen mehr als fragwürdigen, dem Staat objektiv schadenden, nicht mehr der Verfassung des Landes dienenden, ja verfassungswidrigen Krieg vom Zaun brechen (lassen) kann. Dafür werden verschiedene Narrative in Anwendung gebracht - das Umzingelungs-, Wortbruch- oder Sicherheitsbedürfnis-Narrativ- das Ende-der-Sowjetunion-als-Katastrophe-Narrativ - das Ein-Volk-Narrativ - das Entnazifizierungs- und Demilitarisierungs-Narrativ - das Minsker-Abkommen-Vertragsbruch-Narrativ - Narrative, die erst nach der Invasion entstanden oder in den Vordergrund rückten - : das Russen-im-

Donbass-Selbstverteidigungs- und Vergeltungs-Narrativ, das Wir-wollen-die-Ukraine-Nicht-Besetzen-Narrativ

Kriegstagebuch - 21.03.2022

Der Westen - USA und NATO - suchen eine Antwort auf die russische Invasion in die Ukraine - ein Twitterer meinte, die Ukraine sei ein "global issue" - es brauche (auch) eine globale Antwort, eine UN-Charta-Antwort (Blauhelme für Kyiv)

Kriegstagebuch - 14.03.2022

Der entführte Bürgermeister Ivan Fedorov von der Stadt Melitopol, die zur - vorübergehenden? - russischen Okkupationszone der Ukraine gehört, wurde durch eine ehemalige Stadträtin, Vertreterin einer kleinen pro-russischen Partei, ersetzt, eine Marionette Moskaus, eine moskautreue Amtsperson, die den russischen Kurs gutheisst und die Bevölkerung ermahnt, sie solle sich den neuen Realitäten fügen und sich schnell "auf eine neue Art zu leben einstellen" (Quelle: STANDARD) Nachtrag: am 16. März wurde Fedorov freigelassen - es wurde zudem von Moskau erklärt, dass man nicht beabsichtige, die Ukraine zu besetzen, wovon längst der FSB abriet (s.u.) - wir werden sehen, ob Fedorov wieder sein legitimes Bürgermeisteramt übernimmt. Ob die Anklage gegen ihn fallengelassen wird, usw.) . Die harte Faust Moskaus regiert jetzt in den Gerichten und Amtsstuben dieser ukrainischen Stadt. Zudem wird ihr Bürgermeister von einem Staatsanwalt der Volksrepublik Luhansk angeklagt, einer verbotenen rechtextremen Organisation angehört zu haben, die allerdings erst jetzt für verboten erklärt wurde, zu der Zeit, als er ihr beitrat, war sie das nicht (tat er das tatsächlich und was heisst aus Moskaus Sicht "rechtsextrem"?). Diese Anklage - die eine taktische Scheinanklage und Denunziation sein kann, um publikumswirksam die "Entnazifizierung" als Okkupationsgrund zu legitimieren und dabei zum Beispiel zu unterschlagen, dass die Gruppe Wagner zu den russischen Okkupationstruppen gehört - verstösst gegen ein uraltes, bereits im Römischen Recht praktiziertes Rechtsprinzip, das aussschliesst, dass *rückwirkend* ein Gesetz und eine Strafbarkeit geltend gemacht werden, abgesehen davon, dass Mariopul offiziell zur ukrainischen, nicht zu einer Separatisten-Rechtstaatlichkeit, zu einem Besatzungsrecht gehört, das ihn dennoch anklagt. Wahrscheinlich führt das Gericht bloss eine Scheinverhandlung durch, wie sie nicht selten in Moskau stattfinden, besonders gegen Putins Gegner, die seine Politik und Position prinzipiell ablehnen, also nicht gegen Opponenten aus der etablierten Kommunistischen Partei, sondern gegen nicht korrupte Demokraten. On vera). Offenbar soll hier ein Muster geschaffen werden, wie Russlands Okkupation und "Entnazifizierung" der Ukraine im Zivilen, im Alltag aussehen soll. Mit Terror geht das nicht, auf Bajonetten lässt sich das Volk nicht regieren, das hatte schon der militärische Eroberer und zivile Besetzer Napoleon erkannt. Und es liegt an den Ukrainern und Ukrainerinnen, vor allem, wenn sie in ihr Land, in ihre Stadt zurückgekehrt sind, ob und wie sie dieses von Moskau gesteuerte Regime anerkennen. Einen bewaffneten Aufstand in der russischen Okkupationszone der Ukraine würde Russland mit Militärgewalt niederschlagen, wie üblich bildet in einer Gesellschaft das militärische Faustrecht, das staatliche Gewaltmonopol den Hintergrund der zivilen Gesetze und Verhältnisse - egal, unter welcher Macht -, jedoch den Guerillakrieg und den zivilen Widerstand der Ukrainer und Ukrainerinnen könnte sie kaum beherrschen. Darauf soll eine FSB-Studie hingewiesen haben, die vor einer Invasion Russlands in die Ukraine warnte. Doch Putin schien seinen ehemaligen Lieblingsclub nicht erhört zu haben, von dem mittlerweile ein paar FSB-ler unter Hausarrest gestellt worden seien, möglicherweise im Zusammenhang mit dem Leak dieser Studie (?).

II.

Die Russische Regierung verbietet META (Facebook) und schliesst dessen Messenger Instagram mit über 50 Millionen russischen Usern und Userinnen, darunter Blogger, die davon leben, und wohltätige Organisationen, die über Instagram ihre Anliegen verbreiten und Geldspenden organisieren usw. - um damit die eigene Staatspropaganda zu schützen, aber auch Proteste gegen die Regierung zu verhindern (siehe Kriegstagebuch 11.03.2022) konsequenterweise soll META zu einer "ausländischen terroristischen Organisation" erklärt werden. Die Jugend unter Putin wird also einem Regime des Verbots unterzogen - und bekanntlich wissen wir, wohin das führt, wenn man Jugendlichen Dinge verbietet…

Kriegstagebuch - 13.03.2022

Russlands Autarkiepotential ist ungefähr so gross wie sein Atomwaffenarsenal: riesig. Was zum Paradox Russlands gehört. Es besitzt grösstes Selbsterhaltungs- und grösstes Selbstvernichtungspotential zugleich.

Kriegstagebuch - 12.03.2022

Über das diktatorische und das demokratische Narrativ für Russland (wir verzichten bewusst auf das Narrativ des USA-Sowjetunion-Kalter-Krieg-Revivals, weil wir der Ansicht sind, dass es mehr zur Drapierung, als zur undrapierten Realität gehört, in der Europa und China eine andere Rollen spielen). Putin hat ein Narrativ über Russland - **Stichwort 1991**: Zerfall der Sowjetunion - Desaster für das Empire... - und DemokratInnen haben ein Narrativ für Russland - **Stichwort 1991**: Zerfall der Sowjetunion - Revival der Demokratie, die im 19. Jahrhundert unter dem Zaren, der sie bekämpfte, was massgeblich zu seinem Untergang und zu dem Aufstieg der Bolschewiki beitrug, aber auch während der Sowjetunion von Autoren wie Solschenyzin ersehnt und politisch realisiert werden wollte. 1990/91 brach sich in Russland und in allen anderen Sowjetrepubliken eine lange Sehnsucht, ein nie ganz verschwundener Wille des Volkes Bahn. Dieses Narrativ sieht Russland auf dem Weg vom Pseudo-Empire der Putin-Ära, das einer gefährlichen Nostalgie frönt, zur grössten Demokratie Europas in der Nach-Putin-Ära, die mit Europa Frieden schliessen und sich bei den Brüdern und Schwestern der Ukraine für Putins Überfall entschuldigen wird. Dieses erneuerte Russland wird seinen Paria-Status, den es 2022 weltweit erhielt, ablegen wollen und können.

Fassen wir zusammen: Die aktuelle Okkupation der Ukraine fällt in die Phase von Russlands Pseudo-Empire, das sich mit historischen Kostümen aus der Vergangenheit, bevorzugt aus der Stalin-Zeit, drapiert und jetzt, obwohl ganz anders gepolt, ohne stalinisch-leninistische Weltmission, mit einem rationalisierten Wille zur Macht, zur Realisierung des militärisch Möglichen und zur persönlichen Geltungssteigerung, innerhalb der russischen Okkupationszone der Ukraine"pseudo-stalinistisch´" Leute entführt, ermordet oder einkerkert, Amtspersonen durch Marionetten ersetzt, Pseudowahlen organisiert und pseudo-autonome "Volksrepubliken" gründet.

Kriegstagebuch - 11.03.2022

Die Österreichische Tageszeitung "Standard" vermeldet: *"Facebook erlaubt "vorübergehend", dass Ukrainer den Tod von Putin fordern"*. Viel Hass gegen den russischen Diktator hat sich aufgestaut in diesem grossen Land, das unter den über 2000 getöteten Zivilisten 70 Kinder, darunter Polonia, nebst ein paar tausend Soldaten, betrauern muss. Hass bildete sich auch unter den rund 2 Millionen Geflüchteten - darunter russisch sprechende Ukrainerinnen, die aus Solidarität mit ihrem Land ukrainisch lernen -, und unter den Gebliebenen in den Städten, die aktuell vom russischen Militär eingekreist werden. Kiev stellt sich auf einen Häuserkampf ein: Putin, der sich mehr Gedanken machen müsste, wie er aus diesem Krieg herauskommt, will noch weiter in ihn hineinkommen mit eingeflogenen Söldern aus Syrien und Tschetschenien sowie Männern aus den ostukrainischen

"Volksrepubliken", denen Russland Waffen und Logistik zur Verfügung stellt. Der Vorteil funktionierender Demokratien ist ja, dass man nicht mehr Töten muss für den Machtwechsel, dass man sich auf das zivilisierte Wählen und Abwählen geeinigt hat. Da Putin dieses Oppositionsfunktion zerstört hat, kann er jetzt nicht mehr normal abgewählt werden von jener Opposition in Russland - darunter der durch fragwürdige Anklagen und Gerichtsprozesse immer wieder inhaftierte Navalny -, die es auf eine zivilisierte Abwahl (nicht: Ermordung!) Putins und die Etablierung von *Europas grösster Demokratie,* einer, die diesen Namen verdient, *und eines Tages auch verdienen wird!*, abgesehen hat.

Kriegstagebuch - 10.03.2022

A pro pos Lavrov und das erste Aussenministertreffen Lavrov-Kuleba seit Putin-Russlands (nicht Puschkin-Russlands) Überfall auf die Ukraine in der Türkei am 10.03. Ein einziges Wort, statt eines Kommentars zu Äusserungen wie "Wir haben die Ukraine nicht überfallen" oder "China sanktioniert uns weil die USA ihm das befohlen hat" (ausgerechnet die USA. Man kann sagen das sind Diplomatenwitze vom Kaliber des Witzes von Trump, die USA verjage die Russen aus der Ukraine mit Jets, an die man doch einfach China-Wappen klebe...), nämlich "lavrieren" für öffentlich vorgeführtes Lügen. Er lavriert, ohne dabei nervös mit einem Kabel zu spielen (wie Lavrov). A new word is created: to lavrate (he lavrates, we lavrate): for lying in public, openly, strategically, obviousely. Un nouveau mot pour une chose très ancienne a été crée: lavrer (je lavre, tu lavres, ils lavrent et lavreront): mentir obscènement en public.

Kriegstagebuch - 09.03.2022

--in Bearb --- In diesem Tagebuch werden nicht nur geschehene Vorgänge des Ukrainekrieges dokumentiert und kommentiert, sondern auch *verpasste Optionen und mögliche, aber nicht getroffene Entscheidunge*n wie etwa Putins Entscheidung, seine Invasion nicht an den Grenzen der Donbass-Republiken anzuhalten und damit die Souveränität und Integrität der Ukraine sowie internationale Verträge und Abkommen wie das Budapester Memorandum (1994) grösstenteils zu respektieren. Hätte die Invasion an den Grenzen des Donbass angehalten, dann wäre das eine vernünftige Entscheidung gewesen wäre - doch Russland ging weiter - und damit geriet das Ganze ins Unvernünftige -, die Russland nicht einen *internationalen Paria-Status* versetzt hätte (In der Nach-Putin-Ära, die sich bemüht, den *schwer beschädigten Ruf Russland*s zu rehabilitieren, wird vielleicht darauf zurückgegangen). Doch das Putin-Regime *entschied sich* für einen anderen Weg, nämlich das, was es als das militärisch Mögliche betrachtete, zu realisieren, statt das politisch Vernünftige und international Beschlossene. Und das Vernünftige richtet sich in erster Linie an die Grundbedürfnisse und deren Sicherung; angefangen mit der Fortpflanzung, der Sicherung der Lebensumstände im Nahraum der Zukunft - /

//// das Militärsystem der Gesellschaft spricht von der Sicherung (vom militärischen Faustrecht) .... -- und inszeniert sich in Europa quasi als das System des bedrohtesten Staates - de facto ist Russland in Europa nicht der bedrohteste, sondern der bedrohlichste Staat und jenseits seines Militärs der Staat von Europa mit dem grössten Autarkiepotential - so dass man sich über diesen Pseudo-Imperialismus Russlands, die merkwürdige Beutegier gegenüber klitzekleinen Nachbarstaaten wie Litauen oder Moldau eigentlich nur verwundern kann/ - was hat Russland von deren Beherrschung? da sie sie weder strategisch, noch für seinen "Lebensraum" Wichtigkeit besitzen - auch keine Bedrohung sind für Russlands grotesk grosses nukleares Waffenarsenal.

Eine andere Option, die im Verlauf dieses Krieges nicht ergriffen wurde (vielleicht noch ergriffen werden wird) birgt der Hinweis, dass NordStream2 eine politische Handlungsoption, *politisches Kapital* besitzt, auch weiterhin besitzen müsste (wenn sich der Westen und Russland mental abrüsteten und in der Ukraine Waffenstillstand herrschte) , statt gar nichts, ausser ein gescheitertes Projekt, verbranntes Geld und verausgabte Arbeit, dann etwa, wenn man der vernünftigen politischen Regierung Russlands das Nord-Stream-2-Geschäft anbieten würde, wäre diese bereit, der Ukraine den EU-Beitritt zuzugestehen, - nebst ihrer Neutralität, die den NATO-Beitritt ausschlösse - gleichsam als Kompensation des finanziellen Verlustes, der die NordStream-2-Pipeline für sie bedeutete. Es ist ganz klar, dass es zu den strategischen Argumentationen des Putin-Regimes gehört, die Ukraine als ihren potentiellen Bedroher darzustellen.

Diese, faktisch sinnlose Argumentation rührt von der ungesunden, einseitigen Dominanz des militärisch-politischen Komplexes in dieser Gesellschaft, deren autopoietische Funktionsdifferenz, die Feind-Freund-Differenz, andere Funktionsssteme der Gesellschaft (Wirtschaft, Politik, Bildung, Medien) einseitig und ungesund überlagert/// Wirtschaftlich wäre das für Russland und die Ukraine, aber auch für Deutschland und Europa eine Win-Win-Situation- wir hätten Russland als Geschäfts- und Friedenspartner gewonnen, das weiss, das wir für die Deckung unseres Energiebedarfe auch andere Optionen hätten - unser Handel basierte auf gegenseitigem Respekt und Vertrauen. Doch diese russische Regierung handelt nicht vernünftig, nicht wirtschaftlich nicht diplomatisch vernünftig, doch lange kann man in der Geschichte nicht wider deren Vernunft politisieren. Sie scheitert nicht, sie scheitert nie, aber sie lässt scheitern.

Kriegstagebuch - 08.03.22

Lavrov scheint jetzt doch zu ernsthaften Verhandlungen, nicht nur zu taktischen Lügen bereit (zumindest ist das sein Chef dann, wenn angesichts des allgemeinen Widerstandes durch Sanktionen und der Angegriffenen ihm relative, also verhandelbare, statt absolute, also nicht verhandelbare Bedingungen für seine Ziele und Zwecke reichen. Reichen "müssen". Prinzipiell zeigt Präsident Putin keine Lust, sich weiterhin über die Ukraine ärgern zu wollen, er will sie endgültig "befrieden") und trifft sich am Donnerstag, den 10. März 2022, erstmals seit dem Angriff am 24. Februar, in der Türkei mit dem angegriffenen Amtskollegen. Meinte Russland es ernst, den Krieg gegen die Ukraine in Verhandlungen mit ihr zu überführen und an das Ende, wäre das überaus erfreulich. Wieder denkt er in alten Schablomen und stellt sich ein Verhältnis zu Europa wie im Kalten Krieg vor (will heissen, mit einer unterworfenen Ukraine als Grenze, mit Aufrüstungswettbewerb und Propagandakrieg). Offenbar wollen er und sein Chef, diese gefährlichen Nostalgiker, ihre Gesellschaft jetzt nicht mehr in die 1990er Jahre - wie es noch vor kurzem geheissen hatte -, sondern in die 1960er, 1970er, 1980er Jahre zurückdrehen... Und offenbar herrscht in Russland ein so grosser kollektiver Knecht- und Untertanen-Geist- dass dieses grosse Land nach der Pfeife ihres Diktators tanzt, das wie eine riesige Verfügungsmasse mit sich einfach machen lässt - ohne grosses Murren, ohne Widerstand, der allein in Petersburg und anderen Städten auf die Strasse geht und ruft: "DIE UKRAINE IST NICHT UNSER FEIND: WIR WOLLEN DIESEN KRIEG NICHT! was zugleich heisst: WIR WOLLEN DIESEN PRÄSIDENTEN, Wir WOLLEN DIESEN DIKTATOR NICHT! Die russische Polizei jedoch, die ihren Dienstherrn will, solange jedenfalls, er regelmässig ihre Löhne und Rente zahlt und ihnen kleine Privilegien und Aufmerksamkeiten schenkt (wie immer die neuste Schutzuniform, sichere Arbeitsplätze, etc.), stellt sich auf dessen Seite und des von ihm diktierten Rechts, und prügelt auf diese Protestierenden ein und verhaftet sie zu Tausenden. Wohl wissend, dass sie das ab einer gewissen Grösse des Volkswiderstandes nicht mehr so einfach machen kann, ja, dann auch selber sich vermehrt auf die Seite des Volkes schlägt. Vor dieser kritischen Grösse haben Diktatoren Angst - man kann sagen in China drohte sie 1989 erreicht zu werden -

seitdem nicht mehr, auch deswegen nicht, weil dem niedergeschlagenen Protest überwachungsstaatliche und ökonomische Entwicklungen folgten, die sein Wiederaufflammen verhindern - bis heute). Lavrov, der eigentlich nur dorthin blickt, wohin sein Chef blickt, blickt also statt weit in die Zukunft, weit in die Vergangenheit, zurück in den Kalten Krieg der 1970er, 1980er Jahre. In eine Zeit, die sie im Rückblick zu überblicken und zu beherrschen meinen. Doch auch das funktioniert nicht, weil Gegenwart und Zukunft nicht im Rückblick geschieht und damals, zur Zeit der Telefonkabine und der Briefpost, nicht des Handys und der Social Media, eine Sowjetunion mit Stalinismus/Leninismus (in Konkurrenz mit Trotzkismus) und internationalen Parteiablegern, vor allem eine ideologische Weltmacht war, wesentlich dank Marx, Hegel und Engels, was das heutige Russland nicht ist, das bloss Diktaturlegitimatoren und aufgeblähte Kleindenker wie Dugin produziert, der philosophisch in hohlen Machtphantasien schwelgt, jenseits eines wissenschaftlichen Niveaus und Anspruchs z. B. von Marxs "Kritik der politischen Ökonomie". Die heutige globale ideologische Weltmacht heisst Wehrhafte Demokratie, Freiheit und Selbstbestimmung des Volkes, der Völker, und ihre Regierenden amtieren in ihrem Auftrag für deren Gemeinwohl - jedenfalls ist das der dominierende Massstab, nachdem diese Regierenden und ihre politisch aktiven Bevölkerungen und Parteien in der Geschichte der Zukunft und in der Zukunft der Geschichte bemessen werden (auch wenn Autokratien und Diktaturen expandieren, tatsächlich müssen sie demokratischen Strukturen folgen, können sie immer weniger "gegen" das Volk regieren: das funktioniert gerade mal noch in abgeschotteten Kleinstaaten wie Nordkorea): wie sie das tun oder nicht, wie sie mit ihren Nachbarn umgehen und wie nicht, wie sie die Strukturen ihrer Demokratie schützen, statt missbrauchen lassen, und verbessern, anpassen an die Wandel der Zeit, wie nicht, usw.

Kriegstagebuch - 07.03.22

Moskau kritisiert Österreich, mahnt deren Neutralität an. Österreich verteidigt sich: die rote Linie ihrer Neutralität liegt beim Bruch des (humanitären) Völkerrechts. Moskau bewegt sich nicht mehr innerhalb dieses Völkerrechts, also auch nicht mehr innterhalb der österreichischen Neutralität. Ausserdem wäre ihre Neutralität eine Bedingung der Sowjets gewesen. Die Zeit dieser Sowjets ist aber seit Jahrzehnten vorbei. Dankend wird von Österreich daran erinnert, dass Sowjetsoldaten (darunter heutige Ukrainer und Russen, nebenbei bemerkt), Österreich von der Nazi-Herrschaft "befreiten", wobei viele Österreicher sich gerne "heim" in Hitlers Reich begaben. Die Übertragung dieser Vergangenheit (sie heisst hier nicht zufällig so) auf die Gegenwart, auf das Russland der Gegenwart funktioniert auch hier nicht richtig, nicht ohne wesentliche Auslassungen, zu der gehört, dass die Sowjetunion Soldaten aus Sowjetrepubliken wie die Ukraine rekrutierte, und einer *internationalen Weltmission,* dem Stalinismus-Leninismus, anhing.

Kriegstagebuch - 06.03.22

Die Ukraine ist eine eigenständige Nation, kein tschetschenisches Kleinland. Die Frage wird sich stellen, ob der amtierende Präsident Russlands bei seinem Angriff auf dieses souveräne Land nicht nur zu weit gegangen ist. Offenbar gibt es zur Zeit niemanden in seinem Kreis, der das macht oder wagt, es ernsthaft zu äussern und daraus Konsequenzen zieht. Sollte die Vernichtung und Eroberung der Ukraine funktionieren - am Ende wird daraus eine entmilitarisierte Zone, mit Millionen geflüchteten UkrainerInnen, die eines Tages in ihr demokratisches Land zurückkehren wollen -, kann sich Putin als stolzer Kriegsherr inszenieren und sich auf die Militärparade vor dem Kreml freuen. Neben den Applaudierenden werden die Scharen von Toten, von Ermordeten, wird die kleine Polonia, diesem makabren Schauspiel zuschauen - für immer.

Kriegstagebuch - 05.03.22 (Nachtrag)

Geschichte wird bestimmt durch die Dialektik von militärischem Faustrecht und zivilem Gesetz. Das miliärische Faustrecht wurde zum letzten Mal gesamt-europäisch 1945 austariert und 1989/90 wesentlich ergänzt, fortan traten zivile Gesetze in Moral, Recht, Ökonomie in den Vordergrund. (mit Ausnahmen wie die Balkankriege, wo die NATO den schlichtenden Hegemon, das entscheidende militärische Faustrecht ins Spiel bringen musste, um Frieden, zivile Gesetze und Verhältnisse zu sichern).

2022 wird kaum ein Wendepunkt dieses Status quo sein - allerdings sind seit 1989/90 Europa, Russland und China stärker geworden, die USA nicht, die sich während der Regierungszeit von Präsident Trump (2016-2020) mehr auf sich zurückzog - dabei aber immer noch mit Abstand das grösste Verteidigungsbudget besitzt. Hat sie gegen die russische Hyperschallrakete Zirkon etwas Adäquates entgegenzusetzen oder ist Russlands Raketen-Überlegenheit von 2022 die Revanche für die militärische Überlegenheit, die Reagans Weltraum-Abwehrsystem - obzwar mehr Fake als Fakt - im Jahr 1983 zum Sieger im Aufrüstungswettkampf mit der Sowjetunion machte? Einer ökonomisch sehr geschwächten, ja disparaten Sowjetunion, deren zivilen Gesetze v. a. der Ökonomie, verstärkt durch den äusseren Druck, sie zusammenbrechen liessen. Das heutige Russland, das mit dem Sowjetrussland der 1980er Jahre nichts mehr zu tun hat ausser eine nostalgische Erinnerung, kassiert täglich hunderte Millionen Euro von Europa um sie jetzt im Ukraine-Krieg in militärischer Form und Drohkulisse gegen Europa zu richten. Langfristig ist das unklug.

Kriegstagebuch - 05.03.2022

Ein Hofnarr muss in Kriegeszeiten ein ordentlicher Napoleon, ein Generalfeldmarschall sein, sonst ist er kein ordentlicher Hofnarr.

Kriegstagebuch - 05.03.2022

Die zwischen Ukraine und Putin-Russland abgemachten "humanen Korridore" für die Zivilbevölkerung, einschliesslich Busse, werden beschossen, Lavrov, der gerade zum Ersten Berufslügner des Putin-Regimes aufgestiegen ist (was kann man mit ihm noch seriös verhandeln, wenn er dauernd taktisch lügt?), gibt dafür ukrainischen Nationalisten die Schuld. Die hätten auf die eigene Zivilbevölkerung geschossen. Die Ukraine bleibt bei der Wahrheit und nennt das eine absurde Lüge. Ein altes Muster erkennen Kenner von Russlands Feldzügen im ganzen Vorgang (Abmachungen, die nicht eingehalten werden), sie sollten dabei das Andere, das Neue nicht übersehen. Die Ukraine versucht es in Mariupol nochmals. Auch der US-Sender Radio Free Europe verlässt das jetzt noch mehr von Geheimdienstlogik, statt von Rechtsstaatslogik, also von taktischen Lügen, Drohungen und maximalen Kapitulationsforderungen an die Ukraine beherrschte Land. "Durch den Angriff des Putin-Regimes auf die Wahrheit" (Zitat) sei ihnen diese Entscheidung aufgezwungen worden.

China distanziert sich abermals vom Angriff Russlands auf die Ukraine, auch von dem auf das Atomkraftwerk. Man muss wissen, dass China zu den Pächtern von Ukraines Ackerland, einem der grössten Weizenlieferanten der Welt, gehört.

Putin droht weiter, eskaliert auch verbal weiter, die militärischen Unterstützungen der Ukraine durch Europa und die USA, das seien Kriegserklärungen an Russland. Man solle mit Russland diplomatische Beziehungen nicht abbrechen, warnte er zugleich. Europa, das allein dank einer mentalen und inoffiziellen EDU (Europe Defense Union) erstarkte und immer stärker werdende Europa, mag nicht dauernd gewarnt und bedroht werden von der Atommacht, sondern die eigene Atomacht aufbauen müssen: Rearming for Disarming, heisst die Strategie. Die militärische Unterstützung der Ukraine erfolgt in einem Bereich, der als noch vor der roten Linie betrachtet wird: Polen zum Beispiel liefert zwar Kleinwaffen, aber keine Jets aus der Sowjetzeit an die Ukraine (für die sind ihre Piloten ausgebildet) und erlaubt dieser auch nicht die Nutzung von polnischen Flugplätzen. Man kann sich überlegen, ob man irgendwann die Ukraine in die EDU, sollte diese sich gründen, aufnehmen wird. Und damit in den Krieg gegen Putin-Russland treten wird. Ach, werden die Ängstlichen und Vorsichtigen sagen, das erhöht doch die Gefahr eines mit Nuklearwaffen geführten Krieges. Sollte Putin Russland dauernd mit dieser Keule Europa erpressen wollen, dann sei es so: dann müssen und werden wir, wenn nicht heute, dann morgen, dieser Erpressung ein Ende bereiten. Und können dabei annehmen, dass das auch das politische Ende von Putin ist. Putin droht seinem Land, es bei seinem Untergang in den Untergang mitzureissen: das kann *nicht* Russlands Interessen entsprechen und auch nicht dem Verfassungsauftrag, dem ihr Präsident einen Eid schwor. Man kann sagen, erstens, Putin bedroht - willkürlich, unnötig, unangemessen - sein eigenes Land mit Atomkrieg, bedroht er uns mit Atomkrieg durch eine Krieg gegen die Ukraine, der Sinn gehabt hätte, hätte er an der Grenze der ostukrainischen Separatistengebiete gestoppt, der Sieg über Teile der Ukraine wird ein Pyrrhussieg, und, zweitens, dass sich der Präsident Russlands immer mehr ausserhalb der russischen Verfassung, nicht nur der Humanität bewegt.

Kriegstagebuch - 04.03.2022

Die Staatsduma schreitet im Auftrag der Regierung gegen den aktuellen "Informationskrieg" bezüglich des Ukraine-Krieges ein und schreibt den Medien vor - einstimmig auf Kurs gebracht, wohl auch, weil zu Kriegszeiten die Stühle zusammenrücken - ein Parlament, das Europas grösster Demokratie, die Russland eines Tages sein wird, bestimmt würdig sein wird - was sie über den Krieg gegen die Ukraine zu denken haben. Nämlich dass es um eine militärische Sonderoperation geht (Die neusten Stichworte aus der Duma lauten (TV Interview): Demilitarisierung, Denazifizierung, Entwestlichung (der Westen hätte ihr falsche Versprechungen gemacht) und Russifizierung der Ukraine (die "Russen" in der Ukraine hätte keine eigenen Schulen haben dürfen). Alle anderen Darstellungen bezüglich des Russischen Militärs werden als "Fake news" geahndet und unter harte Strafen gestellt (bis zu 15 Jahre Gefängnis). Demonstrationen gegen den Krieg sind ab sofort verboten (es wird trotzdem demonstriert. Kriegsrecht wurde (noch) nicht eingeführt). Twitter und Facebook, Deutsche Welle und BBC werden blockiert. Die Staatsmedien und die ausländischen Medien, verlassen sie nicht das Land, haben sich an die Regierungsanweisungen und die neuen Gesetze zu halten. Zugleich schallen durch die Medien der Welt Selenskyis ergreifenden und verzweifelten Ansprachen an seine Soldaten, seine Bevölkerung und an Europa, die so ergreifend sind, dass die DolmetscherInnen ihre Tränen nicht mehr unterdrücken können. Man muss sich klar machen, dass Putin als Oberbefehlshaber seinen Soldaten Orden schenken will für "Heldentaten", die sie in der Ukraine begehen, dazu braucht er - brauchen die Soldaten und ihre Familien zu Hause - ein passendes, (glaub)würdiges und offizielles Narrativ, mit dem sich alle vorstellen können, das Richtige und Wichtige zu tun in ihrem Nachbarland. Sie sollen und wollen sich nicht als Aggressoren und Invasoren fühlen, die auf anständige Ukrainer und Ukrainerinnen stossen, die bloss ihr Vaterland, ihr Mutterland verteidigen. Präsident Putin braucht dieses Narrativ - dasselbe, aber für einen anderen Zweck - auch , um den hunderten russischen Familien, die im Krieg in der Ukraine ihre Söhne verloren haben, eine akzeptable, gesellschaftlich verankerte, seit heute sogar von der Verfassung geschützte Erklärung für den unersetzbaren Verlust, den diese Familien erleiden müssen, zu präsentieren.

//////Russland hätte, nein, Russland hat wegen den Verbrechen Stalins an der Ukraine ähnlich wie das Deutschland von heute wegen der Verbrechen der Nazis an der Ukraine **eine historische Verantwortung** gegenüber der Ukraine, die eigentlich einen Überfall ausschliesst, die vielmehr die Freundschaft, die gegenseitige Akzeptanz und die vielen Gemeinsamkeiten, die sie haben, in den Vordergrund stellt, dazu zählt die russische Sprache. Doch die russische Zivilgesellschaft bleibt nicht stehen. In Finnland steigen immer mehr Russen und Russinnen aus den Zügen, die das für sie medial und materiell zu sehr auf Krieg, statt auf Frieden und Fortschritt, gepolte Reich verlassen, die im freien Europa leben wollen.

Diese innenpolitischen Ereignisse stellen den nächtlichen Beschuss auf Ukraines grösstes Atomkraftwerk Saporischschja im Südosten der Ukraine, nahe an der russischen Grenze, in den Hintergrund. Militärisch sind AKWs einfache Ziele, die sich mit einem Schlag in die schrecklichsten Atombomben transformieren lassen, da sie dauerhaft tödliche Radioaktvität emittieren, nicht nur für Augenblicke. Der Fallout des grössten AKWs der Ukraine hätte bei Ostwind deren kostbarste Ressource, ihr Ackerland, verstrahlt und wäre nach der Landesgrenze ein Angriff auf NATO-Gebiet geworden, bei Westwind wären Gebiete von Russland betroffen gewesen, bei Südwind, die Ostukraine, die Krim und das Schwarze Meer. Das Feuer wurde bald eingestellt und unter Kontrolle gebracht. Die Ukraine konnte sich in dieser Nacht glücklich schätzen, dass die Krim zu Russland gehört, denn eine Verstrahlung der in Russland so beliebten Insel, das hätte auch Putins Beliebtheit zerstört (der die Schuld ukrainischen, nicht seinen Soldaten, zugeschoben hätte) und ihnen die sinnlose Destruktivität dieses Angriffs- und Eroberungskrieges gegen die Ukraine vor Augen geführt.

Kriegstagebuch - 03.03.2022.

In Moskau werden die wenigen unabhängigen, kritischen Zeitungen, Radiosendungen, Internetsender (Droschd).. geschlossen. Einzelne Redaktoren flüchten ins Ausland, andere bleiben, versuchen es im vorgesetzten Rahmen. Die Diktatur will nicht nur die Gedanken, sondern auch die Begriffe kontrollieren, verboten sind Wörter wie "Angriffskrieg", "Aggression" und "Invasion" - man soll von "Sonderoperation" sprechen. Der Kriegsverlauf in der Ukraine verläuft gerade etwas anders als geplant. Plötzlich hat man es mit echten Menschen, nicht mit Pappkameraden, mit einem wirklichen Land, nicht nur mit

Karten von ihm zu tun. Die bereits angefertigten Siegesmeldungen wurden vorschnell veröffentlicht und dann nicht schnell genug zurückgezogen. Putin erklärt Macron im Telefonat vom 03.03. nochmals seinen Siegeswillen, die Ukraine zu entmilitarisieren und zu neutralisieren - jede Verzögerung - jeder Widerstand - werde die Bedingungen der Kapitulation verschärfen - , kurzum, Putin will die eroberte Ukraine mit einer russischen Besatzungsmacht besetzen - und dann das entwaffnte Volk nach den angefertigten Mordlisten "säubern", bis nur noch Putin-Fans, oder eingeschüchtere Putin-Hörige in der Ukraine existieren - er will dem 44-Millionen-Einwohner-Land eine absurde Grabesruhe auferlegen, einen unterdrückten Hass, einen stummen Racheauftrag einimpfen - anstatt es in Frieden und Freundschaft zu respektieren - eine politische Dummheit, die Russland unnötig viel Energie, Geld und wahrscheinlich auch Leben kosten wird. Eine politische Dummheit, die den Ruf Russlands zerstört. Der Hintergrund: Putin steht mit dem Rücken zur Wand, sein politisches Überleben hängt vom Erfolg in der Ukraine ab. Vielleicht auch nicht, wir können das nicht wirklich berurteilen, wie fest er im Sattel sitzt oder was es braucht, dass er zum Rücktritt gezwungen wird - aus meiner Sicht hat er den Bogen überspannt mit seinen atomaren Drohungen, die sein Land unnötig existentielll gefährdete (wenn die USA diese Drohung ernst genommen hätte - das Temperament von US-Präsident Biden ist zum Glück nicht das von Trump). Das widerspricht dem Verfassungsauftrag, den ein Präsident von Russland befolgen muss, nämlich, Russlands Sicherheit zu gewährleisten, statt willkürlich oder rhetorisch zu gefährden (**abgesehen davon, dass er auch Russlands guten Ruf in der Welt nicht *irreparabel* beschädigen, sondern bewahren, ja verteidigen müsste....**). Sein Generalstab kann dieser Drohungsbluff nicht widerspruchslos gutgeheissen haben. Man soll nicht mit dem Feuer spielen, lautet ein deutsches Sprichwort. Die Russische Bevölkerung hat Präsident Putin noch zu 60 % hinter sich. Das kann kippen. Es wirken die westlichen Sanktionen, es sterben zuviele russische Soldaten, die als Invasoren und Aggressoren auf anständige Ukrainer stossen, die ihr Vaterland verteidigen, es protestieren KriegsgegnerInnen in Russlands Städten, Navalny höhnt aus dem Gefängnis über den Pseudo-Historiker und Pseudo-Zaren, es desertieren Soldaten und Offiziere, die dem Märchen von der Nazi-Macht der Ukraine, die einen jüdischen Präsidenten hat - soviel Nazis können es also gar nicht sein -, nicht mehr Folge leisten. Zu Recht nicht, auch wenn es antri-russische Rechtsextremisten-Kompanien tatsächlich gibt sowie auf russischer Seite die Hiter-Fan-Söldnergruppe Wagner, die mitkämpft und angeblich den jüdischen Präsidenten Selenskyi ermorden helfen soll. Ausserdem spricht Putin von den 14 000 Toten im Separatistenkrieg, von Hundertausend Flüchtenden nach Russland, das alles ginge auf Kosten der amtierenden Regierung der Ukraine. Es wird eine einseitige Anklageschrift fabriziert: man muss dabei wissen, Putin wollte schon lange die Ukraine unter Kontrolle bringen: 2004 durch Gift, 2014 durch Geld und jetzt duch Gewalt - doch richtig ist sicher Putins Vorwurf, dass Beschlüsse im Minsker-Abkommen nicht umgesetzt wurden wie zum Beispiel die durch Verfassungsreform zu gewährende Autonomie der Separatistenregionen in der Ostukraine, die traditionell russisch sprechend und gesinnt ist. Im Nachhinein eine Dummheit und Unachtsamkeit von der ukrainischen Regierung, die die letzten acht Jahre vom Schützengraben aus auf der Integrität ihres Staatsgebietes und Ablehnung der Separatisten-Forderungen beharrte, während Russland einen Stellvertreterkrieg gegen die Ukraine durch die prorussischen Separatisten führte. Allerdings benutzt Putin auch wirklich alles, auch das Geringste, was an Kritik an der Ukraine aufführbar ist, und bläht es auf zu einem vermeintlich notwendigen Kriegsgrund, zu einer "legitimen" Begründung, das ganze Land zu überfallen, zu entmachten, und auf Moskauer Kurs zu bringen. Macron sagte ihm am Telefon, er belüge sich damit selber. Lügen waren es, die Putin und Lavrov, der in diesem Lügentheater den Molotov gibt, der ganzen Welt infam vormachten in den letzten Wochen vor der Invasion. Das waren taktische Lügen, strategische Täuschungen, die nur den Sinn verfolgten, die Vorbereitung des Einmarsches, des Überfalls auf die Ukraine voranzubringen, bis die Olympischen Spiele zu Ende waren am 20.02.2022. Der Olympiaausrichter China soll Russland gebeten haben, die Invasion nicht vorher durchzuführen, diese Geschichte kann nachträglich konstruiert worden sein um Chinas Unterstützung von Putins Invasion zu bekräftigen und eine Blaupause für ihre in Taiwan zu schaffen. Offiziell bekräftige China mehrmals, dass gemäss der UN-Charta (die Taiwan nicht aufführt) die Grenzen eines Landes wie die Ukraine in ihrer Souveränität und Integrität zu respektieren seien, dass es Russlands Angriffs- und Eroberungskrieg ablehnt. Man kann vermuten, dass das die vorwiegende und durchaus ehrlich gemeinte Ansicht Chinas ist. Denn es will sich ja auch mit Europa vertragen, nicht nur mit Russland. Die nächsten Tage und Wochen werden uns zeigen, wie es weiter geht in der Ukraine und im Kreml.

26.02.2022

Der zweite Kalte Krieg? Nein der Kalte Krieg von Stalinisten, der wollte marxistisch die Welt erobern: dieser Krieg verlagert Innen- in Aussenpolitik u hat ausser falsche Nostalgien (Ein-Volk-Ideologie; Russismus) keine progressive Botschaft

25.02.2022

Nach dem Überfall des Putin-Regimes auf die Ukraine (24.02.2022). Wir sind nicht überrascht, eher angeödet, der Wahnsinn des Hobby-Historikers und Diktators hat seinen Lauf genommen (meines Wissens hat er Jurisprudenz, nicht Geschichtswissenschaft studiert, hält aber fantastische Geschichtsvorträge. In seinen Vorträgen vergisst er Stalin, der abertausende UkrainerInnen - solche, die nicht erst Lenin konstruierte - verhungern liess, verschleppte ermordete. Das heutige moderne Moskau hätte deswegen eine moralische Verantwortung gegenüber der Ukraine (wie das Deutschland von heute), eine Verantwortung, die einen Überfall Russlands auf die Ukraine undenkbar macht. Am Ende kämpften Sowjet-Ukrainer - und ukrainische Nationalisten, die sich diesem Kampf anschlossen - mit Sowjet-Russen und anderen Sowjet-Soldaten vereint gegen die Nazis, der Feind des Feindes war auch ihr Feind. Mein Nazi-Grossvater, der den Russland-Feldzug mitmachte, erwähnte, viele

Ukrainer hassten die sowjetischen Russen, und wären bereit gewesen, mit ihnen gegen sie zu kämpfen, hätte die rassistische Nazi-Ideologie sie nicht zu Untermenschen degradiert und wäre die Ukraine nicht nationalsozialistisches Objekt der Lebensraum-Planung gewesen. Mein Opa, Siegfried Haubold, geb. 1910 in Dresden, ein Haubold der Berliner SA unter Goebbels seit 1928- hielt das für eine Dummheit, was zeigt, dass diesem opportunistischen Nazi aus sozialer Not, er war 1928 arbeitslos, 1929 brach die Weltwirtschaftskrise aus, die tiefe Überzeugung rassistischen Herrenmenschentums nicht weit eingedrungen war. Putin trat also die Flucht in sein grosses Kriegs-Abenteuer an -ausgerechnet gegen den kleineren Bruder, die kleinere Schwester in unmittelbarer Nachbarschaft - //mit Pseudo-Rechtfertigungen wie die Behauptung, die Ukraine sei von Nazis regiert oder man müsse die russisch sprechende Minderheit schützen - der Ex-Komiker von Staatspräsident Selenskyi ist allerding Jude, seine Muttersprache ist russisch (er lernt erst jetzt fleissig ukrainisch) - viel mehr muss man zu diesen Schein-Rechtfertigungen nicht sagen: Putin will offenbar mit Gewalt, mit militärischem Faustrecht, Landesgrenzen verschieben und Raub von extrem reichen Bodenschätzen, Landdiebstahl im grossen Stil, praktizieren... so wie man in der Frühen Neuzeit - und zum letzten Mal unter deutschen Nazis, japanischen Nationalisten und italienischen Faschisten - mit unterlegenen Nachbarländern umging - nicht zu sprechen von europäischen Kolonialmächten, die in fremden Ländern die Rohstoffe ausplünderten und Menschen zu Arbeiskräften versklavten. Tatsächlich gibt es in der

Ukraine das Asov-Regiment bzw. wenige Neo-Nazi-Kompanien und Neonazi-Kleinstparteien wie Svoboda - aber deswegen ein ganzes Land zu überfallen, macht aus dieser Begründung auch nicht viel mehr als einen billigen Vorwand. Das Putin-Regime bewegt sich mit jedem Kriegs-Verbrechen auf dem Weg zum internationalen Strafgerichtshof in Den Haag.- die Fotodokumentation von getöteten, im eigenen Blut liegenden Erwachsenen vor einem ukrainischen Kindergarten ging viral. Das Foto von der lebenslustigen Polonia (12 oder 14 Jahre jung, Gott, die Änigma, sei ewig bei dir), mit ihrer rosa gefärbten Haarsträhne, wird in Erinnerung bleiben. In Isjum bei Charkiv werden später rund 400 Ermordete, die man verscharrte, geborgen, darunter der ukrainische Kinderschriftsteller Vakulenko.

08.02.2022

Russland nach Putin: Reformen, Reformen, Reformen...

07.02.2022

Nach Putin. Die **grosse Reform** in Russland wird dann stattfinden, wenn sich eine neue Generation von Politikerinnen und Wählerinnen sagt: wir machen jetzt ernst mit dem Titel, **Europas grösste Demokratie**. Bis jetzt waren wir das nur auf dem Papier (unsere Verfassung). Wir machen jetzt **ernst** damit, EuropäerInnen zu sein. Wir machen jetzt **ernst** damit, zu Europa zu gehören. Wir machen jetzt ernst damit, keine Klepto- und keine Plutokratie mehr, sondern eine

Volksrepublik, eine indirekte und direkte Demokratie, zu sein.

06.02.2022

Staaten, die ihr Volk kontrollieren, statt vom Volk kontrolliert zu werden, sind doppelt gefährlich: //sowohl////für ihr Volk als auch///für/// ihre Nachbarn.

05.02.2022

Putins Russland will offenbar alles andere sein als Europas grösste Demokratie: eine Aristokratie, eine Kleptokratie, eine Plutokratie, ein diktatorisches Imperium.... also: Träumen, träumen, träumen...

03.02.2022

Nach Putin. Europa nach der NATO, Russland nach Putin: Von der Sowjetmacht zur grössten Demokratie Europas. Dann - in 50 Jahren? - bauen wir auch die super schnelle Magnetbahn von Moskau nach Lissabon, von Lissabon nach Moskau. Von Petersburg nach Rom, von Rom nach Petersburg.

30.01.2022 Nach der NATO und nach Putin : die EDU - Europe Defense Union.

01.02. 2022 Über die EDU (Europe Defense Union) - Wir brauchen also - neben der NATO und eines Tages nach der NATO - keine pyramidische, auf eine Spitze zulaufende

Europa-Armee, wir brauchen eine rhizomatische europäische Verteidigungs-Union (um mit Deleuze zu sprechen). Die ist hierarchisch, aber auch seitwärts und flach organisiert - sie ist teil-autonom, sie kann aber auch konzentriert und fokussiert werden.

15.01.2524

Über Europas, über unsere Freiheit (leicht veränderter Auszug aus einem Blogeintrag aus *Über die Anfänge - Buch 10: Über Physizitäten*. Der Eintrag ist 3 Wochen alt - die aktuelle Situation hat sich zu Anfang Februar 2022 verändert, scheinbar oder tatsächlich beruhigt. Unser prinzipielles Problem, die Schwäche Europas, das unsanft an das Tageslicht gerissen wurde, bleibt indessen). In der Ukraine geht es um die Freiheit Europas, um UNSERE Freiheit gegen das Putin-Regime in Moskau, das sein militärisches Faustrecht gegen zivile Gesetze und die Gesellschaft, die Regierung und das demokratische System der Ukraine, ein Land, das an vier Staaten der Europäischen Union, an Polen, an Ungarn, an die Slowakei und an Rumänien grenzt, in Anschlag bringt. Das muss uns alarmieren. Das verändert die Situation in Europa. Wir benötigen eigentlich 4 %, nicht nur 2 % des Bruttoinlandproduktes für die Ausstattung eines verteidigungs- und abschreckungsfähigen Militärs mit einer *gesamteuropäischen* Disposition für die symmetrische und die *asymmetrische* Kriegsführung, für eine schlanke, schnelle Europa-Armee-artige Verteidigungs- und Abschreck-Organisation zwischen allen Europa-Nationen und unseren Alliierten. Wir brauchen neben der alten Nato eine neue gesamteuropäische Armee-Struktur, die uns die Unabhängigkeit von der Hilfe der USA und von der Erpressbarkeit durch Putin-Russland verschafft (es gibt Pläne zu einer gesamteuropäischen Eingreiftruppe, die kann, die muss man jetzt sicher mit einem ganz anderen Ernst und Willen ausbauen). Wir müssen in Europa unsere Unabhängkeit, unsere Selbstständigkeit erringen - politisch erringen, auch gegen unterwanderte und bezahlte Gruppen und einzelne Agent provocateurs, die zwischen Europäischen Staaten mit Lügen, Intrigen, Bedrohung, Bestechung, Spionage und Täuschung (Falschinformation) Abspaltung, Uneinigkeit und damit Schwächung befördern wollen. Dafür müssen wir parallel an der Einführung eines *Europäischen Sicherheitmodells* arbeiten, auch für dieses politisch kämpfen, das Geheimdienste, ausser unseren Antigeheimdienst, auf dem ganzen Gebiet der Europäischen Union politisch, staatsrechtlich verbietet sowie polizeilich, anti-geheimdienstlich und strafrechtlich verfolgt. Der einzige Geheimdienst, der zu einem Rechtsstaat und in eine Demokratie passt, ist der Geheimdienst gegen Geheimdienste. Dafür müssen wir auch die veraltete Ancien-Régime-Diplomatie ins 21. Jahrhundert, in die Diplomatie Light transformieren. Doch zurück zur Aktualität.

Wir brauchen Menschen, die erkennen - das heisst: wir *sollten* erkennen, bevor wir es erkennen *müssen* -, dass unsere *Freiheit nicht geschenkt ist,* dass für sie gekämpft und gestorben wurde - auch in Europa-, dass sie genommen werden kann, dass sie verteidigt werden muss, und zwar, wenn es sein muss, bis zum Letzten, was wir in die Waagschale werfen können, dann werfen müssen, dann werfen werden. Wir brauchen ein symmetrisches und ein asymmetrisches Droh-, Kampf- und Abschreck-Potential, nicht nur ein friedliches Sanktionspotential, das das Putin-Regime in Moskau davon abbringt, auf dumme Gedanken zu kommen, das Moskau dazu bringt, mit Europa in ernstzunehmende Abrüstungs- und Kooperationsverhandlungen zu treten - im Moment verhandelt die USA in Absprache mit europäischen Partnern, mit dem Putin-Regime über Europa, im Moment sind wir 30 Zwerge mit einem Riesen in Übersee. Noch sind wir kein friedlicher Riese, nun auch mit Partnern in Afrika und Südamerika, der sich im Ernstfall *eigenständig* sehr gut, sehr effizient, sehr asymmetrisch, sehr schmerzhaft für den Angreifer mit der militärischen Faust verteidigen kann. Denn das militärische Faustrecht, daran erinnert uns das Putin-Regime in Moskau, das droht, in unserer unmittelbaren Nachbarschaft einen souveränen Staat zu überfallen, ist offenbar auch in Europa noch gegenwärtig, ist noch nicht aus der Kultur der Menschheit endgültig verbannt worden zugunsten des "Ewigen Friedens" (Kant).

Nachbemerkung: Auch noch im Kaltesten Krieg zwischen Nato und Sowjetunion lieferte Moskau sehr begehrtes Gas und Öl nach Europa und Europa sehr begehrte Devisen nach Moskau. Das wird nicht ewig so bleiben müssen, je autonomer wir unsere Energie selber produzieren und von Übersee einkaufen. Auch hier werden wir autonomer, unabhängiger werden müssen. Die Sonne liefert nonstop riesige Mengen an Energie, viel riesigere als Wind, Wasser, Atom und Boden, eine Energie, die wir immer noch grösstenteils verpuffen lassen. Ein **technologischer Skandal**, ein technologisches Problem, dessen revolutionäre Lösung das Energieproblem der Menschheit *für immer* (solange die Sonne auf die Erde scheint) lösen wird

25.01.2022 Über Putin und die Zukunft Europas nach der NATO (in Bearb.)

Dieser 2017 eingestellte Blog wurde im Januar 2022 reaktiviert anlässlich der militärischen und medialen Drohungen des Putin-Regimes direkt gegen die Souveränität und Freiheit der Ukraine - indirekt gegen das Europa der NATO und die EU, was die prekäre Situation von Europas Sicherheit, Bedrohbarkeit, Erpressbarkeit, Angreifbarkeit und Gefährdung - ohne die USA - in den Blick brachte, insonfern auch *Europas Unreife, Schwäche und Abhängigkeit von den USA* .So jedenfalls stellte es sich mir im Frühjahr 2022 dar, im Laufe der Zeit veränderte sich die Sicht auf die Dinge, u.a. um die Sicht und Seite der separatistischen Ostukraine: *Europia. Kriegstagebuch/war diary 2020-2024* ist auch das Dokument eines Bildungs- und Lernprozesses. Angesichts des Napoleon-Wahns, der kurz im Kreml aufblitzte und der gefährlich entkernten Nostalgie, die Moskaus Sicht auf die Gegenwart und die Vergangenheit trübt, verbunden mit dem Säbelrasseln an Ukraines Grenze, musste Europa für Augenblicke sich unverdrängter- und ungeschönterweise bewusst machen, wie wehrlos, wie erpressbar, wie schwach dieser Kontinent von 540 Millionen Einwohnern *ohne die USA* gegenüber der Gefahr eines Dritten Weltkrieges ist oder der (relativen) Erpressbarkeit durch das militärische Faustrecht des Putin-Regimes über ein Russland von 140 Millionen Einwohnern, das in seiner Geschichte gerade einmal 30 Jahre Demokratie-Erfahrung hat. Relativ deshalb, weil allein die wirtschaftliche Nutzen-Kosten-Rechnung zwischen den Kapitalismen Europas und Russlands - Milliarden Kubikmeter Öl und Gas gegen Milliarden von Euros - einen totalen Krieg eher ausschliesst, volkswirtschaftlich und alltagspraktisch (v. a. im Winter). Ausserdem würden bei einem Eroberungs-versuch Europas durch Putin-Russland die USA und andere Länder, auch im Süden, nicht tatenlos zusehen, zerstörte das auch Stadt und Land des Verursachers dieses sinnlosen Weltkrieges. Dem Putin-Russland sind also militärisch die Hände gebunden, zumal ab einem gewissen Radius, ab einer gewissen Reich- und Greifweite, will es nicht bewusst auf einen kollektiven Suizid zusteuern. Oder mit der Drohung dieses totalen Desasters, mit einer ultimativen Erpressung, die Hegemonialisierung ganz Europas durchsetzen. In einer Mußestunde des russischen Generalstabs lässt sich eine Europa-Eroberung durch-spielen, in der Realität würde sich herausstellen, dass das Modell nicht alle Faktoren berücksichtigt hat, dass die Feedback-Schlaufen in der Realität andere als die vorkalkulierten Wege gehen werden, kurzum, die heutige Kriegsführung, um sich nicht selber ins Fleisch zu schneiden, muss sich *auf kleine kurze Kriege gegen schwache "Feinde", die wenig (eigene) Tote und sichere Siege versprechen*, beschränken, alles andere gerät schnell ausser Kontrolle, läuft zu schnell und sicher aus dem Ruder. In Afghanistan haben das militärische Grossmächte im Kampf gegen Einheimische (Taliban) zu spüren bekommen, die über riesige finanzielle Quellen, geographische Rückzugsgebiete und eine radikale Ideologie der Selbstaufopferung verfügten ."Allah ist gross!" - und Zack!, wurde vom Assassin die Gürtelbombe gezündet...Wobei die westlichen Soldaten auch nur sehr beschränkt Lust hatten, in einem fremden Land, das hauptsächlich aus Ziegenacker und Mohnfeldern besteht, für Deutschland, für Washington oder für Moskau durch Mordanschläge von so Wahnsinnigen wie Heimtückischen zu sterben.

Der demokratisch gewählte Präsident Putin, der zunächst über einen Putsch (August 1991) gegen Gorbatschov und über das Fahrwasser (und den Wodka) seines Nachfolgers, Boris Jelzin, in diese Position geriet, erhielt nicht die historische Chance, der erste "rein" demokratische Führer des modernen Russlands zu sein, diese Rolle und Ehre wird wahrscheinlich einem Politiker oder einer Politikerin der Glasnost-Generation, die nach 1991 zur Welt gekommen war, gebühren. Putin - geb. 1952 in Leningrad - das seit 1991 nach knapper Abstimmung wieder Petersburg heisst - ist als ehemaliger Jurist und Geheimdienstmann der Sowjetunion eine Übergangsfigur vom sowjetischen, post-stalinistischen Russland zum modernen demokratischen, nicht-marxistischen Russland. Sein Verdienst ist, nach Jelzin, diesen Übergang gestaltet zu haben. Für ihn, so in einer Rede von 2005, war das Ende der Sowjetunion nicht die grösste Chance - grösser als 1917 - für die Gründung der grössten Demokratie Europas, sondern die "grösste geopolitische Katastrophe des 20. Jahrhunderts". Mit dieser hegemonialen und negativen Deutung missachtet Putin völlig andere, ja konträre postsowjetische Sichtweisen auf den Zerfall der Sowjetunion. Die drei baltischen Staaten sahen ihn ihm die größte Chance, ihre Unabhängigkeit zurückzugewinnen, ähnlich erging es den Bevölkerungsmehrheiten in der Ukraine, in Belarus, in Kasachstan usw.. Für sie ist das Ende der Herrschaft Sowjetmoskaus eine Befreiung (auch wenn Belarus einen Diktator hat, der in letzter Zeit wieder mehr unter Moskaus Fuchtel geriet, weil seine kritische Zivilgesellschaft mit Unterstützung aus dem Westen Manipulationen bei seiner Wiederwahl nicht mehr bereit war, hinzunehmen. Allerdings kann man bezweifeln, dass die Wahlmanipulationen so gross waren, dass ihn die Mehrheit, ohne sie, abgewählt hätte, ähnlich wie in den USA, dass Trump nicht abgewählt worden wäre, ohne die paar Unstimmigkeiten bei der Wahl (TooBigToRig)). Kreml-Reden wie die von 2005 sind zugleich strategische Vorlagen für politisch-militärische Aktionen. Eine andere Rede geht so: die NATO hätte sich nicht an Abmachungen gehalten, zu schweigen von den USA zB im Irak, also hält sich das postsowjetische Russland auch nicht daran und nimmt per militärischem Faustrecht der Ukraine die Krim und den Donbass weg. Die souveräne Ukraine verzichtete 1994 auf Atomwaffen, im Budapester Abkommen geben die USA, Grossbritannien und Russland formale Garantien über die Unabhängigkeit und "existierenden Grenzen" der Ukraine ab, die bei der Annexion von der Krim weder von Russland noch vom Westen eingehalten worden sind - merkwürdigerweise ist von diesem Abkommen heute, 2022, kaum die Rede – China und Frankeich sollen Zusatzgarantien abgegeben haben. In der Ukraine ist China eine grosse Pächterin von Land. Weise wie Konfuzius wird es sich "Statt Schlachten, pachten!" gesagt haben. Kurz, sollte Russland in die Ukraine einmarschieren, tangierte das auch chinesische Interessen

- die Volksrepublik hat in der Ukraine landwirtschaftlich nutzbare Weizenfelder, nicht unnutzbare Schlachtfelder gepachtet.

In der ganzen Diskussion darüber, ob die 100 000 russischen Soldaten an der Grenze der Ukraine und in Weissrussland eine politische Drohkulisse - das auf jeden Fall - zugleich eine militärische Vorbereitung für eine Invasion in die Ukraine - das ist noch nicht sicher - darstellen, das angekündigte Manöver Putin-Russlands im Frühjahr 2022 , das ganz Europa umzingelt - vom Mittelmeer über den Atlantischen Ozean bis zur Ostsee - kann ebenfalls als eine "Drohkulisse" und sollte jedenfalls als "Weckruf" für Europa verstanden werden - macht immer deutlicher, dass gewisse eingebürgerte Diskurse über, gegen und für die NATO, darunter altlinke Kapitalismuskritiken und pro-russische rechte Positionen nicht mehr so richtig funktionieren - für die linke Imperialismuskritik ist die NATO immer noch das "Schwert des Kapitalismus", mit den USA als Speerspitze, und Moskau immer noch Zentrum für Projektionen des Guten, des Marxismus, tatsächlich beschäftigt sich Europa in der Realität, die diese Optik nicht besonders zu interessieren scheint, nicht mit dem Bedrohen, sondern mit dem Bezahlen des Kapitalismus Moskaus und besitzt in Europa allein Russland eine kontinentale Offensiv- oder Angriffsarmee, alle anderen Armeen Europas sind stumpfe "Schwerter", und wenn nicht "stumpf" dann in keiner Weise auf eine kontinentale Offensive gegen Russland ausgerichtet und ausgerüstet. Von der NATO als "Schwert des Kapitalismus", allein aus Sicht Europas, bleibt zwar nicht viel übrig, doch würde die Schlacht, die Verteidigungsschlacht, die die NATO führen müsste, vor allem Europa, nicht die USA, betreffen. Ausserdem ist Russland, ob ohne oder mit Putin-Regime, unser Nachbar, auch das macht die Situation ganz anders. Allein aus diesem Grund sind EuropäerInnen der NATO, da es *an erster Stelle* um ihr europäisches Land, erst in zweiter um das Land der USA geht, nicht US-Lakaien, wie sie von kopf- und heimatlos gewordenen europäischen Altlinken diffamiert werden. Wir sind alte Freunde und Partner, die gemeinsame Werte, teilweise auch Interessen, teilen. Aber auch eine gewisse nationale europäische Rechte wirkt kopf- und heimatlos, erklärt sie sich in vorauseilender Unterwürfigkeit, in vorauseilendem Gehorsam bereit, sich dem russischen Hegemon zu unterwerfen. Einem Land, das kaum demokratische Kultur besitzt, das ein grosses Entwicklungsland der Demokratie ist - ein Entwicklungsland allerdings mit erstaunlichem Lernpotential, weil Russlands Intelligenz seit den Tagen von Dostojewski und Tolstoi sich intensiv mit der westlichen Demokratie-Kultur beschäftigte, ja identifizierte (Pro-Westler standen Pro-Ostlern gegenüber) und dann diesen Faden für ein paar Jahrzehnte real-sozialistisches Experiment fast gänzlich aus den Augen verlor (fast, aber nicht ganz, dafür sorgten Schriftsteller wie der Literaturnobelpreisträger Solschenizin (1918-2008)), bis er 1991 wieder aufgegriffen wurde und in die real-politische Realität übergehen konnte: 1991 ist man in Russland dort angekommen, wo man im 19. Jahrhundert schon gerne gewesen wäre. Die demokratische Zivilgesellschaft, die Demokratie Russlands ist deshalb nicht bloss 30 Jahre alt, sondern aus einem *alten Traum aufgewacht,* und im Prinzip so "demokratiefähig" und "demokratisiert" wie die westeuropäische Zivilgesellschaft, trotz einer

Bevölkerung, die auf Unterordnung unter die Staatsmacht, auf Nationalismus, Kirche und Kreml-Diktatur ausgerichtet oder ausrichtbar ist, sowie einer altkommunistischen, für die die wahre Demokratie der Diktator der Arbeiterklasse garantiert. Die gebildete Mittelklasse Russlands indessen wird sich die Vorzüge der westlichen Demokratie, ähnlich wie die Vorzüge der westeuropäischen Kanalisation und des Laptops aus den USA, kaum mehr ganz stehlen lassen, Putin ist nur ein relativer Alleinherrscher mit beschränkter Lebenszeit, auch wenn er die Verfassung für eine schier unbefristete präsidiale Alleinherrschaft zurechtbog, eine grosse Gesellschaft setzt letztlich auf funktionale Differenzierung und auf die Ersetzbarkeit, nicht auf die Unersetzbarkeit einzelner Personen. Das muss sie tun, um ihre soziale Autopoiese fortsetzen zu können. Sie ist der Weltgeist, in ihrem Dienst stehen alle, auch jene, die meinen, über ihr zu stehen.

II. Nach der NATO mit der NATO. Europas Selbstständigkeit bedeutet im Moment (2022 christl. Zeit), dass die USA ihre Hilfe für Europa zurückfahren kann, bis sie ganz ausgeschlossen wird, und Europas Erpressbarkeit durch ausländische Kräfte, wie das Putin-Regime, abnimmt, bis sie ganz ausgeschlossen wird. Ihre ökologische Seite ist die Energie-Politik. Energie-Politik ist Welt-Politik. Die Sonne überflutet uns mit riesigen Energiemengen, es ist ein Jammer: wir können sie immer noch nicht ausreichend nutzen, dass wir sie verpuffen lassen und dafür steinzeitmässig das Leichenöl von Sauriern verbrennen müssen. Haben wir dieses Problem technisch gelöst, hat die Menschheit ihr Energie-Problem gelöst, solange die Sonne scheint. Neben der ökologischen, energie-wirtschaftlichen Souveränität und Unabhängigkeit Europas gibt es die politische, die militärische Souveränität und Unabhängigkeit. Gibt es das militärische Faustrecht, das seit archaischen Zeiten die Geschichte und Geschicke der Menschen mitprägt. Die Freiheit des heutigen Europas, das heutigen Deutschlands, basiert auf militärischem Faustrecht, basiert auf erfolgreichen Schlachten (gegen Hitler Deutschland und dessen Verbündete, Kaiser-Japan und Mussolini-Italien), basiert auf einem Krieg, der vor 70 Jahren zu einem zivilen Frieden führte, den die Sieger - die Alliierten und die Sowjetunion - das Recht der Stärkeren, nach ihrem Rahmen, ihrer Weisheit, ihrer Humanität und ihrer ideologischen Ausrichtung für die nächste Zeit bestimmten. **Neben dem Faustrecht prägen zivile Gesetze den Lauf der Geschicke und Geschichte der Menschen.** So waren es zivile Gesetze (aus der Wirtschaft vor allem, aus der ruinösen Aufrüstungsspirale und innere soziale Bindungskraft-Verluste), die 1991 die Sowjetunion, angefangen an ihren Rändern, in Polen, in der Tschechoslowakei, in der DDR, erodieren und implodieren liessen. To be continued. (Dabei sei verwiesen auf aktuelle Einträge über "militärisches Faustrecht", "Recht des Stärkeren" und ihr Rolle in der Geschichte der Menschheit in **Über die Anfänge** - Über Physizitäten Bd. 10 (aktuell Blog, als Buch noch nicht publiziert).

Zur Person: Ich - geb. 1962, habe die Schweizer (Vaterland) und die Deutsche Staatsbürgerschaft (Mutterland). Lebte lange in Zürich, zog 1990 nach Berin, dort, seit 2011, bleibend. Die Mutter, jetzt Schweizerin, kommt aus Berlin, vor dem Mauerbau (1961) flüchtete sie vom Osten in den Westen, mein Opa, geb. 1910 in Dresden, war als gelernte Koch zuletzt arbeitslos und in der Berliner-SA unter Goebbels. Nach dem Krieg akzeptierte er die Überlegenheit des Siegers, im besiegten Deutschland stieg er zum Chefkoch am Nürburgring auf. Für Neonazis hatte er nur Verachtung übrig (sie hätten die Nöte der 1920er Jahre nicht in ihren Knochen und seien undankbare Profiteure dessen, was sie meinen bekämpfen zu müssen). Meine Auseinandersetzung mit dem Nationalsozialismus und mit deutsch-deutscher Geschichte begann insofern lange vor der Universität.

Zur Ausbildung: von Geschichte der Nationalökonomie bis Kriegsgeschichte und -theorie studierte ich so gut wie alles über Krieg und Kriegsursachen, Hauptstudiumsabschlüsse in Geschichte und Philosophie. Zu meinem politischen Engagement: Mein Flirten mit Parteipolitik fand 2013 in der damals gehyppten Piratenpartei statt. Im Bundespartei-Tool kam 2013 mein Entwurf einer Europa-Armee zur Abstimmung (immerhin erreichte er die dafür notwendige Quote). Damals galt das als schräg. Heute (2024) nicht mehr. Die Ideen dazu haben sich seitdem verändert, weiterentwickelt.

11.06.2017 - Blog wird 2017 eingestellt

Der einzige Geheimdienst der zu einem Rechtsstaat passt
ist der Geheimdienst gegen Geheimdienste.

/10.06.2017

Geheimdienstverbot in Europa. Welche
Sicherheitspolitik braucht keine Geheimdienste mehr,

aber   ein
allgemeines/europäisches///Geheimdiensteverbot? Sicher
gehört dazu der Ausbau, die Spezialisierung einer Polizei,
die   gegen   staatskriminelle   Organisationen   wie
Geheimdienste effizient ermitteln kann - so wie gegen
politisch-religiöse   und   bandenkriminelle
Schwerkriminalität (Terror und Mafia) // Europas
Sicherheit, Sicherheitsmodell rüstet eine Anti-Terror-
Polizei und eine Anti-Geheimdienst-Polizei, aus, die
effizient das gesamteuropäische///Geheimdienstverbot,
gemeinsam   mit   den   europäischen//internationalen
Partnern und Freunden, durchsetzen kann (im Grunde eine
extensive   Antispionage-Politik).   Wir   müssen
Geheimdienste auf europäischem Boden verbieten und
verfolgen. Dazu   müssen   die   Botschaften,   diese
Augiasställe geheimdienstlicher Aktivitäten, zu einer
Diplomatie light umreformiert werden. Das wird nicht
geschehen, solange wir selber in solche Aktivitäten
involviert sind und nicht grundsätzlich umgedacht haben.
Solange wir hauptsächlich auf konkurrenz- statt auf
kooperationskapitalistischer Basis wirtschaften.

03.07.2017

Die Süddeutsche Zeitung berichtet, es gibt "bessere"
Atomwaffen denn je....USA und Russland optimieren ihre
Atomwaffenarsenale - offenbar befüchten sie die baldige
Invasion der Mars-Männchen. Spass beiseite. Man
versucht, den Wahnsinn unter Kontrolle zu bringen, ihn in
kleinen Häppchen für die Menschheit "verträglich" zu
machen. Anstatt massiv die Armee-Aufrüstung weltweit
zurückzufahren, das Business drängt zu Umsätzen könnte

man meinen, die durch "kreative Zerstörung" wieder auf "Null" zurückgefahren werden, um mit dem selben Ansatz wieder bei "Null" zu beginnen. So lebt, so stirbt, so verwertet und entwertet es den Menschen in diesem Konkurrenzkapitalismus, als ob er sein Leben aufbaut, um es dann wieder zu zerstören, um es dann wieder aufzubauen - und so weiter.////////////////////Wozu die Atom-Waffen-Aufrüstung? Ist das Wahnsinn? Dann hat er Methode! Ganz kurz gesagt: Konkurrenzkapitalismus braucht die Bereitschaft und das Geld der/// Bevölkerungen für Atomaufrüstung, er verdient am ///scheinbar kalkulierbaren/ Wahnsinn, globaler Kooperationskapitalismus nicht//. Dieser manipuliert die Bevölkerung nicht, muss sie nicht manipulieren ////nationalistische Virtualität und Kriegsverherrlichungsspielfilme tun das///. Irgendwann könnte //die Katastrophe ein Ausmass angenommen haben//// sein- dass die Menschen - sich koooperativ verbinden und kooperativ verbunden auf diesem Planeten - sagen und bestimmen werden: ////////////////Dieses archaische Muskelspiel, dieses uralte Männermuskelspiel// muss aufhören - und es kann//wahrscheinlich nur/// aufhören, wenn die wirtschaftlichen Grundlagen nicht mehr //oder nicht hauptsächlich///// auf nationale und wirtschaftliche Konkurrenz aufbauen, sondern auf regionale, nationale und internationale Kooperation. Eine Europa-Armee ist allein deswegen ein Abrüstungsfortschritt, weil europäische Nationen ihre Militarisierung von national-europäischer Ebene, die spaltet, auf eine gesamt-europäische Ebene, die vereint, heben.//////////////////Am Ende ---und am wirklichen Anfang des Zeitalters der

Vernunft - sollten wir Menschen soweit überein kommen/// dass die Atomwaffen der UNO unterstellt werden, wo ein Weltregierungs-Gremium der grössten Nationen - und der zwei drei "Sammelnationen aus den kleinen und kleinsten- über deren Produktion und Einsatz //demokratisch/// bestimmt - ihr ultimativer Einsat ist gedacht in Fällen wie ausserirdische Bedrohung (z.B. Komet) oder Virus-Epidemie, die uns auszurotten droht, rotten wir nicht Teile von uns aus/// - dafür braucht die Menschheit immer ein kleines Arsenal von Atomwaffen, für mehr nicht, sonst verseucht sie //die Gefahr besteht dadurch/// ihre Lebensgrundlage - genetische und planetare - und führt sich moralisch in den Abgrund.///////////////Kooperationskapitalismus verdient am Wahnsinn der potentiellen Massen- und Lebensgrundlagenvernichtung// nicht und er will an diesem// Wahnsinn nicht einen Dollar///verdienen. Kooperationistinnen und Kooperationisten sind //vielleicht eines Tages/// global und lokal miteinander verbunden - in Europa leben und lieben sie ihre regional-europäische, ihre national-europäische, ihre gesamt-und global-europäische Dimension und Heimat - so wie in Lateinamerika die dortige Bevölkerung ihre regional-, national- und kontinental//lateinamerikanische Heimat - und vielleicht lieben sie als Kooperationisten und Kooperationistinnen - auch ihre globale //Heimat//. Ihre Verbindung lokal und global ist aber nicht nur auf "Sympathie und Empathie", sondern auf wirtschaftlichem Interesse, dazu gehört, dass es ihnen und allen/ anderen Kooperationen gut geht.//////////////////Fehlen Sätze???///////////////.........Es findet eine gemeinsame Abrechnung des laufenden Geschäftes statt, Gewinn- und

Verlustrechnung, Besteuerung, inklusive. Man will und wird sich gegenseitig nicht über den Tisch ziehen, es gilt kooperative Fairness, geregelte, richterlich entschieden sogar, wenn es sein muss. Es sollen alle am Tisch Platz und genug zum Leben haben. //Atomwaffen-Aufrüstung funktioniert nur....solange die Bevölkerungen bereit sind, mit ihren Steuern diesen Atomwaffen-Wahnsinn zu bezahlen. Und der tendenziell nationalistische Überbau dieser Bereitschaft wird sich ändern, wenn sich der wirtschaftliche Unterbau und mit ihm der politische Rechtsrahmen ändert - hier kann sogar auf den alten Marx zurückgegangen werden. Der hat auch nicht nur Blödsinn erzählt.

10.06.2017

wird fast täglich ////// in meine Wohnung eingebrochen, fast spurlos, aber nur fast// -

10.06.2017#

Über   die polizeiliche//geheimdienstliche//////Überwachung unserer Bürger//// Für Bürger und Bürgerinnen sollte sie ////nur erlaubt und zugemutet dürfen//werden//, wenn reale konkrete **ausreichende Verdachtsmomente für eine kriminelle Taten** vorliegen - und zwar nicht von paranoiden Diensten ausgedachte, sondern von nüchternen Polizisten, die diese Überwachung dann auch durchführen, staatsanwaltlich kontrollieren lassen und sie beenden - mit der **Auskunftspflicht** gegenüber dem

Überwachten - **Das ist seriös und einer Demokratie würdig**

/////Die heutige Regierung der CDU und SPD - bzw. die ehemalige unter Merkel und nochmals unter Merkel - ist für eine riesige staatliche Überwachung ///von Bürgern und Bürgerinnen verantwortlich -//////Irgendwann wird es den Bürgern und Bürgerinnen reichen und sie werden nicht mehr bereit sein, willkürliche Überwacherei/zu finanzieren. Sondern, eine spezifische, nicht allgemeine, begründete, nicht grundlose, befristete, nicht willkürlich lange, Überwachung von potentiellen Schwerverbrechern - politisch-(religiöser), egoistischer, banal mafiöser oder - neu hinzukommend - staatskrimineller, geheimdienstkrimineller Natur.

20.05.2017

Willst Du lieber einen Mega-Geheimdienst oder eine Mega-Anti-Geheimdienst-Polizei in Europa? (plus eine Polizei der Polizei - für die Belange, Kontrolle etc. der Polizei?)? Rate welches rechtstaatlicher, demokratischer, kontrollierbarer und mindestens so effizient wenn nicht effizienter ist.

20.05.2017

Das Europäische Sicherheitsmodell macht die Dinge in Europa einfacher, effizienter, demokratischer, geschützter - und erst noch günstiger. Es besitzt, mit anderen Worten, gute Exportchancen.

20.05.2017

Europia und die Geheimdienstfrage. Anlässlich jüngster
Ereignisse (Geheimdienste erweisen sich als unfähig und
manipulativ im NSU und Amis Amri-Skandal,
Geheimdienste stehen seit Snowden unter öffentlicher
Beobachtung wie noch nie, Geheimdienste hacken in
Wahlprozessen von Demokratien herum, etc.) werden die
Einträge vom 21. und 20.04.2016 von diesem Blog -siehe
unten, gleich im Anschluss - zur Lektüre empfohlen - gut
vor einem Jahr eine Zusammenfassung von Einträgen von
2014 zu einem Europa ohne Geheimdienste, zum
Europäischen Sicherheitsmodell, das Geheimdienste,
eigene wie fremde, verbietet und verfolgt mit einer Anti-
Geheimdienst-Polizei und Anti-Terror-Polizei teilweise
mit Personal aus nationaleuropäischen Geheimdiensten,
die zu einer europäischen Anti-Geheimdienst-Polizei
"gedreht" und in diese integriert werden - Europa wird das
unangenehmste Pflaster für internationale Geheimdienste
(USA, RU, China, etc.) und das angenehmste Pflaster für
demokratische Gestaltung, es wird ein Europa der
wehrhaften Neutralität - nach Innen wie nach Aussen, ein
Europa, das das alte Diplomatie-Wesen reformiert, die
"exterritoriale" Autonomie von Botschaften fast gänzlich
aufhebt, im Zuge der Einführung des umfassenden
Geheimdienst-Verbots, auf dass sich alle europäischen
Unionisten verpflichten, nur noch Diplomatie light
zulässt, die geheimdienstlichen Augiasställe ausmistet -
Das Europäische Sicherheitsmodell ist Teil einer
umfassenden Architektur europäischer Politik (Neutralität
u starke Verbündete, statt Nato, Anti-Geheimdienst- u
Anti-Terror-Polizei, statt Geheimdienst, Diplomatie

Light, statt alteuropäische Diplomatie, neueuropäische Bürgerdienstarmee, statt alteuropäische Nationalstaatsarmee, Förderung von Kooperations- statt nur Konkurrenzkapitalismus, usw.) und eine "denkbare" Alternative zu den bestehenden Parteien und Politiken - , die alle mit und für, nicht ohne und gegen, Geheimdienste sind. Für die demokratischere Gestaltung von Europa wird der kollektive Nutzen von europäischen Geheimdiensten in Polizei integriert, in eine Polizei, von der eine Abteilung das Geheimdienst- Verbot in Europa durchsetzt, überwacht und sich ihm Widersetzende aktiv verfolgt - So utopisch das heute noch klingt: die Europäische Anti-Geheimdienst-Polizei funktioniert gesamt-europäisch und national-europäisch - politisch wird Europa in der Welt für ihr Sicherheitsmodell werben - es ist demokratischer und kontrollierbarer - wo Staatskriminalität (Spionage, schwerster Hausfriedensbruch, Kollektiverpressung) oder politische Schwerkriminalität (Terror) im Verdacht stehen, dort hat eine mächtige, ausdifferenzierte Polizei, die verdeckt und unverdeckt, ermittelt, dort hat die Staatsanwaltschaft einzuschreiten - niemand sonst. Dort brauchen wir dann keine "Geheimdienste" mehr. Europa wird besser von Spionage geschützt sein denn je - durch das Europäische Sicherheitsmodell als Teil einer alternativen Europa- und Nationalpolitik vereinter Unionisten und Kooperationisten. Wohlwissend, dass die Staatskriminalität von Geheimdiensten weit gehen kann - dass sie Terror, nicht nur bekämpfen, sondern inszenieren und imitieren können - sogar ganze Staatsstreiche, ganze Parteigründungen - , um der Öffentlichkeit einschüchternd klar zu machen, wie "unersetzlich" sie seien, um sie politisch zu erpressen. Es ist deshalb ganz klar, dass Anti-

Geheimdienst- und Anti-Terror-Polizei eng verzahnt sein müssen, eng zusammenarbeiten werden, wenn es not tut.

Historische Randnote: Der Erfinder des modernen Geheim- u Spionagedienstes ist Richelieu (17. Jh.), sein Geheimdienst entstand zusammen mit staatlicher Medienmanipulation, also Manipulation von Köpfern der Bürger und Bürgerinnen (das, was heute in den Social Media staatlich beauftragte "Meinungsbeeinflusser" machen, das machten für Richelieu von ihm bezahlte und beauftragte Schreiber, andere horchten seine politischen Gegner aus und schrieben darüber Berichte zu seinen Händen- man kann sagen, Richelieu benutzte Geheimdienste ganz eigensüchtig, - so wie wenn das Bundeskanzleramtsminister Altmaier und die Maasières für ihre Macht täten - für die Erhaltung und den Schutz seiner Macht, dafür manipulierten seine Leute auch die Öffentlichkeit.

21.04.2016 (kopiert)

Über Europia ohne und Realität mit Geheimdiensten. Im Blog "Verfolgerwahn" hatte ich die Auseinandersetzung von Diensten mit mir (weniger von mir mit den Diensten) protokolliert. Nur bin ich ja völlig öffentlich und geheimnisfrei. So gesehen, das denkbar ungeeigneteste, weil volltransparente Objekt für Geheim- bzw. Nachrichtendienste. Ich verschlüssele nicht einmal die Mailkorrespondenz. Ich hab, um es gelinde auszudrücken, in einer bestimmten Weise zumindest, ein laxes Verhältnis zur "Privatheit" - um nicht zu sagen, indifferentes. Fast schon wie Diogenes in der Tonne. Den

Blog hab ich irgendwann eingestellt - es wurde langweilig über einen Betrieb um mich zu berichten, der wie eine Übungsveranstaltung wirkte - irgendwann schien es auch diesen zu langweilen. Was nicht aufgehört hat sind unerwünschte Besuche in meiner Wohnung - Ende 2015 kams zu einem Diebstahl von zwei Nobeluhren (35 000 Euro; Erbstücke) - weiter gings und gehts mit Einbrüchen - immer ohne Einbruchspuren - durch meine Türschlösser wird spaziert wie in Bahnhofswartesäale - hab aufgehört, sie auszuwechseln - und mit Zerstörungen des Fahrradreifens - bald wöchentlich - (jetzt schleppe ich das Rad immer in die oberste Etage-Wohnung: das ist gesund, hält fit....) und immer noch lungern Leute vor der Bibliothek, gaffend und tippend in ihr Handy, wahrscheinlich währenddem in meiner Wohnung ein Typ meine Minikamera und das Licht im Flur ausschaltet - offenbar kann er sie mit einem Sensorgerät? entdecken, und deren Software verändern - kurz: selbst mit einer versteckten Kamera kann ich mein Heim, meine Privatsphäre nicht schützen. Die Grenze zu ihr wird übertreten - es werden eine Menge Grenzen übertreten. Natürlich könnte das auch ein wahnsinnig rachsüchtiger Idiot in der Nachbarschaft sein, wenn nicht ein gezielter Mobbing-Versuch, diese Wohnung ist begehrt... - es fehlen Dinge, die mich stören sollen? mal wird auch ein Buch gelesen, das ich noch nicht gelesen habe und wieder ins Regal gestellt..... Bislang führte das ganze Belästigungsszenario zu drei Anzeigen bei der Polizei. Die ziemlich machtlos ist. Und die Versicherung erstattet die Uhren nicht, weil keine Einbruchsspuren vorliegen..Hätte man doch wenigstens richtig die Türe eingetreten... Nein, den Blog "Verfolgerwahn" werde ich deswegen nicht reaktivieren.

Meine Sicherheitsphilosophie denkt Sicherheit in Demokratien ohne Geheimdienste durch - in abstrakten Modellen ein ganzes Paket, um diesen Wechsel in der Sicherheit erfolgreich durchzuführen - bis hin zur Reform des Diplomatiewesens - ein Augiasstall der Dienste - und der Umpolung der alten Dienste in Europa zu einer Anti-Geheimdienst-Polizei - am Ende dieses Modelles haben wir in Europa keine Geheimdienste mehr - sondern Polizei für alle Belange und eine Polizei der Polizei für die Belange der Polizei - als Kontrollinstanz, neben der legislativen und judikativen Kontrolle. Ich werde diesen Standpunkt sicher nicht verlassen, werde ich von Diensten durch ihr Verhalten bestärkt in ihm. Im weiteren haben wir echten Terror zu bekämpfen - dazu zählen, meine ich, auch deren James-Bond-Allüren und Versuche, in den Medien Stimmung zu machen in Richtung immer mehr "Sicherheit", wie sie sie verstehen.... Dass sich Dienste zu Mörderexekutivorganen des Staates, zu einer Paralleljustiz, entwickeln können (etwa in Israel, USA, Russland ,Türkei - hier wird mit Kriegsrecht argumentiert - Waffenhändler, Atomphysiker, Staatsgeheimnisverräter, Kurdinnen in Paris, aber auch mal ein Journalist, werden hier Opfer staatskriminineller bis "kriegsrechtlich" verstandener Akte - vom Prinzip der Gewaltenteilung und der Menschenwürde, die für jeden gilt, müssen wir das ablehnen, sollten wir das ablehnen - realpolitisch steht die Frage, ob sich der Staat, wird er massiv angegriffen, nicht mit all seinen Waffen verteidigen darf/soll, weiterhin im Raum...mit dem Zweifel, dass solche Morde wesentliche

Veränderungen bewirken. Ein Teil dieser zu Staatskriminalität und Kriegsrecht führenden Konflikte ist inter-abrahamisch (Islam/Israel), ein Teil wirtschafts-imperial motiviert, ein Teil davon ist geheim geblieben, ein Teil weltweit bekannt geworden (denken wir an das Video vom Hotel, wo der Mörder noch einen Plastikhandschuh anhatte... diese Überwacherdienste stehen ja nicht ausserhalb des generellen Überwachungswahns, geraten selber in dessen Blickfeld)

In der Anlage und von der historischen Siutation und unserem Selbstverständnis einer offenen Gesellschaft her, sind das Entwicklungen, die wir in Europa nicht haben und von der Wurzel her bekämpfen müssen - anstatt ihnen zuzusehen, sind sie aktiv zu gestalten, früh genug zu beeinflussen, noch verdrängt das die Politik - lässt sie sich einschüchtern? - aber eines Tages wird sie sich über Sicherheitspolitik und Dienste mehr als Gedanken über Finanzierung oder Nicht-Finanzierung machen müssen, sie sollte das früh genug tun, grundsätzlich tun und nicht unter Zugzwang - das Europäische Sicherheitsmodell soll ein eigenständiges, vorbildlich demokratisches sein, sicher nicht eines, das zum Beispiel das us-amerikanische nachmacht - nachäfft- in Machträumen sich ergeht.... Gerade das wollen wir nicht in Europa, nach meiner sicherheitsphilosophischen Ansicht, aber auch nach einem grundsätzlichen, demokratischen Verständnis von Kontrolle und Freiheit, von Selbstbestimung und Privatheit.

20.04.2016 (kopiert)

Hingewiesen sei auf die Publikation von 2013 (von Netzpolitik) - dort wird u.a. für die Abschaffung der Geheimdienste plädiert - die ehemalige Justizministerin wollte 2012 den MAD dicht machten - kurz, Geheimdienstkritik ist seit NSU und Snowden recht verbreitet in gewissen kritischen zivilbürgerlichen Kreisen - damit müssen die Dienste leben, und sollten, zumal die demokratischen, ihre Kritiker leben lassen. Im Moment sieht es nicht so aus, dass sie politisch relevante, mehrheitsfähige Meinungen repräsentieren. Demokratische Dienste haben sich demokratischen Prozessen zu unterwerfen, sie haben nicht den Auftrag vom Bürger erhalten, Bürger, die das fordern, zu unterwerfen.

Siehe auch 09.04.2016 etc.

17.01.2017

In ihrer Perfidie des Gehorsams unter der Glocke des Staatswahns, sind Tüftler an immer zerstörerischen Waffen (wie Drobotarmeen und Nuklearwaffen) nicht besser als Adolf Eichmann, wahrscheinlich schlimmer.

17.01.2017

Sagen wir, Skandinavien entscheidet sich zu einer waffenfreien Zone - für Gesellschaften ohne Kriegsmüll weder virtuell noch reel. Dennoch wären diese Zonen von Menschen anderer Regionen, die in Kriegsvirtualität und im geistigen Kriegsmüll leben, bedroht. Auch Archeübunten müssten fürchten, angegriffen zu werden. Aus Neid, aus Wut, aus Bosartigkeit. Der unfreie Mensch zieht andere Menschen, freie, befreite, gerne runter. Auch deswegen musst du mit ihm, nicht, gegen ihn, reden und heben.

17.01.2017

Überlegen, ob wir die Kriegs-Science und Kriegs-Science-Fiction noch wollen, bauen wollen, konstruieren wollen, diese verlängerten Propaganda-Maschinen der Waffenindustrie, die Fantasmen der militärisch-industriellen Komplexe - diese virtuellen "Kriegsspiele", die wir uns mit Popcorn eintrichtern und mit Freunden durchspielen... Ob wir das alles nicht eines Tages auf den Müll schmeissen, bevor es uns alle auf den Müll schmeisst.

13.01.2017 [Europia]

//das Drobotthema überarbeiten/////Über Drobotik - der Drobot vereint Eigenschaften von Kampfdrohne und Armeeroboter - ist ein KI-Kampfroboter, der sich von seinem Drohnenteil abkoppeln und wieder an ihn ankoppeln lassen kann - ein perfekter Hybrid, der beides kann, fliegen und laufen und kleine Drohnen, aber auch Raketen entsenden - es gibt verschiedene Typen von Drobots - angetrieben wird er von einem Solary, das Sonnenenergie in Energie umwandelt. Wird er darauf programmiert, Menschen zu töten, die nicht dem Code XYZ entsprechen können, tötet er quasi Tag und Nacht - tags lädt sich das Solary so auf, dass der Killer-Drobot auch nachts sein Progamm ausführt - der autonome Drobot verwandelt Sonnenergie ausserdem in tödliche Laser, er muss nicht einmal nachgeladen werden. Das einzige, was ihn stoppen kann, ist Gewalt oder der Zugriff zu seinem Programm.

13.01.2017

Über Drobots. Die Kriegs-Science-Fiction seit Westworld (1973 - mit Yul Brynner), "Terminator", "I Robot" (2004) und "Krieg der Welten (2005 - nach H.G.Wells von Steven Spielberg mit Tom Cruise und Dakota Fanning in den Hauptrollen - ein Konzentrat des Besten, was die nordamerikanischen Künste: Schriftstellerei - Regie - Schauspielkunst - Virtuelle Technik - Film - produzieren) und die reale Entwicklung in der Robotik nähern sich immer mehr - fortschrittlich... - der Schwelle der Realisierung, der Verschmelzung zur Drobotik: Science Fiction wird Science - wird realer Horror des Kriegsfortschritts - -----. Die Waffenindustrie verbindet eines nicht allzufernen Tages Drohnen und Roboter zu einer Art Hybrid, zu robotischer Supertechnologie, die wir "Drobot" nennen: Erleben wir das noch im 21. Jahrhundert? Drobot-Armeen, die in unwegsamen Gelände oder im Häuserkampf eingesetzt werden - gegen "primitiv" mit Kalashnikovs und Panzerfäusten ausgerüstete "Terroristen". Drobots können sich nicht alle leisten - Afrika wird kaum Drobots haben - die USA, China, Russland, Europa werden über drobotorische Armeen verfügen. Drobots können gehen wie Roboter und fliegen wie Drohnen, man müsstePanzerfäuste gegen sie einsetzen, Gewehrkugeln brächten nichts: sie sind so schnell, dass sie der Rakete ausweichen und sie abschiessen können, zugleich antizipieren und beschiessen sie die Abschussstelle der Panzerfaust (sie verfügen über Systeme, die heute Militärjets haben). Drobots können sich in Drohne und Roboter trennen und wieder vereinigen. Die Drobotdrohne fliegt als Einheit (transportierend) oder einzeln (nicht transportierend). Drobots werden ferngesteuert, aber auch programmiert autoaktiv: wie Terminatoren treffen sie -- zum Beispiel - Feind/Freund-Neutrum-Unterscheidungen, Freunde, freundliche Drobots erkennen sich an einem gemeinsamen Code. Wo Drobots kämpfen, haben Menschen keine Überlebenschancen, ausser allenfalls die, die den Einsatz der Drobots lenken, programmieren, begrenzen, beenden. Frage ist, wie schützen sich Drobots gegen Störung, Hacken, Täuschung

//////Über Drobots, drobotorische Verteidigung, Invasion und drei Grundtypen von Armee. Drobots sind Kampf- und Transportdrohnen verkoppelt mit Kampfrobotern, die sich in Luft- und Land-Kampf-Einheiten trennen können. Drobotdrohnen können ihren Robotteil absetzen, wieder aufnehmen und fliegend im Raum dislozieren, sind Drobots nicht multifunktionale Hybride, die gehen und fliegen, zudem kleine Aufklärungs- und/oder Kampfdrohnen absenden können, während sie auf dem Boden bleiben. Drobotorische Kombination und Differenzierung erfolgt je nach Bedürfnis, Schwerpunkt und Einsatzweise der Armee der Gesellschaft (ist eine Drobotdrohne mehr Transportdrohne des Robots, liegt der Schwerpunkt auf Bodenrobots, ist das eroberte Gebiet zu überwachen, haben sie geringe, ist es zu erobern, hohe Munitionsdepots, etc.). Ihr Gegner versucht die

Verbindung zwischen Lenkungszentrale, wo viele Soldaten vor vielen Monitoren sitzen, und Drobots zu unterbrechen, wie auch feindliche oder gegenerische Drobots physisch zu neutralisieren. Elektromagnetische Schockbomben könnten zum Einsatz kommen. Dezentrale drobotorische Einsetzung wäre von zentraler zu unterscheiden. Vielleicht haben Soldaten in Zukunft Drobots, die sie wie einen Partner oder eine Kompanie, ins Feld führen, hat ein Soldat neben Gewehr, Granate und Gasmaske - solange es diesen Feldsoldat noch gibt - als Potentierung seines/ihres Schutzes und Waffenarsenals - einen multifunktionalen Drobot zur Hand. Soldaten im Feld - nicht nur in der Zentrale - kämpften Seite an Seite mit ihren Drobots, die sie absichern, überwachen und Terrain ausspähen lassen z.B. programmiert, nach einer Warnung ("Stopp! Bewegen Sie sich nicht! Sonst wird auf Sie geschossen!") auf Extremitäten des Körpers, ausser dem Kopf, zu schiessen, und den Gestellten zu überwachen - bis er dingfest gemacht und letztlich vor Gericht gestellt werden kann. Drobots könnten von Töten ohne Warnung bis Verletzen oder Festhalten nach Warnung programmiert werden (und entsprechend bewaffnet). Letzteres Drobotprogramm gälte für die Armee neueuropäischen Typs, den wir in Europa in erster Linie befördern sollten, neben dem Typ asymmetrische Selbstverteidigungsarmee (gegen einen symmetrisch überlegenen Gegner) und dem alteuropäischen Typ von Armee, der mehr mit der Kategorie "Feind" als mit der Kategorie "Schwerkrimineller" arbeitet; eher auf Töten als auf Verhaften und vor Gericht Bringen setzt, auf Invasion, statt auf Landesverteidigung, etc. (wer will in Europa wen noch erobern militärisch? und wozu eigentlich?)

Generell ist eine moderne Armee, nicht nur in Europa, in diesen drei Grundtypen auszubilden, sollte der dritte Typ, der alteuropäische, in der Welt geächtet und faktisch verunmöglich werden - so dass Staaten bewusst auf eine massive Invasionsausstattung verzichten (wofür brauchen sie die?), die Nachbarn als Bedrohung empfinden.

10.01.2017

[Blog Europia] Für Armeen der Zukunft in Europa gibt es 3 Typen: die asymmetrische Selbstverteidigungs- , die alteuropäische und die neueuropäische Verteidigungs- und Präventionsarmee. Der 4. Typ - die aggressive Invasions- und Eroberungsarmee lassen wir für Europa ausfallen.

10.01.2517

[Europia] Prof. Nadia Thalmann, eine Schweiz-Kanadierin, in Singapur, arbeitet an Robotern, die bald an die von "I Robot" heranreichen, das Pentagon hat hier bereits Hollywood vorgeschickt, eimal mehr, um die Leute an die Zukunft zu gewöhnen. Im Kriegsfall werden in grossen Panzerwagen und mit Flugzeugen Killer-Roboter in den Einsatz geschickt, zusammen mit Drohnen. Wenn das Rennen um Roboter, das Wettrüsten um militärisch verwertbare Robotik, jetzt losgeht, droht jener Staat, der über solche Technologien verfügt, einen Vorsprung gegenüber Staaten zu besitzen, die über solche Robotik nicht verfügen. Das vorhandene Angriffs- und Verteidigungs-, Erpressungs- und Ausrottungspotential wird um Roboterarmeen ergänzt und gesteigert. Nur die

UNO sollte solche Armeen haben dürfen, zumal ein grosser Weltverband der Militär neueuropäischen, nicht alteuropäischen Typs, unterhält.

14.02.2016

Graubereich zwischen Fake und Fakt, Satire und Ernst, und einem Europa, das sich in Richtung Europäische Neutralität von Einseitigkeiten der West-Allianz- und RT--Propaganda aufklärerisch distanziert und annähert auf Mitte second order - Level. Dazu bei Gelegenheit mehr. Etwa, dass das FBI mit dem dauernden Stress gegen Clinton (alle paar Wochen im Wahlkampf rasselte durch die Medienwelt, dass jetzt nicht, Wochen später, dass jetzt doch wieder gegen sie ermittelt werde...) Trumps Wahlkampf, dem Grundbass "Sie muss ins Gefängnis, Sie muss ins Gefängnis" bestens zusammenpasste, sich gegenseitig verstärkte -, wird in den Westallianz-Medien kaum debattiert, dafür umso mehr, umso massloser, ob Putin Trumps Wahlkampf half. Die CIA brachte dann eine Geheimdienstente auf, zündete eine Nebelgranate gegen Putin, wahrscheinlich nicht zuletzt, um das FBI in Nebel zu hüllen, vergessen zu machen, dass die USA vor ihrer eigenen Türe fegen sollte (kämpfen FBI und CIA nicht gegeneinander, die einen mehr contra Clinton, die anderen pro Clinton). Ist dem so, sollte Trump der CIA weniger trauen als dem FBI.

14.02.2016

Arendt und Adorno. Die Säulenheiligen der deutschen Westallianz-Intelligenzler oder Altlinken sind offenbar

Hannah Arendt und Theodor W. Adorno von 1949. Beide mit Qualitäten, beide aber auch suspekt. Erstere ist meistens oberflächlich tief (der Nazi-Sadist war alles andere als banal, die "Banalität des Bösen" ist eine oberflächliche Verhunzung des Komplexes Nazi-Sadismus) und wenn einsichtig, tiefer einsichtig, ist sie gerne übertreibend, überziehend, ausserdem muss bei ihr etwas nicht ganz richtig getickt haben im akademischen Kopf, hatte sie doch den grössten Scharlatan der jüngeren Philosophiegeschichte vor der Nase, und sah und erkannte ihn nicht - vielleicht war die Nähe zu ihm nicht förderlich für Objektivität - spät erst, und auch das gehört zu dem, was ich an ihr nicht besonders mag - kam ihre Post-Hoc-Besserwisserei in Fahrt. Bei dem zweiten ist die ebenfalls exzellent ausgebildet, allerdings erkannte er den Scharlan, doch mag ich Adornos arrogante Insinuation nicht, die letztlich auf Marx rekurriert, er sei ihm Begriff der Wahrheit, Wahrheit als theoretische -, und alle Dummheit, unfähig zur Theorie, Phrasen folgend, sei faschistisch. Erstens hat er selber diese Theorie nie vorgelegt seine Überheblichkeit sollte er sich allein deshalb abschminken, zweitens ist Adorno mitverantwortlich dafür, dass die RAF mit dem Begriff "faschistisch" bis in die Praxis durchbrach und durchdrehte, für sie Faschismus zum 360°-Paronama wurde, ein schwindlig machender Schwindel, in dem sie und Menschen, von ihr gemordete, zu grunde gingen.Heute noch dient der Begriff dazu, sich besser zu fühlen, überheblich, und andere zu denunzieren, die - vielleicht etwas mehr als andere - Mängel in der Bildung, in der Intelligenz und grössere Potentiale zur Übernahme von Falschmeldungen, Vorurteilen und Unfug haben.

Gefährlicher oder genauso gefährlich, lehrt uns die Geschichte, sind die raffinierteren, früher und tiefer eingewachsenen Vorurteile, die sublimierteren Falschprägungen und unsichtbareren Irreführungen. Wohltuend selbstkritischer und -bezogener ist da Rancières Jacotot-Hommage mit "Fünf Lektionen über die intellektuelle Emanzipation" - Untertitel von: "Der unwissende Lehrmeister" (frz 1987) Passagen Verlag Wien 2007.

14.02.2016

Viele können politisch oder wirtschaftlich heute nur noch Schwarz-Weiss - das meiste, das offenere, wirklichkeits- und wahrheitszugänglichere bewegt sich heute aber immer mehr auf Mitte second order - Level.

06.12.2016

Humanismus second order betrachtet den Menschen mit guten und üblen, offenen und verschlagenen Seiten und nimmt ihn reentrisch in die eigene Situation und Ausrichtung auf - soweit es geht - soweit also auch eingesehen und akzeptiert wird, welcher Mensch sich integrieren lässt und welcher nicht, bis wohin und bis wohin nicht, emotional, für welchen tiefe Zuneigung möglich wird, für welchen ablehnende Kälte. Die volle Kälte des Todes müssen wir keinem wünschen, die erhalten wir alle umsonst.

06.12.2016

Die Senke. Genesianen betten und senken sich in die Genesis zurück, während andere sich in die Asche legen lassen und auf die Auferstehung warten, andere glauben ungläubig im Nichts die letzte Ruhe zu finden. Vermutlich macht die Genesis Auferstehung und Kehre, den Weg von ihnen, an der Obligation selbst, nicht am mentalen Zustand von uns, abhängig, also daran, wie wir uns dem Leben verpflichten ‚wie wir uns selbstverpflichtend dem auferstehenden und auferstandenen Leben hingeben und lebensverpflichtend dem Sterben in die Kehre der Genesis.

06.12.2016

Auf dem Weg zu Mitte second order. Wenn du findest, die falschen und schiefen Pseudonationalisten und Pseudoeuropäer der Rechten, die Meuthen und andere Schwindler, sind nicht deins und auch die Rechten finden ihren Stallgeruch nicht so richtig bei dir ausgeprägt, und du findest, vieles von den Linken ist bis dümmlich naiv und nicht deins, und auch den Linken fehlt etwas von linker Naivetät bei dir, dann bist du wahrscheinlich auf dem richtigen Kurs, irgendwo auf Mitte 2.0. - Level. Auch wenn dir die Partei dazu fehlt - du bist mit vielen ein "frei schwebendes Radikal", politisch würde dich erst eine global-, gesamt-, national-und regional -europäische Partei erden - für die "Europe First!" ein selbstverständlicher Slogan wäre - so selbstverständlich wie Trump's America First!. Was aber eines Tages viele Menschen erden soll, muss zuerst gegründet, um nicht zu sagen, gegrünt, werden.

28.11.2016

Konzepte zur Mitte 2.0-Politik für eine PEV (Partei für Europäische Verantwortung/Progressive Europäische Volkspartei). Mitte-2.0.-Politik ist nicht zu verwechseln mit "Mitte-Politik". Die einen wie Augstein glauben, Mittepolitik wird von Links und Rechts aufgerieben, andere glauben, Links und Rechts werden von der Mitte zersetzt, im Grunde sei alles Mitte, nur etwas linkere oder rechtere. Die Metaebene von Links, Rechts und Mitte beinhaltet Mitte-2.0.Politik, das hebt sie in eine neue Ebene und favorisiert neue Politiken und Ansichten in der Wirtschaft, Kultur, im Arbeits- und Altersbegriff, und so weiter.

Mitte-2.0-Politik für Europa mit Deutschland gewichtet Autorität und Toleranz neu, sie setzt den Gesellschaftsbegriff über den Staatsbegriff, Gesellschaften haben einen Selbstzweck, Staaten nicht, Staaten sind für Gesellschaften, nicht, Gesellschaften für Staaten da, Mitte-2.0.-Politik verfolgt auch ein anderes Verfassungsverständnis. Mitte-2.0. strebt eine Verfassung für das gesamteuropäische Europa, nicht nur für national- und regional-europäische Verhältnisse, an. Mitte-2.0.-Politik ist autoritärer, aber auch strikter linker und rechter als die alte Linke, Mitte und Rechte, ausserdem kultur - und religionspolitisch postabrahamisch (Das Wort "autoritär" ist ein Greuel für die Linke, für die Rechte eine "Freude" - für Mitte-2.0.Politik weder noch: sondern eine Vernunftmassnahme gegen abrahamische Überlegenheitsekstasen wie Radikalismen auf altlinker und altrechter Seite). Mitte-2.0.-Politik hebelt den Islamismus in Europa aus, domestiziert und neutralisiert dessen Machtallüren, und ersetzt oder ergänzt den

Konkurrenzkapitalismus durch Kooperationskapitalismus. Deswegen hält sie nicht allzuviel von "sozialer Marktwirtschaft" und "Rentenpolitik", in kooperationskapitalistischen Landwirtschaftsunternehmen, die auf eine hohe Selbstversorgung ausgerichtet sind, wie Arche-Übunten, gibt es keine "Rente" - es gibt Lohn, allenfalls für die, die nicht können, Grundeinkommen (oder den Gegenwert dafür) - Leute arbeiten in ihnen, für sie und für sich, solange sie können und wollen - sie werden nicht einfach in die Wartekammer des Todes abgestellt - es wird normal sein, dass es altersgerechte Arbeitssphären gibt, aber auch Wohngemeinschaften, in denen sich Alte und sehr Alte gegenseitig helfen, nicht nur, von Jung helfen lassen, Arbeitssphären, in welchen ganz alte Leute immer noch sinnvolle Arbeit und vitalen Kontakt mit allen Altersgruppen haben können - es wird in Arche-Übunten nicht nur gestorben, es wird auf ihnen geboren - die einen kommen aus dem Wasser, die anderen gehen in es zurück - ideal ist es, entweder in einer Landwirtschaftskooperative oder auf einer Arche-Übunte die letzten Jahren leben, arbeiten, lieben ,sporteln und philosophieren zu können.

Mitte-2.0.Politik verfolgt innen- und aussenpolitisch die Lex-Snowden, beinhaltend u.a. das "Europäische Sicherheitsmodell" - die Ersetzung von Geheimdiensten (Einsatz einer Anti-Geheimdienst-Polizei, einer Anti-Terror-Polizei, Europa wird für Dienste das unangenehmste Pflaster der Welt), die Einführung des In-dubio-contra-rem-Prinzips für den Staat, Paragraphen für Geheimdienst- und Staatskriminalität im Strafrecht, die

Reform alteuropäischer Diplomatie zur "Diplomatie Light", und so weiter.

Die Verteidigungsarmee der Europäischen Union ist nach Mitte-2.0.Politik eine national- und gesamteuropäisch organisierte Verbands- und Unionsarmee 2.0. Die, die sehr national bzw. nationaleuropäisch gesonnen, sind, sollten in national-europäischen Verbänden ihren Dienst leisten können, andere, globalere, europäischere, in gesamt-europäischen Verbänden - es sollte keinen Zwang geben, für die, die national-europäisch gesonnen, einen gesamt-europäischen Ausbildungszyklus durchzumachen - mit Ausbildungsstationen in verschiedenen Küstenorten und Ländern Europas und der Ausbildung, neben Englisch, in einer weiteren europäischen Landessprache. (Die Europäische Unionsarmee wird dadurch für viele Europäerinnen und Europäer eine Schule Europas: die Leute lernen richtig gut verschiedene Ecken Europas kennen .ausserdem wählen sie auch ein gesamteuropäisches Parlament, als Oberhaupt der europäischen "Parlamentsarmee" - in dem zum Teil national-europäisch, zum Teil gesamt-europäisch gewählte Abgeordnete sitzen) Das 2.0. ist nicht unwichtig, sondern ein wesentlicher Unterschied zwischen alt- und neueuropäischer Armee: Armee-2.0.heisst: Sie hat und bekämpft keine Feinde, sondern politisch motivierte Schwerverbrecher (staatliche Hoheitsgebiets- bzw. Hausfriedensbrecher und Kriegsverbrecher, etc.)- potentielle Verbrecher in staatlicher und parastaatlicher Organisation und Grössenordnung - sie will sie nicht primär töten - das geschieht aus unmittelbarer oder präventiver Notwehr -, sondern die organisierten Hausfriedensbrecher, Grosserpresser und Kriegsverbrecher abschrecken, und, reicht das nicht, entwaffnen, festnehmen und vor ein Europäisches Gericht stellen wie die Kriegsverbrecher aus Serbien vor das Den Haagener Menschenrechtsgericht. Die Europäische Unionsarmee sollte die "unangenehmste" Selbstverteidigungsarmee der Welt werden, sollte den asymmetrischen Sabotage- und Partisanenkrieg im eigenen Land und in anderne europäischen Ländern gemeinsam führen lernen, und in der Bevölkerung insgesamt den Widerstand, ja, die Abneigung gegen Fremdbestimmung und staatliche Schwerkriminalität wach halten. Letztlich hätte sich Europa auch gegen einen türkischen oder russischen Diktator zur Wehr zu setzen - wir wissen ja nicht, was nach Putin kommt.

Nach der Nato. Ausserem gehört zur Europäischen Verteidigungsarmee 2.0. eine strikte Europäische Neutralitätspolitik,. mit starken Bündnispartnern im Westen und Osten, aber auch im Süden Europas. Letztlich also sollte Europa Russland helfen, wird Russland von einem "fremden" Agressor angegriffen, dann griffe unser Bündnis, dann bieten wir unsere Hilfe Russland an oder einem afrikanischen Staat oder Kanada, der USA, Brasilien - vorausgesetzt, Europa hat entsprechende Kooperations- und Bündnisverträge, die die Nato in Richtung "Europäische Neutralitätspolitik" kompensieren.

22.11.2016 (Europia und die Türkei)

Sehr froh, dass die Türkei ihr "Steinzeitgesetz" zurückzog (22.11.2016). Erdogan wird in der Nachwelt als derjenige, der für die Modernität und Zivilisation der Türkei einsteht, erinnert bleiben, und nicht als derjenige, der die Steinzeit wieder einführte. Erdogan sollte so Politik machen, dass nicht zuviele froh sind, wenn er endlich gestorben ist. Er hatte nach dem Putschversuch allen Dank ausgesprochen, die dagegen waren (seine Anhänger, aber auch die Kurdenpartei, die Opposition, sogar kritische Journalisten). Hat er das vergessen? Er sollte bald wieder dorthin zurückkehren, von dort vorwärts denken, vorwärts handeln, die Türkei ist eine grosse Kultur in einem Land zwischen zwei Meeren mit unendlich langen Küsten - was ich ferngesehen habe, ein extrem schönes Land, auf dem viele Völker und unterschiedliche Meinungen in einer grossherzigen, dem Land, seiner Kultur, seiner Moderne würdigen Demokratie Platz haben.

19.11.2016

Eigentlich wollten wir einen Kommentar zu Erdogan posten, zu seiner Türkei, die mit ihrem listigen "Ehegesetz" die Frau für immer zum Jagdwild (umso mehr kann sie von Jugend an nur noch überwacht und eingehüllt auf die Strasse der Wilden....der Triebtäter-Welt der Männer) und den Mann zum Vergewaltiger machen will - und zu aller Perversität und Provokation diesem das erjagte Wild auch noch zur Heirat ausliefert. Die Frau wird von diesem Mann, ihrem Vegewaltiger und seinem "Gesetz", gleich zweimal übergangen und ausgehöhlt, ja, ihre Persönlichkeit wird gleichsam doppelt "getilgt", zum ersten Mal als sein Opfer, zum zweiten Mal als Opfer für die Familie, zum ersten Mal im Alltag, zum zweiten Mal im "Gesetz". Das ist der Tiefpunkt eines Höhepunkts von allzu männschlichem Machtanspruch, der offensichtlich immer weiter ins Steinzeitalter zurückgreifen muss - ein Ansatz, der wohl nicht ganz verstanden hat, warum Hegel die Frau den "inneren Feind" genannt hatte, der mit diesem Gesetz offenbar bekämpft und kleingehalten werden soll.....Allerdings hatten wir im 20. Jahrhundert schon einmal eine kurze, aber heftige Phase, in der das Steinzeitalter die Moderne überholte, eine weit schlimmere, als es diese türkische ankündigt, die viel länger wahrscheinlich auch nicht anhalten wird.

19.11.2016 (Für Blog "Verfolgerwahn")

Wider Geheimdienste. Die Dienstler funktionieren relativ simpel. Sie hören dich ab und wenn du jemandem am Handy sagst, dass du Angst vor B hast, sorgen sie dafür, dass du Angst vor B hast. Beginnst du dich hochzurüsten zum Schutz deiner Privatsphäre, beginnen sie sich hochzurüsten um die Hoheit über sie zu behalten. Kaufst du eine Minikamera, manipulieren sie ihre Dateien. Die Privatsphäre ist für sie die "Arbeitssphäre". Sie meinen, sie verfolgen dich, sie meinen nicht, dass du Spuren legst, um sie zu verfolgen. Man muss Geheimdienste nach und nach aufdecken und ihnen nach und nach das Handwerk legen, bis eine demokratische Mehrheit überzeugt ist, dass wir sie auf keinen Fall mehr wollen. Das Geheimdienstkriminalität mit Priorität ins Strafrecht gehört, statt von einem demokratischen Staat finanziert, in gewissen Staaten sogar, um in der Hinterhand eine staatliche Mördertruppe zu halten. So dass wir in Europa eine raffinierte, Geheimdiensten angsteinflössende Anti-Geheimdienst-Polizei (zum Teil aus den Diensten) aufbauen und Europa das ungemütlichste Pflaster der Welt für sie wird. Die Gefahr, die von ihnen ausgeht, steht immer weniger im Verhältnis zum Nutzen für die Gemeinschaft. Sie können Leute umbringen - und dürfen sich dabei noch einbilden, das aus "höherem Interesse" zu tun. Eine Geheimjustiz neben der Justiz mag es in Dikaturen geben, nicht in Demokratien, Geheimdienste passen bestens in Dikaturen und schlechtestens in Demokratien. Die Angst, die Selbstzensur, die Manipulation von Öffentlichkeit, von Medien - das alles muss nach und nach ein Ende finden. Kein Geld mehr für sie, aber für eine europäische Anti-Dienste-Polizei. Die herrschende Innenministerpolitik geht in die falsche Richtung, sie klärt nicht auf, sie fördert noch, sie deckt sogar noch die Verdeckung und Eigenbrötlerei dieser Dienste. Sollen andere Länder das gut finden, in Europa nicht! Gewiss, noch ist das eine Minderheitenmeinung. Keine Partei in Deutschland, die Piratenpartei nur kurz, hat sich gegen Geheimdienste, generell für das "Europäische Sicherheitsmodell" (im Gefolge der "Lex Snowden" mit einer grundsätzlichen Reform des Diplomatiewesens zur "Diplomatie light") ausgesprochen. Keine. Keine "wagt" es. Sie alle sind eingeschüchtert, haben sich die Redensart von "Verschwörungstheorie" angeeignet, wie ein Panzer, kommt das Thema auf "Dienste" zu sprechen. Dabei geht es mehr um eintrainierte Reflexe, als um bedächtige, veantwortungsvolle Reflexion.

09. November 2016: anlässlich des Gewinns der US-Präsidentenwahl von Trump - Einträge vom 29. Juli 2016.

29.07.2016

US-Präsidentin Clinton ist vielleicht besser, vielleicht schlechter für Europa als US-Präsident Trump. Für jene in Europa, die nicht viel ändern wollen in ihrer West-Allianz, mit Nato und USA, ausser, sie freihandelnd intensivieren, ist Clinton die klare Favoritin. Primär bin ich aber Europäer, nicht Westallianzler. Trump könnte der Verselbständigung Europas förderlich, doch wie Putin-Russland an einem nationalisierten, fragmentierten, schwachen Europa interessiert sein (was gar nicht so klug ist: ein starkes Europa kann wirklich anderen helfen, kann Kosten tragen, die jetzt andere tragen, usw.)- , im übrigen erhörte Trump jene Senatoren, die schon lange die Heimkehr der US Europe Army fordern. Vielleicht übernähme Europa die US-Atomwaffen, als Zeichen des Vertrauens und der Freundschaft, und rüstete sich mit Russland so weit ab, so weit es mit diesem die bestehende Kooperation ausbaute.

29.07.2016

Ein gemeinsam finanziertes Europa-Grossprojekt ist u.a. eine Magnet-Schwebebahn von Moskau über Minsk, Warschau, Berlin, Paris, Madrid, bis Lissabon (Moskau-Berlin: 6 Std.) oder Brücke und Staudamm zwischen Gibraltar und Afrika. 38 km/eine Version von Sörgel's Atlantropa, eine Mischung von Brücke und Staudämmen,

Windgeneratoren, Sonnenkollektoren - das grösste Wasserelektrizitätswerk der Welt.

29.07.2016

Lex Snowden redivivus. Mit Trump als US-Präsident wäre womöglich früher als mit Clinton über unsere Lex Snowden neu nachzudenken. Zum Beispiel über den Punkt, der bis zur Ersetzung der Nato durch eine Europäische Verbundarmee geht, ein effizienter Verbund national-und gesamt-europäischer Armeen, oder über den Punkt, an desssen Ende ein neutrales Europa, unsere Europäische Neutralität, steht, mit starken Bündnissen u.a. mit alten Freunden in den USA, mit der Afrikanischen Union, mit Israel, mit Russland, mit dem Nahen Osten, mit der Türkei, die diesem Europäischen Unionsverbund angehört oder partiell angehört, und, nicht zuletzt, mit Lateinamerika, wo Ahnen unserer Spanier und Portugiesen ihre Heimatländer mit den Inländern aufbauen. Wir lebten in einem Europa nicht nur unterschiedlicher Geschwindigkeiten, sondern unterschiedlicher Angebote und Nutzungsformen, an die unterschiedliche Rechte und Pflichten gebunden sind. Die Lex Snowden /schlösse// die volle Beteiligung Grossbritanniens in das Europäische Sicherheitsmodell mit ein, England ist Teil Europas, auch wenn die Insel, wohl nicht allzulange, in Richtung "Neuatlantis" driftet.

08.11.2016

Gruss an die AfD. Die überflüssigen Rechtsnationalisten glauben sich so extrem unersetzbar und wichtig, weil sie tatsächlich dem Irrglauben annhängen, sie hätten die Vaterlands- und Mutterlands-Liebe (die Mutter aller europäischen Vaterländer ist Europa) für sich gepachtet. Das ist so eng, einseitig und falsch, wie wenn Höcke die Deutschlandfahne zu Anne Will schleppt, und meint, damit schon alles gesagt zu haben. Ist es aber nicht, Höcke. Söder sollte das nächste Mal die Bayern-, die Deutschland-, die EU- und die UNO-Fahne mitschleppen - um den Unterschied von illusorischer Eindimensionalität und in der Realität angekommener Vierdimensionalität zu veranschaulichen. Niemand kommt mit Eindimensionalität heute weit, einfach an Komplexität vorbei, ein paar Dümmliche und bornierte Nationalstaatslobbies vielleicht, auf dem Weg in das Nichts des alten Europas zurück. Nein, die bestehenden nationalen und EU-Parteien an der Volksmacht mögen, zum Teil, falsche Europa-, national- und regionaleuropäische Politik machen , egal, ob mit dieser oder einer anderen EU, prinzipiell werden sich die Europäer und Europäerinnen die Errungenschaft, gemeinsam ein paar wichtige Dinge zu erledigen, von niemandem mehr nehmen lassen, auch nicht von Rechtsnationalisten im eigenen Land, das wäre nicht nur grauslich rückwärtsgewandt, sondern schlicht zu teuer und zu unsinnig. Wir werden Migrationspolitik klug in gesamteuropäische und nationaleuropäische Zuständigkeiten splitten, uns die Vorteile gemeinsam erarbeiten und teilen, so wie die Lasten und Nachteile: was noch fehlt ist eine europäische Volkspartei, die alle Ebenen Europas gleichermassen liebt, die heimatliche regionale, die vaterländisch nationale, die mutterländisch europäische und die genesianisch globale, und diese Liebe und diesen Willen für unseren Gemeinnutzen gesamteuropäisch zum Ausdruck bringen kann, oder überregional-europäisch, wo nationale Grenzen für gewisse Aufgaben zugunsten eines kooperativen Europas der Regionen, ausser Kraft gesetzt werden sollen und mit politischem Willen könnnen. Der AfD ist zu empfehlen, will sie überleben, von vornherein ihre Agitatoren der Eindimensionalität an den Rand oder in die Geschichte zu verweisen.

13.10.2016

Milchberge in Europa. Schaltet die Menschheit von Fleisch auf Proteinade - wird, bei verbotener Massentierschlachtung und -haltung, auch die Milchproduktion zurückgehen, ein normales Mass annehmen. Bauern werden weniger Milchkühe halten, können sie sie nicht mehr schlachten. Seit Jahrzehnten ist die Milchproduktion ein reines Förderprogramm für Landwirte, de facto ausser Rand und Band. Das Ernäherungsverhalten wird sich auch hier verändern. Die Landwirtschaft wird weniger auf Tiere, mehr auf pflanzliche Produktion umschalten, auch für die Proteinade-Produktion zuliefern.

"Ich hätte gerne ein Proteinadesteak mit Feldsalat" oder: Du sollst keine Lebewesen töten. Das Ende der Tierabschlachterei. Richard David Precht hat dargelegt (12.10.2016), dass wir, wenn wir antibiotika- und pestizidfreies, gesamthaft CO_2 reduzierendes, geschmackvolles, preiswertes Kunstfleisch produzieren - die Genlabors testen sei Jahren die Laborboulette, den

Genburger - er ist aber noch nicht ganz marktfähig - , endlich Tiere nicht mehr abschlachten müssen. Müssen, wollen und werden. Genesianischer Ethos ist es, alle Lebewesen dieser Erde, nicht nur menschliche, zu achten, leben zu lassen, nicht zu töten, nur jene Tiere oder Tierartigen, die zur Plage oder Gefahr wurden. Diese Idee hatte ich in den 1990er Jahren, Precht, wir werden nicht die ersten gewesen sein, die sie hatten, aber auch darin sind wir uns einig, wollen wir nicht ihre letzten sein - ich bin übrigens in einer Grossmetzgerei - inmitten einer Grossbaustelle ausserdem - die ersten Jahre meines Lebens aufgewachsen, und versichere dir, Ex-Komillitone, die Leute, die in Knochenarbeit Leben töten und Fleisch für unseren Konsum zerlegen, essen alle gerne oder nicht gerne Fleisch, wie andere, nein, das Killen von Bullen mit Hammerbolzen - weil deren Schädelknochen so dick sind - und die industrielle Massentötung von 1000 Schweinen in 20 Minuten, vorbereitet durch Elektrizität oder Gas, das sie betäubt - schreckt die Bauer- und Jägerrasse in uns nicht ab, nicht lange ab, auch nicht die in Metzgern und Hilfsarbeiterinnen, Precht. In Zukunft wird Proteinade - so könnte das Neufleisch heissen - alltägliche Realität, die Grosstierzüchtung und -Schlachtung komplett verboten werden. Zum Glück und zum Guten für alle - die intelligenten Schweine werden sich bei der Horrorherrenrasse bedanken. Traditionelle Abrahamisten werden sich dem in säkular-genesianischen Gesellschaften anpassen müssen, moderne vielleicht sogar wollen, das Opferlamm ist eine muslimische Geschichte - altmuslimische Geschichte - , die meisten Hindus und Buddhisten essen seit Jahrhunderten vegetarisch, diese Kulturrevolution, ausgelöst durch die

Ernährungsbranche, wird an ihnen weitgehend vorbeigehen. Das Karma des Planeten, der den Tod nicht erfunden hat auf der Erde, sondern das Leben - der Tod ist ein Stück Stein, den hat er nicht geschaffen, bloss geerbt -, wird aufatmen! Wird gross aufatmen. Parallel dazu, mit der Abschaffung der Tierabschlachterei, sollten wir die Möglichkeiten und Mittel zur Menschenabschlachterei nicht vergessen - unsereins allenfalls wie echte Fleischbouletten durch einen laborgemachten Friedensmenschen ersetzen.

21.08.2016

Bürgerkrieg bedeutet Green Card für Europa, deshalb bleibt Bürgerkrieg in Afrika Geschäftsmodell. Bevölkerungspolitik mit anderen Mitteln. Bis andere Geschäfte besser laufen. Viele werden sich illegal in Kriegsgebiete "eingemeinden", um sich nach Europa "auszugemeinden", werden vorgeben versuchen, sie seien Flüchtlinge. Warum werfen sie ihre Pässe sonst weg?

29.10.2016

.....Politik in Europa beschäftigt eine global-europäische (Klima), eine gesamt-europäische, eine national-europäische und eine regional-europäische Ebene und alle diese Ebenen sind möglichst klug (friedlich, versorgungssicher, resilient) zu politisieren, zu koordinieren und zu regieren. Danke.

29.10.2016

Intelligenter Kontintentalismus, statt irrer Globalismus. Der Moment hat begonnen, nicht zu leben im Überfluss, sondern uns durch unsere Vermehrung, Produktionsmehrung, Konsumtionsmehrung, Verschwendungsmehrung, Reichtumsmehrung, Armutsmehrung, die Lebensgrundlage zu stören, uns zu verwüsten. Wir verwüsten die Meere, die Luft, den Himmel, die Nahrung, die Erde - wir verwüsten uns. Die Menschheit gibt sich sehr viele Probleme auf, hat mehr denn je mit sich selbst zu tun, der Planet, den wir Erde nennen, ist dabei nicht grösser geworden, eher noch mehr zum "globalen Dorf". Doch kein Pendel schlägt lange in eine Richtung. Zum Teil ist es darum notwendig, nicht nur von Vorteil, teilen sich die Kontinente ihre Aufgaben noch bewusster auf, wenn die USA sagt, wir ziehen uns mehr auf uns zurück, Europa dasselbe tut, um so Kräfte optimaler zu nutzen, besser zu konzentrieren, ökologischer, nachhaltiger zu werden für die Aufgaben im eigenen Land und Kontinent. Kritiker nennen das zu pauschal Abschottung, Protektionismus - davon abzugrenzen haben wir den sinnvollen Kontinentalismus. Europa muss noch viel mehr kontinentalistisch werden.

29.10.2016

Geregelte globale Biopolitik. Du kannst jedes Fleisch essen - wir werden das hoffentlich bald ersetzen können! das Grossgemetzge einstellen können! -, aber höre auf damit, schränke ihn ein, zehrt der Fleischkonsum an der Substanz unserer Lebensgrundlage, unseres Planeten, also die Massentierhaltung und -tötung von Schweinen, Rindern, Kühen, Kälbern, Hühnern, Truthähnen, Schafen und Fischen, nicht minder die pflanzenbiologische Massenzüchtung von Tierfutter (Gras, Mais, etc.) und Nahrung für uns (Getreide, Bananen, etc.). Was wir für die Erde brauchen ist das, was China vormachte - eine geregelte Fortpflanzungspolitik - eine Ein- bis Zwei-Kinder-Politik, dafür Anreize und Mittel unter armen Ländern schaffen, bilden, dass die sich nicht weiter ungesteuert überpopularisieren, somit den Eigendruck der Bevölkerung senken, das Land zu verwüsten oder auszuwandern, um in anderen Ländern die gleichen Probleme zu schaffen oder vor den gleichen zu stehen (dabei haben wir die Kritik von Marx an Ricardo s "natürlichen Bevölkerungsgesetzen" nicht vergessen).

29.10.2016

Über das Leben und Arbeiten im Alter in Sozialer Landwirtschaft und Übuntenkultur. Explosionen von Bevölkerung und Alten. Eine Regierung, nicht nur in Afrika, muss sich in die Lage versetzen können, die Bevölkerung aufzuklären, dass sie durch mehr Kinder zusätzlich verarmt - muss dies in den Landesschulen publik machen, muss nachhaltig aufgeklärt, nicht Waschzettel-aufgeklärt, Pille und Kondome verteilen - und die Alterssicherung der Eltern durch Kinder, Kinderarbeit und erwachsene Kinder, um diesen bevölkerungsreduzierten Teil in die eigene Hand nehmen. Dafür braucht sie nicht nur Geld - braucht es nicht nur Arbeitsmöglichkeiten -, es braucht auch gute Ideen: Alt-jung-gemischte Wohngemeinschaften, Mehrfamilienhäuser mit Alten, die einen Teil "Hausmeisterhilfe" vor Ort kriegen, einen anderen Teil

Selbsthilfe organisieren, mit Garten- und Feldanlagen, die eine Selbstversorgungsrate von über 50 % aufweisen - auch im Energieverbrauch (Bodenwärme, Solaranlagen, etc.); soziallandwirtschaftliche Projekte, die die Explosion von Bevölkerung und/oder Alten politisch-gesellschaftlich verantwortlich auffangen, entschärfen. Grosse soziallandwirtschaftliche Selbstverwaltungseinheiten, in denen ältere Bevölkerungen mit jüngeren und jungen ins Feld gehen - Arbeiten bis sie nicht mehr können, nicht mehr wollen (80 Jährige wollen am liebsten nochmals 80 Jahre!) und auf riesige Übunten, auf sozialmeeresökonomische Einheiten, zum auf die Welt kommen, zum selbstversorgenden Leben und zum aus der Welt gehen.

10.10.2016

Doppelte Staatsbürgerschaft und Austauschbürgerschaft. Vor mir an der Kasse eine sehr herausgeputzte, für den Freitagabend gestylte, mit kurzen schwarzen Lederjacken und schwarzen Hosen gedresste, nicht rüppelhafte, sehr freundlich aufmerksame Gruppe türkischer - wahrscheinlich türkischer - Halbstarker, sie kaufen Bier. Sie haben Jobs oder Schule, Geld für modisches Outfit, Sinn für Haarkunst, offensichtlich, und vermitteln nicht den Eindruck, all das verlieren zu wollen, auf all das verzichten zu wollen. Hinter dem Bier steht deutsches Bier und Lidl, also preiswertes Bier, viel weiter reicht ihr Bewusstsein wahrscheinlich nicht. Nicht an diesem Abend. Doch: Hinter dem deutschen Bier steht der deutsche Staat, nicht nur der deutsche Markt, der die Freiheitsrechte garantiert und schützt. Sie sehen an diesen

Abend nicht aus, als ob sie Lust auf einen islamistischen Staat, eher auf Bier, Tanzen und Frauen, und vor allem auf sich hätten. Sie trinken einen Schluck Freiheit mit jedem Schluck Bier - die "Becks Werbung sagt das doch jeden, nicht nur Freitag, Abend.... sie sind sichtbar gerne hier, geniessen sichtbar ihr gut sichtbares Outfit, sie sind nicht nur für die Kasse dieser Kasse, sie sind für Deutschland ein Gewinn und eigentlich leicht zu gewinnen, sie gehören mehr zu uns, finde ich, als Neonazis. Sie sind nur annehmen und mitnehmen - mit etwas politischer Energie in der Ausbildung und Öffentlichkeit werden sie auch die doppelte Staatsbürgerschaft, die Deutsche, die Europäische, die sie längstens geniessen, politisch verteidigen, nicht nur privat geniessen. Sich bewusst zu machen, was sie von ihr haben, ist der erste Schritt, darüber nachzudenken, was sie für sie geben. Insofern könnte es kleinherzig und kurzsichtig sein, sie ihnen zu nehmen. Noch fordernder und umfassender sollten sie lernen - in der Schule, durch die Medien -, dass die Gemeinschaft auch etwas davon haben möchte, dass sie von ihr etwas haben. Sie annehmen und mitnehmen, nicht, sie ausschliessen, bedeutet das, aber auch für sie, Deutschland und Europa annehmen und mitnehmen. Doppelt stolz sollen sie sein, sind sie auch, Deutsche, Deutscher zu sein, und Sohn, Tochter von Eltern aus der Türkei, um nicht zuletzt von ihrem Stolz etwas auf die Türkei abfärben zu lassen, sie daran zu messen, wie freiheitlich und grundrechtsschützend sie ist oder nicht ist. Allerdings: Am schönen Land ihrer Eltern und vieler Freunde Freude zu haben, geht auch ohne türkische Staatsbürgerschaft, hauptsächlich leben sie ja hier, fahren sie hier auf Strassen, erzeugen sie hier Müll, zahlen sie hier

Steuern für die Müllabfuhr, für die Strassenwartung, und es läge nahe, angenommen, sie hätten die deutsche und die türkische Staatsbürgerschaft, dass sie ihre türkischen Rechte und Pflichten mit einem Deutschen austauschen, der jetzt in der Türkei lebt, Müll erzeugt, Auto fährt, ja, vielleicht sollte eine Austauschbürgerschaft eingerichtet werden für die Türkei, für Russland, für Israel, für die Ukraine, für Weissrussland, für die Schweiz, so dass Deutsche, die in Istanbul, in Moskau, in Tel Aviv, in Zürich, ihren Lebensmittelpunkt haben, für diese Zeit eine türkische, russische, israelische, schweizerische Austauschbürgerschaft erhalten, Austausch deshalb, weil der Deutsche, der jetzt in Istanbul lebt, seine deutsche Staatsbürgerschaft austauschte mit der türkischen Staatsbürgerschaft von einer Türkin, die jetzt in Frankfurt lebt und dort, wo sie arbeitet, ihren Lebensmittelpunkt hat und Steuern bezahlt, selbstverständlich auch politische Rechte und Pflichten wahrnehmen können sollte. Wer Pflichten nachgeht, soll auch Rechten nachgehen. Dasselbe gilt für einen Russen, der in Hamburg lebt, für einen Israeli, der in Stuttgart arbeitet, für eine Ukrainer auf Usedom, für einen Berner in Bremen.

Bleiben wir bei der Türkin in Frankfurt: Der Deutsche in Istanbul soll mit seiner türkischen Austauschbürgerschaft, türkische Pflichten (Steuerpflicht) und Rechte (Wahlrecht) der türkischen Staatsbürgerin erhalten. Seine Rechten und Pflichten in Deutschland hat er nicht verloren in der Türkei, sondern sie mit denen der Türkin in Frankfurt ausgetauscht, und, nach einer gewissen Aufenthaltsfrist, soll er seine Austauschbürgerschaft durch eine "richtige"

Staatsbürgerschaft ersetzen können (oder müssen). Ab dann ist er nicht mehr türkischer Austauschbürger, sondern Staatsbürger, damit weiten sich seine staatsbürgerlichen Rechte und Pflichten aus, er kann politisch gewählt werden, nicht nur wählen, er ist dienstpflichtig, nicht nur steuerpflichtig, er kann nicht, er muss den Sprach- und Einbürgerungstest bestehen, usw. Kehrte er danach nach Deutschland und die EU zurück, erhielte er in Deutschland die deutsch-europäische Austauschbürgerschaft. Das Spiel wiederholte sich für die deutsche Austauschbürgerin aus der Türkei in Frankfurt, die mitttlerweile die deutsche Staatsbürgerschaft erhielt. Ginge sie in die Türkei zurück, wäre sie Deutsche, erhielte sie die türkische Austauschbürgerschaft, ihre deutsche Staatsbürgerschaft wäre inaktiv, aktiv eine deutsche Austauschbürgerschaft für einen Türken, der..., für eine Türkin, die jetzt in Deutschland lebt. Und so weiter, bis sich das noch mehr vereint und vereinfacht. Visum, Visumspflicht wäre für diese Staaten hinfällig, mit Anmeldung in einem national-europäischen Land, erhielten ihre Bürger die europäisch-deutsche, europäisch-schwedische, europäisch-französische Austauschbürgerschaft, Europäer, Europäerinnen, die in ihren Ländern lebten, erhielten im Austausch dafür deren Staatsbürgerschaft, zunächst in Form der Austauschstaatsbürgerschaft. Ähnlich könnte mit Flüchtlingen verfahren werden, sie erhielten zunächst eine Austauschbürgerschaft.

20.08.2016

Wirklich liberal wäre, könnten wir zwischen Unions-, National-und Regions-Bürgerschaft in Europa wählen. Die, die wollen, das eine nicht, aber das andere, könnten auf ihre nationale Staatsbürgerschaft verzichten, werden aufgehoben in der europäischen Unionsbürgerschaft - und die, die europäische Regionalbürger an erste Stelle setzten, an zweiter die europäische, an dritter die nationaleuropäische, müssten dafür die gesamt-europäische Bürgerschaft, statt die national-europäische übernehmen (zum Beispiel: viele Katalanen täten das gerne - ebenso viele Schotten). Die Unionsbürgerschaft müsste einfach - so schwierig es heute scheint - mit Leben, mit Inhalt, mit Staat gefüllt werden - anstatt dass sich die staatsführenden Nationaleuropäer Renzi Merkel und Hollande mit leeren, allzu leeren Gesten und Worten für Europa auf einem französischen Flugzeugträger treffen. Positiv gesehen, sind das immerhin Anfänge in diese Richtung, in die Richtung der Europabürgerschaft, der echten Unionsbürgerschaft - sie müsste einfach attraktiv gestaltet werden, es müssten National- und Europa-Parlaments-Wahlen gemeinsam stattfinden, es müssten Möglichkeiten, dass, wohin sich die Kompetenzen und Zuständigkeiten verschieben, dorthin auch die Parlamentarierinnen gehen - also dass zum Teil Nationaleuropaparlamentarier in Fragen, die nicht (mehr) nationaleuropäisch geregelt werden, Europaparlamentarier, diese wiederum Nationalparlamentarier werden für Fragen, die nicht (mehr) gesamteuropäisch geregelt werden. Dass es also Doppelmandate für beide Parlamente gibt. Vielleicht sollte das neue Parlament Europas in Prag liegen- die Grosse Kammer in Prag, die kleine Kammer in Brüssel.

Das Europäische Verteidigungsministerium in Rom und Athen, das Europäische Hochgericht in Berlin, die Europäische Wirtschafts-und Handelskammer in Paris, die Europäische Zentralbank in Stockholm, das Europäische Steueramt in Rotterdam, das Europäische Kulturministerium in Vilnius. Und so weiter.

29.07.2016

US-Präsidentin Clinton ist vielleicht besser, vielleicht schlechter für Europa als US-Präsident Trump. Für jene in Europa, die nicht viel ändern wollen in ihrer West-Allianz, mit Nato und USA, ausser, sie freihandelnd intensivieren, ist Clinton die klare Favoritin. Primär bin ich aber Europäer, nicht Westallianzler. Trump könnte der Verselbständigung Europas förderlich, doch wie Putin-Russland an einem nationalisierten, fragmentierten, schwachen Europa interessiert sein (was gar nicht so klug ist: ein starkes Europa kann wirklich anderen helfen, kann Kosten tragen, die jetzt andere tragen, usw.)- , im übrigen erhörte Trump jene Senatoren, die schon lange die Heimkehr der US Europe Army fordern. Vielleicht übernähme Europa die US-Atomwaffen, als Zeichen des Vertrauens und der Freundschaft, und rüstete sich mit Russland so weit ab, so weit es mit diesem die bestehende Kooperation ausbaute.

29.07.2016

Ein gemeinsam finanziertes Europa-Grossprojekt ist u.a. eine Magnet-Schwebebahn von Moskau über Minsk, Warschau, Berlin, Paris, Madrid, bis Lissabon (Moskau-

Berlin: 6 Std.) oder Brücke und Staudamm zwischen Gibraltar und Afrika. 38 km/eine Version von Sörgel's Atlantropa, eine Mischung von Brücke und Staudämmen, Windgeneratoren, Sonnenkollektoren - ohne Atom das grösste Elektrizitätswerk der Welt.

29.07.2016

Lex Snowden redivivus. Mit Trump als US-Präsident wäre womöglich früher als mit Clinton über unsere Lex Snowden neu nachzudenken. Zum Beispiel über den Punkt, der bis zur Ersetzung der Nato durch eine Europäische Verbundarmee geht, ein effizienter Verbund national-und gesamt-europäischer Armeen, oder über den Punkt, an desssen Ende ein neutrales Europa, unsere Europäische Neutralität, steht, mit starken Bündnissen u.a. mit alten Freunden in den USA, mit der Afrikanischen Union, mit Israel, mit Russland, mit dem Nahen Osten, mit der Türkei, die diesem Europäischen Unionsverbund angehört oder partiell angehört, und, nicht zuletzt, mit Lateinamerika, wo Ahnen unserer Spanier und Portugiesen ihre Heimatländer mit den Inländern aufbauen. Wir lebten in einem Europa nicht nur unterschiedlicher Geschwindigkeiten, sondern unterschiedlicher Angebote und Nutzungsformen, an die unterschiedliche Rechte und Pflichten gebunden sind. Die Lex Snowden /schlösse// die volle Beteiligung Grossbritanniens in das Europäische Sicherheitsmodel mit ein, England ist Teil Europas, auch wenn die Insel, wohl nicht allzulange, in Richtung "Neuatlantis" driftet.

29.07.2016

Rein kooperationstechnisch mögen der CIA (und vielen westlichen Demokratien) eine geputschte Sissi-Türkei besser passen als eine gewählte Erdogan-Türkei, eine westlich orientierte Militär-Diktatur statt einer eigensinnigen Erdogan-Demokratie - doch die Mehrheit in der Türkei hat einen anderen Begriff von "Wunschtürkei" und überzeugte Demokraten und Demokratinnen auf der ganzen Welt lehnen Putsch-Regierungen prinzipiell ab.

29.07.20165

Der Grossteil Europas sähe es lieber, die Erdogan-Türkei würde mit dem IS im Kampf gegen Kurden, die nicht in der Türkei integriert oder wohl gelitten sind - wir denken an irakische -, nicht die eine und andere Gemeinsamkeit haben.

29.07.2016

Als Hofnarr Europas bin ich der Neutralität Europas und der Partei für den Demos, für die Demokratie verpflichtet. Ich bin Fan der Demokratie in der Türkei, nicht per se Erdogan-Fan, oder das nur, solange dieser demokratisch gewählte Präsident der Demokratie treu bleibt, solange ich denke, es lohnt sich, mit der Erdogan-Türkei, die ihrem diktatorischen Hintergrund kaum entronnen ist und wieder in ihn zurückzufallen droht, Nachsicht und Geduld zu haben. Im übrigen bin ich als Junge schon mit Türken, türkischen Frauen, die in der Firma meines Vaters Hilfsarbeiterinnen waren - und oft war ich Hilfsarbeiter wie sie während den Schulferien, - Türken, Jugos, Italienern, aufgewachsen. Gibt es keinen Grund, jene

Menschen mehr oder weniger zu mögen als einheimische Nachbarn und Stammtischler, die mir ebenso früh bekannt wurden.

29.07.2016

Kurzfristig kann eine Diktatur gut gehen, langfristig nicht. Kurzfristig kann eine Demokratie scheitern, langfristig nicht.

29.07.2016

Demokratien und Diktaturen wechseln sich ab, das kann in der Form geschehen, dass sich eine Demokratie - auf Grund des Druckes - selber diktatorischer macht oder eine Diktatur demokratischer.

29.07.2016

Das Warhol-Prinzip: Auch Trump s Frau nutzt das Warhol-Prinzip, das wie für Massenmedien und Massen, die diese Medien konsumieren, geschaffen ist: Erfolg kopieren, inszenieren und multiplizieren.

08.07.2016

Zur Nato/Russland-Debatte. Tweets: Die Bedeutung von Militärs schwindet, und in dem sie Bedrohung inszenieren, werden sie zur grössten./Nicht das Militär soll seine Gesellschaft, die Gesellschaft soll ihr Militär in der Hand haben//// Mehr Ärger, mehr Unsicherheit und mehr Kosten

- das würde es Russland bringen, in Litauen einzumarschieren. /////Old-style Geopolitik? - China pachtet halb Ukraine - so geht new-style Geopolitik. ///Nato-Sekretär Stoltenberg sollte erklären, was eine Besetzung von Polen Russland einbrächte. Bitte erklär mal.//

08.07.2016   - Was sucht Russland in der Ostukraine ? Was erwarteten die Ost- Ukrainer von Russland? Für die Krim-Besetzung gibt es eine Erklärung (siehe ein anderer Blog, wo das ausgeführt). Man muss wissen, die Ostukraine und die Krim standen im Vergleich zu anderen Gebieten der Ukraine, immer Russland näher als der EU. Mittlerweile sind diese Gebiete ernüchtert.

08.07.2016 Debatte zum BND-Gesetz im Bundestag: Zum   Kommentar   BND-Gesetz   etc.   siehe 07.06.2016//25.06.2016 und Auszüge unten. Der BND wird nicht an die Leine genommen, geschweige, an die kurze. Völlig falsche Richtung. ---Sensburg..."aber dass wir starke "Nachrichtendienste" brauchen, gerade wo der IS...." - das sagt der Kollege brav. Das Argument und Wort "Nachrichtendienste" könntest du durch "Polizei/en" ersetzen. Zumal dafür politisieren. Auch Lischka (SPD) muss nochmals betonen, wie wichtig, unersetzlich der BND....ABER kein Eigenleben dürfe er führen können, usw. Dann erwähnt er, was fehlt: Keine Europäische Datenbank für den Terror.... (keine Zusammenarbeit mit Europol, wäre dem hinzufügen).... Er lobt -als einzigartig - den im Gesetz aufgenommen Schutz für Europabürger, keine Wirtschaftsspionage.... es zeigt sich hier ein Manko gesamt-europäischen Bewusstseins auf national-europäischen Ebenen - das Manko einer für sie sprechenden gesamt-europäischen Partei und Öffentlichkeit ////08.07.2016 Wir bleiben dabei: Im Europa der NEU - Neue Union Europa - sollen wir eigene Nachrichtendienste abschaffen und fremde verbieten und verfolgen, ausserdem deren Tätigkeiten durch Diplomatiereform (Diplomatie light!) zusätzlich einschränken, die eigenen Dienste transformieren, ersetzen durch Polizei -und einer sie kontrollierenden Polizei (Polizei für Staats- u Geheimdienstkriminalität und -aufsicht) - als Instanz, neben den üblichen Kontrollinstanzen - das ist keine verantwortungslose Utopie - das sollte Grundatzprogramm einer Europa-Partei, einer PEV sein.

Auszüge....aus 05.06.2016 /

Zum Schweizer Nachrichtendienstgesetz (2014): "....Mit kritischer Distanz betrachtet, ist diese "Botschaft" [zum Schweizer ND-Gesetz] der Beleg dafür, dass Nachrichtendienste a) eine Gefahr für die Demokratie b) ohne Sicherheitsparanoia ersetzbar und c) in die Aufklärungsabteilung national- und gesamteuropäischer Polizei integrierbar sind, nicht zuletzt hinblicklich eines "Europäischen Sicherheitsmodells", des Verbots solcher Dienste und einer Reform der Diplomatie in Europa.

".....Die Argumente wären im Einzelnen und am Text zu entwickeln, aber allein, dass, laut einer Studie, 90% der Geheimdienstinformationen aus öffentlichen Quellen stammen, zeigt ihre Ersetzbarkeit zu 90% durch öffentliche Informationsdienste, um nicht zu sagen, durch wissenschaftliche Institute, an. Ausserdem läuft *jede Bedrohung der Sicherheit eines Staates* (stellvertretend für seine Bevölkerung und oberste Dienstleistungsinstanz) auf eine kriminelle Tat hinaus, wird der Begriff der Kriminalität auf Geheimdienstkriminalität, Staatskriminalität (Spionage) und/oder politische Schwerkriminalität (Terror) ausgedehnt. Dadurch wird die Bedrohung der Sicherheit eines Staates (zum Beispiel durch einen anderen Staat, der Völkerrecht bricht, dadurch staatskriminell agiert und Verantwortliche und Mittäter schafft) in der Rechtssprache fassbar als krimineller Akt, und umso mehr erscheint die Trennung von allgemeiner "Bedrohung" und krimineller Bedrohung der Sicherheit eines Staates (oder Staatenbundes), von Nachrichtendienst und Polizei, nur vorgeschoben, mehr als ein temporärer, denn ein qualitativer Unterschied.

Zum BND-Gesetz (2016) ".....Und hier geht der Ärger, von dem Biermann sprach, richtig los, hier geht es um deren Wahrung und die Kontrolle von deren Wahrung, um Einspruchs- und Einklagerechte, um Rechte und Pflichten des Staates, nicht nur seines Auftrag- und Geldgebers, des Souveräns. Anstatt sich auf das Wesentliche *auch hier* zu konzentrieren, konzentriert sich dieser Entwurf darauf, das Wesentliche zu dekonzentrieren. Anstatt wie die Niederlande eine/n nationale/n Ombudsmann/Ombudsfrau für Bürger und Bürgerin betreffend des Verhaltens ihrer Dienste und bei Grundrechtseingriffen anstatt eine schwammige und leicht entziehbare, eine konkrete und schwer entziehbare *Auskunftspflicht* der Behörde gegenüber den Betroffenen einzuführen.....werden hohe Strafen, Bussen angedroht, wird über die geheime Kooperation gesprochen (§3j, 3k - es fehlt hier der sinngemässe Passus. "Beschweden können an die nationale Ombudsstelle gerichtet werden") Das geht sonst nur und allein in Richtung Maulkorb, gag order, unter die US-Dienste jährlich tausende Bürger stellen. Besteht ein Recht, sich gegen ein Recht zu wehren, reduziert das automatisch den Missbrauch. Muss ich mein Handeln, als Staat in die Grundrechte des Souveräns einzugreifen, begründen, und, nach Absschluss der Operation, öffentlich machen (gegenüber dem Betroffenen), überlege ich mir sicher, was ich mache, sonst ist das nicht sicher. Alles andere ist ausserdem einseitig und staatslastig, doch alle Gewalt geht nach Grundgesetz vom Souverän, vom Volk, nicht von dessen Staat, geschweige vom BND, aus.

01.07.2016

Brexit. Boris Johnson. Das erste publizistische Statement von Boris Johnson nach dem Brexit war: "We are all Europeans, a part of Europe". Ihm war klar, es drohte nicht, dass England Europa im Stich liess, sondern Europa England.

01.07.2016

Brexit. David Cameron. In seiner ersten Rede nach dem Brexit in Westminster erwähnt Premierminsiter Cameron als erste Gemeinsamkeit mit Europa und der EU überraschenderweise die Verteidigung. Ich würde es europäische Sicherheit und Selbstverteidigung nennen.

01.07.2016

////in Bearb.U//////Brexit und das neue neutrale Europa (Neutralität Europas bezüglich Konfliktfelder USA-Russland//Israel-Palästina-Iran /etdc.//))). Jetzt, wo sich die USA von Europa emanzipiert, in dem es Europa einerseits bestärkt, sich von der USA zu emanzipieren, andererseits Europa mit TTIP/CETA etc. näher an sich binden will - das ist die geostrategische Dimension von TTIP ---------und die Ablösung des NATO-Paktes durch einen gesamteuropäischen Sicherheits- und Selbstverteidigungsverbund noch fern ist, aber //// im Raum steht, in dem er noch lange stehen wird, aber in Gestaltung begriffen ist... - ginge es nach Trump, ginge diese Ablösung verbunden mit der Heimkehr der US Europe Army rasch voran- in dieser Zeit/nd Gegenwart// scheint die Brexit-Wahl und mit ihr England///wie aus der Zeit zu fallen, oder der Brexit wegen dieser wieder////schnell//// an Bedeutung zu verlieren, ///dennn-----angesichts starker objektiver Tendenzen und Kräfte - nicht zuletzt///des Weltmarktes mit Export- und Importabhängigkeiten, droht England eher politische Isolation in Europa////, als gloriose Rückkehr in den Commenwealth - jetzt also, wo es Europa mehr zusammenschmiedet, auf sich selbst verweist, wird es auch England mehr auf Europa verweisen, egal, ob mit oder ohne Brexit.

/////////Ausserdem wird Europa in dieser Entwicklung immer mehr eine Neutralitätsdoktrin, eine Neutralitätspolitik verfolgen, gegenüber den USA und Russland, Afrika und dem Nahen Osten, deshalb auch bei

TTIP aus neutralitätspolitischen Gründen gewisse Abstriche machen//// überall dort///, wo der Vertrag die Unabhängigkeit Europas tangiert und- tangieren könnte in Zukunft///. Neutralität meint , kooperative, proaktive Neutralität, für Europa gehört dazu ein Friedens- und Kooperationsbündnis mit Afrika, der Afrikanischen Union, mit Russland, den USA und Israel. Im besonderen Masse Deutschland sieht sich mit Israel, diesem Kleinstaat im Nahosten, verbunden, aber die Neutralität Europas heisst auch, sich Palästina zu widmen, wenn auch dort Extremisten immer noch dem Wahnsinn nachhängen, Israel mit Genozid zu tilgen (im Koran können sie diesen Auftrag nicht gelesen haben, im Koran tilgt nur einer ganze Völker und das ist Allah persönlich, kein Menschenwerk kann sich hier an die Stelle von Allah setzen: das ist Hybris, deshalb wundere ich mich über diese islamistischen Hetzer, und frage mich, welchen idiotischen Gelehrten sie diese Hetze gegen Israelis, nachbeten - Israel andersherum hält sich nicht an ältere Abmachungen - es gibt keinen Grund, dass islamische Völker mit diesem kleinen Israel im Krieg stehen müssen, wenn sie Bündnispartner sind, schreibt der Koran ausserdem eine besondere Rücksichtnahme vor - aus abrahamischer ideologischer Sicht gibt es keinen Grund, dass die Hamas nicht endlich verschwindet, dass die Hetze gegen das kleine Israel endlich aufhört)/// das aktive neutrale autonome starke Europa könnte im Israel-Palästina-Konflikt eine aktive neutralisierende, vermittelnde, pazifizierende Funktion übernehmen. Während die USA, aktuell tat das auch Russland, ihre Freundschaft mit Israel bestätigt

30.06.2016

In den national-europäischen Staatsdiensten brauchen wir keine Nationalisten und Nationalistinnen, eher heimatverbundene Leute, die die gesamt-europäische Ebene *ebenso* kennen und schätzen oder, als Pendant, kurdisch-türkische oder chilenisch-spanische Verhältnisse (ich kenne einen Deutschen mit diesen drei Staatsbürgerschaften, oder vier, wird die "Staatsbürgerschaft" der Europäischen Union dazugezählt). Das bildet und erhöht, fordert und fördert unsere interkulturelle Kompetenz und Weltoffenheit in Europa.

30.06.2016

Für meinen trockenen Geschmack etwas zu schwärmerisch redet die europhile Frau Verteidigungsministerin am Zentrum Innere Führung (der Name ist gröttlich), dafür erheiternd beeindruckend ausdifferenziert, von ihrem Europa. Wir sollten Namen schaffen, die weniger deutschtümeln, dafür allgemein gut übersetzbar sind. Centre pour conduite? commandement? direction? interne? intérieure? profonde? intrinsique? Fürs Französische (ausgerechnet...!) bleibt der Titel unübersetzbar.

30.06.2016

Europäische Selbstverteidigung - Militär im national-europäischen Bereich - sollte in Zukunft mehr auf inter-europäische Verständigung achten, das heisst praktisch, auf treffende englische Übersetzungen. Manchmal bildet eine Rückübersetzung aus dem Englischen den besten Kompromiss.

30.06.2016

Die Verteidigungspolitik sollte in gesamt-europäische Eliten und national-europäische Eliten getrennt werden können, sehr nationale Menschen sollten in ihrem nationaleuropäischen Gebiet dienen, europäisch-global orientiere, gesamt-europäisch rotieren können (Sinnvoll sind gesamt-europäische und national-europäische Korps).

30.06.2016

Zum Glück haben wir Englisch. Unsere Erste Europasprache, erste Zweitsprache, Lingua Franca Europas und der Welt, ist Englisch. Gewiss, wir lieben Französisch und Spanisch, die weltumspannend gesprochen werden, aber wer liebt nicht auch Russisch, Mandarin, Hindi, Japanisch, Türkisch, Arabisch? Zum Glück hat die Menschheit eine Linqua Franca.

30.06.2016

Brexit. Der Hinweis, dass die Wirtschaft von Grossbritannien Nummer 5 der Welt sei, täuscht schnell darüber hinweg, dass für Europas Marktplatz ein *gesamteuropäisches* Mass für die Wirtschaftskraft, nicht nationaleuropäische Masse, zählen. Dass EU-Europas Binnenmarkt 444 Millionen Konsumentinnen besitzt,

United Kingdom 64 Millionen, davon Schottland 6, Nordirland 2 Millionen (beide Pro EU). Der Verlust wäre also gering für das Rest-Königreich, die EU hinwiederum gewänne durch Schottland und Nordirland keine Nettozahler - wie UK immer einer gewesen ist - , eher versprechen sich beide Landesteile EU-Subventionen, die die EU bis jetzt mit der Nettozahlung der UK verrechnete (indirekt subventionierte UK, die vertraglich 2/3 ihrer Nettozahlungen zurückerhielt, via EU Schottland und Nordirland: finanziell sind beide Länder eine Belastung für die eh schon um die UK-Einnahme reduzierte EU).

30.06.2016

Bundeskanzlerin Merkel meinte, neue EU-Verträge seien nicht das Gebot der Stunde. Wir meinen, die EU sollte den Brexit als gute Gelegenheit betrachten, ihre Verträge und ihr gesamtes Subventions- und Finanzierungswesen zu überdenken und zu reformieren. Einschliesslich der Synergiegewinne (Ersparnisse, etc.) zum Beispiel durch eine gesamteuropäische Verteidigungs- und Grenzpolizeifinanzierung - von denen auch Schweiz, Norwegen und England profitieren bzw. an denen sie kooperieren, partizipieren können/könnten/// (wie es, zum Beispiel, im Rahmen der Nato und Abkommen von Frankreich u England geschieht). Ausserdem gehört eine neue selbstbewusste europäische Medienpolitik und Medienkommunikation daran angeknüpft, so dass die Bauern in Frankreich, in Deutschland, in Polen, in Ungarn, ganz genau wissen, welche Gelder zu ihnen fliessen, von welchen Subventionen und Massnahmen sie profitieren, dank wem, dank welchen Nettozahlern, und was ihnen fehlen würde, würden diese Leistungen wegfallen/// Und so weiter. Es braucht eine europäische Medialität und Öffentlichkeit, in jedem Land "euronews", auf einem gesamt-europäischen Sendungskonzept.

30.06.2016

After Brexit. Wenn ausgerechnet die Nachkommen der Erfinder des modernen Superstaats, des Empire, schrill gegen den "Superstaat" wettern, erhält das einen merkwürdigen Unterton. Als ob der Verlust über das Empire, das ihre Ururgrossväter beherrschten, mit Hass gegen die EU kompensiert wurde. Ab sofort funktioniert das nicht mehr. Jetzt ist England, mehr noch als Schottland, auf sich zurückgeworfen und wohl dabei, wie nie zuvor, nüchtern und realistisch zu werden. Abgesehen davon, dass gerade die Nachkommen des Empire dem europäischen Superstaat, wo er "super" ist und dass er "super" bleibt, gute Dienste erweisen könnten. Wir hoffen in den nächsten Jahren auf die zunehmende Rückkehr Englands in die Dienste und Koooperationen Europas, davon ausgehend, dass rund 50 % der Briten sich als EuropäerInnen und Engländerinnen, als europäische Engländer und Weltbürgerinnen verstehen!

30.06.2016

Wie europäisch sind Engländer? Wobei eine Deutsche, die in der Young Labour Party engagiert ist, gestern in einem Talk bei phoenix meinte, ihre englischen Freundinen und Freunde würden sich nicht nicht als "Europäer/Innen" definieren - nun, schul- und medien-medial bearbeitet und konditioniert - wenn nicht insular isoliert -, erscheint ihnen das wohl so, anderes, weit fundierteres, lies letzte Woche Boris Johnson verlauten, - damals war wohl selbst ihm noch nicht bekannt, dass er auf eine Bewerbung für Camerons Posten verzichten wird - sein Artikel war mit "We all are Europeans and a part of Europe" überschrieben.

30.06.2016

Brexit: Von der Verschwörungstheorie zum objektiven Geist

A.////. in Bearb.////Fast eine Verschwörungstheorie. Fakt ist: Der Francis-Twitter-Account und sein Blog sind täglich von LSE-Accounts besucht worden. (LSE= London School of Economics & Polit. Science) Täglich - , täglich, seit Jahren. Waren das Sockenpuppen? Ich gehe jedenfalls von einer Anti-Europa-Paranoia in gewissen britischen Kreisen aus, zu dessen Dunstkreis die UKIP und Farage gehören. Von einer Paranoia und Ideologie, die sich irgendwann verselbständigte. Ihre Mission hiess: EU bekämpfen (Als Journalist soll Boris Johnson dazugehört haben, also alles, was EU hiess, blind verklopft haben. Sein jetziger Artikel unterscheidet EU von Europa, wobei er sich mit letzterem gut identifzieren kann). Irgendwann sah sie nichts mehr anderes, schon gar nichts Gutes an der EU, sie verlor die Anpassungsfähigkeit an Veränderungen, wurde blind und stur, isoliert und immun gegenüber neuen Umweltkontakten. Eine andere These erkläre sonst, was wir erklären wollen. Zum Beispiel das Schale und abgestanden Weltfremde, als am Morgen des

24.06.16 Farage: "Heute feiern wir den Independence Day", Subtext "... abgesichert mit einem propagandistischen Aufwand von Hetze und Lüge", jubilierte (Ebenfalls merkwürdig, dass Farage so merkwürdig entsetzt von der Idee einer "Europaarmee" tat, dabei handelte es sich bloss um eine Kooperation von europäischen Nationalarmeen, ähnlich wie die Nato, eine Kooperation, die ausserdem für alle Beteiligten günstiger und wirksamer wäre - was gibt es da so entsetzlich zu tun? Anders gefragt: Aus welcher Ecke macht dieses Verhalten erst Sinn? Was verrät es über diese Ecke? Über diese Hintergründe? Oder: Zu welchen Ecken passte es, zu welchen nicht?). Nur ein Grüppchen jubilierte mit dem Parteichef. Offenbar wollte Farage ignorieren, dass die Freude an diesem Morgen nur halb, die Bevölkerung des vereinten Königreichs halbiert, uneins wie noch nie war, auch, weil - seit den 1990er Jahren - ein beachtlicher Teil der Briten viel europäischer geworden ist - fast so europäisch wie Jo Cox -, als wohl in seinem antieuropäischen Thatcher-Dunstkreis, in seiner parteiischen Selbst- und Weltwahrnehmung akkzeptabel war. Nach dem Brexit gingen in England Ausländerhetzen los - gegen Polen, Litauer, Osteuropäer - kein Vergleich mit den deutschen Ausfällen gegen Flüchtlingsheime und Flüchtlinge - auffallend wenig Gehetze gegen Muslime. Gehen wir einmal hypothetisch davon aus, dass darunter gesteuerte Aktionen stecken, die es professionell verstehen, die Medien zu bedienen, in ihre Zwecke einzuspannen - mit wenig Aufwand weltweite Aufmerksamkeit zu generieren und zu manipulieren - also das tun, was Terroristen tun wollen, schiessen sie Menschen nieder. Sollten wir richtig liegen, dann liegt hier ein grosses Problem vor. Sollten wir nicht richtig liegen, dann scheint der Autor eins zu haben. Die in diesem Blog vertretene Überzeugung, dass Geheimdienste an die enge Leine zu nehmen sind, und, längerfristig, in Europa zu ersetzen, weil sie eine manipulative Macht und Gefahr für die Demokratie verkörpern, ab einer Grösse sogar ihre eigene Agenda verfolgen können - ohne Auftrag vom Souverän, aber mit dessen Steuergeld -, auch dafür liefert der Brexit-Prozess vielleicht reiches Anschauungsmaterial. Nicht überraschen würden mich Entdeckungen und Enttarnungen in diese Richtung, also Entlastungen von der gängigen Diskrimination "Verschwörungstheorie".

B./in Bearb./Der objektive Geist der britischen Bevölkerung. Nicht im Widerspruch steht damit die These, dass die Brexit-Abstimmung - 51,9 % contra zu 48,1% pro EU von sage und schreibe 72% aller Wählerstimmen- ganz gut dem objektiven Geist der britischen Bevölkerung, ihrem Beharrungsvermögen und Schwanken zwischen Pro und Contra EU - in Schottland einschliesslich Pro und Contra England - entspricht, einschliesslich jugendlicher Indifferenz, die sich im geringen Anteil der Wähler unter 25 ausdrückt und Tagesform, grässlicher Wetterlage, am Abstimmungstag: bei Sonnenschein hätten 75% gestimmt.. Der geringe Jugendwähleranteil war auch dadurch zustanden gekommen, dass es England zur Zeit objektiv gut geht (geringe Arbeitslosigkeit, Staatsverschuldung). Objektiver Geist heisst durch Konzentration Ausmerzung von Zufällen, Verschmelzung von Kontingenz und Bindung von Differenz und Indifferenz - so dass sich stochastische kollektive Meinungs-Strömungen oder Stimmungs-Stämme ausbilden: Beispiel: Hier stimmte der Arzt aus Brighton ab, der seit 15 Jahren die Migration vom eigenen Staat, nicht von Brüssel reguliert sehen möchte - er bildet den Stammt von 40 % Contra - ein anderer, eine andere, die seit 15 jahren für Europas Erasmus-Programm arbeitet, bildet den Stamm von 40% Pro EU. Insgesamt ist das Stimmenbild mehr ein Stimmungsbild, das feste Kerne oder Stämme von Überzeugten im Grund beinhaltet und eine kleine Masse Menschen im Schaum der Oberfläche belässt, die noch nicht entschiedenen WählerInnen,die von den aufgesetzten Plakaten und Parolen erreicht werden können. An einem anderen Tag hätte das Resultat auch mit 49,9 % zu 50,1 % ausfallen können. Insofern hat eine neue Regierung den knappen Ausgang der Abstimmung zu berücksichtigen, wie das in der Schweiz der Fall ist, dass also fast die Hälfte der Wähler und potentiell die grosse Mehrheit der Jugend die EU nicht verlassen wollte. Entsprechend sind die Konditionen mit der EU auszuhandeln, ist die Bereitschaf auch dafür etwas zu bezahlen, zu leisten und an Leistung anzubieten, einzuberaumen.

29.06.2016

in Bearb.////Der Preis des Brexit/////. Piketty s "Reconstruire l Europe après le Brexit" (le Monde, 29.6.2016) und Navid Kermani s "Auf Kosten unserer Kinder" (FAZ, 29.6.2016) versammeln Ideen, die wir hier schon länger diskutieren. Spricht Piketty zum Beispiel von einer "forme originale de bicaméralisme européen", von einem europäischen Zweikammersystem, können sich die

Kenner und Kennerinnen dieses Blogs auf ein Wiedererkennen freuen (Link), ebenso, lesen sie bei Kermani "Es braucht... eine Verfassung, ...ein Parlament, ..., eine europäische Öffentlichkeit,...., gesamteuropäische Parteien." In seinem dicken Buch "Das Kapital im 21. Jh"(2013/14) fielen Pickety's Reformideen mager aus - er phantasiert dort von einer Welttransaktionssteuer. Nach 2013/14 beschäftigte er sich weiter mit Reformideen für ein gerechteres Europa - u.a. mit Varoufakis und dessen linken Europabewegung, die ebenfalls ein Papiertiger zu werden droht.

Zurück zum Brexit-England - zunächst zum Brexit selber, in dem sich Gefährdete und Verlierer der Weltwirtschaftskrise, der neoliberalen Eurozone, der Globalisierung und der Politik der Tories und der EU, mitunter an den Verantwortlichen und Gewinnern rächten, dann zu England nach dem Brexit, das gerade weniger einen Schritt in Richtung seiner Souveränität als in Richtung seiner Provinzialität macht, zu einem England, in dem Hochschulen wie LSE, Oxford, Cambridge droht, dass sie in Europa und der Welt an Bedeutung verlieren werden, während Hochschulen der EU - auch für englische Studenten und Studentinnen - an Bedeutung gewinnen. Für diese Entwicklung jetzt schon symptomatisch ist, dass Piketty in Paris über "Europa nach dem Brexit" schreibt und zugleich seinen Beraterjob beim Labourchef in London aufkündigt. England ist nicht nur für Piketty durch den Brexit uninteressanter geworden, während Europa für England interessanter wurde, -inter-esse, das lateinische Wort "esse" (sein) deutet es an: interessanter heisst in diesem Fall auch: existentieller. England wird aus der Sicht Europas provinzieller, kleiner, normaler,

Schottland vielleicht europäischer und grösser werden.
Auf der Insel - und der Nachbarinsel Island - ist gerade
viel in Bewegung geraten - der Stuhl des Labourchefs
wackelt wie Schottlands Verbundenheit zum Königreich -
, und wahrscheinlich bald, wird das neue Klein-England
ernüchtert feststellen, dass es weniger seine Souveränität
in alter Grösse zurückgewonnen hat, - Undercover-
Propagandist Farage redet illusionistisch und
vermessen vom "Independence Day" (23.6.2016) -,
sondern seine realistische Grösse, die im Vergleich zu
Europa kleiner wurde, und eine höhere Abhängigkeit von
diesem. Der neue "Independence Day" von dem das
Grossmaul redet, ist auch ein neuer "Dependence Day".
Souveränität heisst für die Ukip vor allem, - eine Ukip
deren Bedeutung, deren politisches Gewicht abnehmen
wird, sie hat ja ihre Mission accomplished....- - England
wird seine Grenzen und die Migration besser kontrollieren
können - doch Europa ist längstens dabei, hinzuzulernen,
das Chaos vom Herbst 2015 zu analysieren und die
richtigen Schlüsse daraus zu ziehen - dazu zählt: eine neue
Frontext aufbauen - , um wieder einen geordneten
Einwanderungs- und Binnenwanderungs-Raum zu
schaffen - von dem das Brexit-England dann, ohne sich
dafür zu engagieren, profitieren möchte: mit anderen
Worten: von der europäischen Solidarität möchte das
Brexit-England sehr gerne profitieren - allerdings, ohne
mit Europa solidarisch zu sein - die Rosinen des
Europäischen Binnenmarktes pflücken, allerdings ohne
etwas dafür in die Kasse zu legen. Kommt es anders, ganz
anders, hat mit Farages Pyrrhussieg England die A-Karte
Europas gezogen. Die EU muss für den Zugang von
Brexit-England in den geordenten freien Mark der EU

mindestens den Preis verlangen, den das EU-Mitglied Englands zahlte- sogar etwas mehr, weil England ja nicht mehr Mitglied der EU ist - kurz, die EU muss und wird weiter dafür sorgen, dass England ein Nettozahler in die Kasse der EU-bleibt, Brexit-England muss und wird weiterhin anerkennen umso mehr in pekuniärer Form, dass die EU viele Pflichten und Kosten, aber auch viele Rechte und Vorteile hat, Personaleinsatz, Frontex, Infrastrukturen, Währungsstabilität seinen Mitgliedern (und europäischen Nicht-EU-Partnern) zur Verfügung stellt als auch von seinen Mitgliedern zur Verfügung gestellt erhält - will England weiter davon profitieren, dann soll es dafür weiter bezahlen - und zwar in der Bilanz so, dass die EU nicht schlechter dasteht nach dem Brexit als vor dem Brexit. /////Der Eintrittspreiss Englands in die EU muss bezahlt werden - das sollte selbstverständlich sein, das wird der neue Premierminister seiner Bevölkerung erklären müssen und bestimmt auch können. Ausserdem - als positiver Nebeneffekt des Brexit - kann Europa jetzt gut beobachten, was in Frankreich dem Front National in den Niederlanden der Wilders-Partei, allenfalls auch einer AfD in Deutschland widerfahren wird, führen sie ihre nationalistische Propaganda zu illusionistischen "Scheinsiegen", verkaufen sie Rückschritte als Fortschritte, schwindeln sie den Europäern vorgestrige nationale Enge als Souveränität von morgen vor - dieser Populismus hat durch den Brexit das erfahren, was Farages Ukip erfahren hat, einen grossmäuligen, hohlen, illusionistischen Pyrrhussieg.

27.06.2016

TAZ-Skandal und Skandal-TAZ?! siehe ab 24.06., 20.06. u. 09.06.

26.06.2016

Die grösste Bedrohung //für uns///ist unsere Gesellschaft selbst. Informationen müssen heute weniger gesammelt werden können, sie sind überreichlich vorhanden, als intelligent selektiert. Ausserdem geraten Verhältmässigkeit und Nutzen-Schaden-Bilanz solcher Aktionen wie das Bespitzeln von Studenten und TAZ-Praktikantinnen schnell ausser Kontrolle, sieht Bedrohung in der modernen Risikogesellschaft anders aus als früher, ist die eigene Gesellschaft zur grössten Bedrohung geworden. "Bedroht" heute ein defektes AKW wie eine tickende Atombombe die Bevölkerung und den Landstrich mehrerer europäischer Staaten, verseucht ein ukrainisches AKW, das in die Luft und Winde flog, bis heute Teile des Bayrischen Waldes, eine Substanz im Deo, ein Pestizid im Brötchen, bedrohen durch hundertausendfache Krebs- oder Demenz-Erkrankungen unser Leben, unsere Gesundheit, unsere schwangeren Frauen, um das x-fache, als irgendeine staatskriminelle Vereinigung. Kurz, das Ausmass und die Art von Bedrohungen in unserer technisch-wissenschaftlichen Forscher-und Geschäftswelt hat sich drastisch verändert und vergrössert, tausendfach in Vorgänge der Produktion, der Chemie-, Metall-, Lebensmittel-, Energie-, Auto- und Agrar-Produktion, "objektiviert", von bedrohten Renten und Arbeitsplätzen zu schweigen. Es ginge also darum, aus Gründen der Optimierung unserer Sicherheit, Auflärungsarbeit und

Präventionsarbeit in diesen Gebieten, "nachrichtendienstlich" zu intensivieren - dabei ist der politische Wille, das angemessen zu tun, massgeblich - , und längst nicht mehr darum, mit James Bond die Welt zu retten.

25.06.2016

Das Check-und-Balance-Prinzip bei Terrorgesetzen. Will der Staat mehr Grundrechte des Souveräns einschränken, um besser dessen Sicherheit zu gewährleisten, das, was die Terrorgesetze legitimieren sollen, wie im Bundestag aktuell debattiert, nämlich besser und früher Terror entdecken und unschädlich machen, dann sollte der Souverän seine Grundrechte an anderer Stelle ausbauen, um seine Position als Souverän dieses Staates nicht im selben Zuge zu verlieren. Das ist Take-And-Give, das ist Check-And-Balance: Wird mehr überwacht, müssen Überwacher mehr überwacht werden können, werden bessere Terrorgesetze angewendet, muss deren Verhältnismässigkeit und Nutzen besser überprüft werden können - aber auch von Betroffenen in Frage gestellt, von dritter Stelle hinterfragt, beurteilt werden können. In den Niederlanden gibt es eine Ombudsstelle für Bürger und Bürgerinnen bezüglich Staatschutz, Nachrichtendienst, Sicherheitsbehörden, als erste Anlaufstelle für Beschwerden - aber das reicht nicht, es muss mehr Einklagerechte, es muss ein Staatsstrafrecht geben. Demokratischen Prinzipien widerspricht es, dass der Souverän, Bürger und Bürgerinnen, bloss "Befehlsempfänger" von Staatsbehörden sind, dass "Gag orders" (Maulkörbe) von diesen ausgestellt werden, ohne

Befristung, ohne Einspracherecht, vielmehr müsste immer eine Frist in Aussicht gestellt und eine Meldeinstanz, zu der die Bürgerin, der Bürger Zugang hat, flankierend hinzugefügt werden - d.h. diese Behörden sind viel mehr, - so der Souverän sie bezahlt und beauftragt, so beaufsichtigt er auch ihre Buchhaltung und Handlungen -, unter den hohen Druck der Rechtfertigung zu setzen, nicht zuletzt durch eine nicht pro forma, sondern streng zu befolgende Auskunftspflicht nach Abschluss der Überwachungs- bzw. Bespitzelungsoperation (wie sie in der Schweiz und in Deutschland formal existiert). Eine Behörde, die einen Heiser als V-Mann einsetzt, um als Kollege Kolleginnen zu bespitzeln, müsste verpflichtet sein, nach Abschluss der Operation, dies den Betroffenen kund zu tun - will sie das (noch) nicht tun, die Operation verheimlicht lassen, entscheidet eine Kommission (G-10 etc.) darüber- (in der Praxis nickt G-10 wie das amerik. Geheimdienstgericht Fisc, das meiste ab, auch, weil ihr einschlägige Kenntnisse, Mittel, Personal dazu, und Beurteilungskompetenzen über die Operationen fehlen und das Vertrauen in die Behörden ausreichen - im übrigen steht immer die lang- nicht nur die kurzfristige Nutzen-Schaden-Bilanz und damit verbunden, die Verhältnismässigkeit solcher Massnahmen, Lauschangriffe, Observationen, Postgeheimnisverletzung, Verwanzung, etc. als staatliche Eingriffe in bürgerliche Freiheits- und Grundrechte, im Raum. Im NSU -Prozess kam bekanntlich zu Tage, dass staatlich finanzierte V-Männer keinen Nutzen, aber Schaden brachten, zumal in diesem gravierenden Fall- seitdem steht ihre Abschaffung zur Debatte (eine Forderung der Linken), viel sinnvoller als diese bizarren Geheimdienstausflüge scheint zu sein, dass polizeiliche verdeckte Ermittlung intensiviert wurde und wird. Strenge Auskunftspflicht heisst ausserdem, ein Staat würde es sich zweimal überlegen, in der TAZ "einfach mal so" einen Spitzel einzusetzen, hätte es nicht gute Gründe zur Hand, die die Massnahme später gegenüber der TAZ gut begründeten (rechtfertigten) wie zuvor gegenüber der parlamentarischen Kontrolle. Steht ein fremder Staat dahinter, gibt es gar keine Rechtfertigung, kann ein Heiser, wird er enttarnt, bloss das Weite suchen.

25.06.2016

Das Ende des Staatsgeheimnisses in der Demokratie: Der Staat hat im Prinzip keine Heimlichkeiten und Geheimnisse vor dem Souverän zu haben - ausser in den wenigen Ausnahmen und Umständen, in denen ihre Mitteilung Bürger und Bürgerinnen hoch wahrscheinlich in Gefahr bringen - das ist das Vorsorgeprinzip des Staatsschutzes, des Staates, gegenüber seinem Souverän, das das alte "Staatsgeheimnis" ersetzt. Nur in Diktaturen herrscht notwendig staatsintransparenz, in Demokratien kann der Staat transparent sein. Ihn erschüttert nur, wo er sich als intransparenter als legitim und erwünscht ist, erweist.

24.06.2016

"Die TAZ inszeniert lieber den Spanner als den Spitzel" - dabei passen Spitzel und Spanner gar nicht so schlecht zusammen..., siehe u. 09.06.2016.

23.06.2016

Snowden dekonstruierte den Schein der Identität von Staatswohlnützlichkeit und Gemeinwohlnützlichkeit (siehe u, 09.06.2016, Ein neues Kapitel im behördlichen Verfolgerwahn?) oder besser gesagt, er machte bewusst, dass der Souverän, der Demos, immer wieder zu überprüfen hat, dass sein Staat ihm dient, nicht, ihn beherrscht.

23.06.2016

Die dienende oder herrschende Rolle des Staates bringt einen der *wesentlichen* Unterschiede zwischen Demokratie und Diktatur zum Ausdruck. Die Diktatur muss den Souverän, der den Staat, der ihn unterdrückt, mit Personal und Geld beliefert, mit eben diesem Staat unterdrücken, muss ihm permanent eine Herrschaft mit überstaatlicher Legitimität vorschwindeln, ähnlich wie früher der Adel, der sich durch den Himmel, durch Gott selbst, legitimiert inszenierte. Permanent übermächtig, unantastbar und abschreckend muss der Diktator dem Volk, dem Demos, erscheinen. Die demokratische Führung muss das nicht - und attackieren ein paar Antidemokraten sie und den Demos, erscheint sie durchaus verletzlich, antastbar und erschrocken (Denken wir an die Ermordung von Jo Cox). Der Souverän darf in der Diktatur auf keinen Fall ein Selbstbewusstsein entwickeln, also mehr als die Ahnung, dass der Staat der Gesellschaft zu dienen hat, nicht die Gesellschaft dem Staat, dass die Gesellschaft den Staat finanziert, nicht der Staat die Gesellschaft, dass der Staat für das Gemeinwohl da ist, nicht das Gemeinwohl für das Staatswohl, und so weiter. Was auf Zeit in dikatorischen Verhältnissen keine Stabilität, sondern permanente Selbstverleugnung, Charakterverbiegung, Lügerei und Instabilität verspricht. Ein gutes Beispiel für diktatorische Propaganda, die ein ganzes Kollektiv in einem permanenten Schwindel halten muss, ist Nordkorea.

21.06.2016

Lerne innerlich fliessen, dann höhlst du jeden Stein aus. Versteinere nicht.

21.06.2016

Unterscheide weichen von fliessendem Geist.

20.06.2016

Lieblingsbegriffe von Rattenfängern wie "Volksgemeinschaft" - die Nazis brachten quasi alle um, die ihn ablehnten oder sich mit ihm ausschliessen liessen - sind Versteinerungen für weiche Geister. Ein solcher scheint der AfDler Hohmann zu sein, der den Begriff "Volksgemeinschaft" mit dem Rattenschwanz des völkischen Diskurses, gerade via Spiegel-Interview salontauglich zu machen versucht. Differenziertere Ebenen und Begriffe, die unsere Wirklichkeit besser beschreiben, wie "global", "gesamt-", "national-", und "regional-europäisch", und die verschiedene Gemeinsamkeiten und *Identitäten* schaffen - Bayer, Deutscher, Europäer und Weltbürger zum Beispiel -, aber auch politische Interessen und Ziele definieren helfe (zum Beispiel eine gemeinsame Atomkraftwerkaufsicht und Frieden in Europa), das sind Leitbegriffe von flüssigen Geistern. Europas Zukunft braucht flüssige, nicht weiche Geister, robuste, nicht versteinerte Begriffe und Identitäten.

Nachtrag 20.6.2016 --- der Fall Heiser / bedürfte näherer Untersuchungen /Heranziehung u.a. von LKA/BKA-Spitzeln, die aufgeflogen (2010 etc.etc.) Ausserdem könnte er auch für die USA oder Russland gespitzelt haben....Die Taz hat jedenfalls nicht viel Scharfsinn darauf verwendet, zu erklären, was er mit diesen abgefangenen Daten eigentlich wollte und warum so rabiat am Tag nach der Entdeckung eingebrochen wurde - eine doch erhebliche, um nicht zu sagen, aussergewöhnliche kriminelle Energie damit zu Tage gefördert wurde.... - dieses ganze staatlich organisierte und finanzierte Spitzelwesen brauchen wir nicht, V-Leute unter sich will keine offene Gesellschaft, Taz-Praktikantinnen, Studentinnen, veröffentlichen im Zeitalter der social media bei weitem genug von sich, um sich ein einigermassen verlässliches aktuelles Bild von ihnen zu machen // Freilich, als Staatsbeamter, der auch Bürger ist, kannst du an deren öffentlichen Veranstaltungen teilnehmen - so wie du deren Twitter- und Facebook-Texte lesen kannst....., ausserdem kannst du versuchen, Journalisten von einer Zeitung zu Informanten umzudrehen, das Entdeckungsrisiko ist das eine, das Risiko, dass solche Massnahmen das Vertrauen in den

Staat nachhaltig erschüttern, statt fördern, den entlarvten Spitzel ausserdem bleibend rufschädigen, ist das andere , nämlich ödeste, purste Stasi-DDR, so etwas will hier keiner- das ist die These, die Antithese ist - es braucht mehr denn je verdecktes Ermitteln in politisch schwerkriminellen Kreisen (die auch "terroristisch" genannt werden), wie auch eine präventive anlassbedingte Fahndung/Überwachung - in die gewisse Muslime und Herkunftsländer besonders im Fokus stehen ,so wie gewisse thüringische und sächsische Kreise auf Seiten der rechtspolitischen Schwerkriminalität - ob das jetzt Hr. Trump fordert oder Linken nicht passt - das läuft schon lange so.

09.06.2016

Was den TAZ-Skandal betrifft: Fiffty-fiffty, Leute, tief durchatmen, ich weiss es nicht, ich kenn bloss diesen TAZ-Artikel, die Verschwörungstheorie brauch ich nicht, mir fiel auf und missfällt lediglich, er lässt diese Option einfach offen, und so offen sie ist, einfach zu.

09.06.2016

in Bearb.//////TAZ-Skandal und Skandal-TAZ. Ein neues Kapitel im behördlichen Verfolgerwahn? Nachtrag zur Keylogger-Affaire: ist die TAZ vom deutschen Staat (oder von einem anderen) ausspioniert, bespitzelt worden? Wenn Ja. dann hätte die deutsche Behörde - wir gehen vom Prinzip des Naheliegendsten aus - einen grossen Skandal im Haus, von dem die Öffentlichkeit nichts weiss. Und die TAZ hätte ein Problem im Haus, sie könnte ihren

Laden eigentlich dicht machen, weil sie offenbar ihrer Rolle als vierte Macht im Staat nicht gewachsen ist, nicht nachkommt....nicht willens ist, zuzulassen, dass eine staatliche Behörde sie mit Misstrauen bestraft, ausgerechnet sie, die fast streberhaft, angekommen sein will in "ihrem" Staat. Ausgerechnet der sollte ihr einen Spitzel mitten in ihre Daten setzen? besonders in die Daten der TAZ- Macherinnen in spe? unerhört, das kann, das darf nicht sein....TAZ-Praktikandinnen, nicht die Altetablierten? nein, die sind genug ausgespitzelt, die Noch-Nicht-Bekannten sind interessanter, das macht bespitzelungsökonomisch Sinn - man will ja die Zukunft der Zukunft kennen sicherheitspolitisch. "Sicherheitspolitisch"....ein Unwort, das quasi alles legitimiert, was "staatsschützerische Massnahmen" betrifft - deswegen braucht die Gesellschaft eine Ombudsstelle für Belange im Bereich Staatsschutz, Nachrichtendienste, Überwachung - die Einsprache der BürgerInnen gegen solche Massnahmen annimmt, registriert und weiterleitet; ausserdem braucht der Bürger ein ausgebauteres Einklage- und Aufklärungsrecht, und ist die Auskunftspflicht der Behörden, greifen sie in die Grundrechte der Bürger ein, nicht aufzuweichen, sondern zu festigen. Apathisch, trotzig bis dümmlich lenkt die TAZ von der Brisanz, vom Skandal im eigenen Hause ab: Ja, der Heiser hat uns bespitzelt, das ist denkbar, könnte der Fall sein - muss aber nicht - wäre die Antwort, die sich die TAZ nicht gibt, sich nicht zu geben erlaubt, jedenfalls nicht offiziell (vielleicht gibt es ja einen Deal zwischen TAZ und Regierung: die TAZ unterdrückt den Skandal, psychologisiert und personalisiert den Fall, dafür lässt die Regierung unter den verantwortlichen Behörden die Köpfe rollen, und achtet darauf, dass sich solches nicht wiederholt - vielleicht. Ich nimm es nicht an. Aber auch das ist denkbar als eine Eventualität, dazu brauchst du noch keine Theorie). Ausserdem kommt es nicht selten vor, dass die Ausspitzelung der "eigenen" Leute auch seltsame persönliche Blüten treibt, die "inoffizielle" intime Nähe, die die befremdliche Ausspitzelung zu Kollegen erzeugt, paradoxerweise echte, freundschaftliche, intime, zu erzeugen sucht. (siehe Taz Artikel: "Geschädigte über linke Spitzel") und den Artikel einer betroffenen Praktikandin, die den Skandal in ihrem Denk- und Erfahrungshorizont brav nur persönlich nimmt, was der Heiser ihr antat, und es als eine Art "sexuellen Missbrauch" darlegt, dass ihr das, was ihr der Heiser antat, (auch) der Staat angetan haben könnte, blendet sie wie die TAZ aus. (Taz-Artikel: "Keylogger Affaire in der taz: warum ich nicht aufatmen kann! (17.6.16)). Das alles sind nette Nebelraketen, aber so, dass sich die Taz weiterhin etwas vormachen kann, nämlich einem merkwürdig systematisch vorgehenden, mit ausserordentlicher krimineller Energie befähigten "Spanner" auf den Leim gekrochen zu sein, auf keinen Fall einem Spitzel, dabei schliesst, wie oben dargelegt, das eine das andere nicht aus, im Gegenteil.

Mindestens die Eventualität des staatlichen Bespitzeltwerdens durch einen ihrer Kollegen, die Möglichkeit des staatlichen Ausspioniertwerdens, des behördlichen Lauschangriffs, wäre gedanklich durchzuspielen, ernsthaft zu verfolgen, zu recherchieren - alles andere ist journalistisch unsauber. Die TAZ hat auf jeden Fall zwei Probleme im Haus, eines, das sie nicht selber machte, und ein selbstgemachtes: Der grössere Skandal des grossen Skandals in ihrem Haus ist möglicherweise mittlerweile sie selber. Anstatt die Eventualitäten, die sie nicht mag, so seriös wie möglich zuzulassen und aufzuklären, erging sie sich in Ersatzhandlungen, flog sie dem Täter, dem mutmasslichen Spitzel (A) oder Spanner (B), nach Asien nach. Der Spitzel oder Spanner schwieg natürlich: Stimmt A zahlt ihm der Staat seinen Aufenthalt- im Grunde genommen bräuchte er eine neue Identität, in Berlin ist er unten durch, wäre er Sascha Anderson Zwei - der TAZ-Schnüffler, der Staats-Spion Sascha Arschloch - oder der Mega-Spanner, auch nicht viel besser. Angeblich hat er kurz vor seinem Auffliegen geerbt, ist er finanziell unabhängig, für die B-Version ein Glück für ihn. Vielleicht war er tatsächlich extrem spannerhaft und meinte sich irgendetwas aus den Daten von TAZ-Praktikandinnen herausholen zu können - mir erscheint die andere Version, dass er in Stasi-Manier gedreht und als Spitzel eingesetzt wurde, leider ebenso plausibel, wenn nicht plausibler... auch wenn das nicht in das Bild der BRD passt, an das die TAZ glaubt. Nach Interpretation B (die offizielle) ist der Spanner mehr an Akten, nach A (unsere) ist der Spitzel mehr an den Akten der TAZ-Praktikandinnen interessiert. Die TAZ hätte recherchieren müssen, hat aber auch das unterlassen, zum Beispiel: Wie funktionieren diese Spitzelbehörden? Warum gibt es unter Studenten LKA- bzw. BKA-Spitzel, wie 2010 aufgeflogen ist (Der Fall Simon Brenner)- was versprechen sich diese Behörden von solchen DDR-Massnahmen? Und wie kontroaproduktiv und unverhältnismässig sind sie spätestens dann, werden sie entdeckt? Braucht es und nützt diese Bespitzelung, ein solch umfassender langer Lauschangriff? Ich meine: nein, sie bringt nichts, sie schadet, wird sie entdeckt, zerrüttet sie das Vertrauen des Souveräns, des Bürgers, der Bürgerin, in seinen Staat, sogar der Spitzel beschädigt sich, doch es wird sie so lange geben, solange es diese Behörden gibt, zumal diese Politik, diese Leitung, diese Verantwortlichen für sie in ihr. Tagaus, tagein müssen die sich ja auch beschäftigen, wollen die sich ja auch gemeinwohlnützlich oder, mindestens, staatsnützlich, machen. Überhaupt kann sich im Staat Staatswohlnützlichkeit gegenüber Gemeinwohlnützlichkeit verselbstständigen. Wird das eine für das andere gehalten, kann das für die Demokratie gefährlich werden. Snowden, Manning, stellten diese Gleichsetzung, das Staatsinteresse als das öffentliche Interesse oder Staatswohlnützlichkeit, die sich mit Gemeinwohlnützlichkeit identifiziert, in Frage, und da dessen weltweiter Impact mehr dem russischen Staat als dem russischen Gemeinwohl nützt - das hat der russische Staat richtig erkannt und gewährt ihm deswegen Asysl -, unterstellt ihm der deutsche Bundesverfassungsschutzschef Spionage für Russland, mit anderen Worten, dass Snowden nicht im Namen eines universalen und nationalen Gemeinwohls, sondern nur in dem eines anderen Staatswohls gehandelt habe. Selbst wenn es so gewesen wäre, was in diesem Fall, der umgehend an die grosse Öffentlichkeit appellierte, absurd ist, hat sein Impact universale Wirkung, ist das Problem des staatlichen Überwachens, von Big Brother in "1984", das die Literatur schon länger kennt, von ihm prosaisch informativ versachlicht und grundsätzlich sensibilisiert worden.

Wenn BKA-Spitzel oder V-Leute sich unter politische Studenten oder TAZ-Journalistinnen und -Praktikantinnen mischen, geht es darum, festzustellen, ob irgendwann in der Zukunft verfassungsfeindliche Aktionen bei dieser Generation in Frage kommen könnten, ob sie von "gefährlichen Ideen" infiziert wurden und deswegen aus dem gewünschten Mainstream fallen könnten (ein Unsinn, eine Pseudo-Sicherheit, mehr nicht, angesichts der Tatsache, dass weder Umstände, die schlagartig ändern, noch Radikalisierung in der Zukunft, so antizipiert werden können) und wie es allgemein "sicherheitspolitisch" mit der neuen Generation politischer Akteure aussieht. Wie wir von der DDR und der Schweiz wissen, "präventiv, werden von Zivil- und Militärbehörden Personaldateien mit Akten von sicherheitspolitisch "auffälligen" Akteuren angelegt, insofern betreiben hier Spitzel vorausschauende "Pionierarbeit". Sie hätten das Bundesverdienstkreuz verdient... Vielleicht schlägt hier DDR-Mentalität, durch... schleppen diese Dienste ehemalige Stasi-Leute mit sich, ist Stasi-Geist in unsere Sicherheitsbehörden eingesickert. Warum sollte nur Westgeist in den Ostgeist eingesickert sein? Wobei der Schweizer Fichenskandal von 1989, der zu Tage brachte, dass die halbe Schweiz vom eigenen Nachrichtendienst fichiert wurde, bewies, dass masslose Überwachung nicht nur im Ostblock herrschte. Wie wir seit Snowden wissen, herrscht sie global.

Das Bespitzeln einer Zeitung wie der TAZ verriete auch einen lächerlichen Aspekt Hier wird noch oldschoolmässig gespitzelt, als ob unter Digital naivs und naitivs, nicht längst reinster Daten-Exhibitionismus herrschte, Informationen müssen heute weniger gesammelt werden können, von ihnen gibt es überreichlich, als intelligent selektiert. Ausserdem geraten Verhältmässigkeit und Nutzen-Schaden-Bilanz solcher Aktionen schnell ausser Kontrolle, sieht grosse Bedrohung von Sicherheit in der modernen Risikogesellschaft anders aus als früher, ist die eigene Gesellschaft zur grössten Bedrohung geworden. Es ginge also darum, zur Optimierung unserer Sicherheit, Auflärungsarbeit und Präventionsarbeit in ganz anderen Gebieten, "nachrichtendienstlich" zu intensivieren - dabei ist der politische Wille, das angemessen zu tun, massgeblich - , und längst nicht mehr darum, mit James Bond die Welt zu retten.

05.06.2016

Der Souverän ist nur dann grösste Sicherheitsgefahr für einen Staat, also perverse Umkehrung dessen, was der Staat des Souveräns, diesem zu sein hat, will sich dieser von ihm abkoppeln, als eigene Sphäre immunisieren, wird der Staat der Gesellschaft an sich, also für die Gesellschaft, disfunktional, beginnt er vor allem für sich zu funktionieren.

07.06.2016

in Bearb.//

Die Plan-B-Optionen oder Kommentar zum Entwurf der BND-Gesetzesnovelle (Juni 2016). Netzpolitik und Netzjournalist Biermann (Zeit)- die Linke Renner, der Grüne von Notz sind verärgert, mithin entsetzt über die Dreistigkeit und Arroganz (*"Man würde erwarten, die Geheimdienst-Befugnisse würden nach Snowden drastisch eingeschränkt, doch ganz im Gegenteil wurden sie...ausgeweitet"* A. Meister/netzpolitik ; "*die einfach alles erlauben, was bislang für Ärger sorgte"* Biermann/Zeit), und damit auch über die Bürgerferne, Einseitigkeit und Staatsobrigkeitlichkeit ("*Selbstherrliche Überwachung*" Biermann) des BND-Gesetzesentwurfs - die Snowden ignorieren, übrigens, wie der grösste Teil der Bevölkerung, insofern sich "gedeckt", "legitimiert" fühlen in ihrer Ignoranz. Die kritische Masse der Piraten ist 2014 weggebrochen. Im Snowden-Jahr 2013 hätten sie am ersten und lautesten gegen diese Staatsignoranz, um nicht zu sagen, Staatsdreistigkeit, angeschrieben, doch schaust du heute in ihre Twitterwelt, herrscht realitätsverklärte Selbstbeschäftigung. Beschäftigen wir uns lieber mit den Realitäten. Die Kanzlerin brachte es auf den Punkt. "Die Dienste sollen sich auf das Wesentliche konzentrieren!" Das heisse vor allem auf das Wohl, die Sicherheit und die Grund-, die Freiheitsrechte der Bürger und Bürgerin, als Souverän, und ihres Staates, als oberste Dienstleistungsinstanz, (in dieser Reihenfolge). Das tun, was Polizei, Justiz, Politik und wachsame Zivilgesellschaft täglich tun.

Kein BNDler würde sagen, er oder sie täte nicht dasselbe - mehr und mehr transnational, kooperativ. Dabei geht es in der Kooperation mit Diensten anderer Staaten um die

Gewinnung von Informationen (§3g)....: - in Klammern
Plan B-Versionen:

- zur Erkennung und Begegnung von Gefahren
  durch den internationalen Terrorismus,
- zur Erkennung und Begegnung von Gefahren
  durch die illegale Verbreitung von
  Massenvernichtungs- und Kriegswaffen (diese
  zwei Ziele sind Phänomene politischer
  Schwerkriminalität, also ermittelnder,
  aufklärender Polizei und Europol)
- zur Unterstützung der Bundeswehr und zum
  Schutz der Streitkräfte der an der Kooperation
  beteiligten Staaten, (dieses Phänomen ist Teil
  militärischer Aufklärungs- und Polizeiarbeit)
- zu krisenhaften Entwicklungen im Ausland (das
  kann ein wissenschaftliches Institut),
- über die Gefährdungs- und Sicherheitslage von
  deutschen Staatsangehörigen sowie von
  Staatsangehörigen der an der Kooperation
  beteiligten Staaten im Ausland (das kann ein
  wissenschaftlich-staaliches Institut
  (Aussenministerium)
- zu politischen, wirtschaftlichen oder militärischen
  Vorgängen im Ausland, die von [erheblicher]
  außen- und sicherheitspolitischer Bedeutung sind
  (das kann ein Forum wissenschaftlicher Institute
  kooperierend mit einem Forum wissenschaftlich -
  staatlicher) - kurzum, Plan B zeigt auf, wie sich der
  BND komplett auflösen liesse, hier durch
  Integration, dort durch Ersetzung)

Zynischerweise könnte behauptet werden, das BND-Gesetz liefert v.a. die jurifzierte Grundlage für eine riesige Arbeitsbeschaffungsmassnahme - es garantiere die ABM für einen grossen Beamtenapparat in einem 1-Milliarden-Euro-Gebäude. Sicher ist es nicht angenehm für ein Institut, seine Ersetzbarkeit durch andere Institute und Auflösung in die Polizei von der Kritik vorgedacht zu bekommen, doch geht es beim Staat der demokratischen Gesellschaft ja nicht primär um sein Wohl (deutsche Beamte sind im europäischen Vergleich ausserdem hochprivilegiert, unkündbar, etc. sie müssen also etwas aushalten können), sondern es geht um die Effizienz und Effizienoptimierung der Nutzung von Steuergeldern des Souveräns zum Zwecke seines eigenen Wohls, des Gemeinwohls: so ist der Staatsbetrieb nie statisch, sondern, wie eine Firma, einer Dauerevaluation ausgesetzt, und wie eine Firma, die auf Rentabilität und Leistungsfähigkeit, statt auf Verschwendung und Verzögerung, aus ist, ist er auf Effizienz und Leistungsfähigkeit, statt auf Verschwendung und Verzögerung, aus (der Staat ist gemeinwohlökonomisch, aber das ökomisch! Der Staat ist *treuhandökonomisch*, aber das ökonomisch) - der BND hat, als Teil dieser gemeinwohlökonomischen Staatsfirma, zum einen Ziele und Kooperationsziele, die er definiert und die ihn definieren, zum anderen, effiziente und minder effiziente Mittel, sie zu erreichen, darunter Eingriffe in die Grundrechte und Freiheiten von Bürgern und Bürgerinnen Und hier geht der Ärger, von dem Biermann sprach, richtig los, hier geht es um deren Wahrung und die Kontrolle von deren Wahrung, um Einspruchs- und Einklagerechte, um Rechte und Pflichten des Staates, nicht nur seines Auftrag- und Geldgebers, des Souveräns. Anstatt sich auf das Wesentliche *auch hier* zu konzentrieren, konzentriert sich dieser Entwurf darauf, das Wesentliche zu dekonzentrieren. Anstatt wie die Niederlande eine/n nationale/n Ombudsmann/Ombudsfrau für Bürger und Bürgerin betreffend des Verhaltens ihrer Dienste und bei Grundrechtseingriffen anstatt eine schwammige und leicht entziehbare, eine konkrete und schwer entziehbare *Auskunftspflicht* der Behörde gegenüber den Betroffenen einzuführen.....werden hohe Strafen, Bussen angedroht, wird über die geheime Kooperation gesprochen (§3j, 3k - es fehlt hier der sinngemässe Passus. "Beschweden können an die nationale Ombudsstelle gerichtet werden") Das geht sonst nur und allein in Richtung Maulkorb, gag order, unter die US-Dienste jährlich tausende Bürger stellen. Besteht ein Recht, sich gegen ein Recht zu wehren, reduziert das automatisch den Missbrauch. Muss ich mein Handeln, als Staat in die Grundrechte des Souveräns einzugreifen, begründen, und, nach Absschluss der Operation, öffentlich machen (gegenüber dem Betroffenen), überlege ich mir sicher, was ich mache, sonst ist das nicht sicher. Alles andere ist ausserdem einseitig und staatslastig, doch alle Gewalt geht nach Grundgesetz vom Souverän, vom Volk, nicht von dessen Staat, geschweige vom BND, aus.

Und die Regierung - sie ist die Politik, die diesen Betrieb mit Steuergeldern hochzog, sie kann ihn jetzt nicht im Stich lassen, muss ihn decken, sie verlöre ja ihre eigene Glaubwürdigkeit. Ausserdem ist der Terror so gross wie noch nie - deswegen ist auch der BND so gross wie noch nie --So geht ihre Argumentation. -Doch gerade Terrorbekämpfung wäre ein Grund, diese Dienste in die Arbeit von Polizei und Europol einzuordnen, statt in ihrem abgehobenen Selbstläufertum zu befördern (Plan-B). Ich seh keinen Grund, sie über die Polizei zu stellen, das ist vorgestrig und, wie wir nicht erst seit Snowden wissen, unkontrollierbar. Für die Demokratie kein erwünschter Zustand ist es, Nachrichten- und Geheimdiensten, anstatt immer mehr die Macht zu nehmen, immer mehr Macht zu geben, das finden nur Diktaturen klasse. Das Terrorbekämpfungsargument besonders ist ein Bumerang, dessen Flug dieses BND-Gesetz nicht aus der Bahn werfen wird, sondern am Ende hoffentlich den BND trifft, die bestehende Geheimdienste-(Befürwortungs)-Politik in Europa.

Seit 2013 vertritt dieser Blog (nicht berauschend mehrheitsfähig) folgende Punkte: Erstens: Man sollte die BNDs in Europa auflösen - zum Teil ihre Aufklärungsarbeit in wissenschaftliche Fachinstitute (Osteuropa Institut, etc.) und andere Ministerien outsourcen, zum Teil in die Polizeiarbeit integrieren - auf einem gesamt- und national-europäischen Niveau neu konsolidieren - denn der grösste Teil des Terrors ist transnational, ist eine europäische und internationale Phänomenalität und Auftgabe. Zweitens: Die Social Medias haben nicht nur den Diensten riesige Möglichkeiten geschaffen, sondern auch die, sie abzuschaffen. Drittens: öffentliche Daten und Metadaten - nicht zuletzt von social medias (Facebook, Twitter, Youtube, Google, etc.) sind "öffentlich" zu analysieren - anstatt durch deren Vergeheimnissung Dienste wichtig zu machen " - als ob dadurch ein ganz besonderer "Durchblick" in die Welt geschaffenen werde, ein Herrschaftswissen des Staates, das dieser vor seinem Souverän schützt - angeblich zu dessem '"Schutz" -, wenn nicht vor allem ein paternalistisches, staatsobrigkeitliches Verständnis von Regierung und Demokratie. Viertens, Analysen sind immer so genial oder ungenial zutreffend, wie ihre Analysierenden. Die besten gehören in die Öffentlichkeit, in die Universitäten, in die Publizität, in die Medien. Gib ihnen die besten Informationen, sie werden das beste daraus zu machen wissen. Deswegen sollte der Staat seine Quellen möglichst öffnen, seine Möglichkeiten, Daten zu schöpfen, dem Souverän hochwertig zugänglich machen, damit auch eine hochwertige Bildung, Meinungsbildung, im Souverän , der auf populistischen Unsinn und Stammtisch umso allergischer und immuner reagiert. Idioten sind dann umso mehr selber schuld, dass sie auf überholten und fehlerhaften Bildungsständen "ihre" Meinung bilden. Es ist nicht der Staat, ihr Staat, der sie dumm hält, ihnen besseres Wissen vorenthält. Geheimniswissen und massiv unvollständiges zerstören Vertrauen im Demos in die Aufklärungspflicht und -fähigkeit, ja -absicht seines Staats, seiner Medien, fördert dafür Verschwörungstheorien, Paranoia, Misstrauen, Parallel-Welt-Information, die mehr nicht als guten Willen, nicht unbedingt gutes Wissen, zum Ausdruck bringen. Unzufriedene, frustrierte, überforderte Bürger und Bürgerinnen, die umso empfänglicher für irgenwelche abwegigen Leuchten únd Lenker sind.

05.06.2016

in Bearb.///Sind Nachrichtendienste in Europa ersetzbar? Kurzer Kommentar zur "Botschaft zum Nachrichtendienstgesetz" (2014) der Schweiz. Fast das ganze Ausmass der Berufsparanoia, die sich mit dem "Sicherheitsbegriff" über alle Gesetze eines Staates hebt, weil seine Sicherheit doch "über alles" geht..., und der strukturelle Nationalismus, der damit zementiert wird, lässt sich in der "*Botschaft zum Nachrichtendienstgesetz*" der Schweiz von 2014 ablesen - der ganze Wahnsinn, wie er sich argumentativ vernünftig und in der Sache unersetzlich machen will - so dass die Leserin, der Leser in die Gefahr gerät, am Ende wie die Redaktion dieser "Botschaft", die gesunde Distanz für die Dinge aus den Augen zu verlieren, die in Europa tatsächlich sicherheitsbedrohlich sind für uns - und mit "uns" ist in erster Linie der Souverän des Staates, nicht der "Staat an sich" gemeint. Ein Staat steht und entsteht im Auftrag des Souveräns, von dem "alle Macht" aus geht, insofern ist ein Staat auch nicht "beseitigbar", der Souverän würde sogleich wieder einen brauchen und aufbauen - das Reden von der "Gefährdung der Sicherheit des Staates" ist deshalb bereits irreführend, irreführend übertrieben, schnell eine verselbständigte Floskel. Doch zurück zu dieser "Botschaft" von 2014, sie enthält eine Zusammenfassung anderer europäischer Nachrichtendienste - der Niederlande, Deutschlands, Belgiens, Frankreichs, etc. -, ihrer Rechtslagen und Kontrollinstanzen - so entblättert sich ein europäisches Nachrichten- und Geheimdienst-Paranoiama..... Wahnsinn, wie unsere nationaleuropäische Ebene, bestehend aus Nationalstaaten und ihren Wachhunden, in diesen Diensten und als diese, privilegiert wird, und in welch unglaublicher Bedrohung sie sich ständig befinden muss, folgt mensch wohlwollend dieser Lektüre. Die gesamteuropäische Ebene von uns Europäern und Europäerinnen hat in diesen nationalen Ideologien keinen Platz (zumal fast keinen, der Schengen-Raum wird zwar erwähnt, aber nie ohne explizite Abrenzung von ihm), kein Wunder, dass sich diese Dienste immer noch weigern mit Europol zusammenzuarbeiten, wie kürzlich im Spiegel ein Sicherheitsexperte beklagte, denn ihre nationale DNA ist vom 19. Jahrhundert - Europol, das gefährdet ihre Schrebergarten-Mentalität, ihre kleineuropäische Machtallüre - und noch immer ist die Westallianz dominanter, wird mit dem Grossen Bruder in den USA, mit dem Dominator der Nato, fast besser, fast schneller kooperiert als mit Europäern und Europäerinnen - wenn auch der Trend in Zukunft mehr in Richtung Europa, weniger in Richtung Westallianz geht.

Mit kritischer Distanz betrachtet, ist diese "Botschaft" der Beleg dafür, dass Nachrichtendienste a) eine Gefahr für die Demokratie b) ohne Sicherheitsparanoia ersetzbar und c) in die Aufklärungsabteilung national- und gesamteuropäischer Polizei integrierbar sind, nicht zuletzt hinblicklich eines "Europäischen Sicherheitsmodells", des Verbots solcher Dienste und einer Reform der Diplomatie in Europa.

Die Argumente wären im Einzelnen und am Text zu entwickeln, aber allein, dass, laut einer Studie, 90% der Geheimdienstinformationen aus öffentlichen Quellen stammen, zeigt ihre Ersatzbarkeit zu 90% durch öffentliche Informationsdienste, um nicht zu sagen, durch wissenschaftliche Institute, an. Ausserdem läuft *jede Bedrohung der Sicherheit eines Staates* (stellvertretend für seine Bevölkerung und oberste Dienstleistungsinstanz) auf eine kriminelle Tat hinaus, wird der Begriff der Kriminalität auf Geheimdienstkriminalität, Staatskriminalität (Spionage) und/oder politische Schwerkriminalität (Terror) ausgedehnt. Dadurch wird die Bedrohung der Sicherheit eines Staates (zum Beispiel durch einen anderen Staat, der Völkerrecht bricht, dadurch staatskriminell agiert und Verantwortliche und Mittäter schafft) in der Rechtssprache fassbar als krimineller Akt, und umso mehr erscheint die Trennung von allgemeiner "Bedrohung" und krimineller Bedrohung der Sicherheit eines Staates (oder Staatenbundes), von Nachrichtendienst und Polizei, nur vorgeschoben, mehr als ein temporärer, denn ein qualitativer Unterschied.

/////Tatsächlich macht der Nachrichtendienst, als Vorwarnstufe, Frühaufklärung und Ermittlung auf vagesten Verdacht, vor jeglicher Ermittlung auf begründeten, polizeiliche Präventionsarbeit (das, was verdeckte Ermittlung der Polizei beim Verdacht auf kriminelle Handlungen macht oder wenn BKA-Spitzel sich unter politische Studenten oder - "sicherheitspolitisch" relevant - unter -TAZ-Journalistinnen und -Praktikantinnen mischen, geht es letztlich darum, festzustellen - in einer frühestmöglichen Vorstufe -, ob relevante kriminelle Aktionen gegen Organe und Grundgesetze des Souveräns angedacht oder gar geplant werden oder, allgemein, wie es "sicherheitspolitisch" mit der neuen Generation politischer Akteure aussieht - "vorsichtshalber" "präventiv, werden

Akten aus Kreisen von potentiellen Täterinnen und Täter oder sicherheitspolitisch "auffälligen" Akteuren angelegt, insofern betreiben hier Spitzel vorausschauende "Pionierarbeit"... . vielleicht schlägt hier DDR, Stasi-Mentalität durch... wobei der Schweizer Fichenskandal von 1989, der zu Tage brachte, dass die halbe Schweiz vom eigenen Nachrichtendienst fichiert wurde, bewies, dass masslose Überwachung nicht nur im Ostblock herrscht... , ausserdem sieht die "Bedrohung" in der modernen Risikogesellschaft anders aus als früher aus - "bedroht" heute ein defektes AKW wie eine tickende Atombombe gleich mehrere Staaten - verseucht ein ukrainisches AKW, das in die Luft und in die Winde flog, bis heute Teile des Bayrischen Waldes -, oder eine Substanz im Deo, ein Pestizid im Brötchen, bedroht durch hunderttausendfache Krebs- oder Demenz-Erkrankung, unser Leben, unsere Gesundheit, um das x-fache mehr, als irgendeine kriminelle, staatskriminelle Vereinigung, kurz, das Ausmass und die Art von realen Bedrohungen in unserer technisch-wissenschaftlichen Forscher-und Geschäftswelt hat sich drastisch verändert und vergrössert, in vielen Dingen in Vorgängen der Produktion, der Chemie-, Metall-, Lebensmittel- und Agrar-Produktion, "objektiviert". Es ginge also darum, aus Gründen der Optimierung unserer Sicherheit, Auflärungsarbeit und Präventionsarbeit in diesen Gebieten "nachrichtendienstlich" zu intensivieren - dabei ist der politische Wille, das angemessen zu tun, massgeblich - , und längst nicht mehr darum, mit James Bond die Welt zu retten.

05.06.2016

Der Souverän ist nur dann die grösste Sicherheitsgefahr für einen Staat, also die perverse Umkehrung dessen, was der Staat des Souveräns, zu sein hat, will sich dieser von ihm abkoppeln, als eigene Sphäre immunisieren, wird der Staat der Gesellschaft an sich, also für die Gesellschaft, disfunktional, beginnt er vor allem für sich zu funktionieren.

05.06.2016

Sicherheit des säkularen Staates und abrahamische Welteroberungs-Religion. ------überarbeitete Version siehe: Über die Anfänge./ ////..........ausserdem besteht in der ökumenischen Vereinigung der drei Abrahamismen und im spirituellen Potential der Besinnung auf einen "testamentarianischen" Islam und ein "testamentarianisches" Neuurchristentum ein grosses Pazifizierungspotential. Genauso, gleichberechtigt, gleich beachtet, gleich willkommen, behält eine postabrahamisch-genesianische Position den Buddhimus, Hinduismus und andere im Auge.

23.05.2016

Europas politischer Ruck in die Mitte 2.0. Ähnlich geistig bankrottär wie die kleineuropäischen AfD, FPÖ, SVP, FN, Psi,.... sind die Links-Intellektuellen, zum Beispiel die Diez und Augstein vom Spiegel, ähnlich, sagen wir, denn auch sie bevorzugen, statt das Neue zu denken, lieber zurückzugehen, statt in der Horizontalen das globalisierte Europa mit EU und robusten Nationalstaaten ins Auge zu fassen, vertikal auf Nationalgeschichte zurückzugreifen.

Augstein junior lebt quasi in der Weimarer Republik - schnell und leicht schiesst er das Wörtchen "Revolution" aus der Hüfte..., denkt er an die AfD - mit anderen Worten: er denkt nicht. Und gut möglich ist, dass der eine und andere AfDler auch in der Weimarer Republik lebt - so bequem wie Augstein ist. Offenbar fällt Denken nicht nur der AfD schwer, ist auch bei dieser Linken zurückgreifen einfacher. Zielführender für die Gegenwart und Zukunft ist beides nicht - weder eine AfD, die den Horizont der Zukunft mit der Vergangenheit austauscht, noch jene Intellektuellen, die in der Vertikale suchen, um die Gegenwart zu denken - dabei quasi die AfD mit ihr verwechseln, weil in diesem vertikalen Raster alles andere ausgeblendet bleibt. Tatsächlich rückt nicht nur die Linke zur Rechten - rückt einiges von der Politik in Europa in die Mitte 2.0.. Sind Elemente von rechts und von links in dieser neuen Mitte-Politik dabei. Die traditionelle Rechte und Linke scheinen damit, das ihr Raster nicht mehr greift, ein Problem zu haben. Noch fehlt Europa eine Mitte-2.O-Partei - die sieht darin kein Problem, sondern eine Chance für sie und Europa.

21.05.2016

Die neuen Kleineuropäer. Um die Kontinentalmenschlichkeit des Europäischen, des Europäers kommen auch die neuen Kleineuropäer nicht, die sich hauptsächlich aus Überforderung und Unsicherheit (- Reaktionen und Reduktionen sind die Folge -) gegenüber der Zukunft in ihre nationalen Schneckenhäuser zurückziehen. Kleineuropäisches Verhalten an den Tag legen, an dem sich die Erinnerung und die Vergangenheit zu orientieren vermag - all das liefert - also das verklärte Gestrige - woran es ihnen bezüglich der Gegenwart und Zukunft fehlt (Sie glauben sich "rechts", vor allem aber sind sie rückwärts). Ganz vergessend, viel vergessend, dass Nationen Mitte 19. Jahrhundert progressive, innovative, zukunftsoffene, gestaltende, allerdings auch übermilitarisierte, patriotisch fanatisierte Projekte gewesen waren. Heute sind wir zwar alle Europäer, auch wenn die Kleineuropäer nochmals den nationalen Menschen erfinden: den "ungarischen", den "österreichischen", den "slowakischen", den "italienischen", den "finnischen", den "schwedischen", den "litauischen", den "spanischen", den "englischen", den "deutschen" Menschen - eine fiktive Konstruktion, die Vergangenheit als Orientierung für die Gegenwart, mit anderen Worten: viel Orientierung als Vergangenheit anbietet, also eigentlich keine, sondern die Schoten dicht macht, dennoch schaut aus allen Ritzen und Spalten der Nationalhistorie der verdrängte europäische Mensch, der globalisierte europäische, der regionalisierte globalisierte Mensch hervor...die Europäerin mehr denn je..... Der europäisch-ungarische, der europäisch-österreichische, der europäisch-serbische, -belgische, der -irische, -schweizerische, ja, der türkisch-deutsche, der bayrisch-finnische, der binational-indische, der trinational deutsch-spanisch-chilenische Mensch. hervor.....

//////Tatsächlich sind Nationen unseres Kontinents mehr denn je globalisierte nationaleuropäische oder Zusammenfassungen globalisierter nationaleuropäischer Einheiten, und es geht ohne Pathos darum, herauszufinden, was sind unsere globalen (Klima; ökolog.

Fussabdruck; Pestizität), unsere gesamteuropäischen (Frieden; Atomkraftsicherheit; Energie; Migration), national-europäischen (Grundversorgung) und regional-europäischen Interessen (Identität) und, konsensuell definiert, wie koordinieren und realisieren, organisieren und fördern wir sie am besten, am nachhaltigsten, am ökonomischsten. Jede national-europäische Einheit Europas für sich oder alle gemeinsam. Etc. (Nachtrag: Im Brexit vom 23.06.2016 bevorzugte UK eine national-europäische Lösung bezüglich ihrer Migrationspolitik und verliess mitunter deshalb die EU).

Dazu braucht es weder zu enge Nationalisten, noch zu weite Globalisten, sondern ein gutes Mass und Auge für die Mitte auf jeder Ebene, für die Zusammenschau und die Kenntnis im Detail. Aus dieser Perspektive ist die Inbrunst der neuen Kleineuropäer - die tatsächlich kaum etwas Probates für die Zukunft anzubieten haben - ausser viel "Neins" - wie auch die Panik ihrer Gegner, denen oft auch nichts besseres als der Status Quo einfällt, eher als uninteressant, einfallslos und für die Zukunft wenig zielführend zu betrachten. Es sei, das kleineuropäisierte Europa driftet vollends in die Amnesie und Dummheit von vorgestern ab. Dann wiederholt es im schlimmeren Sinne die Vergangenheit, um sich nach dieser Eruption und Ernüchterung, auf dem Stand geläuterter Einsicht und Zuversicht tatsächlich der Zukunft, und zwar, derjenigen Europas, zu widmen. Gelegentlich musst du ja Fehler machen und gegen Wände laufen, um wieder zu wissen und zu spüren, wo der richtige Weg verläuft.

11.05.2016

Europia: Alles, was wirklich gut ist für Europa, ist für unsere Nationen gut. Alles, was wirklich gut ist für Europa, ist für unsere Regionen gut.

21.04.2016

Über Europia ohne und Realität mit Geheimdiensten. Im Blog "Verfolgerwahn" hatte ich die Auseinandersetzung von Diensten mit mir (weniger von mir mit den Diensten) protokolliert. Nur bin ich ja völlig öffentlich und geheimnisfrei. So gesehen, das denkbar ungeeigneteste, weil volltransparente Objekt für Geheim- bzw. Nachrichtendienste. Ich verschlüssele nicht einmal die Mailkorrespondenz. Ich hab, um es gelinde auszudrücken, in einer bestimmten Weise zumindest, ein laxes Verhältnis zur "Privatheit" - um nicht zu sagen, indifferentes. Fast schon wie Diogenes in der Tonne. Den Blog hab ich irgendwann eingestellt - es wurde langweilig über einen Betrieb um mich zu berichten, der wie eine Übungsveranstaltung wirkte - irgendwann schien es auch diesen zu langweilen. Was nicht aufgehört hat sind unerwünschte Besuche in meiner Wohnung - Ende 2015 kams zu einem Diebstahl von zwei Nobeluhren (35 000 Euro; Erbstücke) - weiter gings und gehts mit Einbrüchen - immer ohne Einbruchspuren - durch meine Türschlösser wird spaziert wie in Bahnhofswartesäale - hab aufgehört, sie auszuwechseln - und mit Zerstörungen des Fahrradreifens - bald wöchentlich - (jetzt schleppe ich das Rad immer in die oberste Etage-Wohnung: das ist gesund, hält fit....) und immer noch lungern Leute vor der Bibliothek, gaffend und tippend in ihr Handy, wahrscheinlich währenddem in meiner Wohnung ein Typ meine Minikamera und das Licht im Flur ausschaltet - offenbar kann er sie mit einem Sensorgerät? entdecken, und deren Software verändern - kurz: selbst mit einer versteckten Kamera kann ich mein Heim, meine Privatsphäre nicht schützen. Die Grenze zu ihr wird übertreten - es werden eine Menge Grenzen übertreten. Natürlich könnte das auch ein wahnsinnig rachsüchtiger Idiot in der Nachbarschaft sein, wenn nicht ein gezielter Mobbing-Versuch, diese Wohnung ist begehrt... - es fehlen Dinge, die mich stören sollen? mal wird auch ein Buch gelesen, das ich noch nicht gelesen habe und wieder ins Regal gestellt..... Bislang führte das ganze Belästigungsszenario zu drei Anzeigen bei der Polizei. Die ziemlich machtlos ist. Und die Versicherung erstattet die Uhren nicht, weil keine Einbruchsspuren vorliegen..Hätte man doch wenigstens richtig die Türe eingetreten... Nein, den Blog "Verfolgerwahn" werde ich deswegen nicht reaktivieren.

Meine Sicherheitsphilosophie denkt Sicherheit in Demokratien ohne Geheimdienste durch - in abstrakten Modellen ein ganzes Paket, um diesen Wechsel in der Sicherheit erfolgreich durchzuführen - bis hin zur Reform des Diplomatiewesens - ein Augiasstall der Dienste - und der Umpolung der alten Dienste in Europa zu einer Anti-Geheimdienst-Polizei - am Ende dieses Modelles haben wir in Europa keine Geheimdienste mehr - sondern Polizei für alle Belange und eine Polizei der Polizei für die Belange der Polizei - als Kontrollinstanz, neben der legislativen und judikativen Kontrolle. Ich werde diesen Standpunkt sicher nicht verlassen, werde ich von Diensten durch ihr Verhalten bestärkt in ihm. Im weiteren haben wir echten Terror zu bekämpfen - dazu zählen, meine ich, auch deren James-Bond-Allüren und Versuche, in den Medien Stimmung zu machen in Richtung immer mehr "Sicherheit", wie sie sie verstehen.... Dass sich Dienste zu Mörderexekutivorganen des Staates, zu einer Paralleljustiz, entwickeln können (etwa in Israel, USA, Russland ,Türkei - hier wird mit Kriegsrecht argumentiert - Waffenhändler, Atomphysiker, Staatsgeheimnisverräter, Kurdinnen in Paris, aber auch mal ein Journalist, werden hier Opfer staatskriminineller bis "kriegsrechtlich" verstandener Akte - vom Prinzip der Gewaltenteilung und der Menschenwürde, die für jeden gilt, müssen wir das ablehnen, sollten wir das ablehnen - realpolitisch steht die Frage, ob sich der Staat, wird er massiv angegriffen, nicht mit all seinen Waffen verteidigen darf/soll, weiterhin im Raum...mit dem Zweifel, dass solche Morde wesentliche Veränderungen bewirken. Ein Teil dieser zu Staatskriminalität und Kriegsrecht führenden Konflikte ist inter-abrahamisch (Islam/Israel), ein Teil wirtschafts-imperial motiviert, ein Teil davon ist geheim geblieben, ein Teil weltweit bekannt geworden (denken wir an das Video vom Hotel, wo der Mörder noch einen Plastikhandschuh anhatte... diese Überwacherdienste stehen ja nicht ausserhalb des generellen Überwachungswahns, geraten selber in dessen Blickfeld)

In der Anlage und von der historischen Siutation und unserem Selbstverständnis einer offenen Gesellschaft her, sind das Entwicklungen, die wir in Europa nicht haben und von der Wurzel her bekämpfen müssen - anstatt ihnen zuzusehen, sind sie aktiv zu gestalten, früh genug zu beeinflussen, noch verdrängt das die Politik - lässt sie sich einschüchtern? - aber eines Tages wird sie sich über Sicherheitspolitik und Dienste mehr als Gedanken über Finanzierung oder Nicht-Finanzierung machen müssen, sie sollte das früh genug tun, grundsätzlich tun und nicht unter Zugzwang - das Europäische Sicherheitsmodell soll ein eigenständiges, vorbildlich demokratisches sein, sicher nicht eines, das zum Beispiel das us-amerikanische nachmacht - nachäfft- in Machträumen sich ergeht.... Gerade das wollen wir nicht in Europa, nach meiner sicherheitsphilosophischen Ansicht, aber auch nach einem grundsätzlichen, demokratischen Verständnis von Kontrolle und Freiheit, von Selbstbestimung und Privatheit.

20.04.2016

Hingewiesen sei auf die Publikation von 2013 (von Netzpolitik) - dort wird u.a. für die Abschaffung der Geheimdienste plädiert - die ehemalige Justizministerin wollte 2012 den MAD dicht machten - kurz, Geheimdienstkritik ist seit NSU und Snowden recht verbreitet in gewissen kritischen zivilbürgerlichen Kreisen - damit müssen die Dienste leben, und sollten, zumal die demokratischen, ihre Kritiker leben lassen. Im Moment sieht es nicht so aus, dass sie politisch relevante, mehrheitsfähige Meinungen repräsentieren. Demokratische Dienste haben sich demokratischen Prozessen zu unterwerfen, sie haben nicht den Auftrag vom Bürger erhalten, Bürger, die das fordern, zu unterwerfen.

20.04.2016

In einer Demokratie sind Geheimdienste auslaufende Geschäftsmodelle, sie sind zu riskant und zu manipulativ (unkontrollierbar) für sie, das sagen sogar kritische US-Senatoren über ihre Dienste, wir reden hier von europäischen. Du kannst ihnen nicht immer mehr Macht geben, du musst sie ihnen nehmen. Das beste ist, sie davon selber zu überzeugen, sie nach und nach umzupolen. Die Gestapo ist historisch eher ein Argument gegen Geheimdienste als gegen die Polizei (wobei nach der Machtübernahme beide immer gleichgeschalteter agierten - Reichspolizisten Nazis Gestapo Reichspolizei wurde), auch nach 1945 ist die Neugründung der Geheimdienste eher ein Argument gegen sie als für sie - soviel zu dieser "historischen Argumentation", die falsch ist, man müsse das "Trennungsgebot" beachten. Die alten Fehler, die man post hoc behebt, währenddem die Welt neue macht. Genaugenommen müssten wir wegen Hitler die Direktdemokratie fördern, nicht die parlamentarische - denn die parlamentarische gab ihm die Macht, meinte ihn einhegen zu können, irrte sich und verlor sie...um nur zu zeigen, dass solche Vergleiche und Lehren hinken und nicht in allen Kontexten funktionieren.

20.04.2016

/Aus der post-abrahamischen, pro-europäischen Kultur soll in Europa keine thimotische des Neo-19. Jahrhunderts entstehen, die wie in einem pupertären Schulhof zur Hauptsache den Maker markieren und den Feldzug gegen die Marsmännchen planen muss. Parteien wie die #AfD stecken vom Start weg, in einem Rohrkrepierer-Dilemma - wenn nicht in mehreren... -. , zum Beispiel dass sie mit

Europa - wir verbünden uns mit dem Front National, mit Wilders, mit der PiS heisst es bei der AfD.... gross herauskommen will, ohne ein grosses, konsolidiertes, robustes neutrales Europa zu wollen - Sie sind Europäer, wollen aber nicht Europäer sein - - Sie wollen sich mit Russland einigen - ja, das ist wichtig - , aber nicht zuvor die Hausaufgabe Europas machen - das ist wichtiger: Europa soweit, so gut, so robust zu einigen - dass wir Russen wie Amerikanern, Afrikanern wie Asiaten selbstbewusst, freundlich, vor allem kooperativ entgegentreten können (Zum Beispiel die hyperschnelle Magnetschwebebahn Moskau-Warschau-Berlin-Paris-Madrid-Lissabon würde ich noch gern in meinem Leben fahren können!) - offenbar träumen sie lieber kleinlich provinzielle oder gefährlich megalomane Träume, die sie vor ihren Spiegeln zu Hause solange, bis sie selber von ihnen überzeugt sind, üben, leugnen oder verdrängen sie, dass nationale Alleingänge in Europa im Jahr 1945 zu Recht und mit grauenhafter Gewalt zu Ende geführt wurden- dass das so ist, bestätigen, 4 Jahrzehnte später, die Bombardements gegen Grössenwahnsinnige in Serbien: Gerät Europa allzu national, scheint es durchzudrehen. Ausserdem will sie nicht wahrhaben, dass deutsche Europäer oder europäische Deutsche keinen essentialistischen Grenzen von anderen EuroäerInnen trennen - Grenzen des Blutes, des Stammes, die Lieblingsbegriffe völkischer Ideologen, sind blanke Denunziate - Vermögensunterschiede können trennen und sich weniger leicht beheben lassen als Sprachbarrieren - so dass Europa noch besser und lückenloser Englisch sprechen lernen soll - , Sprachbarrieren, Lokalkenntnisse, Heimatgefühle und Kultureigenheiten besitzen wir alle, erzeugen wir alle, doch lieben sich eine Dänin und ein Schleswig-Holsteiner - sie lieben dabei auch Differenzen an sich, die über die geschlechtlichen und optischen hinausgehen.... - oder ein Malinenser und eine Bayerin - sollen sie diskriminiert werden von Europa, weil sie nicht arisch sind und ihre Kinder "Mischlinge"?) Ein anders Beispiel. Die AfD will den Islam klein halten, beneidet aber deren Stolz und Grössenwahn (hat bei dieser Idee wohl zu tief in Sloterdijks "Zorn und Zeit" (2006) oder in ein Schnapsglas geblickt) so gross ist bei der AfD die Schraube locker, sie will christlich bleiben, beklagt aber, Europa sei so "schuldkultiviert" (sieht offenbar den Zusammenhang mit ersterem nicht) - bleibt auch hier inkonsequent - kurzum - es wäre an der Zeit, dass Europa eine Volkspartei der europäischen Verantwortung, eine Partei der Mitte, der Mitte 2.0.-Politik, eine Partei für die 4 Dimensionen der Politik Europas, nach und nach in allen europäischen Nationen gründete - die, je nach Lage und Notwendigkeit, in einem gewissen Rahmen, rechter als rechts, linker als links, mittiger als mittig, regionaler als regional, nationaler als national und europäischer als europäisch, aber auch globaler als global sein kann - hierfür sollte diese Europa- Partei eine "Partei-Übunte" für das Meer - Nordsee und Golfstrom, konstruieren...-, -eine Partei, die ein philosophisches und politisches Profil mitbringt in der Wirtschaftspolitik - hier setzt sie auf konkurrenz- und kooperationskapitalische Unternehmen; in der Sicherheitsphilosophie, hier will sie eine Lex Snowden 2.0 umsetzen mit einer Europäischen Armee unserer Nationalverbände; in der Aussenpolitik, hier will sie eine Neutralitätspolitik für ganz Europa durchsetzen; in der Frage der Religion, hier vertritt sie postabrahamische Positionen; in der Frage der Ökologie, hier gilt für Diesel und Glyphosat: in dubio contra rem und dass nur das, was draufsteht, raus geht; in der Frage der Verfassung für Europa - hier strebt sie eine Verlegung des Zwei-Kammer-Parlaments von Brüssel nach Prag und eine Wahl für beide Parlamente (Nationale u Europäisches) an - also eine gesamt-europäische Mehrheit in der Bevölklerung .. und so weiter. Vor allem braucht sie eine Schulung, so dass sich die Partei nicht gleich verzettelt und zerreist - also durchaus ein "Kader" - sorry, klingt jetzt bisschen nach Hard-Core. Aber ein politische Partei ist auch nicht Wischiwaschi, sondern "parteiisch". Wir haben gesehen, wie schnell sich die Piratenpartei demolierte und ins Aus manövrierte, wie die AfD laviert. Eine Parteigründung braucht eine breite Basis, die sich schnell auf wesentliche Nenner, auf ein Grundsatz-Parteiprogramm, einigt- sie ist kein blosser Diskussionsclub. Varoufakis Links-Bewegung kann offenbar nur altlinks, hat das Rohrkrepierer-Dilemma - wir halten das alte Links-Rechts-Schema mehr für einen Teil des politischen Problems in Europa als für einen Teil seiner Lösung.

10.04.2016

In einem Europa ohne Geheimdienste gibt es statt Geheimdienste und Polizei - Polizei und Polizei der Polizei.

10.04.2016

Die James-Bond-Seuche. In einem Europa ohne Geheimdienste wird der populäre Ideologieträger von Geheimdiensten, James Bond, an Popularität verlieren, da er den Angriff gegen Rechtsstaat und Demokratie als personifizierter Angriff gegen Rechsstaat und Demokratie verteidigt: Bond symbolisiert den Staat im Staat; Todesurteile, obwohl der Staat sie verbietet, und Gewalt des Anklägers, Richters und Henkers in einem, obwohl der Staat diese Gewalten trennt und Leute erst nach einem fairen Prozess bestraft - dass der Staat scheinbar nicht ganz ohne Anti-Staat (Anarchie), Legitimität nicht ganz ohne Illegitimität funktionieren kann. Bond, der karikierende Querläufer, die personifizierte Dekonstruktion. Zugleich soll Bond in Geld und Konsum gemünzte Werte der Gesellschaft symbolisieren, um dessen Angriff und Verteidigung es letztlich ginge. Im James Bond Film, wie in jedem Krimi, übernimmt das Publikum die Funktion der Jury - der Gerichtsprozess bestimmt die Dramaturgie. Schlechtigkeit und Gefährlichkeit des Bösen werden ihm offenbart, moralisch soll echt überzeugen (die Schuld, die Begründung) , was gespielt überzeugen soll (die Bestrafung), bieder und unspektakulär erscheint neben dieser Verführungsfigur (Verführung in mehrfacher Hinsicht) Bonds unspektakulärer Antipode, der aufgeklärte und aufklärende TV-Kriminalkommisar.

09.04.2016

in Bearb.///Europa ohne Geheimdienste?

Zur bekannten Kritik der Geheimdienste zählt, dass sie in Demokratien Fremdkörper seien, weil nicht genug bis überhaupt nicht transparent und kontrollierbar, ausserdem einen nicht vorgesehenen Einfluss auf sie ausüben können. Global gibt es sogar Dienste mit dem Potential, ihre scheinbare Unersetzbarkeit mit selbst organisierten Bedrohungen - darunter"Geheimdienstenten", aber auch Terrorattentate - zu unterstreichen. Scheinbar können sie Politik und Öffentlichkeit so in jede gewünschte Richtung lenken bzw. in einer gewünschten Richtung halten - mensch könnte diese Systemkrankheit "dysfunktionale Autopoiese" nennen - an ihr litt im 18. Jahrhundert die Aristokratie, und die Bürgerschaft wehrte sich dagegen - letztlich gegen Staatswillkür, die kann gehen bis zur Staatsmafia,Paralleljustiz eines kleines Staates im Staat, der die legitime Gerichtsbarkeit und Gewaltenteilung einer Demokratie unterläuft - sie zerstört, um sie vor Zerstörung zu schützen. (häufig endend in einer neuen Staatswillkür, denken wir an die der Robbespierristen, nachdem sie die der Aristokraten um einen Kopf kürzer gemacht hatten). Diese paradoxe Schutzargumentation pflegte auch die Stasi der DDR, die Dissidenten bis ins Ausland verfolgte und ermordete, siehe in den Medien auch die aktuelle Aufarbeitung der unter Tito erfolgten Ermordung jugoslawischer Dissidenten - es bleibt heute, aus historischer Perspektive, fraglich, ob die Existenz des jugoslawischen Staatenkomplexes oder der DDR auch nur annähernd von 10 oder 20 Intellektuellen im Ausland objektiv so bedroht gewesen war wie von der waffenstrotzenden Nato und der Erodierung der eigenen sozialistischen Wirtschaft - ob diese Morde der DDR nicht

Ablenkungsmanöver, Vergeltungsaktionismus und Sündenbockfunktion erfüllten, mehr staatskriminellem Wahn als einer angemessenen " raison d etat" entsprangen. ///Vgl. zur Thematik mehr informationspolitisch, neben dem Abschnitt "Wer überwacht die Überwacher" S. 131 ff. In: Überwachtes Netz - Hg. Beckedahl/Meister, Berlin, November 2013, die Artikel von Stadler, Matzat, Leisegang, Busch und Bowden.

Im NSA- und Snowden-Sommer 2013 entwarf dieser Blog skizzenhaft eine umfassende europ. Sicherheitsphilosophie ohne und gegen Geheimdienste unter dem Titel "Lex Snowden" (6 Punkte). Damals noch Piratenpartei-Mitglied, gab es eine partei-interne Online-Abstimmung darüber (Quorum nicht erreicht): Europa ist von der Realisation solcher Philosophien mental und politisch weit entfernt. Scheinbar legitimiert jeder Terror-Anschlag die Geheimdienste mehr und weniger. Ihre Vorteile stehen in einem Meinungsstreit mit ihren Nachteilen. In jedem Fall lässt sich in der Theorie ein grundsätzliches Verbieten und Verfolgen von Geheimdiensten und geheimdienstlichen Tätigkeiten in Europa 1. durch eine Anti-Geheimdienst-Polizei, die sich zum Teil aus dem Personal der alten Geheimdienste rekrutiert, 2. durch Reform des Diplomatie- und Botschaftswesens, das einen Teil dieser Tätigkeiten ermöglicht und vervielfacht ,und 3. durch die Koordinierung des Anti-Terror-und-Anti-Radikalen-Kampfes durch spezielle und allgemeine Polizei (Anti-Terror-Europol, BKA etc.) als Sicherheitsphilosophie 2.0. durchdenken - einschliesslich der Risiken, wenn ein Staatenbund aus dem alten Geheimdienst-Netz austritt, die

Organisation seiner Sicherheit in neue Bahnen lenkt - Dazu zählt auch das Erpressungsrisiko durch andere Geheimdienste, die die Kooperation mit dieser europäischen Sicherheitsphilosophie verweigern, diese gar bekämpfen (dabei brauchen sie unsere Informationen, nicht nur wir ihre) - und damit das tun, was ihren Kritikern Recht gibt, die darauf beharren, dass Bürger und Bürgerinnen ihr Steuergeld nicht mehr für solche Organe, sondern für deren Verbot und Verfolgung in ganz Europa als Bestandteil einer umfassenden Reform ihrer Sicherheit und Freiheit, Fremd- und Selbstbestimmung, ausgeben sollen. (Verdeckte Informationbeschaffung erfolgte durch Polizei (Cyber-Polizei; verdeckte Ermittler), statt durch "Verfassungsschutz" - bzw. der wird in die Polizei integriert, von ihr, von Staatsanwaltschaft und Richterschaft kontrolliert. Es gibt hier kein Sonder-Sonder-Recht mehr für irgendwelche Behörden, die zu den NSA- und NSU -Desastern beitrugen, obwohl sie diese Beiträge vernichteten (schredderten) - so dass am Ende oft nur noch die Tatsache des Schredderns auffällig, die Vernichtung von Indizien ein Indiz blieb, Metadaten über zerstörte Daten die Umrisse eines grossen Skandals andeuten inmitten von Behörden, die eigentlich auf Metadaten und Daten von anderen aus sind).

Mit blosser Kritik an Geheimdiensten ist es nicht getan, das wird schnell unverantwortlich, wer sie kritisiert, liefere bitte Alternativen mit ihnen (interne Reformen) oder einen Alternativentwurf ohne sie, auch wenn die politische Umsetzbarkeit, gerade des letzteren, auf sehr dicke Bretter stösst (Realpolitisch: erinnert sei hier an das Interview mit Prof. Peter Neumann, Sicherheitsstudien,

Kings College, im Spiegel vom 26.3.2016 der moniert - dem Trennungsgebot Dienste/Polizei seine "historische Berechtigung" für Deutschland einräumend"(obwohl de facto Gestapo und Polizei, je mehr sie sich anglichen, überhaupt an Berechtigung verloren) , , "*die Antiterrorgruppe der Geheimdienste arbeitet nicht mit der Antiterrorabteilung bei Europol zusammen. Das ist absurd angesichts der Bedrohungslage*" (92) -. da wird unter Behörden also so getan, als ob die Sicherheit des Souveräns "zwei Sicherheiten" hat, als ob das Leben zwei Leben und als ob der Euro für die eine und die andere Behörde nicht von den gleichen Bürgern und Bürgerinnen stammte.

Tatsächlich sollten sich diese Dienste bloss "funktional" verstehen, und, statt dauerhaft ausnahmerechtlich, mehr und mehr normal in die Polizei integriert und von ihr kontrolliert (neben Kontrollen durch Legislative und Judikative) - , das Intentionale und Wertethische ist Aushandlungssache von Souverän und Politik, von der Gesamtgesellschaft, nicht von irgendeiner Exekutivbehörde eines Ministeriums, zumal in Demokratien. In Diktaturen mag es in die umgekehrte Richtung gehen. In die gehen wollen wir aber nicht, dafür muss aber viel und immer wieder etwas getan werden. Wir können auch hier sagen, bis zu einem Grad mit den Diensten in Europa, nicht gegen sie, denn auch in ihnen wirken Bürger und Bürgerinnen, die sich überlegen, unter welchen demokratischen und legitimen Bedingungen sie für Demokratie und deren Legitimität arbeiten können (und es auch wollen) - und wie es möglich ist, kriminellen Mitarbeitern, die ihre Stellung ausnutzen, das Handwerk zu legen. Mit einer Polizei, spezialisiert für Geheimdienstkriminalität? Auch das wäre ein Schritt in die bessere Kontrolle dieser Dienste. An deren Ende ihr Verbot nicht mehr steht, weil das immer überflüssiger geworden wäre, von der Polizei aufgehoben.

26.03.2016

Antiterrorkampf: Überlegenswert für europäische Standards (Grundsatzprogramm PEV, PEV-Sicherheitsphilosophie) sind Spaniens und Belgiens Erfahrungen mit Terror, wovon andere Europäer profitieren können, Spanien nach dem Attentat von 2004 die clevere On-line-Einbindung der Bürger (FR 26.3.) - wir denken an die aufmerksame Verkäuferin in Frankfurt 2015 -und Belgien der Reform-Katalog von Sairi für staatlich entglittenen Islam.

20.03.2016

(Eintrag 10.2.2016)...Varoufakis trat kürzlich an die Öffentlichkeit mit dem Plan für eine pan-europäische Partei - den besitzen wir schon lange und nennen die Partei PEV.......//////////eine gesamteuropäische Partei, die das Zusammenspiel von gesamt-, national- und regional-europäischer Politik entwickeln, fördern möchte - und eben nicht, wie die MustereuropäerInnen, wie die Europhilisten, eine Vereinigte Union von Europa, die die Nationalstaaten eindampft - das geht so nicht. Europa muss mit den Nationalstaaten geschaffen werden und mit diesen entwickeln sich diese zurück, wo es Sinn macht, mit ihnen zusammen, nicht gegen sie.

Wir müssen eine Partei vor Ort haben, die die Überzeugungsarbeit vor Ort, in der jeweiligen Landesprache, in den jeweiligen Medien, in den jeweiligen politischen Rechts- und Wahlverhältnissen, leistet - die das Vertrauen der Wählerinnen für ihr regionales, nationales und gesamtes Europa vor Ort gewinnen und sich verdienen kann... Diese Partei ist besonders europakompetent (und globalkompetent), sie ist aber auch jeweils nationalkompetent und regionalkompetent. Es gab eine Zeit, da dachte ich, diese gesamteuropäische Partei liesse sich aus der europaweit gut vernetzten Piratenpartei, beginnend mit der Deutschlands, herausentwickeln, symbiotisch mitentwickeln. Fehlanzeige.

20.03.2016

Europa auf dem Weg von klein-europäischer Nachkriegs-Parteilichkeit zu gross-europäischer Neutralitätspolitik.

20.03.2016

Beiträge zu Mitte 2.0 - Politik, statt nur links oder rechts-Politik; die vier Dimensionen der Politik; ParlamentarierInnen sowohl in den national-europäischen, als auch im gesamt-europäischen Parlament (für gesamt-europäische Belange; gleicher Wahlgang der Abgeordneten, statt getrennter; Wechsel von Brüssel nach Prag, von klein-europäischer Nachkriegs-Parteilichkeit zu gross-europäischer Neutralitätspolitik, usw. jetzt Blog "Europia".

19.03.2016

Politisch? pro-europäisch und Mitte 2.0. !

19.03.2016

Politik wie die der PEV (Progressive Europäische Volkspartei/Partei für Europäische Verantwortung) ist nicht einfach links oder rechts - sie macht//würde machen/// Mitte 2.0.-Politik. Mitte 2.0.Politik ist Politik, die den einfachen Dualismus (ganze Welt in gut/böse, links/rechts aussortieren) als Denken unterm Niveau ablehnt, und sich dessen Schickanierung in der Medien- und Politik-Welt nicht gefallen lässt, vielmehr dekonstruktiv und produktiv dagegen steuert, umsteuert, weitersteuert. Wenn Dualismen-Meme die Differenzierung ersetzten, ersetzt Mitte 2.0. diese Dualismen durch Differenzierung. Mitte 2.0.Politik nimmt die Politik auf, die die Linke gerne meidet (zum Beispiel Ver(t)eidigungspolitik..., hier ist sie für die alte Linke rechts) und jene, die die Rechte (zum Beispiel Marktwirtschaft - hier ist sie für die alte Rechte links). //// Ausserdem lehnt Mitte 2.0. simple Geschichtsbilder (und Geschichtsselfies) ab.

19.03.2516

Europas partiale "Superstaaten". Die Restauration will weiterhin - wirklich neu ist das nicht - den Nationalimus über den "heiligen" Völkerbegriff und den Abrahamismus über das "heilige"Christentum einführen - und die Überlegenheitsekstase des dritten Abrahamismus glaubt, sie führe sich über die anderen abrahamischen Ekstasen in Europa ein - langfristig gedacht. In Parteien wie AfD und FN tummeln sich auch nationale Beamtengruppen, die sich von Europa im Arbeitsplatz, also existentiell bedroht fühlen... auch nationale Geheimdienstleute, Atomkraftwerklobbyisten, die das innere Europa in sich verleugnen, überblenden, verdrängen, in die Ecke drängen. Der Preis dafür ist - im üblen Fall - Verlogenheit, mangelhafte Redlichkeit, beschränkte Denkbereitschaft oder listige Bereitschaft , andere zu verdummen, sich oder andere zu beschwindeln. Statt rationales Reden und Denken zu bemühen über gesamteuropäische Interessen, neben national- und regionaleuropäischen, inszenieren sie irrationales Gerede und vernebeln sie Köpfe mit Völkischvokabular - mal sehen, wie gut, wie bereit die Öffentlichkeit reagiert, wie wenig oder wie stark sie sich von dieser Rhetorik in die Irre führen lässt - vermutlich nicht sehr weit, nicht sehr stark, die Vorgestrigen werden sich ziemlich alleine in ihre Teuteburger Wälder zurückentwickeln müssen.

Neben diesem ideologischen Überbau und seinen Bauern stehen Europa tatsächlich viele Probleme bevor, die politisch anzugehen wären, ohne visionsfreie Restauration und ideenschwache Vorgestrigkeit. Die PEV wäre die progressive Konkurrenz zur AfD und zum Front National - sie hat kein Problem mit dem Begriff "Nation" - muss ihn aber nicht wie einen Super-Fetisch behandeln - , sie definiert den Heimatbegriff regional/lokal, ohne ihn zu überstrapazieren, und liebt ausserdem Europa und die Welt - sie liebt ihr national-europäisches Vaterland, aber auch ihr europäisches Mutterland - um es alteuropäisch zu sagen. Die PEV braucht national-europäische Ableger, die die Sprache und die Sitte vor Ort sprechen und leben, aber auch regional- und gesamt-europäische Interessen vermitteln, verteidigen und koordinieren (in Brüssel machen das ja "europäische Volksparteien"- die PEV trennt aber Brüssel von Berlin, von Paris, von Warschau, von Wien, von Vilnius, von Budapest nicht... zum Teil sollen dieselben ParlamentarierInnen in beiden Parlamenten, im national-oder regional- und im gesamt-europäischen, sitzen- das gesamt-europäische Parlament (Wechsel von Brüssel nach Prag?) hat eine nationale- und eine regionale Kammer. Die Wahlen von nationalen und europäischen ParlamentarierInnen, zum Teil dieselben, finden zusammen, nicht getrennt statt- waren sie kompetent und zuständig auf national-europäischer Ebene, sind sie, je nach Entscheid, dasselbe nun mehr auf dieser oder jener Ebene). Ein Teil des Parteiprogramms der PEV ist eine Version von einer Verfassung für Europa, ein anderer Teil desselben ist eine Verfassung für National- und für Regional-Europa - Europa bracht keinen "Superstaat", sondern Teile von einem Superstaat, von einem Supernational- und von einem Superregional- "Staat". Dabei kann sein, dass der national-staatliche Aspekt eher zugunsten des regional- und des gesamt-europäischen an Bedeutung verliert - statt gewinnt - das ist das grosse Problem der aktuellen Nationallobbyisten - das immer mehr auf Kosten der Gemeinschaft geht, das immer mehr Europa Milliarden für sie verschwendete Gelder kostet (nicht nur in Fragen der 28 Europa-Armeen, die je für sich relativ belanglos sind im Nutzen, aber teuer für die Bürger un dBürgerinnen Europas- ausserdem brauchen wir eine robuste Neutralitätspolitik, sind wir 500

Millionen Europäerinnen, die sich mit dem grossen Russland und mit der grossen USA, besonders aber auch mit Afrika, unserem grossen Nachbarkontinent, Asien und Lateinamerika ins freundschaftliche, ins kooperative Benehmen setzen will und ab einer kritischen Grösse umso besser auch setzen kann - alles andere macht sich zu klein und andere zu gross - wir EuropäerInnen brauchen eine grosse vernünftige Mitte, die liegt in uns selbst, nirgendwo anders.

19.03.2516

Vierdimensionale Politik: Letztlich hat sich heute jede Politik 4 Dimensionen zu stellen, zu verantworten - einer globalen, einer gesamt-europäischen, einer national-europäischen und einer regional-europäischen - da kann sie rechtsextrem noch so stark im "Völkischvokabular" sich vernebeln - oder linksextrem im "internationalistischen Vokabular" - wir machen Politik in diesen 4 Dimensionen - und die Frage ist bloss, in welcher Art und Gewichtung wir damit die beste, die bessere, die schlechte und die misslingende machen.

10.02.2016

Über Mitte 2.0.Politik - ist Politik, die weder Links noch Recht, sowohl Links als auch Rechts ist - die Dualismus (ganze Welt in gut/böse, links/rechts aussortieren) als Denken unterm Niveau ablehnt, und sich dessen Schickanierung in der alltäglichen Medien- und Politik-Welt nicht gefallen lässt, vielmehr dekonstruktiv und produktiv dagegen steuert, umsteuert, weitersteuert. Wenn

Dualismen-Meme die Differenzierung ersetzten, ersetzt Mitte 2.0. Dualismen durch Differenzierung.

Mitte 2.0. Politik nimmt die Politik auf, die die Linke gerne meidet (zum Beispiel Vereidigungspolitik, hier ist sie für die alte Linke eher rechts) und jene, die die Rechte (zum Beispiel Marktwirtschaft - hier ist sie für die alte Rechte eher links). //// Ausserdem lehnt Mitte 2.0. auch simple Geschichtsbilder ab, in die diese Links-Rechts-Schablonen passen - oder nationale Geschichtsnarrative, der enge, vertikale Blick, die in Zeitschriften wie Spiegel und Köpfen wie Augstein merkwürdige Grillen sind/////- im Spiegel wird die CSU von 2016 mit der DDR von 1986 in Verbindung gebracht, und Augstein redet heldenhaft von "Eurofaschismus", als ob er in den 1920ern der Weimarer Republik lebt, redet er über die AfD.

Journalisten des beginnenden 21. Jahrhunderts kämpfen Spiegelgefechte mit der nationalen Vergangenheit. Realistischer bei der Einschätzung von AfD, Front National, PiS, Orban, SVP, etc. , die alle in der vertikalen Liegen, sind horizontalere, transnationalere, europäisch-globalere Perspektiven, viel weniger nationale Nabelschauen, in denen sie sich gerne spiegeln.- zumal dann, wann die Phänomene begriffen, nicht mit Dualismen zugekleistert werden sollen.

01.01.2016

Europa ist ein Missverständnis geworden. Mittlerweile fehlt die elementare, die mehrheitsfähige Einsicht in vielen Parteien Europas, dass es ein paar Dinge gibt, die wir gesamt-europäisch besser organisieren können als national-oder regional-europäisch. Dinge im Bereich Energie, Sicherheit, Migration, Umwelt und Wirtschaft, zum Beispiel. Es fehlt weniger diese Einsicht, die ist durchaus vorhanden, sogar in der polnischen und ungarischen Regierungspartei, sogar in der englischen Regierung, als der Wille, diese Einsicht zu unterstützen. Der Strukturnationalismus ist ein grosses Problem für Europa, fast grösser als der alteuropäische Nationalist in seiner rechtsextremen oder rechtspopulären Randpartei, der Europa am liebsten ins "nationale" 19. Jahrhundert zurückdrehen möchte - gewissermassen in jene Zeit, die sich für zwei Weltkriege aufrüstete, in die Katastrophe.

Zu diesem desolaten Zustand Europas beigetragen haben die Kleineuropäer in Brüssel, die 15 Jahre lang Zeit gehabt hätten, spätestens seit der Einführung des Euro, mit den Nationaleuropäern zusammen, Brüssel völlig zu reformieren (der letzte grosse Versuch dazu, die Verfassung für Europa, scheiterte 2004) /

in einer grossen und kleinen Europa-Kammer mit einem klugen Check-&-Balance-System, das "Grosse" nicht übervorteilt gegenüber "Kleinen", ein regierungsfähiges Gesamteuropa zu errichten mit Englisch als Europas Erste Sprache - so wie die Gebildeten im Alten Europa Latein sprachen, ist Englisch die Lingua Franca Europas von jedem und allen, nicht nur von Eliten, //das Schulsystem in Europa so anzugleichen, dass der Umzug innerhalb Europas für Familien einfacher und europäisch gefördert wird, - eine europäische Schule - Hochschule, das Bologna-System hat das partiell verwirklicht - und eine europäische Öffentlichkeit zu schaffen - auch einen europäischen (gesamt- und national-europäischen) Militärdienst, der durch Europas Ausbildungsplätze rotiert - u- , das, je besser es funktioniert, Kompetenzen, wo es gesamt-europäisch mehr Sinn macht als national-europäisch, ausbaut,

///zweitens die Mustereuropäerinnen, - - zwei Beispiele -. -die P und der Mediävist////////

Das Europa der Mitte, das Europa 2.0. zwischen den Extremen: dem Europhilist und dem Europhobiker.

Extreme sind die Europhilister und Europhilistinnen - die die Vereinigten Staaten von Europa,die staatsversessen, "den" Superstaat wollen - auf der anderen Seite die Europaphobiker, die in ihrem nationalistischen Kameraden- und Medien-Umfeld sich bemühen, Europa zum Ausland zu erklären, sich fern von Europa zum nationalen Inland -erklären sie das ganze Europa wie den Rest der Welt als "Ausland" und verbunkern sich im nationalen Inland, als ob es nicht auch zu Europa gehört.

In England unterstützt die geographische, die Insellage diese Anti-Europa-Syndrom, diese Bunker-Mentalität, die nicht wissen will, die verdrängt, wieviel Europa in ihrem Inneren längst angekommen ist, wie europäisiert sie sein muss, damit sie überhaupt so anti-europäisch daherkommen kann...

...Varoufakis trat kürzlich an die Öffentlichkeit mit dem Plan für eine pan-europäische Partei - den besitzen wir schon lange und nennen die Partei PEV.......///////////eine gesamteuropäische Partei, die das Zusammenspiel von gesamt-, national- und regional-europäischer Politik entwickeln, fördern möchte - und eben nicht, wie die MustereuropäerInnen, wie die Europhilisten, eine Vereinigte Union von Europa, die die Nationalstaaten eindampft - das geht so nicht. Europa muss mit den Nationalstaaten geschaffen werden und mit diesen entwickeln sich diese zurück, wo es Sinn macht, mit ihnen zusammen, nicht gegen sie. Wir sollten eine Partei haben, die Überzeugungsarbeit vor Ort, in der jeweiligen Landesprache, in den jeweiligen Medien, in den jeweiligen politischen Rechts- und Wahlverhältnissen, leistet – die jeweils vor Ort das Vertrauen der Wählerinnen gewinnen und verdienen kann... Diese Partei ist sowohl besonders europakompetent, als auch nationalkompetent und regional. Es gab eine Zeit, da dachte ich, **diese gesamteuropäische Partei** liesse sich aus der europaweit gut vernetzten Piratenpartei, beginnend mit der Deutschlands, herausentwickeln. Fehlanzeige.

© 2025 Stephan Bernard Marti
Verlag: BoD · Books on Demand GmbH,
In de Tarpen 42, 22848 Norderstedt, bod@bod.de
Druck: Libri Plureos GmbH, Friedensallee 273,
22763 Hamburg
ISBN: 978-3-7693-1941-5